21世纪经济学系列教材

政治经济学概论

POLITICAL ECONOMICS

（第五版）

徐 禾等 编

中国人民大学出版社
·北京·

总　序

改革开放以来，经济社会的发展对中国经济学教育、教学产生了重要的影响，提出了新的要求。为了使经济学教育、教学根植于我国改革开放和现代化建设的肥沃土壤，服务于时代和实践的需求，中国人民大学出版社从本世纪初就开始组织国内知名经济学者编写适应新时期经济学教学的"21 世纪经济学系列教材"。

十多年来，21 世纪经济学系列教材已经逐步推出了许多适合中国特点的经济学教科书，影响了一批又一批的青年学子。这其中，我国经济学界杰出教育家、西方经济学学科主要奠基人之一高鸿业先生主编的《西方经济学》，已成为我国高校经济学专业的权威性教材，读者早已超过千万！中国马克思主义政治经济学的奠基人宋涛先生的《政治经济学教程》，对马克思主义政治经济学在中国的传播、普及和发展发挥了重要作用。该系列已经出版的其他教材，如孙久文教授的《区域经济学教程》、彭刚教授的《发展经济学教程》、王则柯教授的《博弈论教程》、黄卫平教授的《国际经济学教程》等等，都产生了广泛的影响，为中国的经济学教育作出了贡献。

近几年来，中国的经济学教育、教学面临新的形势，取得了长足的进步：一是我国经济学界教育思想、教育观念已经发生了重大转变，更加重视素质教育；二是教学内容有了重大改革，在学科专业调整建设、课程体系、教学内容改革方面取得了进展；三是教育、教学方法有了重大进步，更加重视理论联系实际，实验、实践、案例教学逐步加强，现代化教学手段被广泛应用。

有鉴于此，为了应对新的形势与变化，中国人民大学出版社在认真调查研究高等学校经济学专业本科培养方案和课程教学大纲的基础上，组织专家学者，经过反复研究论证、合理定位、精心写作、吐故纳新，进一步整合优化了"21 世纪经济学系列教材"。这套教材将涵盖经济学专业所有的基础课、主干课、核心课，使学生通过《政治经济学》《微观经济学》《宏观经济学》等基础理论教材的学习，掌握经济学的基础理论，培养厚实的经济学理论功底；通过《产业经济学》《区域经济学》《国际经济学》等应用类主干课程教材的学习，掌握现实经济部门的运行和发展；通过《经济学说史》《经济思想史》《世界经济史》等经济史学类教材的学习，理解经济学的发展和演变规律；通过《计量经济学》《统计学》等经济学方法类教材的学习，掌握经济学的思考方法和具体的研究方法；通过《博弈论》《行为经济学》等专业教材的学习，了解经济学理论的前沿进展；通过《西方经济学典型题题解》《政治经济学学习与教学手册》等基础课程的配套教辅书的学习，牢固掌握所学经济学理论。

这套教材的编写特色主要体现在以下几个方面：

第一，作者阵容强大，教学经验丰富。作者大都是来自中国人民大学、北京大学、清华大学、南开大学、复旦大学、浙江大学、武汉大学等国内重点大学的学科带头人，有很高的科研水平和丰富的教学经验。

第二，在教材编写和内容安排上，强调基础知识、基本理论、基本技能。同时充分吸收国内外优秀教材的优点，定位明确，体系科学，概念准确，深入浅出。

第三，融合本学科现有的研究成果，反映本学科研究的最新进展，反映中国改革开放和现代化建设实践中的新成果，反映当今世界发生的深刻变革对经济学理论和实践产生的影响。

第四，教材重视加入现实经济生活中的案例、新闻素材等内容，使教材的可读性更强，更能够与当前中国经济现实结合起来，使学生能够学以致用。

中国人民大学出版社希望通过这套教材的出版，与广大教师、学生一起研究和探讨，进一步提高中国经济学教材的编写水平，提高经济学教学质量，为经济学的发展，为培养具有创新能力与实践能力、具有国际视野又了解中国国情的高层次经济学人才作出新的贡献。

序 言

在中国马克思主义政治经济学发展的历史上，徐禾等编的《政治经济学概论》有着重要的地位。

众所周知，中国共产党是以马克思主义为指导思想和理论基础的，历来重视对马克思主义理论的学习、研究、宣传和普及。作为马克思主义的三个重要组成部分之一，被列宁视为“使马克思的理论得到最深刻、最全面、最详尽的证明和运用”[①] 的马克思主义政治经济学，自然也受到了高度重视。“十月革命”特别是“五四”运动以后，随着马克思主义在中国的传播，马克思主义政治经济学的著作也被大量翻译出版，对马克思主义政治经济学的了解和研究不断深化，为中国的新民主主义革命提供了重要的理论支持。新中国成立特别是社会主义制度建立以后，大规模进行经济建设的任务摆在了人们的面前，迫切需要经济理论的指导。但是，当时在中国流行的政治经济学教材主要是苏联编写的，最初流行的是列昂节夫的《政治经济学》（只含资本主义部分），后来流行的是由斯大林主持和指导、苏联科学院经济研究所编写的《政治经济学教科书》（该书于1955年在中国翻译出版）。理论上的不足自然会在实践中反映出来，当时的经济体制也基本上照搬苏联的做法。这种情况引起了毛泽东的忧虑，他说：“解放后，三年恢复时期，对搞建设，我们是懵懵懂懂的。接着搞第一个五年计划，对建设还是懵懵懂懂的，只能基本上照抄苏联的办法，但总觉得不满意，心情不舒畅。”[②] 1958年11月，毛泽东建议干部读斯大林的《苏联社会主义经济问题》和苏联的《政治经济学教科书》，并强调：

① 列宁. 列宁选集：第2卷. 3版. 北京：人民出版社，1995：428.

② 毛泽东. 毛泽东文集：第8卷. 北京：人民出版社，1999：117.

“目前研究政治经济学问题，有很大的理论意义和现实意义。”① 他对斯大林的著作和苏联的教科书进行了深入的研究，发表了许多意见，既肯定其正确的方面，同时也指出这本《政治经济学教科书》“有严重缺点，有原则错误”②，表达了对苏联教科书的不满。在这样的背景下，编写中国自己的政治经济学教科书作为一项重要的历史任务被提出来了。20 世纪 60 年代初，在有关部门的组织下，全国多所大学和党校开始编写中国自己的政治经济学教材，其中，徐禾等编写的《政治经济学概论》最具代表性。

《政治经济学概论》（以下简称《概论》）是 1960 年接受任务开始编写的。编写组以中国人民大学为主，徐禾为主要组织者，同时联合了多所高等院校的师生参与其中。编写组全力以赴，夜以继日，苦干三年，终于在 1963 年完成书稿，随后由中国人民大学出版社分册刊印为校内使用教材。1964 年人民出版社决定正式出版该书并排了清样，但由于某些原因被搁置了 9 年，直到 1973 年该书才得以面世。那个时期出版的政治经济学教材和学术著作是非常少的，徐禾等编写的《概论》是当时党政干部和工农兵学员学习马克思主义政治经济学的主要教材，也是恢复高考后的几届文科大学生必备的政治经济学教材。许许多多的干部和学生就是在这本教材的指引和启蒙下，走入了马克思主义政治经济学的大门。

马克思主义政治经济学的内容很多，《概论》所阐述的内容主要是《资本论》的原理，可以说是《资本论》的缩写和通俗讲解。不过，我们切不可以为这是一项依葫芦画瓢的简单工作。相反，准确地解读经典从来都是高难度的复杂劳动。马克思的《资本论》思想博大深邃，逻辑严密精细，知识包罗万象，内容浩繁厚重，而且手稿和版本众多，这本书的难读难懂是出了名的，以至于马克思在《资本论》第一卷法文版序言中不得不事先提醒读者：“在科学上没有平坦的大道，只有不畏劳苦沿着陡峭山路攀登的人，才有希望达到光辉的顶点。”③ 另外，《概论》的编写正值国内“三年困难时期”，后来又遇到了“文化大革命”，工作中不时遇到各种“左倾”思潮的干扰，还经常遭受物质匮乏的侵袭，这些无不给教材的编写带来了很大困难。

在那样复杂和艰难的历史条件下，徐禾和参与《概论》编写的同志们确立了这样的指导思想：严肃认真，细斟慢酌，不能把《概论》写成一本充满书卷气的《资本论》解释，同时，也不能往里填塞经典作家们所讨厌的“革命废话”。也就是说，必须把高度的革命性与高度的科学性很好地结合起来。而在文字风格上则要力求准确鲜明和适当的通俗化，使初学者易于接受。在那个“以阶级斗争为纲”的年代，确立并坚持这样科学的指导思想无疑需要极大的勇气，同时也需要远见卓识。在正确思想的指导下，编写者们依靠治学严谨的态度、无私奉献的精神和扎实广博的知

---

① 毛泽东．毛泽东读社会主义政治经济学批注和谈话．简本．北京：中华人民共和国国史学会，2000：7．

② 同①89．

③ 马克思．资本论：第 1 卷．2 版．北京：人民出版社，2004：24．

识，克服了重重困难，终于完成了《概论》的编写工作。

《概论》出版以后，受到了广大读者的欢迎。大家普遍认为，这本教材在有限的篇幅内较好地叙述了《资本论》的基本内容，概念准确，结构完整，文字流畅，说理透彻，是一本高水平、高质量的马克思主义政治经济学教科书，体现了中国马克思主义政治经济学研究的最高水平。本书迄今已经发行逾百万册，被许多院校广泛选用，并出版了日文版和德文版。可以毫不夸张地说，《概论》是马克思主义政治经济学大众化的一个光辉典范。

需要指出的是，《概论》在致力于对《资本论》的理论作通俗化阐述的同时，还对资产阶级政治经济学的各派观点作了深刻的评述和批判，同时对旧中国资本主义经济的某些特点和腐朽性进行了深入剖析。这些工作具有很高的学术价值，从当前的观点看也是站得住脚的。此外，即使是对《资本论》的通俗化阐述，《概论》也没有陷入人云亦云或泛泛而谈的俗套。这里我们不妨举一个例子。大家知道，《资本论》是以商品为起点展开其逻辑进程的，以商品为起点分析资本主义是马克思长期研究政治经济学的一个重要成果，体现了马克思主义政治经济学特有的方法。关于这一点，马克思在《资本论》第一卷开头只有这样一段简要说明："资本主义生产方式占统治地位的社会的财富，表现为'庞大的商品堆积'，单个的商品表现为这种财富的元素形式。因此，我们的研究就从分析商品开始。"[①] 为了说明其中的道理，《概论》专门设立了一节即"商品是资本主义经济的细胞"，并根据马克思的《〈政治经济学批判〉导言》、恩格斯的《卡尔·马克思〈政治经济学批判〉》、列宁的《谈谈辩证法问题》和毛泽东的《整顿党的作风》等经典著作中对这一问题的说明，从现象与本质、简单与复杂、抽象与具体、逻辑与历史的辩证关系中，对商品作为马克思政治经济学起点这一观点进行了具体清楚的说明。类似的例子在《概论》中并不鲜见，实际上，《概论》的全部内容都是建立在对马克思主义理论和《资本论》的深入研究之上的。

自1973年第一次出版发行以来，《概论》已再版多次。其间，中国社会的变化波澜起伏，气象万千，但《概论》的价值和魅力并没有因此而消退，它一直为读者所喜爱、为学界所欣赏，展示了经典的魅力，也证明了马克思主义政治经济学的强大生命力。

党的十八大以来，习近平总书记高度重视马克思主义政治经济学，多次就坚持和发展马克思主义政治经济学作出重要论述，强调要运用马克思主义政治经济学的方法论，深化对我国经济发展规律的认识，提高领导我国经济发展能力和水平；强调要把实践经验上升为系统化的经济学说，不断开拓当代中国马克思主义政治经济学新境界；强调要以马克思主义政治经济学为指导，坚持发展中国特色社会主义政治经济学，不断完善中国特色社会主义政治经济学理论体系，推进充分体现中国特色、中国风格、中国气派的经济学科建设。中国特色社会主义进入新时代，我国经

---

① 马克思. 资本论：第1卷. 2版. 北京：人民出版社，2004：47.

济发展也进入了新时代，围绕在新时代如何坚持和发展中国特色社会主义经济，以习近平同志为核心的党中央提出了一系列指导经济发展的具有时代性与开创性的理论观点和重大战略方针，形成了以新发展理念为主要内容的习近平新时代中国特色社会主义经济思想，有力指导了我国经济发展实践，开拓了马克思主义政治经济学新境界，彰显了马克思主义政治经济学的真理力量。

与以往一样，此次再版除个别文字作了修改之外，书的基本内容和结构悉照原样，未予更动。存以甘棠，去而益咏。40 多年过去了，《概论》所秉持的将革命性与科学性相统一的思想历久而弥新。中国人民大学出版社再版此书，在帮助我们学习和掌握马克思主义政治经济学的基本原理的同时，也表达了我们对老一辈马克思主义学者们的敬仰。

张宇

2021 年 5 月

目　录

第一章

商品和货币

第一节　商品是资本主义经济的细胞

马克思分析资本主义的经济制度，是从商品开始的。他首先分析了商品、货币这样一些比较简单的、抽象的范畴，进而分析了资本、剩余价值这些比较复杂的范畴，最后上升到利润、利息和地租等复杂的、具体的范畴。通过这样的分析，全面地阐明了资本主义的经济关系，揭示了资本主义经济的发展规律。

马克思之所以从商品入手分析资本主义，是有充分的科学道理的。商品是资本主义社会中最常见、最普遍的现象，是资本主义经济的最单纯、最基本的因素，是它的经济细胞。只有运用从商品入手的逻辑方法，才能够正确地阐明资本主义经济的实质及其运动规律。关于这一点，马克思在《资本论》第一卷的开头明确地写道："资本主义生产方式占统治地位的社会的财富，表现为'庞大的商品堆积'，单个的商品表现为这种财富的元素形式。因此，我们的研究就从分析商品开始。"①

商品生产的出现，要比资本主义早得多。但是，只有在资本主义社会中，它才发展成为普遍的、占统治地位的生产形式。资本主义生产是最发达的商品生产，是商品生产的最高形式。在资本主义制度下，一切都成了商品，到处都被买卖的原则支配着。在这里，不仅劳动产品成了商品，就连人们的劳动力、人们的血汗，甚至人们的名誉和良心，都成了买卖的对象。商品关系已经渗透到社会生活的各个领

---

① 马克思，恩格斯. 马克思恩格斯全集：第23卷. 北京：人民出版社，1972：47.

域，它是这个社会的最大量和最普遍的关系。

和探求任何事物的本质时所必须遵循的方法一样，探求资本主义的本质也必须从它所具有的最大量、最普遍的现象出发。事物的本质总是寓于事物的现象之中。商品和商品交换既然是资本主义经济的最普遍的现象，那么，只有从商品着手展开分析，才可能揭明这一经济的本质和它的运动规律。

当然，这只是问题的一个方面，我们还必须补充说，能够作为分析资本主义经济关系的出发点的现象，不仅必须是这个社会最普遍、最大量的现象，同时它还必须是这个社会最基本、最单纯的现象。任何复杂的事物都是从简单的事物发展起来的，并且是由大量简单的事物组成的。只有从简单的形式开始分析，才能一步步地说明整个复杂的事物。

为了说明这个问题，我们有必要对资本主义社会作一番“透视”式的观察。

乍看起来，资本主义这个复杂的社会机体，也和其他社会形态一样，是由一定的人口组成的。人是一切社会生产行为的主体。根据这一点，分析资本主义经济似乎应该从资本主义的人口出发。但是，这样做是不行的。因为资本主义制度下的人口是分为阶级的，是由一定阶级组成的，如果不分析阶级，对人口的分析就只能得到一个笼统的概念。

那么，能否就从资本主义社会的两大对抗阶级，即资产阶级和无产阶级的相互关系来展开分析呢？我们说，这也是不行的。阶级仍然是个很复杂的东西。一定社会的各个阶级的地位及其相互关系，总是由一定的经济关系决定的。资本家之所以成为资本家，是因为他手里握有资本，并利用它来剥削雇佣工人；雇佣工人之所以成为雇佣工人，是因为他丧失了任何生产资料，只好靠向资本家出卖劳动力过活，并忍受资本家的剥削。可见，要说明资本主义社会各阶级的地位及其相互关系，就必须先弄清楚什么是资本，什么是雇佣劳动，等等。

然而，资本和雇佣劳动也还不是这一社会的最基本、最简单的范畴。资本家手中的资本，是一定的价值物，而且它总是首先采取货币的形式。雇佣工人向资本家出卖的劳动力，也是一种有价值、价格的东西。资本和雇佣劳动关系，需要通过商品的买卖关系才能建立起来。因此，为了弄清什么是资本和雇佣劳动，又必须先了解价值、价格和货币等范畴，简而言之，即需要以了解商品为前提。

所以，归根到底，商品关系才是资本主义的最简单和最基本的关系。正如动植物的机体是由细胞组成的一样，资本主义经济这个复杂的机体，是由商品这种经济细胞组成的。在商品内部，包含着资本主义社会的一切矛盾的胚芽。我们只有从商品这一最简单、最抽象的范畴入手，然后逐步上升到那些比较复杂、比较具体的范畴，只有通过这样一个从简单到复杂、从抽象到具体的分析过程，才能揭明资本主义的实质、矛盾以及这一经济制度的全部复杂的内容。

早期的资产阶级经济学家，往往是从人口、民族、国家等复杂现象出发，来分析资本主义经济。由于这种分析方法是不正确的，所以它不可能科学地阐明资本主义社会的经济结构。后来，像斯密、李嘉图这样一些古典经济学家，在研究过程中虽然也采用过从抽象到具体的分析方法（例如，斯密就是从分工、价值开始来阐明自己的理论），但是，他们并没有把这种科学的方法确定下来。在他们的研究过程中，常常不经过必要的中间环节，就从抽象的范畴跳到具体的范畴，并且常常把抽象的范畴和具体的范畴混淆起来。

只有马克思才完全摒弃了上述的错误方法，而始终一贯地运用科学的抽象方法来分析资本主义经济。如在《资本论》中所表明的，他首先从纷繁复杂的资本主义经济社会中抽出了商品这种最单纯的现象，并对它所包含的矛盾加以详尽的分析，随后，又陆续地“表明这些矛盾和这个社会——在这个社会的各个部分的总和中、从这个社会的开始到终结——的发展（既是生长又是运动）”①。马克思对资本主义的分析是从现象出发，找出本质，然后用本质解释现象，因此能够提纲挈领，对整个资本主义的社会经济结构及其发展规律作出严格的科学论证。

马克思所采用的这种从抽象上升到具体的方法，也叫逻辑的方法。从实质上说，这种逻辑的方法是和历史的方法相一致的。商品和商品交换在历史上的出现，比资本主义要早得多；商品生产自发发展的结果是，出现了货币；货币在一定条件下转化成资本。资本主义的生产方式，就是在封建社会后期，在有了相当发展的商品生产和商品流通的条件下成长起来的。“历史从哪里开始，思想进程也应当从哪里开始”②。因此，为了弄清资本主义发生和发展的规律，分析必须从商品开始。

当然，这并不是说商品以后的各个范畴的逻辑发展，都要和历史的进程完全吻合。这样做是不必要的。政治经济学的任务是揭示社会经济发展的规律性，而不是描述经济发展的无限曲折和多样的整个历史过程。因此，在它的逻辑进程中可以而且应当把历史发展中的那些偶然的和次要的东西舍弃，并按照经济过程的内在联系来安排各个经济范畴的逻辑顺序。

因此，从商品开始来研究资本主义经济制度，无论从逻辑上还是历史上来说，都是完全正确的。

毛泽东同志在谈到马克思对革命理论的伟大创造时指出，马克思“从资本主义最单纯的因素——商品开始，周密地研究了资本主义社会的经济结构。商品这个东西，千百万人，天天看它，用它，但是熟视无睹。只有马克思科学地研究了它，他从商品的实际发展中作了巨大的研究工作，从普遍的存在中找出完全科学的理论来”③。

第二节 商品的二因素：使用价值和价值

商品，首先是一种可以用来满足人们一定需要的物品。

---

① 列宁. 列宁全集：第55卷. 2版. 北京：人民出版社，1990：307.

② 马克思，恩格斯. 马克思恩格斯全集：第13卷. 北京：人民出版社，1962：532.

③ 毛泽东. 毛泽东选集：第3卷. 2版. 北京：人民出版社，1991：817.

在发达的商品生产社会里，商品的种类非常繁多。由于各种商品的自然属性（物理的、化学的、几何学的属性等等）彼此不同，因而，它们的用途也不相同。例如，衣服、鞋袜、食品之类的商品，可以满足人们物质生活的需要；书籍、绘画、唱片之类的商品，可以满足人们精神生活的需要；而车床、拖拉机以及各种工具和原料等商品，则可以满足人们生产上的需要。

物品的有用性，亦即它能满足人们某种需要的这种属性，便是物品的使用价值。马克思说："物的有用性使物成为使用价值。"①

一种物品的性能可以是多方面的，因而它可以对人有各种各样的用途。物品的各种性能，它的多方面的使用价值，是由人们在同自然作斗争的过程中，随着自己生产经验的积累、生产技术的提高以及科学知识的增进，而陆续地被发现的。例如，在很长的历史时期内，人们只知道用木材作燃料、建筑材料，制造工具和家具，可是现在，由于科学技术的发展，木材在社会经济生活中得到了广泛的应用，它已经具有几千种用途。其他像对于各种矿产品、农产品乃至某些野生植物的利用，也都有类似的情况。

一种物品要成为商品，首先必须有用，即具有使用价值。毫无使用价值的东西，是不能拿来交换、不能成为商品的。但是，并非一切具有使用价值的东西都是商品。例如，农民生产出来供自己消费的粮食，有使用价值，但不是商品。一种物品要成为商品，它的使用价值必须是供别人、供社会消费的，而不是供生产者自己消费的。然而，仅仅这样说还是不够的。有的物品，譬如农民用来向地主交租的粮食，它的使用价值虽然不是由农民自己消费，而是由别人即地主消费，但它仍然不是商品。一种物品要成为商品，它的使用价值必须通过交换而进入消费领域。

正因为商品的使用价值是供别人或供社会消费的，所以在以私有制为基础的社会里，一般说来商品生产者是不大关心商品的使用价值的。他们真正关心的是商品的交换价值，什么对他们有利，他们就生产什么。就资本家来说，他们之所以关心使用价值，那只是为了使他们的商品在市场上有竞争力，也就是说，资本家只不过在保证自己获得利润的限度内，才注意商品的质量。

人类为了生存和发展，必须不断地生产各种各样的生活资料和生产资料。马克思指出："不论财富的社会形式如何，使用价值总是构成财富的物质内容。"② 不管在什么社会条件下，同一物品的自然属性总是基本相同的。我们不能从对小麦的品尝当中，来判定它是由封建社会的农奴生产的，还是由资本主义制度下的雇佣劳动者生产的。使用价值只在下述意义上才是一个特定的历史范畴：在商品经济中，它同时又是商品交换价值的物质的承担者。

对使用价值的研究，换句话说对物品自然属性的研究，并不属于政治经济学的范围，而是属于商品学、技术学或其他自然科学的范围。但政治经济学并非完全不考虑使用价值。使用价值是商品的属性之一，它和商品的另一个属性——交换价

①② 马克思，恩格斯. 马克思恩格斯全集：第23卷. 北京：人民出版社，1972：48.

值，处于矛盾统一的关系中。政治经济学为了揭露商品的内在矛盾，为了阐明商品经济和资本主义经济的运动规律，在论证商品的交换价值、价值、货币、资本以及其他一系列重要经济范畴的时候，都要涉及商品的使用价值。政治经济学是从社会的观点来看待使用价值的。

商品不仅具有使用价值，而且具有交换价值。商品是这样一种物品，一方面，它能满足人们的某种需要，另一方面，它又能用来交换别种物品。

什么是商品的交换价值呢？交换价值首先表现为一种使用价值和另一种使用价值相交换的量的关系或量的比例。例如，如果农民某甲以自己的 20 斤大米和手工业者某乙的 10 尺布相交换，这时某乙的 10 尺布，便是某甲的 20 斤大米的交换价值。倘如有一个第三者问某甲的大米价值多少，某甲便会回答，值 10 尺布。从某乙这方面来讲也是一样，在这里，他的 10 尺布的交换价值是 20 斤大米。

在商品市场上，不同商品这种互相交换的比例关系，是因时因地而不同的。今天，在这个市场上，20 斤大米能换 10 尺布，而过些天，就可能换不到 10 尺布，或者也可能换得更多一些。因此，倘若我们不作深入研究，而只从商品交换的表面现象来看，便会觉得商品的交换价值纯粹是一种偶然的东西。其实并非如此。在商品交换价值的偶然性的背后，是存在着一定的必然性的；商品交换价值的这种偶然性，只不过是某种必然性的一种表现，一种外观。让我们仍以上面的例子来进一步说明这个问题。

既然 20 斤大米能够和 10 尺布相交换，这就意味着在它们两者之间存在着一种相等的关系：20 斤大米＝10 尺布。可是，为什么 20 斤大米能够和 10 尺布相等呢？

有些资产阶级经济学家认为，不同商品之所以能够按照一定的比例互相交换，是因为这两种商品具有同等的使用价值、同等的效用。他们认为，商品的效用越大，它的交换价值也就越大；反之，效用越小，交换价值也就越小。这种观点是完全站不住脚的。

数学常识告诉我们，只有同质的或者同名称的东西才能够相互比较。比方说，我们只能用长度同长度相比较，用重量同重量相比较，而不能用长度同重量相比较。各种商品，作为使用价值，它们之间没有任何共同点。粮食可以充饥，衣服可以御寒，这是两种根本不同的使用价值，因而是完全不能相互比较的。

很明显，20 斤大米之所以能够和 10 尺布相交换，它们之所以能够相等，是由于在这两种不同的东西里面存在着某种共同的东西；而且，正如马克思所指出的，“这种共同东西不可能是商品的几何的、物理的、化学的或其他的天然属性。”① 那么，这种共同的东西究竟是什么呢？

如果撇开大米和布的自然属性，即把两者的使用价值加以舍象的话，那么我们就会看到，它们都不过是人类劳动的产品，在生产它们的时候，都曾经支出过一定数量的人类劳动。这一点，不仅是大米和布的共同特点，也是一切商品的共同特

---

① 马克思，恩格斯. 马克思恩格斯全集：第 23 卷. 北京：人民出版社，1972：50.

点。一切商品都是人类劳动的产品，在一切商品之中都凝结着一定数量的人类劳动。

人类劳动的凝结，或者说，凝结了的（或物化了的）人类劳动，便是商品的价值。所以，相互交换的不同商品中的共同的东西，乃是价值。两种不同数量的商品，例如 20 斤大米和 10 尺布，之所以能够交换，就是因为在它们里面各自凝结了等量的人类劳动，或者说具有等量的价值。一切商品，作为使用价值，它们在质上是不相同的；但作为价值，它们在质上却是相同的。正是由于一切商品作为价值是相同的，它们才可以互相比较，才能按照一定的量的比例进行交换。

我们在前面曾经说过，商品有两种属性——使用价值和交换价值。但这是一种普通的说法，严格说来它是不正确的。经过以上分析我们知道了：价值乃是交换价值的基础，是商品的内在属性；而交换价值不过是价值的表现形式。商品是依据它们内含的价值来进行交换，并在交换中形成一定的量的比例的。因此，我们应该得出这样的结论：商品有两种属性（或两个因素）——使用价值和价值。商品是使用价值和价值的统一体。

使用价值是商品的自然属性，这种属性不仅商品有，商品以外的许多物品也有。价值则不然，它是商品的社会属性，这种属性只有商品才有，不是商品的其他物品是没有的。可见，使用价值是商品和其他一般物品所共有的一种共同属性；而价值则是使商品能够和其他一般物品相区别的东西，是商品所特有的属性。正因为这样，所以当政治经济学分析商品属性的时候，虽然也要适当地注意使用价值，但更重要的是要注意价值，把价值作为商品的最本质的因素来理解，只有这样，才算正确地认识了商品的属性。

商品的使用价值和价值是处在一种既相矛盾又相统一的关系当中的。说它们是互相统一的，是因为它们两者互相依赖，有着不可分割的联系。使用价值是价值的物质的承担者，一种物品如果没有使用价值，它就是一种无用之物，当然也就没有任何价值，即使人们为它付出了再多的劳动，也是白费。反过来，一种物品虽然有使用价值，但倘若没有价值，它就仅是一种普通的有用物，而不是商品。一种物品要成为商品，它必须既有使用价值，同时又有价值，二者缺一不可。

为什么说商品的使用价值和价值又是相互矛盾的呢？作为商品的使用价值，从性质上说，它是为社会、为别人的，而不是为商品生产者自己的。一个鞋匠生产成百上千双鞋，到头来由他个人穿用的不过是一两双。商品生产者生产商品，并不是为了取得使用价值，而是为了取得价值，只是为了取得价值，他才生产使用价值。商品一经生产出来之后，生产者必须把使用价值让渡给别人，这样他才能取得价值。从这里我们看到，商品的使用价值和价值是互相排斥、互相矛盾的。

由于商品内部包含着使用价值和价值的矛盾，所以一切商品都必须参加交换过程。只有通过交换，商品的使用价值和价值才能够实现，从而它们之间的矛盾才能获得解决。但问题是，在以私有制为基础的社会里，商品的交换过程并非总是顺利的，有种种原因会使这一过程变得很困难，而且越到后来便越是困难。私有制下整个商品生产的历史告诉我们，商品的矛盾不是越来越弱，而是越来越发展，越来越激化的。

关于商品的矛盾，我们这里只能讲讲它的内在矛盾，算是开一个头。至于它如何发展，如何展开，如何演化为各种复杂形态，这是需要以后陆续来说明的，这里还没有作详细说明的可能和必要。

为什么商品具有使用价值和价值这两种属性？商品的使用价值和价值之间的矛盾又是如何产生的？为了弄清楚这些问题，我们需要进一步研究生产商品的劳动。

第三节 生产商品的劳动的二重性：具体劳动和抽象劳动

所有商品都是由商品生产者的劳动生产出来的。生产不同种类的商品，必须有不同种类的劳动。譬如，生产木器得用木匠的劳动，生产铁器得用铁匠的劳动……即使生产的同是木器或者铁器，但由于产品的品种不同，所用的劳动也是有差别的。因此，与商品的千差万别的自然形态相适应，生产商品的劳动的具体形式也是多种多样的。

各种不同形式的劳动，是根据劳动的目的、对象、所用的工具、操作方法和劳动的结果来区分的。如果我们从这些方面对木匠劳动和铁匠劳动作一个比较，就会知道它们是两种不同形式的劳动。

每一种具体形式的劳动，都能够生产出一种特定品种的产品。每一种特定品种的产品，都能够满足人们的一种特定的需要，因而是一种特定的使用价值。所以，具体形式的劳动，或者说具体劳动，能够生产使用价值。各种不同的使用价值，就是由各种不同的具体劳动生产的。①

不论在何种社会制度下，人类为了生存和发展，总需要不断地进行劳动，改造自然物质，以生产各种使用价值。而为了生产各种使用价值，就总需要把劳动支出在各种具体形式上。因此具体劳动作为使用价值的创造者这个根本性质，是不以社会形式的变化为转移的。但是，随着社会的发展，随着社会生产力的提高和人们需要的改变，具体劳动的种类是不断地发生变化的。例如，在新中国成立前，我国就没有像生产汽车、飞机、电子设备这样的具体劳动，而现在已经有了。另外一些原有的劳动种类，如生产迷信品的劳动，由于新中国成立后人民群众的思想觉悟提高了，对迷信品的需要大大减少，因而它们已经基本上被淘汰了。

不同的具体劳动，创造出不同的使用价值。使用价值是使商品能够互相区别的东西，正是由于有这个区别，各种商品才需要交换。但是，我们已经知道，各种商品除了以其使用价值而互相区别外，它们之间还存在着一种共同的、同质的东

---

① 从严格的意义上说，使用价值是劳动和自然物质相结合的结果，政治经济学凡是说具体劳动创造使用价值，都是把这一点当作已知的。

西——价值。这种同质的价值，按道理是不能由不同形式的劳动即具体劳动创造出来的。因此，我们可以这样断定：生产各种商品的劳动除了作为具体劳动这一面不同以外，一定还有相同的一面。

这种相同的东西是什么呢？尽管生产各种商品的劳动，如木匠劳动、铁匠劳动、裁缝劳动等等，在具体形式上各不相同，但它们都是人的劳动，都是人类劳动力（包括脑力和体力）在生产上的一种消耗或支出。马克思指出："如果把生产活动的特定性质撇开，从而把劳动的有用性质撇开，生产活动就只剩下一点：它是人类劳动力的耗费。"① 因此，包含在生产各种商品的不同劳动中的共同的东西，乃是撇开了具体形式的一般的人类劳动，即抽象劳动。商品的价值正是由这种抽象劳动形成的。

抽象劳动和具体劳动是人类劳动的两个方面。因此，只要有具体劳动存在，同时也就会有抽象劳动。马克思曾经十分明确地指出，抽象劳动或一般劳动乃是一个"适用于一切时代"的范畴，尽管它的适用程度在不同时代可以有很大的差别。②但这里我们需要强调的是这样一点：并非在任何时候抽象劳动都形成价值，都采取价值这种形式，而只有在商品生产的条件下才是如此。为了说明这一点，我们不妨拿原始氏族成员的劳动与小商品生产者的劳动作一个比较。

在原始公社制度下，生产资料归公社集体所有，氏族成员进行集体劳动，劳动产品实行平均分配。在这种条件下，每个生产者的劳动都直接服从于集体的需要，具有直接的社会性质。大家劳动完了，就共同享用集体的劳动成果，根本不需要将劳动产品作为商品彼此进行交换，在他们的经济关系中，不需要遵守等量劳动相交换（等价交换）的原则，不存在价值关系。这样，生产者的劳动，自然就无须表现为价值，不必采取价值的形式。

小商品生产者的情况恰好相反。他们是私有者，每个人的劳动首先是作为私人劳动而投入生产过程的。由于生产资料和劳动是私人性的，因而劳动产品也便属于私人即生产者个人所有。但另一方面，每个小商品生产者的劳动又都是社会性的。因为他们都是社会分工体系中的一员，彼此为满足对方的需要而生产。在这种条件下，他们怎样互相让渡自己的产品呢？他们是私有者，这就决定了他们不可能采取氏族成员那样的纯家庭式的、彼此不计较多少的办法。他们要求根据对等或等量的原则：我给你多少，你也应该给我多少。但怎样才能做到对等呢？我们知道，不同物品的使用价值是根本不能比较的，譬如一只羊和一袋盐，就两者的使用价值来说，既不能区分其大小，也不能使它们彼此相等。为了实现这种对等或等量的原则，唯一的办法就是把不同的产品都还原成一定量的劳动时间，也就是说，把每一种用来交换的产品，都只看作一定量的物化的抽象劳动。于是，从这个时候起，生产者的抽象劳动便开始表现为价值，采取价值的形式了。

---

① 马克思，恩格斯. 马克思恩格斯全集：第23卷. 北京：人民出版社，1972：57.

② 马克思，恩格斯. 马克思恩格斯全集：第12卷. 北京：人民出版社，1962：755.

在前面一节里，我们阐明了商品是使用价值和价值的统一，价值是由商品生产者的劳动形成的。现在，通过上述分析，我们对价值的实体（劳动）从而对商品的属性又有了进一步的认识：价值是由商品生产者的抽象劳动形成的，它是凝结状态的抽象劳动；商品之所以具有二重性，是由于生产商品的劳动也具有二重性。马克思写道："一切劳动，从一方面看，是人类劳动力在生理学意义上的耗费；作为相同的或抽象的人类劳动，它形成商品价值。一切劳动，从另一方面看，是人类劳动力在特殊的有一定目的的形式上的耗费；作为具体的有用劳动，它生产使用价值。"①

从以上分析中我们可以明白：商品不是物，而是在物的外壳掩盖下的生产者之间的一定的社会关系。人们互相交换商品，实际上是互相交换各自的劳动；只不过是由于私人劳动和社会劳动的矛盾，生产者的劳动的社会性不能直接表现出来，因而他们之间的这种劳动互换才采取了价值的形式、商品的形式。

以上，我们着重考察了商品价值的质的规定性。但是，正如任何事物一样，商品价值不仅有其质的规定性，而且有其量的规定性。譬如，对于一种商品，我们不仅说它有价值，而且要说它有多少或多大的价值。20 斤米＝10 尺布，一方面表明了在米和布中间具有相同的质——价值，另一方面又表明了两者的价值是一样的，是等量的。因此，我们在研究了商品价值的质的规定性以后，还必须研究商品的价值量，研究价值的量的规定性。从质的方面考察价值，是为了解决价值是什么的问题；而从量的方面考察价值，则是为了解决价值的大小或者多少的问题。

价值量是由什么决定的呢？价值既然是由生产商品的劳动决定的，那么价值量也就是由生产商品所耗费的劳动量来决定的。劳动的自然尺度是劳动时间，所以，价值量便决定于劳动时间。

但是我们知道，由于种种原因，生产同一种商品的各个生产者所需要的劳动时间是不一样的。譬如，生产同样一张桌子，有的人因为工具好、技术高、在劳动中勤奋努力，只用 10 小时就可以了；而有的人因为工具、技术和努力程度都比较差，可能需要 12 小时或 13 小时。商品的价值量不是由各生产者的个别劳动时间决定的。因为，如果那样的话，则同一种商品不仅不会有同一的价值量，而且势必越是懒惰和越不熟练的人，他所生产的商品反而具有越大的价值。当然这种事情是不会有的。商品的价值量，是由社会必要劳动时间决定的。什么是社会必要劳动时间呢？马克思说："社会必要劳动时间是在现有的社会正常的生产条件下，在社会平均的劳动熟练程度和劳动强度下制造某种使用价值所需要的劳动时间。"② 所谓"现有的社会正常的生产条件"，是指现时一定的生产部门的绝大部分产品的生产条件，其中最主要的是劳动工具。以纺纱为例，如果这时绝大部分的纱是用机器纺出来的，只有极少量的纱是用旧式纺车纺的，那么，这时机器纺纱便是"社会现有的

① 马克思，恩格斯．马克思恩格斯全集：第 23 卷．北京：人民出版社，1972：60.
② 同①52.

标准生产条件”。假定用机器纺 1 公斤纱使用 1 小时劳动，而用旧式纺车纺同样 1 公斤纱要用 30 小时劳动，那么，这时 1 公斤纱的价值量便由 1 小时劳动决定，而不是由 30 小时劳动来决定。

社会必要劳动时间，对商品生产者具有极其重要的意义。每个人生产商品时所耗费的个别劳动时间，能否符合社会必要劳动时间，直接关系着他在经营和竞争中的成败得失。这可以有三种情况：（1）当他的个别劳动时间等于社会必要劳动时间时，他的劳动耗费就能够得到完全补偿；（2）当他的个别劳动时间大于社会必要劳动时间时，他的劳动耗费就会有一部分不能得到补偿，这样他在竞争中就会处于不利地位；（3）当他的个别劳动时间小于社会必要劳动时间时，他不但能够补偿全部劳动耗费，而且可以得到更多的盈利，当然，他在竞争中也就处于有利地位，可以较容易地战胜自己的竞争对手。

社会必要劳动时间总是指现在而不是指过去社会生产某种产品所必需的时间。生产某种产品所需要的社会必要劳动时间，是一个不断变化的量。尽管在某一个短时期内，由于一定的原因，譬如战争、自然灾害等等，它可能会出现某种增大，但总的发展趋势是不断减少的。生产某种商品所需要的社会必要劳动时间减少了，这种商品的价值也就减少了。在这种情况下，过去生产的商品，即使当时曾有过较大的价值，也只能等于现时同种新生产的商品的价值。可以说明这一问题的例子有很多。譬如铝，当电解法未出现时，它的价格曾经比白银高好多倍，而今天则只比铁的价格略高一些。

社会必要劳动时间是随着劳动生产率的变化而变化的。劳动生产率是指劳动者的劳动生产某种产品的能力，它通常以单位时间（小时、工作日、月、年等）内所生产的产品数量来计算。例如，工人甲去年在 8 小时内生产 1 双皮鞋，而今年在同样时间内生产 2 双，他今年制鞋的劳动生产率便比去年提高了 1 倍。

劳动生产率的高低，取决于许多因素。其中主要的有：劳动者的熟练程度、生产资料特别是生产工具的装备水平、劳动组织和生产组织的状况、科学技术发展和应用的程度以及各种自然条件等。在不同的部门和企业中，上述每一因素对其劳动生产率的影响程度是不相同的。譬如，在农业和采矿业中，劳动生产率受自然条件这一因素的影响就比较大，而在一般的加工工业中就比较小。

劳动生产率的变化，必然会引起生产商品的社会必要劳动时间的变化，从而引起商品价值量的变化。劳动生产率越高，单位时间内生产的商品越多，则生产单位商品所需要的社会必要劳动时间便越少，单位商品的价值量便越小。反之，劳动生产率越低，单位时间内生产的商品越少，则生产单位商品所需要的社会必要劳动时间便越多，单位商品的价值量便越大。所以，劳动生产率和商品的使用价值量成正比，而和商品的价值量成反比。

这里需要注意的是，劳动生产率的变化，只是使单位商品的价值量发生变化，而不是使单位时间内生产的全部商品的价值总量发生变化。这应该是不言自明的：在 8 小时的社会必要劳动时间内，不管生产出多少产品，这些产品中所包含的劳动永远是 8 小时，因而永远只具有相当于 8 小时劳动的价值。

如果我们把商品价值量取决于生产该商品的社会必要劳动时间这一点当作已知的，那么，这里唯一剩下的问题是：各种复杂程度不同的劳动又应该怎样进行比较呢？各种劳动在技术的复杂程度上是各不相同的。譬如，铁匠生产普通农具（如锄头、镰刀等等）的劳动，就比一般人担水、劈柴（假定水和木柴都是商品）的劳动要复杂一些；而钟表匠生产钟表的劳动又要比生产普通农具的劳动复杂……如何确定这些复杂程度不同的劳动所形成的价值量呢？马克思指出：这是通过"各种劳动化为当作它们的计量单位的简单劳动的不同比例"① 来实现的。所谓简单劳动，就是指那些事先不需要经过任何特殊的训练或学习，而能为每一个普通人所从事的劳动。它的性质虽然在不同的国家或同一国家的不同历史时期是不一样的，是有变化乃至有很大变化的，但是如从一个既存的社会来看，它又总是一定的。在商品交换过程中，复杂劳动只被看作强化的或多倍的简单劳动，因而小量的复杂劳动可以和大量的简单劳动相等；不管是多么复杂的劳动的产品，都可以同简单劳动的产品按照一定的比例互相交换。当然，这种比例并不是由商品生产者自觉地计算出来的，而完全是由一个在商品生产者背后的社会过程自发地确定的。

从本章第二节起，我们陆续从不同角度分析了商品的价值，既分析了它的质的规定性，也分析了它的量的规定性，既说明了它依以存在的社会条件，也说明了它的社会本质。这样，就使我们对价值这个范畴的理解越来越深入、越来越丰富了。从质的方面说，价值是由人类的一般劳动即抽象劳动形成的，它是一般人类劳动的凝结或物化。从量的方面说，它是由社会必要劳动时间决定的，而不同商品的价值量，则是通过把各种不同的劳动还原成一定量的简单劳动来确定的。从质和量的统一的观点来说，任何一个价值都是一定量的凝结了的社会必要的简单的抽象劳动。而如果从社会本质方面说，价值则是一定社会条件下的生产者之间的一种社会关系。

科学的劳动价值论是无产阶级的革命导师马克思建立的。在马克思以前，资产阶级古典经济学者，如亚当·斯密、大卫·李嘉图等人，虽然也曾对商品价值作出过某些科学的论证，承认价值是由劳动形成的，但是，他们由于受到自己阶级的局限，所提出的劳动价值论是极不完善、极不彻底的，他们只是笼统地说到了劳动，但并未区分具体劳动和抽象劳动。马克思在对资产阶级古典经济学作了严格和深刻的批判之后，继承了他们劳动价值论中的某些科学因素，同时又以科学的方法，对商品价值和形成价值的劳动进行了深入、精湛的分析，从而建立了自己的完全科学的劳动价值论。

在马克思的劳动价值论中，劳动二重性的学说有着极为重大的意义。生产商品的劳动的二重性，是马克思首先发现的，这是他对经济科学所作的最重要的贡献之

---

① 马克思，恩格斯. 马克思恩格斯全集：第 23 卷. 北京：人民出版社，1972：58.

一，他本人把这一学说看作“是理解政治经济学的枢纽”①。正是由于这一发现，才彻底揭示出了商品经济的内在矛盾，从而把劳动价值论提高到完全科学的水平上。

科学的劳动价值论，是马克思主义政治经济学的出发点。马克思从商品出发，来揭露在商品这种物与物的关系后面所掩盖的人与人的关系，即资产阶级和无产阶级之间的关系。只有依据科学的劳动价值论，才能进一步正确地分析资本主义的各个经济范畴，如资本、剩余价值、工资、利润、利息、地租等等，从而才能够揭示出资本主义发生、发展和灭亡的规律性。

第四节　价值形态的发展。货币的起源和本质

上面两节，我们从商品的交换价值入手，着重研究了商品的价值。这一节我们要回过头来进一步研究价值的表现形态即价值形态。研究价值形态，可以使我们明了内在于商品的价值是怎样表现出来的，商品价值关系是怎样发展的，货币是怎样产生的，它的本质是什么。

商品既然具有使用价值和价值两重属性，那么它也就必须具有两重形态，即使用价值形态和价值形态。商品的使用价值形态，就是商品本身的自然形态，这个形态我们从棉布、大米、绵羊、斧子等商品体上是可以直接感触到的。但是，商品的价值形态却不是这样。就孤立的一件商品来说，无论我们怎么翻弄它，即使把它研成粉末，也不能在哪里找到它的价值。应该明白，价值是商品的一种社会属性，只有通过不同商品之间的社会关系即交换关系，它才能表现出来。因此，交换价值就是价值的表现形态。我们只有从商品的交换价值中，才能够看到商品价值的存在。

那么，一种商品的价值是怎样通过它的交换价值而表现出来的呢？为了理解这一问题，我们必须从最简单的价值形态开始研究。商品的交换价值或价值形态，曾经历了一个很长的发展过程。在今天，一切商品都和货币相交换，一切商品的价值都通过货币来表现，这种货币形态是价值形态长期发展的结果。货币形态虽然是人们习以为常的价值形态，但它上面却充满着令人迷惑不解的地方。我们只有从最简单的价值形态出发，弄清楚价值的最单纯的表现，然后再研究价值形态的整个发展过程，这样，才能够揭露货币的本质。马克思在考察价值形态时曾经说过：“我们要做资产阶级经济学从来没有打算做的事情：指明这种货币形式的起源，就是说，探讨商品价值关系中包含的价值表现，怎样从最简单的最不显眼的样子一直发展到炫目的货币形式。这样，货币的谜就会随着消失。”②

价值形态是适应商品交换的发展而发展的。最初的商品交换，只是在原始部落

---

① 马克思，恩格斯．马克思恩格斯全集：第23卷．北京：人民出版社，1972：55．

② 同①61．

之间进行。那时社会分工还没有出现，人们还不是为交换而生产，只是把极少量的多余的产品拿来交换。因此，这时的交换是带有偶然性的。由于交换带有偶然性，因而商品的价值表现也就带有偶然性，一种商品的价值只能偶然地、简单地表现在和它交换的另一种商品上。也就是说，两种商品的交换，为其中一种商品提供了最简单的价值表现。这种简单的或偶然的价值形态，可以用以下等式来表示：

1只绵羊＝2把斧子

（1只绵羊值2把斧子）

在这个价值形态上，一种商品（绵羊）的价值，通过另一种商品（斧子）来表现。从形式上看，这种价值形态似乎是很简单的，其实，它所包含的内容却极其复杂。正如马克思所指出的："一切价值形式的秘密都隐藏在这个简单的价值形式中。"① 因此，我们对于这种价值形态必须进行详细的分析。

在1只绵羊＝2把斧子（或1只绵羊值2把斧子）这个简单的等式中，绵羊和斧子这两种商品所起的作用是完全不相同的。绵羊起着主动的作用，它把自己的价值表现在斧子上面；而斧子则起着被动的作用，它只是绵羊价值的表现材料。在这里，因为绵羊的价值不是由它本身直接表现出来，而是借助于另一种商品，即借助于斧子相对地表现出来的，因此，它处于相对价值形态。相反地，斧子由于它不表现自己的价值，只是充当另一种商品，即充当绵羊的价值的表现材料，证明另一种商品有同自己相等的价值，因此，它就成了等价物，或者说，它处在等价形态。

相对价值形态和等价形态是互相依赖、互为条件而又互相排斥、互相对立的。它们互相依赖和互为条件，是因为绵羊倘如离开了斧子，就不能表现自己的价值；同样地，斧子倘如离开了绵羊，也不会成为价值的表现材料。绵羊只有借助于斧子，才能处于相对价值形态；斧子也只有依赖于绵羊，才会成为等价物。它们又互相排斥和互相对立，是因为在同一价值表现中，同一商品不能既处在相对价值形态，又同时处在等价形态。如果绵羊既处于相对价值形态，又处于等价形态，那么方程式就会变成1只绵羊＝1只绵羊，但这样，它也就不再是价值表现了，而只不过表示1只绵羊就是1只绵羊而已。同样，斧子既然作为等价物，它就不能同时再表现自己的价值，即不能再处在相对价值形态，除非把方程式倒转过来，斧子才能表现自己的价值。但如果这样，斧子就不再是等价物，而是绵羊成为等价物了，两者关系的性质并不会由此有所改变。

以上分析的是相对价值形态和等价形态的相互关系。现在，让我们对它们分别加以考察。

先考察相对价值形态。前面说过，一种商品必须借助于另一种商品，同另一种商品发生交换关系，才能相对地把自己的价值表现出来。譬如，绵羊只有和斧子相交换，才能相对地表现自己的价值。可是，两个不同种类的商品，为什么能够在数

---

① 马克思，恩格斯. 马克思恩格斯全集：第23卷. 北京：人民出版社，1972：62.

量上相比较，并按照一定的比例相交换呢？这是因为，在绵羊和斧子这两种商品中间，存在着共同的质，可以还原为共同的单位。我们已经知道，这种共同的质或共同的单位，就是它们的价值。绵羊和斧子都是劳动产品，都是抽象的人类劳动的凝结物，都具有价值。没有这种共同的质，它们便不能在量上互相比较，不能发生交换关系。所以，绵羊和斧子的关系，本质上是一种价值关系。

但是，在这种价值关系中，只有绵羊一种商品能够表现自己的价值。它的价值是怎样表现的呢？是通过它和斧子的对等关系表现出来的。绵羊的价值虽然同它自身的使用价值是有区别的，但绵羊不能由自己把这一点直接表示出来，它只能借助于斧子的自然形态，把这一点迂回地表示出来。通过和斧子的关系，绵羊表明它值若干把斧子，换句话说，表明它的价值同若干把斧子一样多。这样，和绵羊的自然形态不同的价值，就有了一个独立的表现形态了。

在上述价值关系中，充当等价物的斧子，本来也只是表现为一定数量的使用价值，它并不能表现自己内在的价值。但是当它和绵羊对等时，它的商品体就再不是以单纯的使用价值的姿态出现，而是作为价值体，作为价值的体化物出现了。绵羊在和斧子发生价值关系时，也就把斧子当作表现自己价值的材料，作为反映自己价值的一面镜子。因此，通过这种价值关系，绵羊就把自己的价值表现在斧子的使用价值上，它的价值就有了一个可以被人们触摸得到的形态。

关于一种商品的价值如何通过它与另一种商品的价值关系来表现，马克思曾经作过如下概括。他说："可见，通过价值关系，商品 B 的自然形式成了商品 A 的价值形式，或者说，商品 B 的物体成了反映商品 A 的价值的镜子。商品 A 同作为价值体，作为人类劳动的化身的商品 B 发生关系，就使 B 的使用价值成为表现 A 自己价值的材料。在商品 B 的使用价值上这样表现出来的商品 A 的价值，具有相对价值形式。"①

在一个价值形态中，不仅要表现"价值一般"，即表现价值的质，而且要表现价值量。价值量的相对表现，概括说来，可以有以下四种不同的情况：

第一，如果商品 B（斧子）的价值不变，而商品 A（绵羊）的价值变动，则商品 A 的相对价值（即绵羊表现在斧子上面的价值）会与它本身的价值按正比例上涨或下落。比方说，由于某种原因，养成 1 只绵羊的社会必要劳动时间比原先增加了 1 倍，从而绵羊的价值也增加了 1 倍，这时，1 只绵羊就不是值 2 把斧子，而是值 4 把斧子了；反之，如果养成 1 只绵羊的社会必要劳动时间比原先减少了一半，因而绵羊的价值也减少了一半，那么 1 只绵羊就将等于 1 把斧子，而不是过去的 2 把斧子。

第二，如果商品 A（绵羊）的价值不变，而商品 B（斧子）的价值发生变动，则商品 A 的相对价值会与商品 B 的价值按反比例上涨或下落。比如，由于制造斧子的社会必要劳动时间增加了 1 倍，斧子的价值加倍了，1 只绵羊就只能值 1 把斧

① 马克思，恩格斯．马克思恩格斯全集：第 23 卷．北京：人民出版社，1972：67．

子，而不是值 2 把斧子；反之，要是斧子的价值减少了一半，1 只绵羊就会值 4 把斧子，即比原先的 2 把增加 1 倍。

由上述两种情况可以看到：商品的相对价值的同样一种数量变化，可以是由完全相反的原因引起的。1 只绵羊由值 2 把斧子变为值 4 把斧子，可以是由于绵羊的价值已经加倍了，也可以是由于斧子的价值已经减半了。同样，1 只绵羊从值 2 把斧子变为值 1 把斧子，可以是由于绵羊的价值已经减少一半，也可以是由于斧子的价值已经增加 1 倍。

第三，如果商品 A（绵羊）和商品 B（斧子）在生产上所花费的社会必要劳动时间同时按同一方向和同一比例发生变化，则商品 A 的相对价值就会保持不变。在这种情况下，1 只绵羊仍然等于 2 把斧子。

第四，如果商品 A（绵羊）和商品 B（斧子）在生产上所花费的社会必要劳动时间同时按同一方向但按不同的程度发生变化，或者是按照相反的方向发生变化……在这些情况下，商品 A 的相对价值将怎样变动，可以由上述三种情况的应用推算出来，这里不再一一说明。

总而言之，一种商品的内在价值的变化，不可能完全明确地通过它的相对价值反映出来。当商品的内在价值不变时，它的相对价值可以发生变化；当商品的内在价值变化时，它的相对价值也可能没有变化；即使内在价值和相对价值都发生变化，变化的方向和程度也不一定是一致的。之所以如此，是因为相对价值只是价值的表现，是价值的现象形态，而不是价值本身。现象和本质往往是不一致的。

现在，我们再来考察等价形态。

我们说一种商品处在等价形态，这是什么意思呢？马克思说过：一种商品的等价形式就是它能与另一种商品直接交换的形式。[①] 在上述绵羊和斧子结成的价值关系中，由于绵羊主动地把自己的价值表现在斧子上，因而斧子便取得了一种特别的属性，即作为价值的属性。也就因为如此，斧子才成了能够直接和绵羊相交换并表现绵羊价值的商品。如果斧子不是价值的体化物，没有价值，绵羊是不可能借助于它来表现自己的价值的。但是，我们知道，斧子自身的价值和绵羊的价值一样，是不能自我表现的。因此，在这里，斧子是用自己的自然形态而不是用价值形态来表示绵羊的价值的。这一点是我们分析等价形态需要首先掌握的。与此相联系，等价形态并不表明商品的价值量。因为任何商品的价值都取决于生产该商品所花费的社会必要劳动时间。处于等价形态的斧子，既然不能直接表示自己的价值，当然也就不能表示自己代表多大的价值量。它只是用自己的使用价值的一定量来表示价值的一定量。所以，马克思说："其实，商品的等价形式不包含价值的量的规定。"[②]

根据上面对于等价形态的一般概念的理解，我们可以确定等价形态有以下特征。

---

① 马克思，恩格斯. 马克思恩格斯全集：第 23 卷. 北京：人民出版社，1972：70.

② 同①71.

等价形态的第一个特征是：使用价值变成了它的对立物——价值的现象形态。在我们的例子中，斧子的自然形态，就成了价值形态。它以自己的使用价值表现绵羊的价值。1只绵羊值多少？回答：值2把斧子。斧子不仅把绵羊的内在价值表现成为外在的、人们看得见和摸得着的东西，而且把价值量的多少也表现出来了。

充当等价物的商品的使用价值之所以能够成为价值的现象形态，是因为这种商品本身也有价值；并且，也是因为它和另一种商品结成了价值关系（如果是孤立的斧子，就只能表示它是一定的有用的东西，2把斧子比1把斧子的效用多一倍，除此以外不能表示任何东西）。这就同处在天平一端的砝码能够衡量另一端的砂糖的重量，是一样的道理。砝码之所以能够这样，是因为它本身也有重量，并且和砂糖处于同一重量关系中。如果它不和砂糖发生重量关系，孤立地存在，它就只不过是普通的铁片，而不能成为重量的现象形态。

不过，任何一种类比都有一定的限度。价值的表现同重量的表现虽然有相似之处，但也有根本不同的地方。在砂糖和铁片（砝码）的重量关系中，铁片所表现的是两种物品共有的自然属性；而在绵羊和斧子的价值关系中，斧子所表现的价值，却是这两种物品的社会属性。物品天然就有重量，所以铁片（或任何其他物品）的自然形态，天然就能够表现重量。但物品的价值却不是天然具有的，只有当物品是作为商品生产出来时，它才具有价值，它的自然形态才能成为价值的现象形态。

由等价形态的第一个特征，还可以引申出等价形态的第二个特征，这就是：具体劳动成为它的对立物——抽象劳动的现象形态。既然斧子用它的自然形态——使用价值来代表价值，并以此表示绵羊的价值，这就证明斧子和绵羊一样，也是抽象劳动的产物。

古希腊的伟大学者亚里士多德在分析价值形态时，曾经意识到不同的物品之所以能够互相交换，是因为这些物品之间存在着某种本质上的共同性，但是，这种共同性究竟是什么，他并不了解。这是因为他受到了时代和阶级的限制，在他生活的奴隶时代，人类的各种劳动还是极不平等的，人们心目中根本不可能形成同一的、人类一般劳动的概念。只有在商品生产高度发达的资本主义社会，当一切劳动产品都投入交换过程中，一切劳动都在实际上被平等看待的时候，人们才可能从各种劳动中找到抽象劳动这种相同的本质。

最后，等价形态的第三个特征是：私人劳动采取了它的对立物——社会劳动的形态。在以私有制为基础的商品生产条件下，生产各种商品的劳动，都是私人劳动；同时，由于每一种具体的私人劳动，都是社会分工体系的一个环节，是社会劳动的一部分，因此，它们又都是社会劳动。可是，生产商品的劳动的社会性，只有当这种商品能够直接和其他商品相交换时，才会获得社会的承认。而我们知道，处在等价形态上的商品，例如斧子，就具有能够直接同别的商品相交换的形态，所以，制造斧子这种产品的私人劳动，也就具有直接的社会劳动形态。

以上我们分别考察了简单价值形态的两极。我们从这里看到，处在相对价值形态的商品绵羊，它的自然形态仅仅是作为使用价值的形态出现的；相反地，处在等价形态的商品斧子，其自然形态却是作为价值形态出现的。商品本来都是使用价值和价值的统一体，但在这两种商品的价值关系中，一种仅仅表现为使用价值，另一种仅仅表现为价值。这样，原来包含在一种商品内部的使用价值和价值的矛盾，现在就表现为一种外部的对立，即两种商品之间的对立了。所以，一种商品的简单价值形态，不外乎是商品内部使用价值和价值的矛盾的简单表现形态。

简单价值形态是最古老、最原始的价值形态，它是在人类的劳动产品刚刚转化为商品的时候出现的。在这种价值形态中，商品的价值表现还是很不完全、很不充分的。因为从这种价值形态上，我们只能看到一种商品和另一种商品相等，还看不出它是否在质上和所有商品都相等，也看不出它能否在量上和所有商品相比较。这种情况表明，在简单价值形态下，价值作为无差别的人类劳动凝结的这种性质，还没有能够充分地显示出来。

但是，交换并不是永远停留在这个阶段，随着生产力的发展，随着第一次社会大分工①的出现，交换逐渐成为一种经常的现象。这时，一种商品已经不是偶然地和另一种商品相交换，而是经常地和许多种商品相互交换了。于是，价值的表现也就由简单的价值形态，逐步过渡到扩大的价值形态。这种扩大的价值形态，可以用下列等式来表示：

$$1\text{只绵羊}\begin{cases}=2\text{把斧子，或}\\=5\text{斤盐，或}\\=1\text{克黄金，或}\\=3\text{斤茶叶，或}\\=\text{其他等等}\end{cases}$$

在这里，一种商品的价值已经不是偶然地表现在另一种商品上，而是经常地表现在一系列的其他商品上。绵羊不仅以斧子作为表现自己价值的材料，而且以盐、黄金、茶叶等无数其他的商品作为表现自己价值的材料。因此，只有到扩大的价值形态，商品价值才第一次被表现为无差别的人类劳动的凝结。在这里，饲养绵羊的劳动不仅第一次被视为同无数其他种劳动相等，同时，由于绵羊必须按照不同的比例和不同的商品相交换，所以各种商品相交换的比例要由它们包含的价值量来决定这一点，也第一次明显地显露出来了。

但是，扩大的价值形态仍然是有缺点的。这表现在：如就某一种商品来说，固然可以表明它和其他那些商品有相同的质，但倘如就商品全体来说，它们的价值仍然没有一个共同的、统一的特殊等价物的序列，而且每一个这样的序列又都是不相同的，它们还没有一个一般的、为大家所公认的等价形态。这表明了，在扩大价值的场合，商品的相对价值表现，依然是不完全、不充分的，尽管它比简单价值形态

① 在原始社会后期，随着社会生产力的发展，畜牧部落从其他部落中分离出来，形成专门的生产部门，叫社会第一次大分工 。

已经前进了一大步。

扩大价值形态的缺点，必然会随着交换的发展而日益显著起来。例如，当一个人要用绵羊去换斧子的时候，斧子的所有者可能不需要绵羊，而需要茶叶，但茶叶的所有者也不需要绵羊，而需要盐，只有盐的所有者才需要绵羊。在这种情况下，绵羊所有者就必须先用绵羊换盐，再用盐来换茶叶，最后才能用茶叶换回自己所需要的斧子。交换的这种困难表明，商品经济的矛盾随着交换的发展而加深了。

但困难总是同解决困难的条件一同产生的。在扩大的价值形态中，既然某一种商品可以经常同其他商品相交换，把它的价值表现在一系列其他商品上，那么反过来，这许多其他商品不也可以经常同某一种商品相交换，并把它们的价值表现在这一种商品上面吗？事情当然会是这样的。所以，随着交换的发展，便从无数的商品中逐渐分离出一种商品来，其他一切商品都习惯地和它相交换，通过它来表现自己的价值。这样一来，扩大的价值形态便过渡到一般的价值形态。这种一般的价值形态可以用下列等式来表示：

$$\left.\begin{array}{l} 2\text{ 把斧子}= \\ 5\text{ 斤盐}\quad = \\ 1\text{ 克黄金}= \\ 3\text{ 斤茶叶}= \\ \text{其他等等}= \end{array}\right\} 1\text{ 只绵羊}$$

这种价值形态为什么叫作一般的价值形态呢？原因是，在这种价值形态上“商品价值的表现：1. 是简单的，因为都是表现在唯一的商品上；2. 是统一的，因为都是表现在同一的商品上。它们的价值形式是简单的和共同的，因而是一般的”①。

在一般价值形态上，一切商品的价值，都通过一种和它们分离的商品（绵羊）来表现。因此，它们的价值作为无差别的人类劳动凝结的这种性质，便完全地、充分地表现出来了。一切商品既然在质上表现为共同的东西，它们在量上便也可以互相比较。现在，一切商品都可以通过绵羊来互相比较它们的价值。例如，2 把斧子＝1 只绵羊，3 斤茶叶＝1 只绵羊，所以 2 把斧子＝3 斤茶叶。

从另一方面看，那种用来表现其他一切商品价值的商品，则成了一般等价物。这种商品的使用价值，成了商品价值的一般的存在形态，它可以直接和一切其他商品相交换；生产这种商品的特殊的具体劳动，成了抽象劳动的一般形态，它可以直接和其他一切劳动相对等；生产这种商品的私人劳动，也取得了一般的社会形态，直接当作一般的社会劳动而存在。因此，每个商品生产者现在只要能够把自己的商品换成一般等价物，他的劳动就能够得到社会的承认。然后，他就可以用一般等价物来换取他所需要的任何商品。

从上面的分析中可以看出，相对价值形态和等价形态的对立在一般价值形态上

---

① 马克思，恩格斯. 马克思恩格斯全集：第 23 卷. 北京：人民出版社，1972：81.

进一步发展了。在简单价值形态上，虽然也存在着这种对立，但对立还是很不固定的。在绵羊和斧子交换的过程中，从绵羊所有者的角度看，固然是以斧子为等价物，公式为 1 只绵羊＝2 把斧子，但从斧子所有者的角度看，则绵羊又成了等价物，公式就变成了 2 把斧子＝1 只绵羊。到了扩大的价值形态，这种对立就比较固定了。这时候，只有一种商品处在相对价值形态，其他的商品都和它相对立，处在等价形态。待到一般价值形态时，则是全体商品把一种商品排除在相对价值形态之外，使其处在一般等价形态；而这种商品之所以能够成为一般等价物，又是因为其他一切商品都不能充当一般等价物。相对价值形态和等价形态这种对立的发展，反映着商品经济矛盾的进一步发展。

一般价值形态的出现，克服了扩大价值形态的缺点，因而在相当程度上促进了交换的发展。不过，在这种形态上，一般等价物并没有完全固定地由某一种商品来充当。一个时期是牲畜充当一般等价物，过一个时期又可以是毛皮充当；甲地用盐作一般等价物，乙地有可能用贝壳；等等。一般等价物这种不固定的情况，阻碍了各地区之间商品交换的进行。但是，随着第二次社会大分工①和商品生产的出现，商品交换在人类经济生活中有了更加重要的意义，交换的商品增多了，交换的地区也进一步扩大了。在这种情况下，就要求一般等价物固定地由某一种商品来充当。当这种充当一般等价物的机能被固定在某一种特殊商品上的时候，这种商品就成了货币商品，成了货币。于是，一般等价形态就转变为货币形态。这里，我们谈到货币商品，都是专指黄金或白银。货币形态可以用下列等式来表示：

$$\left.\begin{array}{l}\text{2 把斧子}= \\ \text{5 斤盐}\quad = \\ \text{1 只绵羊}= \\ \text{3 斤茶叶}= \\ \text{其他等等}=\end{array}\right\}\text{1 克黄金}$$

货币形态和一般价值形态并没有什么本质的差别，不同的地方只是，在货币形态上，一般等价物已经稳定地由黄金这一种商品来充当了。在这里，一切商品都处在相对价值形态，唯独黄金处在等价形态；黄金排除一切其他商品而取得了表现价值、表现抽象劳动和社会劳动的独占权。

货币形态的出现，已经有几千年的历史了。但是，对于货币的起源和本质，资产阶级学者却从来没有作过正确的解释。他们或者把货币看成是人们协商的产物，看成是人们有意识发明出来的，或者把货币看成是黄金天然具有的属性，等等，只有马克思，才第一次根据他对价值形态的历史分析，科学地阐明了货币的起源和本质。

---

①　在原始社会解体、奴隶制形成的过程中，随着社会生产力的进一步发展，尤其是在金属工具的推动下，出现了许多新的手工业，如纺织、榨油、酿酒、金属冶炼、工具制造等等。手工业从农业中分离出来，形成专门的生产部门，是社会第二次大分工 。

从以上分析中可以清楚地看到，货币是从交换发展的历史过程中自发产生的，是商品内在矛盾发展的结果。充当货币材料的黄金，最初也是以普通商品的资格参加交换的，它起先可能是在偶然的交换行为中，充当个别等价物；然后，又和其他商品一起，充当特殊等价物；最后，由于它固定地执行一般等价物的职能，才转变为货币。可见，货币并不是人们协商的产物，而是价值形态长期发展的结果。

从上面的分析中，我们对于货币的本质已经可以得到一个明确的理解：货币无非是一般等价物，是固定充当一般等价物的商品。货币之所以能起一般等价物的作用，是因为它本身也是商品，也具有价值；但它又和普通商品不同，它是唯一专门充当一般等价物的商品。

至于黄金为什么会充当货币的材料，不是由于黄金有什么神秘的属性。在人类历史上，实际上曾有很多种商品起过货币的作用。例如，在我国古代，最早的货币是贝；在古代的俄罗斯，毛皮、牲畜曾充当过货币；等等。只是由于商品经济的进一步发展，货币的作用才逐渐地自发地固定在白银和黄金上面。之所以会固定在白银和黄金上面，是因为这些贵金属的自然属性适于执行货币的作用，诸如同质性、易于分割、不腐烂、体积小而价值大、便于携带等等。所以，马克思曾说："金银天然不是货币，但货币天然是金银。"①

既然货币是商品经济内在矛盾发展的产物，那么货币的出现，是不是意味着商品经济矛盾的解决呢？不，货币的出现，不但未能解决商品经济的内在矛盾，反而使这些矛盾进一步展开了。货币的出现，使得整个商品世界分裂成了两极：一极是商品，它们是各种特殊的使用价值；另一极是货币，它代表着交换价值。这样，商品的内在矛盾，即使用价值和价值的矛盾，就转化为商品和货币的对立了。货币出现以后，一切商品都必须换成货币才能实现自己的价值，一切具体劳动都必须通过货币才能还原为抽象劳动，一切私人劳动都必须通过货币才能取得社会劳动的形态。因此，如果商品生产者不能把他的商品换成货币，他的生产就将受到严重的影响。

在资本主义社会，由于商品经济的高度发展，商品和货币的对立也发展到极端尖锐的地步。资本主义社会频繁发生的经济危机，就是这种对立的最明显的表现。关于这些具体的表现，我们将在以后各章中进一步分析。

第五节　货币的职能

货币的本质表现在它的职能当中。分析货币的职能不仅会使我们明了货币在商品经济中的作用，而且会使我们进一步认识它的本质。

在发达的商品经济条件下，货币执行着五种职能，即价值尺度、流通手段、贮

① 马克思，恩格斯. 马克思恩格斯全集：第13卷. 北京：人民出版社，1962：145.

藏手段、支付手段和世界货币。其中价值尺度和流通手段是货币的基本职能。马克思说："一种商品变成货币，首先是作为价值尺度和流通手段的统一，换句话说，价值尺度和流通手段的统一是货币。"① 货币的其他各种职能，是随着商品经济及其内在矛盾的发展而逐步出现和发展起来的。

价值尺度是货币的第一种职能。货币执行这一职能，就是以自己为尺度，来表现和衡量其他一切商品的价值。正如尺子是用来衡量其他物品长短的尺度一样，货币是用来衡量其他商品价值大小的尺度。

货币之所以能够充当价值尺度，是因为货币本身也是商品，具有价值。自身没有价值的东西，是不能衡量其他商品的价值的。这与不能用一种自身没有长度的东西来衡量另一物品的长度，道理相同。

通过与货币的比较，各种商品的价值也就可以互相比较。譬如，1 斤猪肉的价值是 1 元，2 斤砂糖的价值也是 1 元，那么 1 斤猪肉和 2 斤砂糖的价值便是相等的。但是，千万不要忽略，各种商品的价值之所以能够互相比较，并不是因为有了货币，而是因为它们本身都是一定量的物化劳动，具有相同的质。

商品价值的大小，本来是由凝结在该商品中的劳动时间来测量的。凝结的劳动时间越多，商品的价值便越大。因此，劳动时间是商品的内在的价值尺度，而货币不过是商品的外在的价值尺度。马克思说："货币作为价值尺度，是商品内在的价值尺度即劳动时间的必然表现形式。"②

商品的价值表现在货币上，就是商品的价格。价格是价值的货币表现。货币执行价值尺度的职能，就是把商品的价值表现为一定的价格。比如，10 担米值 1 两黄金，在这里，1 两黄金就是 10 担米的价格。

为了把各种商品的价值表现为一定的价格，并不需要在商品旁边真的摆上若干货币，而只需要在心中计算一下，顶多给商品贴个价格标签就行了。因此，货币是作为想象的或观念的货币来执行价值尺度的职能的。马克思说："货币在执行价值尺度的职能时，只是想象的或观念的货币。"③

但是，用观念的货币来衡量商品的价值，绝不意味着人们可以随心所欲地规定商品的价格。实际上，由观念的货币所表明的商品价格，是以人们在现实交换中所支出的实在的货币为依据的。人们之所以能够在观念上确定 10 担米的价格为 1 两黄金，就是因为人们在实际购买 10 担米时真需要支付 1 两黄金。货币和其他各种商品之间的想象中的比例，不过是客观地存在于它们之间的实在比例的反映。

货币作为价值尺度，是用来衡量一切商品的价值的。由于不同数量或不同种类的商品具有不同的价值量，因而，为了把不同的价值量表现为不同的价格，便需要用不同的货币量。而这就要求货币自身的量必须是可以计量的。为了计量货币自

---

① 马克思，恩格斯. 马克思恩格斯全集：第 13 卷. 北京：人民出版社，1962：113.

② 马克思，恩格斯. 马克思恩格斯全集：第 23 卷. 北京：人民出版社，1972：112.

③ 同②114.

身，在技术上便需要确定一种固定的货币单位，有了这个单位，任何价格便都可以表现为同一单位的一定倍数。

作为货币材料的黄金或白银，有一种习惯的衡量单位，即重量单位。所以黄金或白银的一定的重量单位，便自然地成为货币单位。例如，中国历史上以白银作为货币时，就曾经以“两”作为货币单位。不同的国家有不同的货币单位，如美国的美元，英国的英镑，法国的法郎，印度的卢比，等等。不同的货币单位，含有不同的金属重量，例如，1 美元的含金量在 1934 年以前为纯金 1.504 632 克，在 1934 年美元贬值后，它的含金量减为 0.888 671 克，而在 1971 年 12 月美元进一步贬值后，其含金量则减为 0.818 513 克；旧中国一个银元的含银量为 0.648 两。为了便于计量，货币单位还可以分成若干较小的等份，即较小的单位。例如，1 美元分为 100 美分；1 英镑分为 10 先令，1 先令又分为 10 便士；中国的 1 元分为 10 角，1 角又分为 10 分；等等。这种包含一定金属重量的货币单位（及其等份），我们把它叫作价格标准，即用以计量商品价格的标准。

在历史上，货币单位的名称（价格标准）与重量单位的名称曾经是一致的。例如英国的镑（曾经是 1 磅白银）、中国的两和铢等，它们当时既是重量单位，又是价格标准。后来，在历史的发展过程中，货币单位的名称与重量单位的名称相分离了。造成这种分离的主要原因是：(1) 外国货币的输入。外国货币单位的名称与本国重量单位的名称自然是不同的。例如，在中国清代，随着资本主义国家银元的流入，排挤了原来银两的流通，从而使中国货币单位的名称脱离了重量单位的名称，由“两”改称为“元”。(2) 随着社会财富的增长，作为货币材料的较贱的金属由较贵重的金属所代替。例如，英国在 18 世纪以前，白银曾是主要的货币材料，后来白银逐渐为黄金所排挤。当黄金代替白银成为货币材料以后，按照当时黄金与白银的比价（15∶1）计算，1 英镑就只代表 $\frac{1}{15}$ 磅重的黄金了。(3) 国家铸造分量不足的货币。

价格标准是为货币执行价值尺度的职能而规定出来的。有了价格标准，货币的价值尺度职能就通过价格标准来实现。这样，任何品种、任何数量的商品的价值便都易于衡量和比较了。比如，1 台机器值 500 元，5 台机器就值 5 个 500 元即 2 500 元，等等。

价格标准并不是货币的与价值尺度职能相独立的另外一种职能，而是为价值尺度职能服务的一种技术性的规定。因此，我们绝不能将价值尺度和价格标准混淆起来。货币作为价值尺度，是代表一定量的社会劳动，用来衡量其他商品的价值，而货币作为价格标准，则是代表一定的金属重量，用来衡量货币金属本身的量；货币作为价值尺度，是在商品经济中自发地发生的，它并不依存于国家的权力，而货币作为价格标准，则通常是由国家以法律规定的；作为价值尺度，货币金属的价值会随着劳动生产率的变动而变动，反之，作为价格标准，货币单位所包含的金属重量，与劳动生产率的变动无关，从而与金属价值的变动无关，比如，如果不经国家调整，不管黄金的价值怎样变动，1美元的含金量就总是同原来规定的一样多。

货币作为价值尺度，虽然能在观念上表现商品的价值，但不能真正实现商品的价值。商品价值只有通过商品流通才能实现。商品流通就是以货币为媒介的商品交换。在商品流通中，商品形态转化为货币形态，货币形态又转化为商品形态。货币在商品流通中的这种媒介作用，就是货币的流通手段职能。

作为流通手段的货币，只能是实在的货币，而不能是观念的货币。

商品流通的公式与商品直接交换的公式是不同的。商品直接交换的公式是商品—商品（W—W）；而商品流通的公式则是商品—货币—商品（W—G—W）。

商品流通包括两个形态变化的过程：（1）商品—货币（W—G），即出卖的过程；（2）货币—商品（G—W），即购买的过程。商品流通就是这两个对立过程的统一。商品流通既打破了商品直接交换的限制，同时也使商品的内在矛盾有了进一步的发展。

大家知道，在商品直接交换的条件下，买与卖是统一的，每一次卖同时也就是买，交换是在同一个时间、同一个地点进行的。例如，甲用布与乙的粮食相交换，这个行动对任何一方来说，既是卖同时又是买。而在商品流通的条件下，这种买与卖的同一过程则分裂成两个独立的过程，买与卖在时间上和空间上分开了。商品所有者在这一地方卖出商品以后，可以转到别的地方去购买，也可以在卖出商品以后不马上购买。所以，以货币为媒介的商品交换即商品流通，把原来物物交换时所存在的时间上和空间上的限制都打破了。

可是，一些人卖而不买，就必然会使另外一些人的商品卖不出去。因此，货币作为流通手段的职能，已经包含着发生危机的可能性。不过在简单商品经济的条件下，这种危机的可能性还不会变为现实性。

在商品流通的过程中，货币不断地作为购买手段实现商品的价格。当货币实现商品的价格时，就把商品从卖者手中转到买者手中，同时，它自己就从买者手中转到卖者手中。货币的这种不断地由买者手中转到卖者手中，不断地作为购买手段与各种商品掉换位置的运动，就是货币流通。货币流通是由商品流通引起的，并且是为商品流通服务的。商品流通是第一性的，货币流通是第二性的，商品流通是货币流通的基础，货币流通是商品流通的表现。马克思说："货币作为流通手段的运动，实际上只是商品本身的形式的运动。"①

但是，从表面现象来看，商品流通却好像是由货币流通决定的，是货币流通的结果。为什么会产生这种假象呢？这是因为在商品流通过程中，商品与货币换位以后，它就退出流通领域，进入消费领域；但货币却不是这样，它继续留在流通领域内，不断地与别的商品调换位置。运动的连续性完全表现在货币这一方面。这样，就造成一种假象，好像商品流通是由货币流通引起的，"似乎正是作为流通手段的

---

① 马克思，恩格斯. 马克思恩格斯全集：第23卷. 北京：人民出版社，1972：135.

货币使本身不能运动的商品流通起来”①。资产阶级的经济学者正是根据这种表面现象，而断言商品流通依存于货币流通，商品价格依存于流通的货币数量。这是完全错误的。

其实，货币不过是商品交换的媒介，它本身就是商品交换自发发展的产物。货币的不断运动服从于商品交换的需要，是为了实现各种商品的价格。各种商品是带着已知的价格进入流通的，货币在商品流通中只能实现商品的价格，而不能规定商品的价格。不仅如此，货币流通的规模和速度也是由商品流通的规模和速度决定的。所以，并不是货币流通决定商品流通，恰恰相反，而是商品流通决定货币流通。

作为流通手段的货币，既然要不断地留在流通领域发挥它的职能，那么，在一定时期内，流通领域中究竟需要多少货币呢？

流通中所需要的货币量，取决于以下几个因素：（1）市场上待售的商品总量；（2）商品的价格水平；（3）货币的流通速度。前两个因素的乘积，就是商品价格总额。在其他条件不变的情况下，商品价格总额越大，流通中所需要的货币量便越多。假定市场上有价格总额为 1 亿元的商品，在一定时期内货币流通速度为一次，在这种情况下，要实现这 1 亿元的商品，就必须有 1 亿元的货币。因此，流通中所需要的货币量与商品的价格总额成正比。但由于在一定时期内，同一单位的货币可以流转多次，因而流通中所需要的货币量，可以大大少于商品价格总额。关于这一点，我们可以举一个简单的例子：某裁缝用出卖衣服得到的 10 元向某农民购买粮食，某农民再用出卖粮食得到的这 10 元向某铁匠购买锄头，这样，10 元货币就实现了价格共计 30 元的商品。假定在一定时期内，货币的流通速度为 10 次，则实现价格总额为 1 亿元的商品，只要有 1 000 万元的货币就可以了。由此可见，流通中所需要的货币量与货币的流通速度成反比。在一定时期内，货币流通的次数越多，流通中所需要的货币量就越少；反之，货币流通的次数越少，则流通中所需要的货币量就越多。流通中所需要的货币量可以用公式表示如下：

$$\frac{\text{一定时期内流通中}}{\text{所需要的货币量}}=\frac{\text{商品价格总额}}{\text{同一单位货币流通的平均速度（次数）}}$$

在一定时期内商品流通所需要的货币量，等于全部商品的价格总额除以同一单位货币流通的平均速度，这就是货币作为流通手段时货币流通的规律。

作为流通手段的货币，最初是以银块或金块的形状出现的。但由于每块白银或黄金的成色和重量并不相同，因而每次交换都得查成色，称分量，这给日益扩大的商品交换带来了很多不便。后来，随着商品交换的发展，块状的金属货币逐渐为铸币所代替。

铸币的出现，同商人的活动有关。商人专门从事商品交换，出纳的货币数量较

---

① 马克思，恩格斯. 马克思恩格斯全集：第 23 卷. 北京：人民出版社，1972：135.

多。为了免除每次对所用金属都要进行鉴定的麻烦，有些著名的富商便在金属铸块上烙上自己的印记，用他们的信誉来保证金属铸块的成色和重量。例如，中国清代中叶以后流通的银元宝，就是由“公估局”① 来鉴定其成色和重量的，元宝的凹部附有鉴定结果的朱批。当市场范围比较狭小的时候，个别商人的烙印还可以起证明作用。但是，当市场范围扩大以后，个别商人的信誉就显得十分不够了。这就需要对金属铸块的成色和重量作出更有威信的证明。具有这种威信的机关是国家。国家开始把金属块铸成一定的形状，并烙上印记，于是就出现了铸币。所以，铸币不过是经过国家证明的具有一定形状、成色和重量的金属铸块。

最初，铸币的形状是多种多样的，如正方形、长方形、椭圆形和圆形等等。由于人们从经验中得知圆形铸币最便于携带和清点，所以后来便到处使用圆形铸币。

在历史上，铸币很早就出现了，远在公元前的许多世纪，埃及、希腊、波斯等国就已经有了铸币。我国在商、周之际开始用铜制造铸币，到春秋战国期间，铜铸币广泛通行，有布币、刀币、环钱等种类。有一个时期，铸币的名称是采用重量的名称，如两、铢等，到了唐朝则改称为宝，清朝光绪年间，开始设立造币厂，铸造银元。

铸币在流通中会不断磨损，这就使货币的名称和它的实际重量逐渐脱离，成为不足价的铸币。但是，在流通过程中，磨损了的铸币仍然能够和足价的铸币一样执行流通手段的职能。这一事实被政府所利用，政府开始有意识地降低铸币的成色和重量，铸造各种不足价的铸币。国家还发行用贱金属铸成的辅币，与金、银铸币一道流通。这样，铸币便日益变成了价值符号或货币符号。以后，国家又进一步发行完全没有价值的纸币，来代替金属铸币执行流通手段的职能。纸币是纯粹的价值符号。

为什么没有价值的货币符号能够代替金属货币来执行流通手段的职能呢？这是由流通手段职能本身的特点所决定的。货币作为流通手段，是在商品流通过程中不停地周转，不断地从一个人手里转到另一个人手里的。对于每个商品交换者来说，货币发挥流通手段的职能，只是转瞬即逝的事情。只要货币能够作为交换的媒介，使自己的商品卖出去，并能买回与货币额面价值相等的商品，人们就不会过问货币所包含的实际价值究竟有多少。这样，就产生了金属货币由不足价的或完全没有价值的货币符号来代替的可能。马克思说：“商品的交换价值的独立表现只是转瞬即逝的要素。它马上又会被别的商品代替。因此，在货币不断转手的过程中，单有货币的象征存在就够了……货币作为商品价格的转瞬即逝的客观反映，只是当作它自己的符号来执行职能，因此也能够由符号来代替。”②

纸币是由国家发行并且强制流通的价值符号，它是金属货币的代表，代替金属

---

① 公估局是清代中叶以后各地鉴定宝银的机构，有官办和私办两种。银炉所制宝银，须经公估局鉴定，在宝面加批成色和重量，才能在市面上流通。

② 马克思，恩格斯. 马克思恩格斯全集：第 23 卷. 北京：人民出版社，1972：148－149.

货币来执行流通手段的职能。但是，由于纸币本身没有价值，所以它不能执行价值尺度的职能。在纸币流通的条件下，执行价值尺度职能的仍然是黄金（或白银），商品价值仍然通过黄金（或白银）来表现。

我国是世界上最早采用纸币的国家之一。唐宪宗时的飞钱、北宋的交子都已具有纸币的某些特性。北宋时金国的交钞，南宋的会子，则已经是纯粹的纸币。到了元朝，第一次采用了不兑现的纸币，以代替金属货币的流通。明朝初年恢复了金属货币的流通，但纸币仍然存在。

既然纸币在商品流通中代替金属货币执行流通手段的职能，那么，纸币的流通便是以金属货币流通的规律为基础的。无论发行多少纸币，它都只能代表商品流通中所需要的金属货币量。但是，纸币流通也有它自己所特有的规律，“这一规律简单说来就是：纸币的发行限于它象征地代表的金（或银）的实际流通的数量。”①如果纸币的发行量相当于商品流通中所需要的金属货币量，则纸币就同金属货币具有相等的购买力；如果纸币的发行量超过了商品流通中所需要的金属货币量，则单位纸币所代表的金属货币量就会减少，纸币就会贬值，物价就会上涨。假定在一定时期内商品流通中所需要的金属货币量为 1 亿元，但纸币的发行量却达到 2 亿元，这时纸币就要贬值一半，1 元的纸币只能代表 0.5 元的金属货币。当其他条件不变时，物价就要上涨 1 倍，原来卖 1 元的商品，现在就要卖 2 元。可见，纸币发行量是金属货币流通量的多少倍，纸币就相应地贬值到原来的多少分之一；当其他条件不变时，物价也要相应地上涨到原来的多少倍。从这里我们可以看到，“国家固然可以把印有任意的铸币名称的任意数量的纸票投入流通，可是它的控制同这个机械动作一起结束。价值符号或纸币一经为流通所掌握，就受流通的内在规律的支配。”②

由于纸币发行过多而引起的纸币贬值，叫作通货膨胀。通货膨胀是剥削阶级国家用来掠夺劳动人民的一个重要手段。现代资本主义国家为了弥补财政赤字，常常不顾商品流通的实际需要而滥发纸币，结果造成通货膨胀，引起物价上涨。但是，与此同时，工人阶级的工资却往往不能相应地增加，因而他们的实际生活水平下降，而资产阶级的剥削收入却会急剧地增长。

资产阶级国家之所以利用滥发纸币的办法来弥补财政开支，是因为这种办法比其他办法（如增加税收等）富有隐蔽性。当它们用滥发的纸币向供货厂商支付订货款项，向农民收购农产品，向政府官员、军人等发放薪饷时，也就是说，通过各种方式把大量纸币投入流通时，一般人并不知道这些纸币乃是不代表任何价值的纸片。可是实际上，它们从进入流通的一刹那起就成为多余的了。既然纸币的发行并不代表社会商品总量的丝毫增加，那么很明显，资产阶级国家借此而获得的大量收入，便是从社会掠夺而来，即依靠削减工人阶级和其他劳动人民的收入得来的。列

① 马克思，恩格斯. 马克思恩格斯全集：第 23 卷. 北京：人民出版社，1972：147.
② 马克思，恩格斯. 马克思恩格斯全集：第 13 卷. 北京：人民出版社，1962：109－110.

宁指出："滥发纸币是一种最坏的强制性借款，它使工人这一部分最贫困的居民境况尤其恶化"①。

在半殖民地半封建的旧中国，反动的国民党政府为了进行反共反人民的内战和加紧掠夺全国人民的财富，任意滥发纸币，以致造成极端严重的通货膨胀。据统计，从全民族抗日战争爆发到国民党反动统治崩溃（1937—1949 年）的 12 年间，纸币发行额增加了 1 400 多亿倍，而物价却上涨了 85 000 多亿倍。伪法币的购买力一落再落，最后几乎变成废纸。有人曾经做过这样的计算：伪法币 100 元的购买力，在 1937 年为 2 头牛，在 1938 年为 1 头牛，在 1939 年为 1 头猪，在 1941 年为 1 袋面粉，在 1943 年为 1 只鸡，在 1945 年为 2 个鸡蛋，在 1946 年为 $\frac{1}{6}$ 块肥皂，在 1947 年为 1 个煤球，到 1948 年 8 月 19 日只值 3 粒大米了。"四大家族"从通货膨胀中搜刮了大量财富，而广大人民则陷于极端痛苦和贫困的境地。

以上，我们分析了货币的两种基本职能，即价值尺度和流通手段。如前所述，货币的职能并不限于这两种，随着商品经济及其内在矛盾的发展，货币还具有了另外一些职能。

在商品流通中，当某些商品完成了商品形态变化的第一个过程，即商品变为货币以后，如果货币不再继续用来购买商品，完成商品形态变化的第二个过程，而是从流通中退出，被其所有者贮藏起来，这时货币便成为贮藏货币，具有贮藏手段的职能。

货币能够成为贮藏手段，是因为货币是一般等价物，是社会财富的一般代表，因而可以无限制地被保存起来，并可以随时变成任何其他商品。货币的贮藏手段的职能，是由商品经济的发展所引起的。随着商品经济的发展，商品生产者对市场的依赖性加强了，为了应付生产和交换中各种偶然的变化，他们就需要经常积蓄一定数量的货币。正如马克思所说的，"随着商品流通的最初发展，把第一形态变化的产物，商品的转化形式或它的金蛹保留在自己手中的必要性和欲望也发展起来了。"②

作为贮藏手段的货币，同作为价值尺度或流通手段的货币是不同的。作为价值尺度的货币，可以是想象的、观念的货币；作为流通手段的货币，可以是货币符号；而作为贮藏手段的货币，则必须既是实在的货币，又是足价的货币，只有金银铸币、金银条块，才能作为贮藏手段，纸币是不能作为贮藏手段的。

货币作为贮藏手段具有自发地调节货币流通量的作用。当流通中所需要的货币量减少时，有一部分铸币就会退出流通成为贮藏货币；而当流通中所需要的货币量增加时，贮藏货币又会加入流通成为流通手段。这样，贮藏货币就像蓄水池一样，自发地调节着流通中的货币量，使它与商品流通的需要相适应。由于贮藏货币具有

---

① 列宁．列宁全集：第 32 卷．2 版．北京：人民出版社，1985：213.

② 马克思，恩格斯．马克思恩格斯全集：第 23 卷．北京：人民出版社，1972：150.

这种作用，所以在足价的金属货币流通的条件下，便不会产生流通中货币量过多的现象，不会发生通货膨胀。

在商品经济有了一定发展的条件下，货币又具有了支付手段的职能。

大家知道，各种商品的生产时间是不同的，有些商品的生产时间比较短，有些则比较长，而有些商品的生产还带有季节性。同时，各种商品的销售时间也是不同的，有些商品在本地市场销售，有些则需要运到远方去销售。由于这些，就会出现这样的情况：某些商品生产者在自己的生产完成之前，或者虽已完成但产品尚未脱售时，就需要先向其他商品生产者赊购一部分生产资料或消费品。例如，某些农民在秋收以前需要赊购一部分农具、肥料，某些手工业者在产品脱售以前需要赊购一部分工具、原料。这样，在买者与卖者之间便形成了债务关系。买者赊购商品所欠的款项，必须按照约定的日期支付。在这种用延期支付方式买卖商品的情况下，货币在清偿债务时，就是执行着支付手段的职能。

在用延期支付的方式买卖商品时，货币和商品不再在买卖过程中同时出现。也就是说，在商品从卖者手中转到买者手中的时候，货币并没有同时从买者手中转到卖者手中。商品的转让与商品价格的实现，在时间上分开了。尽管如此，但这时货币仍然发挥着两种职能：第一，作为价值尺度，测量赊销商品的价值，确定赊购者将来必须支付的货币额；第二，作为观念上的购买手段，使商品从卖者手中转到买者手中，这时赊购者虽然没有付出现金，但他已经承诺在将来实行支付。当支付期限到来时，货币才实际进入流通。但因这时商品已经退出流通，所以货币已经不是流通的媒介，不是作为流通手段，而是作为支付手段了。

货币的支付手段职能的出现，使商品经济的矛盾有了进一步的增长。当赊账交易出现后，许多商品生产者之间彼此都结成了债权、债务关系，如甲欠乙的钱，乙欠丙的钱，丙又欠丁的钱，等等。某些生产者之所以把商品赊卖出去，是因为他们预期债务人能够按期归还欠款。但由于种种原因，比如生产或销售发生了困难，债务人往往不能按期支付欠款。当某些债务人不能按期支付欠款时，某些债权人就有破产的危险。特别是在发达的商品经济中，商品生产者之间普遍存在着债务关系，在整个债务关系的链条中，如果有一个债务人不能按期支付欠款，就可能引起整个债务关系的连锁反应，如甲不能支付给乙，乙便不能支付给丙，丙亦不能支付给丁，等等。这样就会造成许多商品生产者经营上的困难。可见，货币的支付手段职能的出现，大大加强了商品经济的矛盾。前面提到的货币作为流通手段时所存在的危机的可能性，在货币作为支付手段时又有了进一步的发展。

货币的支付手段职能出现后，在一定时期内流通中所需要的货币量就要相应地发生改变。这时，商品流通中所需要的货币量等于：售出商品的价格总额，减去赊销商品的价格总额，加上到期的支付总额，减去互相抵消的支付总额，除以同一单位货币流通的平均速度。以公式表示如下：

$$\text{一定时期内流通中所需要的货币量}=\frac{\text{售出商品的价格总额}-\text{赊销商品的价格总额}+\text{到期的支付总额}-\text{互相抵消的支付总额}}{\text{同一单位货币流通的平均速度（次数）}}$$

随着商品经济的发展，货币作为支付手段的职能还扩展到商品流通领域以外，如交纳地租、税款，支付利息，等等。

随着国际贸易的产生和发展，货币的作用超出了国界的限制，在世界市场上发挥作用。于是，货币便有了世界货币的职能。作为世界货币的，只能是黄金和白银。铸币和纸币是不能充当世界货币的，因为它们一超出本国范围便失去了原来的法定意义。正如马克思所指出的："货币一越出国内流通领域，便失去了在这一领域内获得的价格标准、铸币、辅币和价值符号等地方形式，又恢复原来的贵金属块的形式。"①

世界货币职能主要表现在以下几个方面：(1) 作为一般的支付手段，用来支付国际收支的差额。(2) 作为一般的购买手段，用来购买外国商品。当发生战争或其他重大事件而破坏了国际正常交往的时候，购买外国商品必须用现金偿付。(3) 作为社会财富的代表由一国转移到另一国，例如，支付战争赔款、输出货币资本或由于其他原因而把金银转移到国外等情况就是如此。

以上我们考察了货币的各种职能。必须指出，货币并不是这几种职能的简单总和，而是在几种职能的有机联系中表现其本质——一般等价物的。货币的五种职能的排列顺序并不是任意规定的，这种排列顺序体现着历史和理论的统一。从历史的发展进程来看，货币是先有了价值尺度和流通手段的职能，而后才顺次出现了贮藏手段、支付手段和世界货币的职能。从各种职能之间的相互关系来看，货币必须首先完成价值尺度的职能，才能进而执行流通手段的职能；也只有价值尺度和流通手段的职能进一步发展了，才会出现贮藏手段的职能。支付手段职能的产生，不仅是流通手段职能发展的结果，而且是以贮藏手段职能的存在为前提，因为要实行支付，就必须事先有一定的货币积累。至于世界货币的职能，显然是以货币的其他各种职能在国内的存在和发展为前提，而且这一职能本身也不外是货币在世界市场上发挥其价值尺度、流通手段和支付手段的职能的继续。所以，只有很好地了解了货币的各种职能和它们之间的相互关系，才能很好地了解货币的本质，进而了解商品生产者之间错综复杂的经济关系。

第六节　价值规律是商品生产的经济规律

在以私有制为基础的商品生产的社会里，竞争和生产无政府状态占据统治地位，社会的生产和流通根本不可能有计划地进行。在那里，每一个商品生产者都是

① 马克思，恩格斯. 马克思恩格斯全集：第 23 卷. 北京：人民出版社，1972：163.

按照个人的私利盲目地进行生产，谁也不能确知市场上究竟需要哪些商品，需要多少商品，谁也不能事先知道他所生产的商品是否能够卖掉，他所耗费的劳动能否得到补偿。各个商品生产者，无论在商品的生产还是销售方面，都进行着激烈的竞争。

尽管如此，社会生产终究还是存在和发展着，各个生产部门之间终究还是存在着一定的秩序。其之所以能够如此，是因为社会的生产和流通受商品生产所固有的经济规律——价值规律的自发调节的缘故。

什么是价值规律呢？价值规律的基本内容是：商品的价值由生产商品的社会必要劳动时间决定，而商品交换则依据商品的价值来进行。这是贯彻在商品经济中的一种客观必然性。

当然，不能把这一点理解为，在商品交换中交换价值或价格是与价值完全一致的。宁可说，在交换过程中，商品价格与价值相一致只是一种偶然的情况，而它们之间的不相一致倒是经常的现象。这是因为，商品的价格虽然以价值为基础，但影响价格变动的因素，却是多种多样的，其中主要的是市场上商品的供给和需求之间的比例关系。由于生产资料的私有制和社会生产的无政府状态，因而市场上商品的供给和需求之间经常是不平衡的。不是这种商品供不应求，便是那种商品供过于求。供不应求的商品，由于买者的竞相购买，它的价格就有可能上涨到价值以上；与此相反，供过于求的商品，则由于卖者的竞相出卖，它的价格便不得不下跌到价值以下。随着供求关系的不断变动，商品的价格总是时而高于价值，时而低于价值，不停地围绕着价值上下摆动。也正因为如此，商品的价格便经常与价值不相一致。

这种价格与价值相背离的情况，是否表明商品交换不是按照价值进行，表明价值规律在客观上不存在呢？资产阶级庸俗经济学者，正是根据上述价格波动的现象，来攻击马克思的劳动价值论的。他们抓住价格经常背离价值这种现象，就否定价值规律的存在，并企图以此来从根本上“推翻”劳动价值论。另外，有一些小资产阶级经济学者，虽然承认价值规律的存在，但是他们从小生产者的立场出发，总是一心想把价值“固定”下来，而把价格高于或低于价值的现象，都看作是价值规律遭到了破坏。这种观点实际上也是把价值规律和交换过程中的价格与价值相背离的现象，看作是对立的、不相容的。

所有这些观点都是错误的。马克思说过：“如果事物的表现形式和事物的本质会直接合而为一，一切科学就都成为多余的了”①。在这里，经济科学的任务恰恰就在于透过价格背离价值的现象，来阐明价值规律是如何得到贯彻的。

其实，与上述资产阶级和小资产阶级的观点相反，价格与价值相背离的现象，并不违背价值规律。这是因为：

第一，由于市场上商品供求关系的不断变化，商品的价格虽然时涨时落，但是

---

① 马克思，恩格斯．马克思恩格斯全集：第25卷．北京：人民出版社，1974：923．

商品价格的这种变动，始终是以它们的价值为中心的；而且变动的幅度，也不会与商品价值相差太远。例如，无论供求关系发生多大的变化，一支自来水笔的价格，总比一支粉笔的价格要高。这是因为，一支自来水笔的价值高于一支粉笔的价值。

第二，从每一个孤立的交换过程来看，虽然有些商品的价格高于它的价值，有些商品的价格低于它的价值，但如果从一个较长的时期来看，商品价格的上涨部分和下跌部分是可以互相抵消的。也就是说，从长期的、平均的角度来看，商品的价格仍然等于它的价值。

所以，商品的价格时而高于价值，时而低于价值，经常围绕价值波动的现象，不仅不是对价值规律的否定，而且恰恰是价值规律的表现形式。正如恩格斯所说的："商品价格对商品价值的不断背离是一个必要的条件，只有在这个条件下并由于这个条件，商品价值才能存在。只有通过竞争的波动从而通过商品价格的波动，商品生产的价值规律才能得到贯彻，社会必要劳动时间决定商品价值这一点才能成为现实。"①

价值规律是商品生产的经济规律。不管人们是否承认它的存在，只要是存在商品生产的地方，就必然有价值规律在发生作用。在以私有制为基础的商品经济中，特别是在资本主义经济中，价值规律起着巨大的作用。人们的一切经济活动，经济关系的各个方面，都受着价值规律的支配。关于价值规律在资本主义商品经济中的作用，我们将在以后有关各章中逐步地加以叙述，在这里，只准备从几个主要方面来说明它在私有制商品经济中的最一般的作用。

首先，在私有制的商品经济中，价值规律自发地调节生产资料和劳动力在社会各生产部门之间的分配比例。

不管社会制度如何，为了进行生产和再生产，生产资料和劳动力在各个生产部门之间的分配，都应该有一定的比例。但是，在私有制的商品经济条件下，社会生产是无政府状态的，各个生产部门之间的比例关系，不可能根据统一的计划来加以安排，而只能通过商品生产者之间的竞争，通过价值规律的自发作用来调节。马克思说："商品的价值规律决定社会在它所支配的全部劳动时间中能够用多少时间去生产每一种特殊商品。"②

那么，价值规律如何来实现这种调节作用呢？

价值规律对社会生产的调节作用，是通过竞争、通过市场价格的波动而实现的。在私有制的商品经济中，各个生产者都是按照自己的意志盲目地进行生产，他们事先不了解市场的需求状况，他们"只有通过产品的跌价和涨价才亲眼看到社会需要什么、需要多少和不需要什么"③。因此，市场价格的涨落便成为商品生产者了解市场供求状况的晴雨表。各个商品生产者，就是根据市场价格的涨落来安排或调整自己的生产的。当某种商品的价格上涨到价值以上时，就表明这种商品的供给

---

①③　马克思，恩格斯. 马克思恩格斯全集：第21卷. 北京：人民出版社，1965：215.

②　马克思，恩格斯. 马克思恩格斯全集：第23卷. 北京：人民出版社，1972：394.

已经不能满足社会的需要，商品生产者感到生产这种商品特别有利，便纷纷扩大生产；于是，分配到这种商品生产部门的生产资料和劳动力就随之增加。反之，当某种商品的价格跌落到价值以下时，就表明这种商品的供给超过了社会的需要，商品生产者感到继续生产下去将会带来不利，便纷纷缩减生产；于是，分配到这种商品生产部门的生产资料和劳动力便随之减少。在私有制的商品经济中，正是通过这种市场价格的波动对社会生产的调节，社会生产各部门之间才得以建立起大体上平衡的比例关系。正如马克思所指出的："价值规律……作为盲目的自然规律起作用，并且是在生产的各种偶然变动中，维持着生产的社会平衡。"①

价值规律对社会生产的调节，虽然使私有制的商品经济能够建立某种秩序，但必须明确，这种秩序的建立是以社会劳动的巨大浪费为代价的。资产阶级学者为了美化资本主义制度，反对社会主义制度，把价值规律描绘成一架可以对资本主义生产进行自动"调整"的机器，说什么这一规律的作用保证了资本主义生产得以"自然地和谐地"进行，等等。这完全是一派胡言。价值规律在私有制的商品经济中，特别是在资本主义经济中，是作为一种自发的不受人们驾驭的力量来发挥作用的，每个资本家都屈服于它的支配。生产的盲目扩大和缩小，资本的盲目转移，不可避免地要造成大量减产、工厂倒闭和工人失业等等，也就是说，必然会造成社会生产力的巨大浪费和破坏。历史事实证明，受价值规律调节的资本主义生产，绝不是"自然地和谐地"进行的，而是在不断的震荡和经济危机之中进行的。只有在社会主义制度下，由于消灭了生产资料的私有制，建立了生产资料的公有制，人们才有可能自觉地利用经济规律，有计划地安排社会生产各部门之间的比例，使社会生产得以协调地进行。社会主义经济的这种优越性是资本主义经济根本不能比拟的。

其次，价值规律的作用，还自发地刺激社会生产力的发展。

我们已经知道，商品的价值，不是取决于生产商品的个别劳动时间，而是取决于社会必要劳动时间。由于这种缘故，那些劳动生产率较高、个别劳动耗费较少从而商品的个别价值较低的生产者，按照由社会必要劳动时间决定的社会价值来出售商品，便可以获得较多的收入。反之，那些劳动生产率较低、个别劳动耗费较多从而商品的个别价值较高的生产者，按照社会价值出售商品，便只能获得较少的收入，甚至不能弥补自己的支出。另外，那些个别劳动耗费较少的生产者，他们还可以在社会价值以下出售商品，这样做不仅可以获利，而且可以更有效地打击竞争对手。

因此，各个商品生产者为了获得较多的利益，并在竞争中争得主动地位，便力求改进生产方法，采用先进技术，以此来提高劳动生产率和降低生产商品的劳动耗费。竞争迫使每个商品生产者都这样做，结果，整个社会的生产力也就获得发展。

在私有制的商品生产条件下，特别是在资本主义制度下，由于生产力的发展服从于私有者的狭隘利益，因此，在价值规律刺激生产力发展的同时，也就必然会伴

① 马克思，恩格斯．马克思恩格斯全集：第25卷．北京：人民出版社，1974：995．

随发生阻碍生产力发展和破坏生产力的现象。在改进技术和降低商品劳动耗费的竞争过程中，总是一些人获得胜利，而另一些人遭受失败。前者的发展是以后者的牺牲换得的。在这里，生产力的发展，是通过许多商品生产者的破产和社会劳动的巨大浪费而实现的。同时，在竞争过程中，那些拥有先进技术的生产者，为了保证自己继续取得较多的收入，保持自己在竞争中的有利地位，又总是千方百计地保守技术秘密，阻碍新技术的传播。这种情况，当然也阻碍生产力的发展。

最后，价值规律的作用，还促使小商品生产者向两极分化，并在一定历史条件下，引导和促进资本主义生产关系的产生。

在简单商品生产的条件下，由于各个商品生产者所掌握的生产资料的数量和质量不同，生产技术的高低不同，因而他们生产同一种商品所耗费的劳动时间是不相等的。那些生产条件较好的商品生产者，由于生产商品的劳动耗费较少，商品的个别价值低于社会价值，因而便有可能发财致富。而那些生产条件较差的商品生产者，由于相反的原因，便会在竞争中遭受失败和走向破产。所以，从经济上看，价值规律的作用是造成小商品生产者向两极分化的一个重要原因。

在不同历史条件下，商品生产者分化所引起的社会后果是不同的。在封建社会后期，由于产生资本主义的经济条件已经具备，小商品生产者的分化，能够引起资本主义生产关系的产生。在资本主义关系已经存在的条件下，小商品生产者的分化则能够促进资本主义关系的发展。

人类社会自从有商品交换以来，已经有了五千年到七千年的历史。但是，在各个不同的社会形态中，由于商品生产发展程度不同，价值规律发生作用的情况也各不相同。在资本主义以前的各个社会中，由于商品生产还不发达，因而价值规律的作用范围受到很大的限制。在资本主义制度下，商品生产具有了普遍的性质，因而价值规律也就获得了最广阔的活动场所。在社会主义制度下，由于存在着商品生产，所以价值规律在经济领域中仍然起着一定的作用。

价值规律是商品生产的经济规律，它随着商品生产的产生而发挥作用，并将随着商品生产的消亡而退出历史舞台。

第七节　商品的拜物教性质

商品作为物品，是简单而又平常的，但物品作为商品，却是复杂而又神秘的。马克思曾经这样形容商品，“一种很古怪的东西，充满形而上学的微妙和神学的怪诞”①。当然，并不是马克思认为商品真有什么神秘的地方，而是指私有制条件下的商品生产者对商品有这种错误观念。

为什么人们对商品会产生神秘的观念呢？

---

① 马克思，恩格斯. 马克思恩格斯全集：第23卷. 北京：人民出版社，1972：87.

人们对商品的神秘观念，并不是由商品的使用价值引起的。这是因为，谁都明白，商品作为使用价值可以满足人们这样或那样的需要。这种神秘观念也不是由决定商品价值的劳动所引起的。这是因为：首先，不管各种劳动在具体形式上如何千差万别，它们都是人类的脑髓、神经、筋肉等的支出，是一般的人类劳动。这一点，远在很古的时候，人们就已经知道了。其次，从劳动的量这方面来讲，劳动的量和质的区别也是很明显的。况且，无论在何种社会条件下，生产一定的生活资料所需要的劳动时间，向来都是人们所关心的。最后，说劳动具有社会劳动的性质，这也没有什么难以理解的，因为在任何社会的生产中，人们总要互相依赖并互相交换彼此的劳动或劳动产品。所以，不管从哪方面说，决定商品价值的劳动都没有什么神秘和不可思议的地方。

那么，究竟为什么商品会让人感到神秘呢？

简单说来，商品之所以让人感到神秘，是由商品形态本身引起的。这是因为，随着劳动产品取得商品形态，人类劳动的同一的性质，便表现为商品的价值；用时间计算的人类劳动力的支出，便表现为商品的价值量；而人们之间互相交换劳动的关系，则表现为商品与商品互相交换的关系。正因为这样，在人们眼里商品这种劳动产品就取得了一种神秘的特性：商品有价值，可是价值是什么呢？价值又有价值量，但价值量又是如何决定的呢？还有，也是最根本的，一种东西为什么竟然能够和另一种东西相互交换呢？他们不明白也不能回答这些问题。在他们看来，似乎这些物品本身天然就具有价值，天然就能够按照一定的数量彼此相交换，而这些都是物品本身天然就具有的一种超自然的社会属性；并且，商品价值量的变动和价值能否实现，也似乎都是由这种物品的天然本性决定的。

前面说过，劳动产品之间的价值关系，本来是人们自己的社会关系，即人和人之间的生产关系。但是在商品生产者看来，这种生产关系却成了物和物之间的关系，乃至物对人的统治关系。这种情况，很像人们在宗教迷信方面的偶像崇拜。偶像本身——不管它是泥制的、木制的还是其他什么东西制的——本来毫无神秘之处。但是当人们由于对自然力和自然现象不能正确理解而把它们当作神来看待的时候，它们便在人们的心目中真的“神”起来了；似乎这些偶像是有生命的，它们不但能相互发生关系，而且能和人发生关系，成为一种支配人们命运的力量。由于人们对商品和对偶像的看法很相似，所以马克思便把前者，即把人们在自己观念中对商品的歪曲的反映，称为商品的拜物教。

人们对商品的拜物教观念，既然是由劳动产品的商品形态引起的，那么，归根到底这种拜物教观念“来源于生产商品的劳动所特有的社会性质”①。在以私有制为基础的商品生产条件下，虽然每个商品生产者的劳动都是社会总劳动的一个组成部分，从而具有社会的性质，但由于私有制的存在，他们的劳动在直接形态上却是私人劳动。商品生产者的劳动的社会性质，不能在生产过程中直接地表现出来，而

① 马克思，恩格斯. 马克思恩格斯全集：第23卷. 北京：人民出版社，1972：89.

只能通过商品交换，即通过劳动产品之间的对等关系，间接地表现出来。这样一来，本来是生产者之间的劳动联系，便表现为商品之间的价值关系了；本来是人和人之间的生产关系，便表现为物和物的关系了；而人们生产商品所耗费的社会必要劳动时间的变化，便表现为商品价值量的变化了。由于商品生产者不能也不可能正确认识到这一点，在他们的头脑里，商品就成了一种充满神秘性的东西。

正因为人们对商品的拜物教观念起因于生产商品的劳动的特殊的社会性质，即使科学的分析已经把价值的实质及商品价值关系的规律性阐明了，也不会由此就消除一般人的商品拜物教观念。科学虽能揭示拜物教产生的原因，却不能消除拜物教存在的基础。要消除商品拜物教，就必须先消除以生产资料私有制为基础的商品生产。

从历史上看，凡是没有商品生产的地方，商品拜物教也就不会产生。比如，在原始公社中，各个氏族成员之间的关系就表现得明明白白：他们共同劳动，共同消费，每个人的劳动都直接表现为整个公社劳动即社会总劳动的一部分。因此，在这里，人们的生产关系并不采取物与物的关系的形式。在封建主义经济中，领主和农奴的关系，也是清清楚楚的：农奴为领主提供的剩余劳动，直接体现了领主对农奴的剥削关系。领主和农奴之间的关系，也不必通过商品与商品的交换来表现。正如马克思所说的："每一个农奴都知道，他为主人服役而耗费的，是他本人的一定量的劳动力。缴纳给牧师的什一税，是比牧师的祝福更加清楚的……人们在劳动中的社会关系始终表现为他们本身之间的个人的关系，而没有披上物之间即劳动产品之间的社会关系的外衣。"①

在资本主义制度下，商品经济发展到了最高点，与此相联系，商品拜物教也发展到最充分的程度。在这里，一切劳动产品都转化为商品，一切生产者的社会联系都要通过价值关系来实现，价值规律广泛地支配着生产领域和流通领域，人们完全屈服于市场的自发力量的统治。在资本主义社会中，不仅有商品拜物教，而且有货币拜物教、资本拜物教、利息拜物教和地租拜物教等等。总之，人们的一切生产关系，在这里都被物的假象蒙蔽起来了。

如同人们对许多客观事物的看法，最后往往会集中地采取某种理论的形式表现出来一样，在资本主义制度下，人们对商品、货币以及资本等等的拜物教观念，集中地表现在资产阶级的政治经济学中。在资产阶级的经济学著作里，充满着各色各样的拜物教观念。譬如，关于商品，有人就有这样的说法："价值（交换价值）是物的属性，财富（使用价值）是人的属性。"② 由于把价值看作是物品天然具有的属性，他们还极力论证自然物质在价值形成中的作用。在货币问题上，他们的拜物教观念更加显著，他们认为金和银天然就是货币，天然就具有一种直接与一切商品相交换的能力。资产阶级学者还惯于把一切生产资料都看成资本，他们把利息看成

---

① 马克思，恩格斯. 马克思恩格斯全集：第23卷. 北京：人民出版社，1972：94.

② 同①100.

是货币本身的产物，而把地租则说成是土地的产物，等等。这样一来，人们之间的社会生产关系便看不见了，资产阶级对无产阶级的剥削关系便被掩盖了。当然，这是非常有利于资产阶级对无产阶级的剥削和统治的。

与上述资产阶级的经济学相反，马克思主义政治经济学就是要揭露人们在经济领域内的一切拜物教观念，也就是说，它要从物和物的关系背后揭示出人和人的关系来。正如列宁所说的那样："凡是资产阶级经济学家看到物与物之间的关系（商品交换商品）的地方，马克思都揭示了人与人之间的关系。"①

第八节　对资产阶级价值和货币理论的批判

商品和货币的问题，资产阶级古典经济学派和庸俗经济学派都曾进行过论述。古典学派的商品理论，是以劳动决定价值这一原理为核心的，具有一定的科学内容；庸俗学派的商品"理论"，则完全停留在表面经济现象的描述上，它以替资本主义辩护为目的，不包含任何科学的因素。

古典经济学关于劳动决定价值的学说，最早是由威廉·配第（1623—1687 年）提出来的。而后，在亚当·斯密和大卫·李嘉图的著作中，达到了它的最高成就。

亚当·斯密（1723—1790 年）在阐明他的价值理论时，曾经明确地区分了商品的使用价值和交换价值，并且正确地认为，商品的交换价值不由它的使用价值来决定，而是由劳动来决定。斯密不像在他之前的配第那样，仅仅把采掘金银的劳动或农业劳动看作价值的源泉，而是认为一切生产部门的劳动都是价值的源泉。把创造价值的劳动归结为无差别的一般的社会劳动，这是斯密的一大贡献。但是，也应当指出，在劳动决定价值的问题上，斯密的分析常常是摇摆不定的。他时而说商品的价值决定于"获得它的辛苦和麻烦"②，即决定于生产商品所耗费的必要劳动量，时而又说商品价值"等于它使他们能够购买或支配的劳动量"③，即决定于"劳动的价值"（工资）。正如马克思所指出的，"他（指斯密。——编者）经常把商品价值决定于商品中所包含的劳动时间这一规定，同商品价值决定于劳动价值这一规定混为一谈"④。

说商品的价值决定于生产商品所耗费的劳动，这是正确的。可是，说商品的价值由它所能交换到的劳动，即由劳动的价值（工资）来决定，则是错误的。因为这实际上等于说，甲商品的价值由和它交换的乙商品来决定，而乙商品的价值则由和它交换的甲商品来决定，也就是说商品的价值由商品的价值来决定。这显然是一种循环推理，根本不能说明问题。

---

① 列宁. 列宁全集：第 23 卷. 2 版. 北京：人民出版社，1990：46.

②③ 斯密. 国民财富的性质和原因的研究：上卷. 北京：商务印书馆，1972：26.

④ 马克思，恩格斯. 马克思恩格斯全集：第 13 卷. 北京：人民出版社，1962：49.

除了上面所说的以外，斯密关于价值的决定，还有下面一种说法，这种说法只反映了资本主义社会表面所呈现出来的假象。他在分析资本主义条件下商品价格的构成时写道："工资、利润和地租，是一切收入和一切可交换价值的三个根本源泉。"① 在这里，斯密完全抛开了劳动决定价值的原理，而把工资、利润和地租当作决定商品价值的三个独立的因素。其实，上述三个部分只是对已经创造出来的商品价值实行分割的结果，它们绝不能被倒过来成为商品价值的源泉。

在劳动价值论上，李嘉图（1772—1823 年）比他的前辈前进了一大步。他摒弃了斯密关于商品价值由该商品所能购得的劳动量决定这样一种错误的说法，而明确地指出"体现在商品中的劳动量规定商品的交换价值"②。李嘉图还克服了斯密的商品价值由工资、利润和地租这三种收入决定的错误。他正确地认为：生产出来的价值无论怎样划分，都不会影响到价值的大小；价值分解为工资、利润和地租，并不影响劳动决定价值这一原理。李嘉图还了解到，商品价值不仅由生产中新加入的劳动来决定，而且由物化劳动来决定。可是，由于李嘉图不懂得劳动的二重性，因此，当需要说明新价值的创造与原有价值的转移是如何同时进行的时，他便束手无策了。

李嘉图不仅坚持了劳动决定价值的原理，而且指明了商品的价值量决定于生产商品所耗费的社会必要劳动时间，而不是决定于生产商品实际消耗的个别劳动时间。尽管他所说的必要劳动时间，是指在最不利的生产条件下，生产商品所耗费的必要劳动时间。

李嘉图在论述价值量时，还曾经用"真实价值"和"相对价值"这样一些术语，把价值和交换价值区分开来，这也是他比斯密进步的地方。当他说到"真实价值"时，他所指的就是由投在商品上的劳动时间所决定的商品的内在价值；而当他说到"相对价值"时，则一般是指该商品的内在价值在另一商品的使用价值上的表现。不过，李嘉图并没有看到价值和交换价值的内在联系，他不懂得交换价值是价值的表现形态。

一切古典经济学者，包括斯密和李嘉图，都忽视对价值形态的研究，把价值形态看作和商品本性无关的东西。这是有深刻的原因的。古典经济学者不研究价值形态，是因为他们把资本主义这样一个商品生产高度发展的生产方式，看作是永恒的社会生产方式，因而在他们看来，劳动产品具有商品形态，商品具有价值形态，这都是当然的无须特别加以研究的。他们从资产阶级的立场出发，便自然而然地把全部注意力都集中到价值量的问题上去了。

所以古典经济学虽然为劳动价值论奠定了初步的基础，但他们的整个价值理论是包含着严重的错误和缺陷的。在下面我们将会看到，这种错误和缺陷还进一步导致了他们在货币理论上的错误，并为以后的庸俗经济学开了方便之门。

---

① 斯密. 国民财富的性质和原因的研究：上卷. 北京：商务印书馆，1972：47.

② 李嘉图. 政治经济学及赋税原理. 北京：商务印书馆，1962：9.

与古典经济学不同，资产阶级庸俗经济学的各个流派都是反对劳动决定价值这一正确的原理的。他们千方百计地企图割断劳动和价值的联系，编造了各式各样的反科学的价值理论，以达到为资本主义制度辩护的目的。在这些伪科学的“理论”当中，曾经比较流行的有“供求论”“生产费用论”“边际效用论”。

“供求论”的主要代表人物是英国的马尔萨斯（1766—1834 年）。按照这种谬论，商品无所谓内在价值，它的价值只是由商品市场上的供给和需求的状况来决定的。市场上对某种商品的需求越是超过供给，这种商品的价值便越大；反之则越小。“供求论”的错误是极为明显的。市场上供求关系的变化，只能引起商品价格的变动，而不能使商品的价值发生变动。商品的价值是由生产商品所耗费的劳动决定的，只有生产上的劳动耗费改变了，才能够改变商品的价值量。“供求论”者把价格当成价值，把价格变动当成价值变动，这是用现象代替了本质，是从事物的表面而不是从事物的本质来看问题。“供求论”永远无法回答这样一些问题：为什么不同商品的价格总是围绕着不同的水平上下波动呢（譬如，一把雨伞的价格不管怎样波动，总不会超过一辆汽车的价格）？当市场上供给和需求处于平衡状态的时候，商品的价值又由什么来决定呢？这些问题只有马克思的劳动价值论才能予以科学的说明。

“供求论”者的目的是企图使人们只去注意商品流通过程中的价格现象，而不去注意生产过程。因为，资本家所占有的剩余价值正是工人在生产过程中创造出来的，一涉及生产过程，资本家的剥削秘密就有被揭穿的危险。

“生产费用论”的主要代表人物是法国的让·萨伊（1767—1832 年）。萨伊认为，商品的价值是劳动、资本和自然力共同协作的结果。在使用劳动、资本和自然力时，分别支出了一定的代价，即工资、利息和地租，这三者构成生产费用。商品的价值就是由生产费用来决定的。

“生产费用论”的错误也是十分明显的。生产费用不外是一定量的价值，说商品的价值由这些因素来决定，实际上就等于说价值由价值来决定，因而同样是同义语的重复。利息和地租乃是资本家和土地所有者的剥削收入，而不是生产中的支出，因而根本不能构成生产费用。这些收入是怎样创造出来的，其大小又是怎样决定的，“生产费用论”根本无法回答。

在现代资产阶级庸俗经济学中，流传最广泛的价值“理论”，是所谓“边际效用论”。这种理论是效用论的进一步发展。效用论早在 17 世纪就被提出来了。英国的巴尔本（1640—1698 年）就主张过商品的价值由它的效用决定。“边际效用论”是奥地利学派的主要理论，这一理论在庞巴维克（1851—1914 年）的著作中得到了系统而详尽的说明。当前许多资本主义国家的庸俗经济学者都继承了他的衣钵。

“边际效用论”认为，在确定某种商品的价值时，必须考虑到所谓效用递减规律。这个“规律”的实质是：物品的效用，对于具有一定欲望的某种消费者，会随着物品数量的增加而递减。换句话说，某种物品的数量越多，则该物品用来满足最后欲望（边际欲望）的效用越低。所谓边际效用就是物品满足最后欲望的能力。庞巴维克断言，边际效用取决于两个因素：一个是对某种物品的需求强度（欲望强度）；另一个是该物品的稀少性。对某种物品的欲望越强，则该物品的边际效用越高。该物品越是稀少，则它的效用越高。在庞巴维克看来，商品的价值就是由这种边际效用决定的。譬如，有四块质量、重量相同的面包，由于吃面包的人对其中每一块都有不同的需求强度，因而各块面包的价值也就大小不等。第一块，是他在最饥饿的时候吃掉的，因而效用最大；第二块次之；第三块更次之；第四块，因为他此时已经吃饱，不需要了，便没有什么效用了。在这种情况下，面包的价值由哪一块来决定呢？“边际效用论”认为，由第三块决定，因为第三块代表物品的最低效用，即边际效用。

我们从这里看到，资产阶级的御用学者为了反对马克思主义的政治经济学和欺骗劳动群众，其伎俩是何等低劣和荒谬可笑。如果说“供求论”者和“生产费用论”者在贯彻其上述企图时还不得不多少借助于一点经济现象的话，那么，在“边际效用论”者这里，连起码的经济现象都给抛开了。他们谈论的是社会经济问题，但所依靠的却是个人的主观心理评价。这不能表明别的，而只是表明资产阶级的没落和腐朽。

人们是生活在社会中的，并不是独处孤岛的鲁滨逊。在社会生活里，评价商品的价值必须用社会尺度。不论一个人的需求强度有多大，他向资本家购买一件东西时总得付出和别人同样多的代价。例如，到饭馆去吃饭，不管你的食欲有多大，同样的饭菜总得向饭馆老板支付同样多的货币。如果商品价值的大小是由购买者的主观心理来评价的，而不是由生产商品的劳动耗费来决定的，那么，一个人费了很多劳动才生产出的产品，另一个人就可以用最小的“评价”把它拿了去。显然，这样一来，商品生产就将无法维持了。

“边际效用论”是一种最庸俗的价值学说。它于 19 世纪末 20 世纪初，在资产阶级经济学中曾经风靡一时。但是即使资产阶级经济学家也认为，所谓“边际效用”乃是一种主观心理上的东西，根本无法计量。因此，英国庸俗经济学家阿尔弗雷德·马歇尔（1842—1924 年）提出了所谓“均衡价格论”，妄想以价格顶替价值，用货币来测量“边际效用”。其实他的这个“理论”不过是“供求论”“生产费用论”“边际效用论”等各种庸俗价值论的大杂烩，根本没有任何科学因素。在它以后，资产阶级庸俗经济学在价值理论方面再也没有提出任何新的东西，都不过是上述几种谬论的拼凑和变种。

科学的货币理论，必须以科学的价值理论为基础。由于资产阶级学者在价值理论上存在着上述许多严重的错误，因此，他们便不可能对货币的本质和特征作出科学的解释。在资产阶级经济学中流行着各种各样、名目繁多的货币“理论”，但概括起来主要有三种：“货币金属论”“货币名目论”“货币数量论”。无论哪一种，都是对货币本质和特征的曲解。

“货币金属论”是早期的资产阶级货币学说。早期的重商主义经济学者的一些著作反映了这种观点。在他们看来，金属货币是唯一的财富，而金银天然就是货币。这是一种最典型的货币拜物教。他们歪曲了货币的本质，把货币归结为贵金属的某种自然属性。其实，金银并非天然就是货币，只有在一定的条件下，金银才从一般商品中分离出来，成为固定充当一般等价物的商品，即成为货币。货币不是物，而是表现为物的商品生产者之间的生产关系。

“货币金属论”者错误地把货币的职能只归结为价值尺度和贮藏手段。他们否认货币具有流通手段的职能，并认为用某种货币符号来代替金属货币流通是不适当的。他们不了解纸币，不能说明纸币及其流通的特点。

“货币金属论”是在资本原始积累时期提出的。它反映了当时资产阶级通过掠夺性贸易和海外抢劫来积累金银财富的欲望，以及资产阶级反对封建国家发行成色不足的铸币的要求。随着资本主义的发展，经营工农业逐渐成为资本积累的主要手段，商业不再被人们看成是致富的唯一来源，因此，后来“货币金属论”曾经受到代表产业资本的资产阶级古典经济学者的批判。

“货币名目论”是资产阶级货币学说中最流行的一种。这种“理论”把货币和商品割裂开来，认为货币没有内在价值，只是一种价值符号，而它的购买力则是由国家来规定的。这种“理论”最早的倡导者是英国的巴尔本、贝克莱主教（1685—1753 年）和詹姆斯·斯图亚特（1712—1780 年）。

“货币名目论”者的错误在于：第一，他们不懂得货币的起源，割裂了货币与商品的联系，而把货币看作是人们的意志和法律的产物。货币其实也是一种商品，它是商品经济自发发展的产物。第二，他们把价值尺度和价格标准混为一谈，误认为规定货币的价格标准，就是规定货币的价值，并由此否定货币具有内在价值。我们知道，国家虽然能够规定货币的名称，比方说，将原来称作 1 元的铸币改称 5 元，但国家是不能规定货币的购买力的，因为货币的购买力取决于它的内在价值。第三，与“货币金属论”者相反，“货币名目论”者只看到货币作为流通手段和支付手段的职能，而忽视了货币作为价值尺度和贮藏手段的职能。因此，他们就把货币只看作是价值的符号，把纸币看作是真正的货币，这当然是错误的。实际上，纸币作为流通手段只是金属货币的代表，在纸币流通的地方，真正的货币仍然是黄金。

在现代资本主义社会中，垄断资产阶级利用国家机器实行通货膨胀的政策，来加强对工人阶级和广大劳动人民的剥削和掠夺，“货币名目论”者就是这种罪恶政策的狂热的鼓吹者和辩护者。德国的庸俗经济学者克纳卜（1842—1926 年）是现代“货币名目论”的主要代表人物。英国的凯恩斯（1883—1946 年）在某种意义上也是“货币名目论”的鼓吹者。因为他曾经宣称，金本位是“野蛮的遗迹”，纸币是最理想的货币。他反对以黄金作为纸币的准备金，并主张实行“有节制”的通货膨胀。

“货币数量论”也是一种比较流行的资产阶级货币理论。如果说上述“货币名目论”和“货币金属论”主要是企图回答货币的本质这一问题，那么，“货币数量论”则是企图回答货币的价值问题。“货币数量论”者认为，商品的价格和货币的价值是由货币的数量决定的：商品的价格与货币的数量成正比，货币的价值与货币的数量成反比；流通中的货币越多，商品的价格便越高，货币的价值则越小。“货币数量论”与“货币名目论”是一脉相通的，因为“货币数量论”也是以否定货币具有内在价值作为前提的。

“货币数量论”有几种不同的说法。法国历史学家孟德斯鸠（1689—1755 年）认为商品价格等于货币总量除以商品总量所得的商数，而货币的价值则等于商品总量除以货币总量所得的商数。英国经济学家休谟（1711—1776 年）认为，在进入流通以前，商品没有价格，货币也没有价值，商品价格和货币价值决定于流通中的商品数量和货币数量。如果商品增加，商品价格就下落，货币价值则上涨；如果货币增加，商品价格就上涨，货币价值则下降。李嘉图也是一个“货币数量论”者。不过，他认为货币即金银是有内在价值的，它的价值是由生产金银所消耗的劳动时间来决定的；但是，由于他不理解货币的本质，把货币看成只是一种流通手段，因此断言在商品总价值不变的情况下，流通中货币增多了，会引起商品价格的上涨和货币相对价值的下跌。

“货币数量论”的一个最根本的错误是，它忽视了货币的最重要的职能——价值尺度，而仅仅看到了货币的流通手段职能，因而认为货币在进入流通以前既没有价值，也不执行任何其他职能。但我们知道，货币不仅是流通手段，而且首先是价值尺度。货币之所以具有价值尺度的职能，是由于作为货币材料的金或银也是劳动产品，它们本身也具有价值。货币价值的大小由物化在其中的社会必要劳动量来决定，而不是取决于货币数量的多少。货币的价值是在它进入流通以前就具有的，而不像“货币数量论”者所宣称的那样，是在流通中获得的。

“货币数量论”者既然看不到货币的价值尺度职能，当然也就不能理解商品价格同流通中的货币数量之间的真正的关系。如前所述，在金属货币流通的条件下，流通中的货币数量决定于商品流通对货币的需要，而这种需要既依赖于货币流通的速度，又依赖于商品数量和商品价格水平。所以，是流通中的货币数量取决于商品价格水平，而不是商品价格水平取决于货币数量。“货币数量论”者对于货币流通的特点和实质是一窍不通的，他们根本不理解货币流通对于商品流通来说，仅仅是第二性的现象。

“货币数量论”者混淆了金属货币的流通和纸币的流通，用仅仅适用于纸币流通的原理来说明金属货币的流通。当然，这只能得出错误的结论。比如，投入流通中的纸币数量越多，则它所代表的价值就越小，从而商品价格就必然越高。但在金属货币流通的条件下，这种说法便是不正确的了。因为在这种场合，货币所具有的贮藏手段的职能，会像蓄水池一样自发地调节流通中需要的货币量，通过这种调节，流通中的金属货币便不会发生数量过多的现象，因而也就不会引起货币的贬值和商品价格的上涨。

应当指出，即使对纸币的流通来说，“货币数量论”者的观点也不是完全合适的。在纸币流通的场合，由于纸币所代表的价值会随其数量的过多或过少而发生变化，因而就给人们一种印象，似乎纸币“价值”的大小完全由其数量来决定。但实际上并非如此。纸币的“价值”并不是单纯地取决于它的数量，而是由流通中的纸币量与流通所必需的金属货币量二者的对比决定的。可见，“货币数量论”所反映的只是纸币流通的一些表面现象，它并没有阐明纸币流通的本质。

“货币数量论”和“货币名目论”一样，也是现代资产阶级实行通货膨胀政策以掠夺广大人民的“理论根据”。凯恩斯这个垄断资本的忠实奴仆，也曾经是一个“货币数量论”的鼓吹者。他异想天开地认为，既然商品价格取决于货币数量，那么国家就可以用调节货币数量的办法来控制商品价格，进而调节整个资本主义经济。但后来，凯恩斯却强调用财政政策来代替货币政策，以实现消灭经济危机的目的。接下来，美国又流行以米尔顿·弗里德曼（1912—2006 年）为代表的所谓“新货币主义”，这也是一种特殊的“货币数量论”。这种理论针对凯恩斯的财政政策，重谈货币政策在应对危机和通货膨胀中的重要意义，对美国的经济政策有很大影响。可是，资产阶级国家所进行的种种“调节”，总是事与愿违，经济危机不但没有被消灭，反而爆发得更加频繁和更具有破坏性。资本主义国家的经济现实无情地粉碎了资产阶级学者的种种辩护论调。

第二章

资本和剩余价值

第一节　由货币到资本的转化

在这一章，我们要在价值理论的基础上研究剩余价值问题。这个问题是马克思主义政治经济学的中心，它的研究，对于我们理解资本主义剥削的实质，理解资产阶级和无产阶级阶级对立的根源，具有非常重要的意义。

任何一个资本家，在开始他的剥削活动时都必须首先掌握一定数量的货币，以便用这些货币从市场上购买生产资料和招雇工人。因此，资本最初总是表现为一定数量的货币，即表现在货币形态上。但是，货币本身并不就是资本，当作货币的货币和当作资本的货币，是有着本质的区别的。只要我们对简单商品流通和资本流通作一个比较，就可以很清楚地看出这种区别。

简单商品流通的公式是：商品—货币—商品（W—G—W）。商品生产者先是出卖自己的商品，取得货币，然后再以货币买进自己所需要的商品。资本流通的公式是：货币—商品—货币（G—W—G）。资本家用货币买进商品，然后再把商品卖出去，重新取得货币。

在 W—G—W 和 G—W—G 这两个流通公式之间，有着一定的共同点：它们都是买和卖两个阶段的统一；在流通的每一个阶段上，都同样有商品和货币互相对立着；而在每一个流通过程中，也都同样有三个当事人，即买者、卖者和又买又卖者。

这两个流通公式的区别在哪里呢？一望即知，它们在流通形式上是不相同的。

简单商品流通是以卖（W—G）开始，以买（G—W）告终；而资本流通则是以买（G—W）开始，以卖（W—G）结束。在 W—G—W 的流通中，起点和终点都是商品，货币不过是充当商品交换的媒介物。在这里，商品所有者购买了他所需要的商品以后，他的货币是断然地支付出去了，除非他再次出卖，货币是不会重新回到他的手里来的。与此同时，他所购买的商品则退出了流通领域，进入消费领域。这样，流通过程便结束了。

但 G—W—G 的流通却不是这样。这一流通的起点和终点都是货币，而商品则起着流通的媒介作用。在这里，资本家为购买商品所支付的货币，仅仅是暂时垫付出去，通过商品的出卖，它还会重新回到他的手里来。并且，也只有这样，这个流通过程才算结束。

然而，这两个流通公式的最重要的区别，还是在它们的内容上。

在 W—G—W 的流通中，商品所有者是为买而卖，他之所以要出卖商品，是为了能够买他所需要的另一种商品。例如，农民把自己生产的谷物换成货币，是为了购买锄头或布匹等等。因此这种流通的目的，是为了获得一定的使用价值。不同使用价值之间的交换，便构成了 W—G—W 这一流通的实际内容。可是，在 G—W—G 的流通中，资本家却是为卖而买，他起初垫付出去的是货币，而最后从流通中取回的也是货币。所以，这种流通的目的，是为了取得货币，即交换价值本身。

由于任何货币在质上都是相同的，都只代表一定量的价值，因此，乍一看来 G—W—G 的流通似乎是不合理的，是毫无意义的。那么资本家为什么又要以货币来换取货币呢？假使他为购买商品垫付的是 100 元，而在出卖商品以后所取回的仍是 100 元，那当然是没有任何意义的。不过不要忘记，一个货币额同另一个货币额虽然没有质的差别，但可以有量的差别。资本家之所以要把货币投入这种流通，正是因为他看到了这里存在着一个量的差别。他在购买（G—W）上垫付的是 100 元，而从出卖（W—G）上却可以得到——譬如说——110 元，换句话说，经过一买一卖，他的货币额会增多起来，会发生价值的增殖。而这也正是 G—W—G 区别于 W—G—W 的本质所在。

明白了这一层以后，我们就有必要对资本流通的公式做一个小小的修正：它不应当是 G—W—G，而应当是 G—W—G′。其中，$G'=G+\Delta G$，即等于原来垫付的货币额 G 加上一个增殖额 ΔG。马克思把这个增殖额叫作剩余价值，并指出资本就是能够带来剩余价值的价值。

由于资本流通的目的是为了取得货币，取得交换价值，因而便决定了这个运动是没有止境的。货币只有当它能够带来剩余价值时，它才能够成为资本；但也只有在不断的运动中，它才能够不断增殖自己的价值。如果运动停止了，它就会立刻失去增殖的能力，丧失资本的特性，从而变成单纯的货币。

从作为这一运动的有意识的担当者——资本家这方面来说，也是一样。资本家不外是资本的人格化，是人格化的资本。使他把 100 元增殖为 110 元的欲望，也正是使他把 110 元增殖为 120 元、130 元等等的欲望，这里并不存在所谓“踌躇满志”

的问题。他之所以是资本家，而不是“守财奴”，就是因为他能够“恪尽职守”：自觉地、经常地维持资本的运动。如果他放弃了他的这种“职守”，不把资本反复地投入流通中，那他也就不成其为资本家了。

乍一看来，G—W—G′这一公式好像仅仅适用于商业资本的运动，因为商业资本正是以货币换取商品，然后再以商品换取更多的货币的。其实不是这样。这一公式对产业资本也是适用的。因为产业资本的运动也是以货币购买商品为起点，然后通过商品的出卖而获得更多的货币。虽然产业资本在流通领域以外还有一个生产过程，但这并不会影响运动的形式。同样，这一公式也适用于生息资本。生息资本的公式是以货币换取更多的货币，即 G—G′。但事实上，在 G 与 G′之间仍然存在着产业资本的运动，G—G′不过是 G—W—G′的简化而已。因此，G—W—G′这一公式，乃是资本的一般公式。

从形式上看，资本的一般公式是和商品交换的原则相矛盾的。这是因为，按照等价交换的原则，交换的结果，只能使价值形式发生变化，而不能引起价值量的增减。但问题也就发生在这里。资本家通过流通所取得的剩余价值又是从哪里来的呢？这无疑是个非常重要的问题，我们只有正确地解决了这一问题，才能够说明货币是怎样转化成资本的。

在资产阶级的经济学里流行着这样一种意见：剩余价值系来自不等价的交换，即来自贱买或贵卖本身。譬如，某甲的葡萄酒值 10 元，却按 12 元向某乙出卖，于是他便得到了 2 元的剩余价值。这种说法虽然像是简单明了，但可惜不能自圆其说。商品交换所赋予每个商品所有者的权利是一样的，某甲既然能够按高于自己商品价值的价值出卖，那么某乙为什么不能如法炮制呢？如果大家都实行贵卖，其结果不是两者正好抵消，谁也占不了谁的便宜吗？

也有的资产阶级学者这样说：资本家之所以能够得到剩余价值，是因为他比别的人更善于投机取巧，能够始终坚持贱买或贵卖。这其实是前一种说法的一个变相，并无任何新的内容。我们姑且不说在现实社会里根本不会有一部分资本家能够始终贱买或贵卖，而另一部分资本家则相反，他们始终贱卖或贵买，即使承认这是可能的，也绝不能以此说明剩余价值的来源。因为十分清楚，在这种情况下，前一种人所多得的，也就是后一种人所损失的，而就整个商品的价值量来说，是一个原子也没有增加。所不同的，不过是原来既定的价值量，在两种人之间有了不同的分配比例而已。这就像一桶水，不管人们把它怎样倒来倒去，都绝不会变成两桶。

所以，马克思写道：“无论怎样颠来倒去，结果都是一样。如果是等价物交换，不产生剩余价值；如果是非等价物交换，也不产生剩余价值。流通或商品交换不创造价值。”①

那么，离开流通是否能产生剩余价值呢？我们知道，流通乃是商品所有者相互关系的总和，倘如离开流通，即在流通之外，商品所有者便只能和自己的商品发生

---

① 马克思，恩格斯. 马克思恩格斯全集：第 23 卷. 北京：人民出版社，1972：186.

关系。这种关系能表明什么呢？从商品价值的角度说（因为我们这里考察的是价值增殖，故不说使用价值），这只不过表明商品中包含着他自己的一定量的劳动，或者说，表明商品价值是由他的劳动形成的。比这再多的意思是没有的。但他的一份劳动，只能形成一份价值，而不能在形成一份价值的同时，又形成另一份剩余价值。例如，某人劳动 10 小时（假定他的劳动具有社会平均劳动的性质），便只能形成 10 小时的价值，而不会形成 11 小时的价值。“可见，商品生产者在流通领域以外，也就是不同其他商品所有者接触，就不能使价值增殖，从而使货币或商品转化为资本。”①

这个问题究竟应该怎样解决呢？马克思明确地指出：剩余价值的产生和“货币转化为资本，必须根据商品交换的内在规律来加以说明，因此等价物的交换应该是起点。我们那位还只是资本家幼虫的货币所有者，必须按商品的价值购买商品，按商品的价值出卖商品，但他在过程终了时必须取出比他投入的价值更大的价值。他变为蝴蝶，必须在流通领域中，又必须不在流通领域中。”②

让我们依照上述条件来进一步说明这个问题。

资本的价值增殖不能发生在作为资本的货币身上。因为在流通过程中，货币作为流通手段或支付手段，只代表一个既定的和不变的价值量。同样，价值增殖也不能发生在这个公式的第二阶段，即商品的出卖上，因为这种行为只能引起价值形态的变化，使价值从商品形态再度转化成货币形态，而不能使价值量发生变化。因此，价值增殖只能发生在第一阶段（G—W）资本家所购买的商品上。可是它又不能发生在这种商品的价值上，因为资本家为购买商品必须支付它的等价。所以，价值增殖只能发生在这种商品的使用价值上，即发生在对所购商品的使用上。货币所有者必须在市场上买到这样一种特殊的商品，它的使用价值具有创造价值的能力，只有这样，才能够使货币转化成资本。

这种特殊商品是有的，他也果然买到了，这就是劳动力。从后面的分析中我们将会明白，马克思所建立的关于劳动力商品的学说，乃是解决剩余价值来源问题的关键。

什么是劳动力呢？劳动力是人的劳动能力。马克思说：“我们把劳动力或劳动能力，理解为人的身体即活的人体中存在的、每当人生产某种使用价值时就运用的体力和智力的总和。”③

从有人类那一天起，人就具有劳动能力。但是，劳动力成为商品却需要有一定的条件。第一，劳动力的所有者必须是法律上自由的人，只有这样，他才能够“自由地”支配自己，把自己的劳动力作为商品来出卖。如果像奴隶或农奴那样没有人身自由，他是不能把自己的劳动力作为商品来出卖的。同时，这种出卖还必须是按

---

① 马克思，恩格斯．马克思恩格斯全集：第 23 卷．北京：人民出版社，1972：188.

② 同①188－189.

③ 同①190.

照一定的时间一次一次地出卖，如果是一次卖尽，那就是卖身为奴，是出卖自己的身体而不是出卖身体中的劳动力。第二，劳动力的所有者必须没有任何生产资料和生活资料。也就是说，他除了把自己的劳动力作为商品出卖之外，再无别的谋生之道。假如他还能够出卖自己的劳动产品，那他就是一个小生产者，而不是雇佣劳动者。所以，马克思指出："货币所有者要把货币转化为资本，就必须在商品市场上找到自由的工人。这里所说的自由，具有双重意义：一方面，工人是自由人，能够把自己的劳动力当作自己的商品来支配，另一方面，他没有别的商品可以出卖，自由得一无所有，没有任何实现自己的劳动力所必需的东西。"①

劳动力成为商品的历史条件，并不是任何时代都具有的，只有在社会发展到一定阶段上才存在。在资本主义以前的社会中，奴隶和农奴虽然也丧失了生产资料，但由于他们的人身分别属于奴隶主和封建主所有，不具备"人身自由"的条件，因而他们的劳动力不能成为商品。在社会主义制度下，社会的基本生产资料属于全民或集体所有，劳动者是生产资料的主人，所以劳动力也不是商品。只有在资本主义制度下，由于社会的发展形成了上述两个根本条件，劳动力才成为商品，成了买卖的对象。

劳动力商品和其他商品一样，也具有价值和使用价值两重属性。

首先，劳动力商品的价值是如何决定的呢？劳动力商品的价值，也是由生产这种商品所耗费的社会必要劳动时间来决定的。由于劳动力是存在于工人的身体中的，而为了维持工人的生存，就需要有一定数量的生活资料，如食物、衣服、住房等等，因此，生产劳动力这一商品所耗费的社会必要劳动时间，可以还原为生产那些为维持工人生存所必需的生活资料的社会必要劳动时间。

其次，劳动力的所有者是要衰老、死亡的。要使市场上能够不断地供应这种商品，就必须有劳动者的第二代来补充。因此，在生产劳动力所必需的生活资料中，还应该包括工人为养活其子女所必需的那一部分生活资料。

最后，资本家不仅需要粗工，也需要一定数量的技术工人，而工人要能掌握一定的生产技术，必须事先经过一定的学习和训练。这也得耗费一定的物质资料。因此，在劳动力价值中，还要包括劳动者在训练和学习上所支出的费用，尽管这种费用在资本主义制度下对于大多数工人来说是微乎其微的。

所以，总起来说，"劳动力的价值，是由生产、发展、维持和延续劳动力所必需的生活资料的价值来决定的。"②

所谓工人必需的生活资料，其数量和构成并不是一成不变的。马克思指出："和其他商品不同，劳动力的价值规定包含着一个历史的和道德的因素。"③ 在同一国家的不同历史时期，或在具有不同生产发展水平的国家，由于社会经济文化条件

---

① 马克思，恩格斯. 马克思恩格斯全集：第23卷. 北京：人民出版社，1972：192.

② 马克思. 工资、价格和利润. 北京：人民出版社，1964：35.

③ 同①194.

的不同，工人所必需的生活资料的数量和构成是有区别的。尽管如此，在一定的历史时期，在一个国家或是一个相当大的地区中，工人维持生活所必需的生活资料的价值，从而劳动力商品的价值，总是一个可以确定的数量。

和其他商品相比，劳动力商品在使用价值上有一个很大的特点。这就是，它的使用价值是价值的源泉，它在消费过程中能够创造价值和剩余价值。正如恩格斯所指出的，劳动力“这个商品具有一种独特的特性：它是一种创造价值的力量，是一种产生价值的源泉，并且——在适当使用的时候——是一种能产生比自己具有的价值更多的价值的源泉”①。资本家通过对劳动力的使用，不但能收回他在购买这种商品时所支付的价值，而且能够得到一定量的剩余价值。资本增殖的秘密就在于此。我们在理论上要费很大力量才能解决的问题，资本家在实践上却早已按照习惯处理了。他之所以要购买劳动力，就是因为劳动力有这种特殊的效用。

劳动力商品的消费过程，也就是资本主义的生产过程。下面，我们就来研究剩余价值是怎样在生产过程中被生产出来的。

第二节　劳动过程和价值增殖过程

资本家购买了生产资料和劳动力之后，就离开了喧嚣的市场，带着他的这些商品回到工厂里去。换句话说，他离开了流通过程，进入了生产过程。现在，他已经不再是一个商品购买者，而是一个地道的“实业家”了。他清楚地知道，只要让工人给他干活，他的资本就可以生出“金蛋”。他虽然可以煞有介事地讥讽他的另一部分同伙——商人——“奸商利图”，以显示自己取得剩余价值的情况与这些人有所不同，但我们的分析将彻底撕下他的“实业家”的假面，露出他的吸血鬼的本相；同时，也将会把他和他的代理人所散布的种种辩护性论调，一齐打得粉碎。

乍看起来，资本主义的劳动过程同其他社会的劳动过程并没有什么区别，这里的劳动过程也有三个要素，即人们的有目的的活动、劳动对象和劳动资料。譬如，一家纺纱厂，在纺纱过程中就有纺纱工人的劳动、纺纱用的棉花以及纺纱机等。在这种劳动过程中，也同样是劳动者运用着劳动资料对劳动对象进行加工，以创造新的物质财富或使用价值。但是，资本主义的劳动过程却具有以下两个显著的特点：

第一，这里的劳动者是为资本家进行劳动，他们的劳动属于资本家所有，而不属于他们自己所有；同时，他们的劳动也是在资本家的监督下进行的。资本家严密地监视着每一个工人，不让他们在工作上稍有懈怠，不让他们浪费原料或损坏工具和设备。

第二，劳动的成果，即劳动者生产的产品，归资本家所有，而不归劳动者自己

① 马克思，恩格斯. 马克思恩格斯全集：第22卷. 北京：人民出版社，1965：241-242.

所有。这是因为，劳动者把劳动力出卖给资本家，也就是把这种商品在一定时间内的使用权卖给了资本家，资本家使用劳动力，消费它，让它和生产资料相结合，这是属于他个人权限以内的事情。既然在劳动过程中工人已无权支配自己的劳动力，作为这一过程的结果即产品自然也就归资本家占有。

单就资本主义劳动过程的上述特点，我们已经可以看出，在资本主义制度下，劳动是强制性的。它对于劳动者只是一种痛苦和沉重的负担，而不是什么“自由的”“创造性”的活动。

以上的分析，我们只是把资本主义的生产过程看作是创造使用价值的过程。但是，资本家购买劳动力，并不是为了生产某种使用价值，满足自己的需要。资本主义生产是商品生产，资本家购买劳动力，是为了生产一种具有价值和剩余价值的商品。他之所以需要生产一种使用价值，只因为这种使用价值同时又是价值和剩余价值的物质担负物。至于生产出来的商品是面包还是毒品，对于人类是有利还是有害，那是资本家所不屑关心的。所以，资本主义的生产过程，并不单纯是创造使用价值的劳动过程。与商品的两重属性相适应，资本主义的生产过程也具有两重性：一方面是创造使用价值的劳动过程，另一方面又是价值形成和价值增殖过程。

下面，让我们把资本主义的生产过程当作价值形成和价值增殖过程来分析。从这种分析中，我们将会发现剩余价值生产的秘密。

假定摆在我们面前的是棉纱的生产过程。我们所要研究的不是棉纱这种使用价值如何生产的问题，而是这样两个问题：(1) 商品棉纱的价值是怎样形成的；(2) 在棉纱价值的形成过程中，剩余价值又是怎样被生产出来的。

假定纱厂资本家雇佣纺纱工人一天，需要支付的劳动力价值为 5 元；而这 5 元价值，纺纱工人用 6 小时的劳动就能够创造出来。又假定工人纺 6 小时纱要消耗 10 斤棉花，值 10 元；还要消耗 1 个纱锭（为了计算简便起见，这里用纱锭代表纺纱过程中所消耗的一切工具和设备），值 2 元。这样，经过工人 6 小时的劳动之后，10 斤棉花便纺成了 10 斤棉纱（为了计算简便起见，这里不另计算棉花的损耗）。现在我们要计算一下，这 10 斤棉纱有多少价值。

在劳动过程结束时，棉花和纱锭的自然形态改变了，变成了一种新的使用价值——棉纱。但它们的价值却没有消失，而是在棉纱的形态上保存了下来。这一点是不难理解的。为了弄清楚这一点，我们不妨把生产棉花、纱锭的劳动和纺纱劳动看作是整个棉纱生产的三个相连的阶段。这样，纺纱工人所用的棉花和纱锭，就都成了由他自己生产的了。前两个阶段（生产棉花和纱锭）的劳动虽然进行得比较早，但因为它们都是整个棉纱生产的必要劳动，因而由它们形成的价值也就会和后一阶段纺纱劳动形成的价值一样，都成为棉纱价值的构成部分。当然，棉花和纱锭的价值要能够成为棉纱价值的构成部分，必须有一定的条件：纺纱工人必须是合乎目的和按照标准定额来消费这些东西。如果他把棉花和纱锭糟蹋了和浪费了，它们的价值也就跟着消失，而不会转移到新的产品上去。所以，我们同时又明白了，纺纱工人是用他的具体的有用的劳动，把棉花、纱锭的价值保存下来并转移到棉纱上去的。经过了生产过程，棉花和纱锭的价值原来是多少，在棉纱上面保存下来的也还是多少，既不会多，也不会少。根据我们上面的假定，10 斤棉花和 1 个纱锭的价值总共是 12 元，所以现在保存在棉纱上面的也仍然是 12 元。

我们再看一看资本家在劳动力购买上所支付的这一部分价值。这部分价值是不能转移到产品上来的，因为工人已经把它用来购买各种生活资料，由他和他的家庭成员消费了。但是，工人并不是白白地取得资本家所支付的劳动力价值。由于工人在生产过程中消耗了自己的体力和脑力，支出了抽象劳动，因此，他又为资本家重新生产出相当于劳动力价值的价值。上面说过，资本家为购买纺纱工人一天的劳动力支出 5 元。这 5 元虽然由工人消费掉了，但因他在把 10 斤棉花纺成棉纱的过程中支出了 6 小时的劳动，根据前面的假定，6 小时劳动可以创造 5 元的价值，所以就有 5 元的新价值加入到 10 斤棉纱上面。

那么，由 10 斤棉花纺成的这 10 斤棉纱，价值是多少呢？我们看到，共计是 17 元。其中，有 12 元是从棉花和纱锭上转移过来的，有 5 元是由工人新创造的。这个数字恰恰同资本家原来为购买棉花、纱锭和劳动力所支付的价值一样多。

如果生产过程的结果真的是这样，那么我们这位热心的“实业家”岂不白费心机了吗？事情当然不会是这样的。其实，资本家知道得很清楚，他购买的是工人一天的劳动力，在这一天之内，他要充分行使他的权利。尽管工人用 6 小时劳动就能够生产出劳动力价值的等价，但资本家绝不会让工人仅仅劳动 6 小时。他会把工人的劳动时间延长到 6 小时以上，比方说 10 小时、12 小时、14 小时，等等。如果这样，生产过程的结果就会完全改观。

现在，我们假定工人的工作日是 12 小时。工人劳动 12 小时，需要比过去多消耗 1 倍的棉花和纱锭，即 20 斤棉花和 2 个纱锭。因此，资本家支付在购买棉花和纱锭上面的资本价值，相应地也得增加 1 倍，即由 12 元增加到 24 元。但他购买一天劳动力所支付的价值仍然是 5 元。这样，资本家在这 20 斤棉纱生产上的花费，一共是 29 元。经过工人 12 小时的劳动之后，24 元棉花和纱锭的价值，照旧不增不减地转移到棉纱上来，可是纺纱工人新创造的价值却比资本家用来购买劳动力的价值多出了 1 倍，因为他在 12 小时里所创造的新价值已经不是 5 元，而是 10 元。这样，生产过程结束时，在 20 斤棉纱当中，就总共包含了 34 元的价值，这个数字比资本家所花费的 29 元多出了 5 元。剩余价值终于被生产出来了，资本生了“金蛋”。

由此可见，只要资本家把雇佣工人的劳动时间延长到为补偿劳动力价值所需要的时间以上，生产过程中新创造的价值就会超过劳动力的价值，资本家就能够从雇佣工人身上榨取到剩余价值。“价值增殖过程不外是超过一定点而延长了的价值形成过程。”① 在资本主义制度下，工人的劳动时间总是要超过为补偿劳动力价值所需要的时间的；劳动力在使用过程中所创造的新价值总是要超过劳动力本身的价值

① 马克思，恩格斯．马克思恩格斯全集：第 23 卷．北京：人民出版社，1972：221．

的。剩余价值生产的秘密，资本主义剥削的秘密，就在这里。

通过以上的分析，我们在前一节所遇到的资本一般公式的矛盾，已经获得了解决。完全不必违背商品交换的规律，资本就可以增殖，可以得到剩余价值。资本家按照价值买进棉花、纱锭和劳动力（三项共计 29 元），然后他就消费它们的使用价值。劳动力的消费过程，同时也就是商品（棉纱）的生产过程。这个过程结束时，资本家取得了一份价值 34 元的棉纱。最后，他仍然按价值把棉纱卖出去，结果他便得到了 5 元的剩余价值。由货币到资本的转化，之所以必须在流通领域内进行，是因为只有经过流通，资本家才能够买到劳动力这种特殊的商品，并在最后卖出商品，实现剩余价值；之所以又必须不在流通领域中进行，是因为流通只不过为生产剩余价值提供必要的条件，而剩余价值的生产，是在生产领域内进行的。

通过以上的分析，我们对于剩余价值已经有了确切的了解。剩余价值就是由雇佣工人所创造而由资本家无偿占有的超过劳动力价值的价值余额。资本主义生产，实质上是剩余价值的生产，而资本家生产的目的，则是攫取尽可能多的剩余价值。与剩余价值的生产相联系，雇佣工人的劳动时间也分为两个部分，即：必要劳动时间和剩余劳动时间。在必要劳动时间内，工人再生产劳动力的价值，而在剩余劳动时间内，则给资本家创造剩余价值。

人类自从进入阶级社会以来，剥削者就一直依靠他们对生产资料的占有，从劳动者身上榨取剩余劳动或剩余产品。所以，剥削剩余劳动并不是资本主义的发明，在以前的剥削制度下早就有了。但是，马克思指出："如果在一个社会经济形态中占优势的不是产品的交换价值，而是产品的使用价值，剩余劳动就受到或大或小的需求范围的限制，而生产本身的性质就不会造成对剩余劳动的无限制的需求。"①

在奴隶社会和封建社会中，都是自给自足的自然经济占统治地位，商品生产很不发达。奴隶主和封建主对剩余劳动的榨取是为了满足他们自身的寄生性消费。取得使用价值是奴隶主和封建主驱使奴隶和农奴进行生产的直接目的。尽管他们对剩余劳动的榨取也是非常残酷的，但这种榨取总要或多或少地受到他们自身需要范围的限制，因而是有一定限度的。但资本主义社会就不同了，资本主义生产是最发达的商品生产，它的直接目的是追求剩余价值，是单纯的价值增殖。而这就决定了它对剩余劳动的贪欲是无限制的。没有一个资本家会说，他只想赚得一个有限的利润，而不想赚得更多一些。由生产本身的性质所决定的对剩余劳动榨取的无限性，乃是资本主义剥削区别于以往任何剥削的重要特点之一。

资本主义生产的唯一动机和直接目的，就是攫取更多的剩余价值。资本家是人格化的资本。他的灵魂，便是资本的灵魂。资本的唯一的生命冲动，就是增殖价值，榨取尽可能多的剩余劳动。雇佣工人"只要还有一块肉、一根筋、一滴血可供榨取"②，它就绝不会放手。资本是死的劳动，像吸血鬼一样，它必须吸收活的劳

① 马克思，恩格斯. 马克思恩格斯全集：第 23 卷. 北京：人民出版社，1972：263.

② 同①334 - 335.

动，才有生命，而吸收得越多，它的生命就越活跃。资本的这种本性决定了资本家对剩余价值的追求是永无止境的。这种对剩余价值的贪得无厌的追求，决定着资本主义生产方式的一切主要方面和一切主要过程，决定着资本主义生产方式的胜利和失败、矛盾和冲突，决定着这一生产方式的发展和灭亡。所以，剩余价值规律乃是资本主义的基本经济规律。马克思十分明确地指出："生产剩余价值或赚钱，是这个生产方式的绝对规律。"①

阐明剩余价值规律在资本主义经济中的作用，是马克思主义政治经济学的一个极其重要的任务。关于这个规律如何决定资本主义的生产和流通，如何决定资本主义的矛盾和冲突、发展和灭亡，我们从这一章起将要陆续地予以说明。在这里，我们要说明的，只是关于剩余价值的来源和实质的问题。

对于剩余价值的来源问题，资产阶级经济学者从来没有作过认真的回答。马克思曾经揭露了他们回避这一问题的真实原因。他写道："这些资产阶级经济学家实际上具有正确的本能，懂得过于深入地研究剩余价值的起源这个爆炸性问题是非常危险的。"② 把剩余价值的真正源泉揭露出来，是马克思的划时代的贡献。马克思透过掩盖资本主义剥削的一切假象，揭示了剩余价值的来源和资本主义生产的秘密，阐明了雇佣劳动和资本的真实关系，从而建立起科学的剩余价值学说，完成了政治经济学的革命。恩格斯对于马克思科学地解决剩余价值来源的问题，给予很高的评价。他说："这个问题的解决是马克思著作的划时代的功绩。它使社会主义者早先象资产阶级经济学者一样在深沉的黑暗中摸索的经济领域，得到了明亮的阳光的照耀。科学的社会主义就是从此开始，以此为中心发展起来的。"③ 列宁在评价剩余价值学说在马克思全部经济理论中的地位时指出："剩余价值学说是马克思经济理论的基石。"④

科学的政治经济学就是在剩余价值学说的基础上建立起来的。剩余价值学说是理解全部资本主义经济关系的一把钥匙，离开它就无法说明资本主义社会中的任何一个经济现象。正是依靠这一学说，马克思得出资本主义必然灭亡、社会主义必然胜利的科学结论。这一学说是无产阶级为争取自身解放而斗争的强大的理论武器，它指引无产阶级为推翻资本主义制度和建立社会主义制度而进行革命斗争。

资产阶级的御用学者和代理人，为了掩盖资本主义剥削和资本主义社会的深刻矛盾，曾编造了各式各样的"理论"。例如，萨伊等人的所谓"监督劳动报酬论"，西尼尔等人的所谓"节欲论"等，就都是比较有代表性的。

资产阶级庸俗经济学的开山鼻祖萨伊，以及现代美国垄断资产阶级的喉舌萨缪尔森等，都异口同声地说，资本家对工人并无剥削，他们所得到的利润乃是对他们

---

① 马克思，恩格斯. 马克思恩格斯全集：第23卷. 北京：人民出版社，1972：679.

② 同①564.

③ 马克思，恩格斯. 马克思恩格斯全集：第20卷. 北京：人民出版社，1971：222.

④ 列宁. 列宁全集：第23卷. 2版. 北京：人民出版社，1990：46.

的“经营业务的报酬”；如同工人劳动要得到“劳动工资”一样，资本家由于进行了监督工人生产和经营企业的“劳动”，因而也应该得到“监督工资”或“管理工资”。这是一种十足的辩护性论调。不错，任何大规模的生产的确都需要有人从事经营管理。但是，资本家在这里的活动却完全是另外一回事，我们姑且不说，事实上大多数资本家并不从事生产管理，而是把这种事情交给他的代理人和职员来担任，即使所有的资本家都亲自从事生产管理，资产阶级经济学家的上述说法的欺骗性也是十分清楚的。资本主义生产的实质是剩余价值的生产，攫取剩余价值是资本家经营企业的唯一动机。他们所从事的经营管理活动，归根结底，不外是为了强迫工人为他们更加紧张、更加有效地劳动，以便从工人身上榨取更多的剩余价值。因此，这些活动实质上就是剥削活动，而不是劳动。正像强盗为了抢劫别人的财物需要付出一定的体力，甚至冒点生命危险一样，资本家为了剥削工人也不得不花费一些精力。所以，这种把资本家的剥削收入说成是“监督工资”或“管理工资”，并以此否定资本主义剥削的说法，是完全错误和完全站不住脚的。

西尼尔说：“节欲是一种放弃资本非生产消费的行动……这一行动的报酬就是利润。”这里，资本家被西尼尔打扮成了苦行僧式的人物，仿佛他们是从各方面来克制自己的物质欲望，以便把钱省下来为世人开工厂、办企业的。可是，资本家在这里毕竟还是露出了马脚。难道追求利润不正是一种欲望吗？忍小欲而贪大欲，能够叫作节欲吗？其实，对资本家来说，是根本谈不上什么节欲的。只有在资本主义条件下，剥削阶级的奢侈浪费才达到了为历史上任何帝王所不能企及的地步。即使我们退一步说，资本家真像西尼尔所说的那样，是“伟大的节欲主义者”，节欲本身也不能使价值增殖。如果没有雇佣工人的剩余劳动，他们至多是一群守财奴而已。即使把他们的资本守到“世界末日”，也不会多出一个铜板来。

第三节　资本的本质。不变资本和可变资本

在本章开始，我们曾经说过，资本是能够带来剩余价值的价值。通过对资本主义生产过程的分析，我们又进一步了解到，雇佣工人的剩余劳动是剩余价值的唯一源泉；资本家所拥有的资本价值，只有通过剥削雇佣工人的剩余劳动才能增殖。商品、货币、生产资料等，它们本身并不是资本，只有当它们被用来作为剥削雇佣工人的手段时才是资本。所以，从本质上说，资本也同商品、货币一样，是人和人之间的生产关系，即资产阶级和无产阶级之间的生产关系。

可是，资本的本质并不是一眼就能看出来的，因为在现象形态上，资本总是表现为一定的物品，如厂房、机器、原料、制成品等等。资本所体现的生产关系，也和商品、货币一样，是被物的外壳掩盖着的。因此，在人们的观念上，就很容易形成一种错觉：好像厂房、机器这些物品天然就是资本，天然具有增殖价值的魔力。这种错误观念，就是资本的拜物教观念。

为了掩盖资本主义的剥削关系，资产阶级经济学者在给资本下定义的时候，总是抓住经济生活中的表面现象不放，极力宣扬资本拜物教的观念。例如，约翰·穆勒说："所谓资本，是手段与工具。"① 英国的托伦斯甚至这样说过："在野蛮人用来投掷他所追逐的野兽的第一块石头上，在他用来打落他用手摘不到的果实的第一根棍子上，我们看到占有一物以取得另一物的情形，这样我们就发现了资本的起源。"② 在资产阶级学者们看来，不论在什么条件下，一切生产资料，一切为生产的需要而积累起来的劳动，都是资本。按照这种观点，资本并不是特定历史条件下的产物，而是同生产工具一起出现的；资本家也不是近代史上才出现的新人物，而是从有人类那一天起就已经有了。

马克思在分析资本主义关系的时候，揭开了掩盖着资本主义剥削的种种假象，阐明了资本的本质，并且对上述资产阶级的辩护理论作了深刻的批判。他指出："资本不是物，而是一定的、社会的、属于一定历史社会形态的生产关系，它体现在一个物上，并赋予这个物以特有的社会性质。"③ "这是资产阶级的生产关系，是资产阶级社会的生产关系。"④ 他又指出："黑人就是黑人。只有在一定的关系下，他才成为奴隶。纺纱机是纺棉花的机器。只有在一定的关系下，它才成为资本。脱离了这种关系，它也就不是资本了，就像黄金本身并不是货币，沙糖并不是沙糖的价格一样。"⑤ 其实，原始人使用的石块、棍棒之类的东西，只是单纯的劳动手段，而不是资本。奴隶主和封建主占有的生产资料，虽然已经是剥削手段，但由于剥削的对象是奴隶和农奴，所以仍然不是资本。只有当生产资料作为剥削雇佣工人的手段时，它们才成了资本。前面说过，剥削雇佣劳动的条件并不是从来就有的，这些条件的出现乃是人类社会长期发展的结果。而且，随着社会的发展，雇佣劳动制度又将不可避免地被废除，资本这一经济范畴也将相应退出历史舞台。资产阶级经济学者之所以要把资本说成物，把生产资料说成天然就是资本，其目的不是别的，正是为了掩饰资本主义社会的阶级对抗，并把资本主义解释为一种"永恒的制度"。

资本在生产过程中采取生产资料和劳动力这样两个不同的形态。这两部分资本在剩余价值的生产上所起的作用是完全不同的。为了进一步揭露剩余价值的来源和阐明资本主义剥削的实质，我们还需要对这两部分资本及其不同的作用，分别加以考察。

资本当中有一部分是由厂房、设备、机器、原材料等生产资料构成的。在生产过程中，这些生产资料分别以不同的形式参加产品的生产，或者说，它们的使用价值是以不同的形式被消费掉的。像机器、设备等，可以使用很多年，参加许多次生产过程，每一次生产过程只消耗它们的一小部分；而像原材料和燃料等，则会在一

---

① 约翰·穆勒．穆勒经济学原理．上海：世界书局，1936：222.

② 马克思，恩格斯．马克思恩格斯全集：第23卷．北京：人民出版社，1972：209注释（9）.

③ 马克思，恩格斯．马克思恩格斯全集：第25卷．北京：人民出版社，1974：920.

④ 马克思，恩格斯．马克思恩格斯全集：第6卷．北京：人民出版社，1961：487.

⑤ 同④486.

次生产过程中被全部消费掉。由于它们参加生产过程的方式不同，因而它们的价值转移的方式也就不同。机器、设备等生产资料的价值，是按照其磨损的程度逐渐地转移到新产品中去的；而原材料和燃料等生产资料的价值，则是一次全部地转移到新产品中去的。但这里需要附带说明的是，只有那些曾经耗费过人类劳动的，即本身具有价值的生产资料，才能把自己的价值转移到新产品中去。而像处女地、矿藏、天然水等生产资料，由于不是人类劳动的产品，本身不具有价值，因而它们虽然参加使用价值的形成过程，但不能参加价值的形成过程，不能成为新产品价值的构成部分。

由于在剩余价值的生产过程中，生产资料这一部分资本的价值只是转换自己存在的物质形态（譬如由棉花、纱锭的形态转换为棉纱的形态），而不发生任何量的变化，不发生增殖，所以马克思把这一部分资本叫作不变资本。

但资本当中的另一部分，即资本家投在劳动力上面的那一部分，却不是这样。前面说过，劳动力价值不是被转移，而是由工人的劳动再生产出来。在生产过程中，工人所创造的新价值，不仅包括劳动力价值的等价，而且包括一定量的剩余价值。由于这一部分资本的价值不是不变的，而是一个可变的量，所以马克思把这一部分资本叫作可变资本。

当然，我们说不变资本的价值量不发生变化，这是就它在价值增殖过程中的作用而言的，至于生产资料本身的价值量，是可以发生变化的。比如，棉花的价值就可能因生产棉花的劳动生产率的变化而发生变化。但这种变化与价值增殖没有关系，它只能影响资本价值中上述两个构成部分之间的比例关系。

根据资本的各个因素在价值增殖过程中的作用，把资本划分为不变资本和可变资本，这是马克思的伟大功绩之一。在此以前，资产阶级经济学者并不知道这种区分，而在马克思创立了这一学说以后，他们又拼命地反对这种区分。他们总是一再重复地说，利润是由整个资本带来的。资产阶级经济学者之所以不敢承认这种区分，是因为这个学说确凿地证明了，剩余价值是从剥削雇佣工人而来的，雇佣工人的剩余劳动，乃是资本家发财致富的唯一源泉。

目前，在比较发达的资本主义国家，有些部门的资本家，为了少雇工人，节省可变资本开支，提高劳动生产率，从而攫取更多的剩余价值，在生产中较多地采用了一些自动化的机器设备。根据这种现象，资产阶级经济学者便大肆叫嚷：在采用自动化设备进行生产的条件下，利润是越来越多地由机器来创造了，工人在生产中的作用已经微不足道，这表明现在的资本主义对工人已经再没有什么剥削了……应该指出，这种“理论”并不是什么新玩意儿，它不过是资产阶级历来用以抵赖剥削的老调的一种翻版。资产阶级从来就主张利润是由机器创造的。现在的问题仍然是：自动化设备虽然能够大大提高劳动生产率，但就其在剩余价值生产上的作用性质来说，是任何一点改变都没有的。再自动化的机器也是机器，因而它也就永远是不变资本。它的价值只能按照磨损的程度转移到新产品上去，而不能有一丝一毫的增殖。在这里，资本家所获得的剩余价值仍然全部是由雇佣工人的剩余劳动创造的。资本家利用自动化机器，雇佣少量工人而能剥削更多的剩余价值这一事实，并不说明别的，只是说明资本家比以前更加加强了对工人的剥削。

资本划分为不变资本和可变资本的理论，对于了解资本家对工人的剥削程度，也具有重要的意义。既然剩余价值不是由全部资本带来的，而仅仅是由可变资本带来的，那么，要确定资本家对工人的剥削程度，就应该拿剩余价值同可变资本相比，而不应该拿它同全部资本相比。假定有一个 500 元的资本（K），其中 410 元为不变资本（c），90 元为可变资本（v），即 410 元（c）＋ 90 元（v）＝500 元（K）；经过生产过程之后，生产出来的商品价值是 590 元，资本价值便增殖了 90 元（590 元－500 元＝90 元）。因此，这里的剥削程度便是 $\frac{90\text{元（m）}}{90\text{元（v）}}=100\%$。马克思把剩余价值与可变资本的比率称为剩余价值率（m′），其公式是：$m'=\frac{m}{v}$。剩余价值率所表明的，是工人所创造的新价值按照怎样的比例在资本家和工人之间进行分配，换句话说，它所表明的是资本家对雇佣工人的剥削程度。因此，剩余价值率也叫作剥削率。

由于工人的必要劳动是用来再生产劳动力价值或可变资本的价值的，而剩余劳动则是生产剩余价值的，因此，剩余价值率还可以用剩余劳动与必要劳动的比率，或者剩余劳动时间与必要劳动时间的比率来表示：

$$m'=\frac{\text{剩余劳动}}{\text{必要劳动}}=\frac{\text{剩余劳动时间}}{\text{必要劳动时间}}$$

这两个公式是以不同的形式表示同一个关系。前一个公式是以物化劳动的形式表示剥削程度，而后一个公式则是以活劳动的形式表示剥削程度。

资本家所获得的剩余价值量，和剩余价值率有着密切的联系。剩余价值量的大小，取决于剩余价值率的高低和可变资本量的多少。如果我们以 M 代表剩余价值量，以 V 代表可变资本量，那么，剩余价值量的计算公式就是：$M=\frac{m}{v}\times V$。从这一公式可以看出，剩余价值率越高，可变资本的总量越大，从而，被剥削的工人人数越多，则资本家所获得的剩余价值量也就越多。由于任何一个资本家在一定时期内拥有的资本总是有限的，因而所能雇佣的工人人数也是有限的，所以他们就总是设法尽量提高剩余价值率，加强对工人的剥削程度，以便攫取尽可能多的剩余价值。

下面，我们就来说明资本家是如何提高剥削程度的。

第四节　绝对剩余价值的生产。无产阶级争取缩短工作日的斗争

资本家提高对工人剥削程度的方法，是多种多样的，但概括起来不外这样两种：绝对剩余价值的生产和相对剩余价值的生产。我们先考察绝对剩余价值的

生产。

雇佣工人的无偿劳动是剩余价值的唯一源泉。资本家为了获得剩余价值，必须把工人的劳动时间延长到必要劳动时间以上。只有这样，才能使工人在剩余劳动时间内，为资本家创造剩余价值。因此，在资本主义制度下，工人的工作日总是包括必要劳动时间和剩余劳动时间这样两个部分。

现在我们假定：资本家按照价值购买劳动力，工人一天所需要的生活资料的价值要用 6 小时劳动才能生产出来，因而必要劳动时间就等于 6 小时。如果工作日的长度是 12 小时，那么，必要劳动时间和剩余劳动时间的划分就会如下图所示：

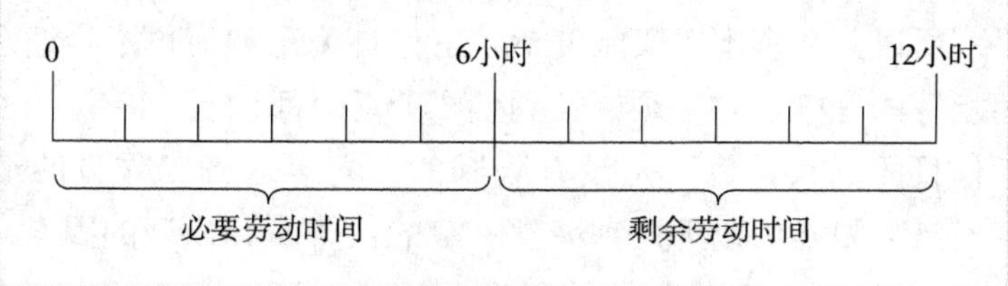

在这里，剩余劳动时间＝12 小时－6 小时＝6 小时：

$$剩余价值率=\frac{6\text{ 小时剩余劳动时间}}{6\text{ 小时必要劳动时间}}=100\%$$

如果在这个基础上把工作日延长 3 小时，即延长到 15 小时，那么，剩余劳动时间和剩余价值率就要发生如下图所示的改变：

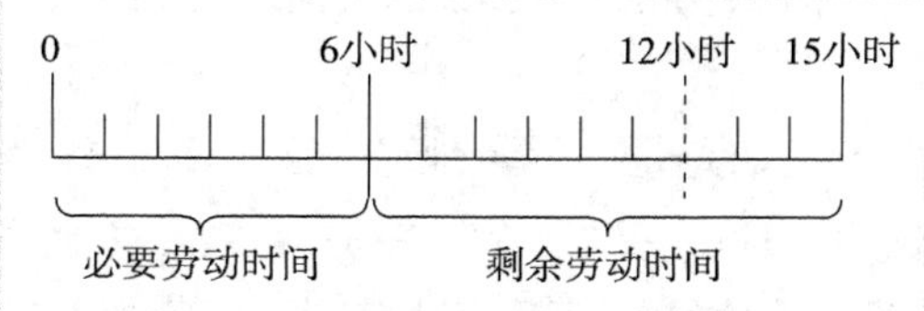

在这里，剩余劳动时间＝15 小时－6 小时＝9 小时：

$$剩余价值率=\frac{9\text{ 小时剩余劳动时间}}{6\text{ 小时必要劳动时间}}=150\%$$

由此可见，在必要劳动时间已知的条件下，资本家对工人的剥削程度，是随着工作日的绝对延长而提高的。工作日越长，剩余劳动时间就越长，从而剩余价值率就越高，剩余价值量也就越大。这种由于工作日的绝对延长而生产的剩余价值，被马克思称为绝对剩余价值。

为了让工人多生产剩余价值，资本家除了用延长工作日的方法以外，还可以用提高工人劳动强度的方法。提高劳动强度，就是迫使工人更加紧张地劳动，让他们在同样长的劳动时间内比以前消耗更多的脑力和体力，这和延长工作日并没有本质的区别。因此，从个别企业看，通过提高劳动强度而生产的剩余价值，同样是绝对剩余价值。为了叙述的方便，我们在下面分析绝对剩余价值的生产时，将只谈延长工作日的方法，而不再谈提高劳动强度的方法。

在绝对剩余价值的生产中，因为资本家对工人的剥削程度取决于工作日的长度，因此，为了攫取更多的剩余价值，他便尽可能地延长工作日。那么，工作日的长度有没有一个界限呢?

在资本主义制度下，工作日的最低界限是无法确定的。也许有人以为，工人用来生产劳动力价值的那部分必要劳动时间，是工作日的最低界限，但这是不对的。资本主义生产的性质决定了工人的必要劳动时间只能是工作日的一部分，而不能是它的全部。因为，倘不这样，资本家就将无法得到剩余价值，资本主义也就不成其为资本主义了。所以，在资本主义制度下，工作日无论如何也不会缩短到同工人的必要劳动时间相等的程度，它必须延长到必要劳动时间以上。

但是，工作日的延长，也不是没有限制的，它会遇到工作日的最高界限的限制。工作日的最高界限是由以下两种因素决定的：第一，生理的因素。工人在一昼夜 24 小时之内，必须有一部分时间用于吃饭、睡眠等，以满足生理上的需要，不然他就不能恢复劳动能力，不能继续给资本家做工。第二，道德的和社会的因素。工人在一天之内，除了劳动、吃饭、睡眠等以外，还必须有一定的时间用来读书、看报、娱乐、照顾子女以及参加社会活动等，这种需要的范围和数量，是由一个国家的经济和文化的发展状况决定的。由以上这两种因素所形成的工作日的最高界限，决定了工作日不能等于一昼夜的自然长度，即 24 小时。但是，由于这两种因素实际上都是可变量，而不是不变量，所以，工作日的最高界限便带有很大的伸缩性。这表明了，资本家在必要劳动时间之上大幅度地延长工作日的可能性还是很大的。

资本家从他的本性出发，总是要尽量地延长工作日。资本家根本不关心雇佣工人的身体健康和寿命长短。他唯一关心的，就是从工人身上榨取最大限度的剩余劳动。马克思指出：“但是，资本由于无限度地盲目追逐剩余劳动，象狼一般地贪求剩余劳动，不仅突破了工作日的道德极限，而且突破了工作日的纯粹身体的极限。”①

为了延长工作日，资本家会搬出商品交换的规律作为“根据”，说他也和其他商品购买者一样，有权充分消费他所购商品的使用价值。他既然按照价值购买了工人一天的劳动力，那么在一天之内他就有权充分地使用劳动力。但是，根据同一个规律，工人也有充分的理由反对资本家过度延长工作日，要求在工作日的正常长度内进行劳动。因为劳动力是存在于工人的身体当中的，它能否连续地被出卖，取决于工人的身体是否健康。资本家如果过度地延长工作日，就会危害工人的健康，从而会缩短工人出卖劳动力的年限。假使在工作日保持正常长度的条件下，一个工人可以有 30 年的工作能力，那么他的劳动力的日价值便应该是此时期内劳动力总价

① 马克思，恩格斯. 马克思恩格斯全集：第 23 卷. 北京：人民出版社，1972：294－295.

值的$\frac{1}{365\times 30}$，即$\frac{1}{10\,950}$。但如果由于工作日的过度延长，致使工人只有 20 年的工作能力，这实际也就意味着工人是在 20 年中出卖了 30 年的劳动力，即每日平均多卖出$\frac{1}{2}$。资本家用劳动力 1 日的价值而购买工人 $1\frac{1}{2}$日的劳动力，这当然是违反商品交换的规律的；工人有权根据这个规律来反对资本家过度延长工作日。

所以，根据商品交换的规律以及由此产生的买者（资本家）与卖者（工人）的权利，并不能确定工作日的现实长度。根据这个规律和由此产生的权利，资本家要求尽量延长工作日，而工人则反对工作日过分延长。正如马克思所说的："这里出现了二律背反，权利同权利相对抗，而这两种权利都同样是商品交换规律所承认的。"① 那么，资本主义制度下工作日的现实长度又由什么来确定呢？这是由阶级的力量对比来确定的。当资产阶级的力量很强大而无产阶级对它无力反抗时，无产阶级就会被迫接受比较长的工作日；反之，当无产阶级的力量已经壮大并且同资产阶级积极地展开斗争时，资产阶级也会被迫同意无产阶级缩短工作日的要求。资本主义发展的历史表明，工作日变动的一般情况的确就是如此。

马克思在《资本论》中，曾经以英国为例，用大量的事实揭露了资本家如何拼命延长工作日、残害工人身心健康的罪行。在产业革命以前，由于生产技术是以手工劳动为基础的，因而要大量增加生产，就得主要依靠增加劳动量。因此，延长工作日曾经成为当时资本家提高剥削程度的基本方法。但那时资产阶级还处在形成时期，他们"不能单纯依靠经济关系的力量，还要依靠国家政权的帮助才能确保自己榨取足够的剩余劳动的权利"②。所以，那个时期的特点是资产阶级通过国家立法来强制地延长工作日。例如，在 14 世纪到 18 世纪中叶这段期间，英国政府就曾经颁布各种劳工法令，强迫工人延长工作日。只是到了产业革命以后，情况才发生了变化。资本家单是依靠大机器生产的力量，就把工作日空前地延长了。在 18 世纪最后 30 年到 19 世纪上半叶这段期间，工作日曾经长达 12、14、16 小时，有的甚至达到 18 小时以上，而且连女工和童工也毫不例外。

资本家除了公开延长工作日，还用各种隐蔽的手段增加工人的劳动时间。例如，他们故意把上工的报点时间提前几分钟，而把收工的报点时间推迟几分钟，以及让工人在下班之后再收拾工作场地和擦洗机器，等等。这样，尽管工作日的长度名义上没有变动，但实际上却是延长了。用这种"偷时间"的办法虽然看来每天偷到的并不多，但如果累计起来，一年中则可以达到一个颇为可观的数目。根据一项材料计算，用这种办法，资本家可以让工人在一年 12 个月中为他干 13 个月的活。

工作日的过度延长，给工人阶级带来了严重的后果。它使得工人劳累过度，未老先衰，寿命缩短；使工伤事故频繁发生，造成大批工人的残废和死亡，特别是使

① 马克思，恩格斯．马克思恩格斯全集：第 23 卷．北京：人民出版社，1972：262.

② 同①300.

女工的健康得不到起码的保证；青少年工人的身心发育受到严重摧残。所有这些，都直接危害着工人阶级的生存。

在旧中国的资本主义企业中，工作日之长是世界各国所少有的。国民党反动政府虽然也公布过什么“工厂法”，规定“成年工人每日实在工作时间以 8 小时为原则”的条文，但不过是一纸空文。实际上，旧中国工矿企业的工作日，普遍长达 12、14 小时，有的甚至长达 18 小时以上。上海纱厂中流行的所谓“礼拜工”，竟要工人连续工作 20 小时，而后才能得到一点儿休息。工人在一年 365 天中很少有几个休息日，星期天、假日、节日的休息时间几乎全被剥夺。女工和男工一样，她们每天也要劳动 13、14 个小时。曾经有过这样的事情：1926 年上海工人举行罢工时，在他们提出的条件中有一项是“要求每日早六时上工，晚六时下工”，每天工作 12 小时。12 小时的工作日竟然作为斗争的要求被提出来，不难想见原有的工作日该是多么长了。由于对怀孕女工没有规定产假，因而经常发生在机器旁边分娩的事情。

童工的处境则尤为恶劣。据有的调查报告讲，1924 年，在上海市一些帝国主义和中国资本家开设的工厂中，12 岁以下的童工从早上六点钟起，到午后六点钟止，或是从午后六点钟起，到早上六点钟止，通常一天做 12 小时的工。有时竟不是劳动 12 小时，像在成天成夜地持续工作。在这种非人的折磨下，他们的身心得不到正常发育，很多人从小就染上了危害终身的职业病，而且有不少人断送了幼小的生命。

所以，正如马克思所指出的：“资本主义生产——实质上就是剩余价值的生产，就是剩余劳动的吸取——通过延长工作日，不仅使人的劳动力由于被夺去了道德上和身体上的正常发展和活动的条件而处于萎缩状态，而且使劳动本身未老先衰和死亡。它靠缩短工人的寿命，在一定期限内延长工人的生产时间。”①

工人阶级为了维护自己的生存权利，同资产阶级展开了顽强的斗争，他们反对过度延长工作日，争取有法律规定的所谓“标准工作日”。

工人阶级争取缩短工作日的斗争，最早开始于英国。英国工人阶级从 19 世纪初开始，整整进行了半个世纪的斗争，才迫使政府颁布了一些工厂法，先后把童工、女工和成年男工的日工作时间限制为 12 小时、10 小时。继英国之后，其他各资本主义国家的工人阶级，为争取缩短工作日的斗争也开展起来。1866 年，美国工人阶级第一次提出 8 小时工作日的要求；随后第一国际日内瓦代表大会，根据马克思的建议，提出了争取 8 小时工作制的战斗口号。这一口号提出后，立即得到了各国工人阶级的热烈响应，他们为争取 8 小时工作制同资产阶级展开了积极的斗争。但是，在资产阶级的极力反对下，这一斗争当时并没有迅速取得成效。直到第一次世界大战结束后，由于蓬勃发展的国际工人革命运动对资产阶级形成了空前的巨大压力，有些资本主义国家才被迫先后实行了 8 小时工作制。

目前，8 小时工作制虽然在不少资本主义国家已由法律规定下来，但在实行中

① 马克思，恩格斯．马克思恩格斯全集：第 23 卷．北京：人民出版社，1972：295.

仍然受到资本家的各种各样的阻挠。特别是由于工资水平很低，工人为了多挣一点儿工资，不得不经常加班加点，或从事两份工作，而且法律又有允许加班加点的补充条例。因此，在资本主义国家中有许多工人的工作日实际上仍然在 8 小时以上。

在亚洲、非洲、拉丁美洲的一些没有摆脱殖民主义统治的国家和地区，对工作日的长度在 20 世纪七八十年代仍然没有法律限制，许多部门的工作日都还在 12 小时以上，有的竟达 20 小时。

在旧中国，工人阶级为争取缩短工作日，曾经进行了一系列顽强的斗争。1922 年在中国共产党的领导下于广州召开的第一次全国劳动大会，就通过了争取 8 小时工作制的决议。1924 年中国共产党又把 8 小时工作制以及年节、星期日的休假和限制童工工作时间等，列为工人当时最低限度的要求。中国工人阶级在中国共产党的领导下，曾经把争取缩短工作日、改善自己生活状况的斗争与全国人民反对帝国主义、封建主义和官僚资本主义的民主革命斗争结合起来，把它作为整个人民革命斗争的一项重要内容。由于“中国无产阶级身受三种压迫（帝国主义的压迫、资产阶级的压迫、封建势力的压迫），而这些压迫的严重性和残酷性，是世界各民族中少见的；因此，他们在革命斗争中，比任何别的阶级来得坚决和彻底”①。

第五节　相对剩余价值的生产

资本家为了榨取更多的剩余价值，虽然总是力求延长工作日，但工作日毕竟不能无限制地延长。前面说过，这里既有一定的客观界限，也存在着工人阶级的反抗。假设由于工人阶级的反抗，工作日的长度已经多少被确定下来，那么资本家是否还有别的方法来提高对工人的剥削程度呢？有的，这就是：他可以改变工作日两个组成部分的比例，即缩短必要劳动时间，相应地延长剩余劳动时间。我们曾经假定工作日的长度是 12 小时，其中必要劳动时间和剩余劳动时间各为 6 小时，根据这种假设，剩余价值率是 100%。现在假定工作日的长度不变，仍为 12 小时，如果能把必要劳动时间缩短为 4 小时，则剩余劳动时间就会相应地延长为 8 小时，如下图所示：

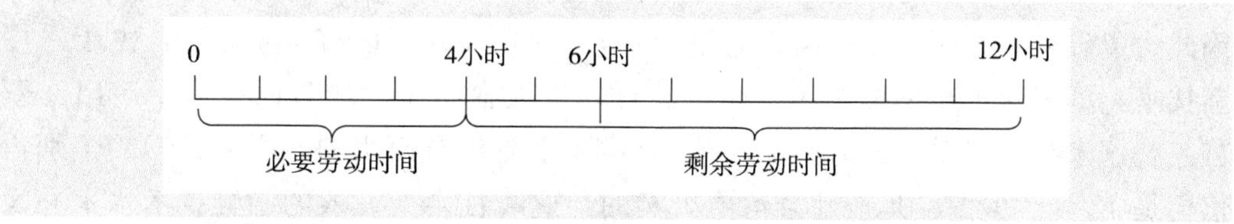

这样，剩余价值率就改变为$\frac{8\text{ 小时剩余劳动时间}}{4\text{ 小时必要劳动时间}}=200\%$，比原先提高了一倍。

① 毛泽东. 毛泽东选集：第 2 卷. 2 版. 北京：人民出版社，1991：644.

可见，在工作日长度已经确定的情况下，资本家对工人的剥削程度，取决于工作日分割为必要劳动时间和剩余劳动时间的比例。必要劳动时间越短，剩余劳动时间就越长，而资本家对工人的剥削程度也就越高。这种由于缩短必要劳动时间和相对地延长剩余劳动时间所生产的剩余价值，被马克思称为相对剩余价值。

相对剩余价值的生产既然以缩短必要劳动时间为前提，那么，怎样才能缩短必要劳动时间呢？我们知道，必要劳动时间是工人再生产劳动力价值所必需的时间，因此要缩短这部分时间就必须降低劳动力的价值。固然，资本家可以在劳动力价值以下支付工资，譬如劳动力价值为 6 元，合 6 小时，而资本家仅仅支付 4 元，合 4 小时。但是，这种办法并不能真正降低劳动力的价值和缩短必要劳动时间，这不过是使既定的必要劳动时间受到“剥夺性的侵犯”而已。既然我们这里所要研究的是有关剩余价值生产的一般的客观规律性，那么就必须抛开这种必要劳动时间遭受“侵犯”的情况，而以它在客观上的真正缩短为前提。

劳动力价值既然是由工人及其家属所必需的生活资料的价值构成的，那么，要降低劳动力的价值，就必须降低这些生活资料的价值。而要降低这些生活资料的价值，则又必须提高这些生活资料的生产部门的劳动生产率。举例来说，如果粮食、纺织品等生产部门的劳动生产率提高了，这些东西便宜了，劳动力价值就会相应地降低。当然，为了降低劳动力价值，实际所涉及的不仅是生产生活资料的部门，而是社会的所有生产部门（军火、奢侈品等少数部门除外）。只有当整个社会的劳动生产率提高了，生活资料才能够更加便宜，劳动力价值才能出现较大幅度的下降。

为了提高上述一切生产部门的劳动生产率，最根本和最重要的就是提高这些部门的技术装备水平。

于是便出现了这样一个问题：既然劳动力价值的降低，从而必要劳动时间的缩短，是以整个社会的劳动生产率和技术装备水平的提高为前提的，那么个别资本家又为什么去改进技术呢？如果没有一种力量推动每一个资本家去改进技术，整个社会的劳动生产率又怎能提高呢？从直接的意义上说，推动每一个资本家改进技术的力量，并不是降低劳动力的价值，而是取得超额剩余价值。

假设按照社会上现有的一般劳动生产率水平，制鞋工人 1 个工作日（12 小时）可以生产 1 双鞋，价值 12 元；其中 6 元用来补偿劳动力价值，6 元是剩余价值（生产中消耗的生产资料的价值，由于只是转移到产品上面来，不发生价值量的变化，因此为了叙述的方便，可以假设它等于零）。现在，再假设有一家鞋厂，由于采用新技术，把劳动生产率提高了 1 倍，这样，工人在 1 个工作日内就可生产出 2 双鞋。就这家鞋厂来说，因为这 2 双鞋仍是 12 小时生产出来的，所以它们的个别价值仍是 12 元。但商品是按社会价值出卖的，这时社会上一般的制鞋技术水平并没有提高，所以这 2 双鞋的社会价值便是 24 元，而不是 12 元。资本家按社会价值即按 24 元把这 2 双鞋卖出后，除支付 6 元的劳动力价值外，可以净得 18 元的剩余价值，即比他改进技术以前多得 12 元。这一部分多得的剩余价值是商品的个别价值同其社会价值之间的一种差额，或者说是商品社会价值超过个别价值的一种余额，马克思把它叫作超额剩余价值。这种超额剩余价值仍然是由本生产单位的工人的劳动创造的，正如马克思所说："生产力特别高的劳动起了自乘的劳动的作用，或者说，在同样的时间内，它所创造的价值比同种社会平均劳动要多。"①

超额剩余价值的生产，就首先采用新技术的企业来说，也是缩短了工人的必要劳动时间和相应地延长了剩余劳动时间的结果。仍以前例来说，原先制鞋工人在一天 12 小时的劳动中，必须用 6 小时才能生产出劳动力价值的等价（6 元）来，而在采用了新技术之后，只要 3 小时就够了。所以，这里的必要劳动时间已由 6 小时缩短为 3 小时，而剩余劳动时间则由 6 小时延长到 9 小时。不过，在新技术被所有鞋厂普遍采用之前，这种必要劳动时间和剩余劳动时间的比例的变化，还只是发生在最先采用新技术因而劳动生产率较高的少数鞋厂中，而一般的鞋厂则没有这种变化。

超额剩余价值的获得，对于个别企业来说，是一种暂时的现象。因为在追逐剩余价值的竞争中，其他企业也要采用新技术。一旦新技术被普遍采用了，整个部门的劳动生产率提高了，商品的社会价值也就会随着降低。如前例，如果大多数鞋厂的工人都能在 12 小时内生产出 2 双鞋，那么每双鞋的价值就会从 12 元降低到 6 元。这样一来，那些较早采用新技术的资本家也就不能继续获得超额剩余价值了。如果他们还要获得超额剩余价值，就必须采用比别人更新的生产技术。

追求超额剩余价值的内在冲动和竞争的外在压力，会不断地促使各个资本主义企业采用新的生产技术。当整个社会的劳动生产率，特别是那些和工人的生活资料直接有关的各个生产部门的劳动生产率提高之后，工人的生活资料的价值就会降低，劳动力的价值就会下降，从而必要劳动时间就会随之缩短，剩余劳动时间就会相对地延长。由此可见，相对剩余价值的生产是作为各个资本家追求超额剩余价值的结果而实现的。生产相对剩余价值的整个过程，在现实生活中就表现为无数资本家狂热地追逐超额剩余价值的过程。

以上，我们先后考察了生产绝对剩余价值的方法和生产相对剩余价值的方法。这两种方法在资本主义发展的不同时期所起的作用是不同的。在资本主义发展的初期，由于生产技术的改进比较缓慢，因而，那时资本家主要是依靠延长劳动时间和提高劳动强度，即依靠生产绝对剩余价值的方法，来加强对工人的剥削。后来，随着资本主义的发展，随着技术的进步和劳动生产率的提高，相对剩余价值生产的意义才日益突出。特别是在产业革命之后，由于大机器生产代替了手工操作，劳动生产率有了迅速提高，因而相对剩余价值的生产便成了资本家加强对工人剥削的重要方法。

我们说上述两种生产剩余价值的方法在资本主义发展的不同时期起着不同的作用，绝不意味着在技术进步的条件下，生产绝对剩余价值的方法对资本家就完全失去了意义。实际上，资本家所实行的乃是"双轨制"，他们既注意增加相对剩余价

① 马克思，恩格斯. 马克思恩格斯全集：第 23 卷. 北京：人民出版社，1972：354.

值的生产，同时又继续保持绝对剩余价值的生产，把这两种加强剥削的方法适当结合起来。

绝对剩余价值的生产，是资本主义剥削的一般基础。因为，只有把工作日绝对地延长到必要劳动时间以上，资本家才可能占有剩余劳动，获得剩余价值。另外，绝对剩余价值的生产又是相对剩余价值生产的出发点，因为必要劳动时间的缩短和剩余劳动时间的相对延长，乃是以工作日已经延长到必要劳动时间以上、劳动时间已经分为必要劳动时间和剩余劳动时间这两部分为前提的。

从一定的观点来看，生产剩余价值的这两种方法的区别，似乎是不存在的。相对剩余价值的生产，由于也必须把工作日绝对地延长到必要劳动时间以上，所以看起来又好像是绝对剩余价值的生产。而绝对剩余价值的生产，由于也必须以劳动生产率已有一定的提高、从而必要劳动时间得以被限定为工作日的一部分为前提，所以看起来又好像是相对剩余价值的生产。但是，只要我们不是从这两种方法基于工作日的最一般的关系上，而是从剩余价值生产的现实运动上，即从资本家实际如何提高剩余价值率这方面来加以观察，则这两种方法的区别就是非常清楚的。如果假定工资是按劳动力的价值支付的，资本家为了提高剩余价值率，就必须在以下两种方法中选择一种：或者是在既定的劳动生产率和劳动强度下，绝对地延长工作日；或者是在既定的工作日长度之内，提高劳动生产率以缩短必要劳动时间。

第六节　相对剩余价值生产的发展过程

在资本主义制度下，相对剩余价值生产经历了三个发展阶段：(1) 简单协作；(2) 工场手工业；(3) 机器大工业。在这个过程中，资本主义的社会生产力和劳动生产率有了很大的提高；同时，资本主义的社会生产关系也得到了不断的加深和扩大。资本主义提高劳动生产率的过程和结果表明，大受其利的只是少数资产阶级，他们获得的剩余价值越来越多，而广大工人阶级所遭受的剥削却越来越严重。

下面，我们考察相对剩余价值生产的上述三个阶段。

所谓协作，是指许多人同时在同一个生产过程中，或者在不同的但互相联系的生产过程中，有组织地共同地进行劳动。协作有两种形式：一种是简单协作，这种协作的特点是劳动者共同参加某一生产过程，但彼此间没有分工；另一种是复杂协作，它的特点是劳动者在共同劳动时彼此间有固定的分工，大家在分工的基础上进行劳动。

马克思指出："较多的工人在同一时间、同一空间（或者说同一劳动场所），为了生产同种商品，在同一资本家的指挥下工作，这在历史上和逻辑上都是资本主义生产的起点。"[①] 最初，资本家就是通过简单协作这种形式，把工人们组织起来为

① 马克思，恩格斯．马克思恩格斯全集：第23卷．北京：人民出版社，1972：358.

他生产剩余价值的。在这个开始的阶段，在生产方法上，资本主义企业同旧日的作坊并没有很大差别，所不同的只是它的生产规模比较大，所雇佣的劳动者比较多，因而能够实行简单协作。手工作坊老板之所以能够上升为资本家，也正是由于他能够依靠简单协作来剥削到较大量的剩余劳动，从而使自己能够摆脱劳动的缘故。如果他始终只雇佣一两个劳动者，那就只能榨取到一份很有限的剩余劳动，在这种情况下，由于他不能完全摆脱劳动，因而他就当不成资本家，而只能当一个生活比较富裕的小业主。

简单协作比分散的个体生产具有很多优越性，能够给资本家带来很多好处。

第一，协作可以抵消各个劳动者在劳动能力上的差别，为资本家提供社会平均的劳动力。在分散的个体经济中，各个生产者在体力、技艺和熟练程度上的差别是很大的，那些劳动能力低于社会平均水平的生产者，需要比别人耗费更多的时间才能生产出同样的商品，因此他们经不起竞争，随时都有破产的危险。在简单协作条件下，资本家由于取得了社会平均的劳动力，这就保证了他在经营上能有相对的稳定性，能够经常保持接近社会一般水平的剩余价值率。

第二，协作可以大大节省生产资料上的开支。大作坊在工房、库房、工具、设备上的开支，虽然总数要比小作坊增加很多，但绝不需要按照人数的比例来增加。盖一间大的供 20 人用的工房比盖 10 间小的每间供 2 人用的工房，造价要便宜得多。同样，许多人在一起劳动，有些工具、设备就可以共同使用或交替使用，而不必每人各备一套。生产资料的这种节省，可以降低商品的物化劳动的耗费，因而就能增强资本家的竞争力量，并保证他获得较多的剩余价值。

第三，许多人在一起协同地进行劳动，并不等于个人劳动的简单总和，它可以产生一种新的集体力量，这种力量是单干的力量所不能比拟的。一块千斤重的石头，10 个人一起来搬，可以很容易地把它搬走，而如果 10 个人分别地搬，恐怕永远也不能搬走。

第四，许多人在一起协作劳动，精神状态就会活跃起来，就会引起彼此之间的竞争心和好胜心，从而使劳动的效率大大提高。

第五，许多人在一起，即使都做同样的工作，也可以取得相互帮助、相互配合的好处。譬如，盖房子搬砖，10 个人排成一行用接力的方式往屋顶上传送，比每个人各抱一叠上上下下地搬运，速度要快得多。

第六，在农业、牧业、渔业等季节性很强的生产部门中，能否在忙季里集中地投入大量劳动力，对生产的结果有着极大的影响。协作在这方面的好处，就在于它人手众多，能够适应忙季生产的需要，因而可以避免由人力不足所造成的种种损失。

第七，协作还可以扩大劳动的空间范围。这对某些工作来说，也是非常重要的。譬如，开运河、修铁路、修水库这一类工作，就非有大规模的协作劳动不可。另外，协作也可以在较小的空间范围内，投入大量的劳动。例如，当农业实行集约经营时，情况就是这样。由于劳动空间的缩小和劳动者的密集，可以节省生产上和运输上的许多开支，也可以减少路上往返的时间。

上面列举的这许多优越性，无论哪一点都是由协作本身所带来的，都是协作所创造的新的生产力。资本家在这种力量的创造上，并没有任何破费，但是他们却攫取了协作所带来的一切好处。这是因为，在资本主义制度下，工人一无所有，进行协作劳动所需要的生活资料和生产资料，都掌握在资本家手中，工人只有受雇于资本家才能进行协作劳动。正因为这样，所以这种协作劳动一开始就隶属于资本，而协作劳动所创造的新的生产力，也就完全被当作资本的生产力。

劳动协作并不是资本主义所特有的。远在原始社会，原始人在狩猎、捕鱼时就实行过简单协作。在奴隶制度和封建制度下，不同形式的协作也被相继采用过。但各个时代的协作在性质上是有差别的。原始人的协作，是以生产资料的氏族公有制和氏族血缘关系为基础的。奴隶制度和封建制度下的协作，是以生产资料的奴隶主所有制和封建主所有制以及对劳动者的人身占有和依附关系为基础的。资本主义制度下的协作，则是以生产资料的资本家所有制和雇佣劳动的存在为前提的。在不同的社会制度中，协作服从于不同的目的。资本主义的协作，只能是为资本家攫取剩余价值服务，而不可能服从于任何其他目的。

简单协作是资本主义提高劳动生产率的最初阶段，因此它也是相对剩余价值生产的第一个阶段。在这个阶段，由于劳动过程仍然沿用原来个体手工业者的生产技术和生产方法，因而劳动生产率的提高是十分有限的。对剩余价值的追逐以及竞争的强制，推动着资本家去采取效率更高的生产方法。这样，在简单协作进一步发展的基础上，就产生了工场手工业，简单协作逐渐为工场手工业所代替。

工场手工业的根本特点，是它在劳动过程中实行了分工，工人在分工的基础上进行劳动协作。因此，它是一种比简单协作更为发展的协作形式。工场手工业在资本主义的工业发展史上，曾经经历过一个相当长的时期。例如，在英国，从 16 世纪中叶到 18 世纪末这 200 多年间，就一直是工场手工业在生产中占统治地位。

工场手工业是依照两种方式产生的。第一种方式是资本家把不同行业的手工业者组织在一个工场中，让他们共同生产一种商品。例如，制造马车的工场手工业就是这样产生的。制造马车需要木匠、马具匠、裁缝、铜匠、玻璃匠、油漆匠、画匠等等不同行业的劳动者，资本家把这些工匠招雇进来，让每种工匠为马车专门生产某一种部件或从事某一种操作。第二种方式和前一种方式恰恰相反，它是资本家把同一行业的手工业者组织在一个工场中，让他们进行分工，使他们在互相衔接的不同工序上，分别进行不同的操作。例如，制针、造纸、制陶瓷等工场手工业就是这样产生的。

不管是依照哪一种方式产生的工场手工业，由于技术基础仍然是手工劳动，因而它的劳动生产率的高低，便主要取决于从业工人的技巧和熟练程度。但是，因为工场手工业不仅继承了简单协作的各种优点，而且实行了分工，所以在提高劳动生产率方面，就具有许多独立的手工业和简单协作所没有的优越性。为了明确这一点，我们需要对工场手工业的组成要素及其整个机构作适当的分析。

工场手工业在生产技术方面，不外是由许多从事局部操作的劳动者和他们所使用的工具组成的。从劳动者这个要素来看，由于他们长期从事一种专门性的操作，因而他们的整个身体就会变得非常适应这种工作的需要，以至于像马克思所说的，会成为这种工作的“自动化器官”。例如，专门抡锤的人会有特别发达的臂膀，专门绣花的人会有特别灵巧的指尖，等等。单是这一点，就足以把劳动生产率提高一大步。另外，由于他们反复地进行一种操作，把注意力集中在有限的事情上，因而也就比较容易积累经验，使技巧和熟练程度可以较快地提高。还有，专门从事一种操作，可以避免因变换工作所造成的时间浪费，使劳动时间更加紧凑，从而提高劳动强度。归根结底，所有这些都会增加单位时间的产品数量。

从劳动工具这方面看，分工的结果是工具越来越专门化了，不仅工具的种类和式样大为增加，而且这些工具改进得更加适合专门操作的需要。这对劳动效率的提高当然也具有非常重要的作用。

我们再来看一看工场手工业的整个机构。工场手工业有两种基本形式，即混成的工场手工业和有机的工场手工业。这两种形式的区别，是由产品本身的性质引起的。在混成的工场手工业中，产品是由许多零件组合而成的，例如马车制造业、钟表制造业等等，就是这样。而在有机的工场手工业中，例如在制针、造纸、制陶瓷等工场中，产品却是通过一系列相互衔接的工序来完成的。无论哪种形式的工场手工业，都具有下述优点：

第一，由于把原先分散的手工业者组织在一起工作，因而产品制造上所经过的各个生产阶段的空间距离大为缩短，可以节省运输时间，使生产一件产品所需要的劳动总量减少。以织布为例，如果轧花、纺纱、织布、印染都在一个工场内进行，就比在几个地方分别进行要节省许多运输费用和劳动时间。

第二，由于分工，从前在时间上依次进行的各个生产阶段，现在可以在空间上齐头并进了。例如制鞋，在一部分人纳底的同时，另外一些人可以分别从事做帮、缉口、绱底、排楦等工作。按这种方式开展工作，可以在短时间内生产出大量的产品来。

第三，任何一种工场手工业，都要求各部分工人密切配合，上一工序必须按时按量为下一工序提供零件或半制品，而每个人也都必须在一定时间内完成一定的生产任务，否则就会打乱整个生产秩序。因此，在这种条件下，不仅会大大加强劳动强度，而且会使每个人的劳动都更加具有社会平均劳动的性质。这对于资本家提高竞争能力，保证经营上的稳定性，有很大的好处。

总之，不管是从工场手工业的组成要素来看，还是从它的整个机构来看，这一系列的改进和变化，都给资产阶级带来了无可置疑的好处。随着劳动生产率的提高，他们所获得的剩余价值大量增加了。当年英国和其他一些国家的资产阶级，就正是依靠工场手工业（当然还有别的方式）而积累起大量资本的。英国工场手工业的发展，为它以后的工业化提供了重要条件。

工场手工业给工人阶级带来的又是一些什么呢？

分工和劳动的专门化，首先对工人的生理健康造成了严重的损害。工人长期从事一种局部的、片面性的工作，身体必然趋向畸形和片面发展。驼背、鸡胸或者是身体的某一部分特别发达而其他部分过分细弱等等，在工场手工业工人中是相当普遍的现象。

工场手工业的分工，给工人的精神方面也带来了不良的影响。整个工场有如一部机器，严密的分工使每个工人都变成了这部机器的部件，由于他们终生只从事一种单调而沉重的体力操作，因而就丧失了对整个生产过程设计和规划的能力，精神变得十分贫乏。

工场手工业的分工，还造成了劳动力的等级制度。由于在分工的体系中需要各种熟练程度不同的工人，因而就有一部分人被长期安置在技术要求较高的工种或工序上，他们成为熟练工人；另一部分人则因长期被安置在技术要求较低或辅助性的工作上，而成为非熟练工人。与工人之间的技术上的等级差别相适应，他们在工资收入上也形成了等级差别。这种情况的产生和继续存在，在一定条件下对于工人之间的团结是不利的，而资本家则可以利用这一点来分化工人和加强对他们的剥削。

分工的另一个重要结果，是工人变得只会从事一种局部性的操作，而不能自己制成一件成品。这样，他们倘若离开资本家的工场，便很难独立地工作。原先，工人因为丧失了生产资料而不得不忍受资本家的剥削；现在，由于他们丧失了独立地制造一件成品的能力，就更加无法摆脱资本的奴役了。因此，工场手工业使工人进一步变成了资本的附属物，也就是说，资本对雇佣劳动的统治大大加强了。

所以，正如马克思所深刻指明的：资本主义的工场手工业“只是生产相对剩余价值即靠牺牲工人来加强资本……自行增殖的一种特殊方法。工场手工业分工不仅只是为资本家而不是为工人发展社会劳动生产力，而且靠使各个工人畸形化来发展社会劳动生产力。它生产了资本统治劳动的新条件。因此，一方面，它表现为社会经济形成过程中的历史进步和必要的发展因素，另一方面，它又是文明的、精巧的剥削手段”①。

工场手工业虽然对提高资本主义的劳动生产率，具有相当重要的作用，但是，如前所述，由于它的技术基础仍然是手工劳动和手工工具，因而它对提高劳动生产率所起的作用毕竟是很有限的。为了适应当时国内市场和国外市场对商品的日益增大的需求，为了攫取更多的剩余价值，资本家必须打破手工技术所固有的各种局限性，进一步改进生产方法。于是，从 18 世纪最后 30 年起，西欧各主要资本主义国家便先后通过产业革命，由工场手工业逐渐过渡到了机器大工业。

机器和手工工具有什么区别呢？

一切发展了的机器，都是由三个在本质上不相同的部分构成的，这就是：（1）发动机；（2）传动装置；（3）工具机（或工作机）。

发动机是整个机械的动力，它或者是像蒸汽机、内燃机那样，由本身产生原动

① 马克思，恩格斯．马克思恩格斯全集：第 23 卷．北京：人民出版社，1972：403.

力，或者是像水轮机那样，由外界得到原动力。

传动装置是用飞轮、齿轮、动轴、偏心轮、皮带等把发动机发出来的力量，加以调节或变换运动的方向和形式，然后传送到工作机上面去。

机器的上述两个部分，都是为了使工具机运转起来，使工具机能够作用于劳动对象，以便按照人的预定目的改变劳动对象。

工具机是机器的最重要的一部分，由于结构和性能上的差别，它分为各种不同的类型，在通常情况下，它是由很多个各种几何形的部件和零件组成的，其中最主要的部件则是工具。孤立地看，安装在工作机上的工具，例如纺纱机的纱锭、织布机的梭、各种机床上的刃具和卡具等等，和手工工具并没有什么重大的区别。但是，它们现在已是“机械的工具”而不是“人手的工具”，因而在使用上就不受劳动者的技巧和生理器官的限制。这一点，是机器同手工工具的一个最根本的区别。马克思说：“在真正的工具从人那里转移到机构（指工作机。——编者）上以后，机器就代替了单纯的工具。”① 正是由于工具机所运用的工具数突破了劳动者生理上的限制，所以它就能够成百倍成千倍地提高工作效率。

随着机器的广泛采用，资本主义的劳动过程也出现了一系列新的变化：生产的工艺过程和劳动组织完全改观了；自然力代替了人力；对科学技术有意识的运用代替了凭经验办事的常规；机器本身的协作代替了工人之间的协作，而且有的机器本身由电子计算机来控制……这一切，都能够使劳动生产率迅速地提高。

所谓劳动生产率的提高，实际也就是减少单位产品的物化劳动和活劳动的消耗，在资本主义企业里，它又表现为不变资本和可变资本支出的节省。使用机器之所以能够节省资本的支出，是因为：（1）资本家为购置机器所支付的资本价值，虽然要比购买手工工具多得多，但机器的使用期限和生产能力却远远超过手工工具，因此，平均到每件产品上的机器的价值，比同样一件手工业品所包含的手工工具的价值，在绝对量上要少得多；（2）更重要的是使用机器可以大量节省劳动力的消耗，即节省活劳动的支出。

如果仅仅是为了减少劳动消耗，降低单位产品的价值，那么，只要生产机器所耗费的劳动少于使用机器所代替的劳动，在生产中就可以采用机器。但是，在资本主义制度下，由于活劳动有一部分是不给代价的，劳动力的价值比劳动创造的价值要少得多，因此，对于资本家来说，这个条件便远远不够了，他需要更加严格的条件。资本家只有在这样一个限度内才肯使用机器，即机器的价值必须小于机器所代替的劳动力的价值。比如，假定用手工劳动制成 10 000 双鞋，需要雇佣 100 个工人，每人的工资为 100 元，合 10 000 元，那么改用机器制鞋时，同样制成 10 000 双鞋所消费的机器价值就必须小于 10 000 元，否则资本家就宁肯多雇工人，而不使用机器。资本主义使用机器的这种狭隘界限，表明了资本主义生产方式的局限性。这也就是在一些工业高度发展的资本主义国家里，至今还在很多部门保留大量手工

---

① 马克思，恩格斯. 马克思恩格斯全集：第 23 卷. 北京：人民出版社，1972：411.

劳动的重要原因之一。

机器的资本主义使用，给工人阶级带来了一系列的严重后果。

由于机器简化了操作过程，使得体质较弱的劳动力也可以参加生产，因此，随着机器的采用，童工和女工便被大规模地吸收到工厂中来。从前，工人为了活命不得不出卖自己；现在，却不得不出卖自己的妻子和儿女了。大量妇女和儿童参加生产，一方面为资本家提供了源源不绝的劳动力，另一方面又使一批又一批成年工人被排挤出工厂而加入失业队伍。

日新月异的技术进步，不仅使大批现役工人遭到机器的排挤，被逐出工厂的大门，而且使大批中小生产者因抵挡不住廉价商品的竞争而陷于破产。这样，便造成了越来越庞大的失业队伍。大机器生产所造成的这种失业现象，不仅给失业者带来了无穷的苦难，而且使在业工人的处境更加悲惨。资本家利用劳动市场对工人造成的巨大压力，强制降低他们的工资和延长劳动时间。如果他们不接受资本家所提出的苛刻条件，资本家就会从失业队伍中另雇新人来接替他们的工作。资本家在这种场合的惯用语言是：你们不干，外边还有人等着呢！

随着机器的广泛采用，资本主义生产过程中的体力劳动和脑力劳动的分离最后完成了。脑力劳动几乎完全由少数工程技术人员来进行，而压在工人肩上的则是沉重的和单调的体力劳动。使用机器生产，大大加强了工人的劳动强度。抛开其他因素不说，单从这时生产过程的技术性质来看，便必然会导致这种结果。这是因为，在使用机器生产的条件下，工人支配自己劳动力的自主性几乎全部丧失，他们的动作要服从于机器本身的运转速度。因此，马克思指出：在资本主义工厂里，由于使用机器进行生产，加强了资本对雇佣劳动的统治，使工人变成了机器的真正的附属物。

随着工场手工业过渡到机器大工业，雇佣劳动对资本的隶属关系也有了进一步的发展。如果说在绝对剩余价值生产中，存在着雇佣劳动对资本的形式隶属，那么在相对剩余价值生产中，这种形式隶属就发展为实际隶属。随着相对剩余价值生产的发展，实际隶属本身也在发展。一方面，在工场手工业阶段，由于生产过程广泛实行分工，工人已经变成了局部劳动者，因此他们事实上已经不能脱离资本家而独自谋生。但是，另一方面，这时的劳动工具依然是以前的手工工具，因此就不能完全排除工人离开资本家依靠自己的技术恢复个体经营的可能性。直至发展到机器大工业阶段以后，情况就更加不同了，此时工人要想脱离资本家的工厂去从事个体生产，几乎完全不可能了。这是因为：机器（除少数例外）按其性质来说是一种社会化的劳动工具，只有许多人的共同劳动才能使它发挥作用，单个工人是很难使用机器生产的。马克思写道："劳动过程的协作性质，现在成了由劳动资料本身的性质所决定的技术上的必要了。"① 至此，雇佣劳动对资本的隶属关系完全巩固下来。

最后，由于劳动强度的提高和劳动条件的恶化，因而在采用机器之后，工伤事

---

① 马克思，恩格斯. 马克思恩格斯全集：第 23 卷. 北京：人民出版社，1972：423.

故也紧跟着迅速增多，大批工人变成残废、未老先衰和过早死亡。

总之，资本主义制度下机器的使用必然会给工人带来各种灾难性的结果。机器就其自身来考察会缩短劳动时间，但它的资本主义的使用，却是延长工作日；机器本身会使劳动变得轻易，但它的资本主义的使用，却是加强劳动；机器本身是人类对于自然力的胜利，但它的资本主义的使用，却使人类服从于自然力；机器本身可以增加生产者的财富，但它的资本主义的使用，却使生产者变为需要救济的贫民。

一段时间以来，在某些资本主义国家中，由于生产自动化的发展，一些部门的劳动生产率有了相当大的提高，但是伴随这种提高而来的，并不是什么阶级利益的日益协调，而是阶级矛盾的进一步尖锐化。列宁指出："意味着劳动生产率提高和社会财富增长的技术改进，在资产阶级社会却使社会不平等加剧，使有产者和无产者贫富更加悬殊，使愈来愈多的劳动群众的生活更无保障，失业和各种困难加剧。"① 在资本主义制度下，现代科学技术是资产阶级用来加强对无产阶级的剥削和压迫的一种手段，因此，在生产自动化发展的同时，资本家的财富成倍地增长了，而无产阶级的贫困、失业却大大增加了。自动化夺走了更多人的饭碗。20 世纪六七十年代，在美国、联邦德国、英国、法国和日本等主要资本主义国家中，经常都有几十万到几百万的失业人口。在那些实行自动生产线的工厂，由于大大提高了加工零部件的运行速度，因而成倍地加强了在自动生产线旁直接操作的工人的劳动强度，一天工作下来，他们被弄得简直精疲力竭。1956 年，《纽约时报》曾经这样描绘过美国自动化车间的工作情况："福特汽车工厂最后几根传送带上所装配的发动机，每 12 秒钟就会掉落一个，在这样快的速度下，工人就只好用胳臂肘和肩膀交叉着动作，来完成这一严格规定的工作，这就活像在《摩登时代》电影中卓别麟所演过的那个著名角色一样。"②

---

① 列宁．列宁全集：第 36 卷．2 版．北京：人民出版社，1985：95.

② 红旗．1959（10）：48.

第三章

工　资

第一节　工资的实质

在资本主义的经济生活中，常常有各种假象阻碍人们去认识资本主义剥削关系的实质，其中最迷惑人的是工资形态所产生的假象。因此，为了彻底揭露资本主义剥削关系的秘密，我们还必须进一步研究工资问题。

在资本主义制度下，工人给资本家做工，资本家付给工人工资，工人劳动一天，得一天工资，劳动一个月，得一个月工资。因此，从表面上看来，工人像是向资本家出卖自己的劳动，而工资则是“劳动的价格”。这完全是一种假象，从下面的说明中我们可以明白，劳动是根本不能当作商品来出卖，是不能有自己的价值或价格的。

第一，劳动要能当作商品来出卖，在出卖之前它必须已经存在。但雇佣工人在劳动市场上和资本家发生关系时，他的活劳动是不存在的。如果他想使自己的劳动取得独立的存在形态，他必须把活劳动变成物化劳动，即变成产品。可是，假如他能有产品可卖，那他就是小商品生产者而不是雇佣工人了。

第二，商品的价值是人类一般劳动的凝结，价值量的大小，由劳动时间的多少来决定。如果劳动是商品，也有价值，那么它的价值该怎样决定呢？只好说劳动的价值由劳动时间决定。10 小时劳动的价值等于 10 小时劳动，这是一种毫无内容的同义反复。

第三，如果说劳动是商品，具有价值，而工资是劳动的价格，那么，工资和劳动的交换，是等价的还是不等价的呢？如果是等价交换，则工资便等于工人劳动所创造的全部价值，这样，资本家就不会有剩余价值可得了，而以剥削雇佣劳动为基础的资本主义制度本身也就不能存在了。如果是不等价交换，那就意味着价值规律不起作用了，然而，价值规律是商品生产的规律，建立在商品生产基础上的资本主义制度，是不能没有价值规律的，因为它是以价值规律的充分作用为条件的。

第四，工人为资本家劳动，是在工人完成了他和资本家之间的交换行为、进入生产过程之后才开始的。而这时，劳动已是在资本家的指挥和监督下进行，它已不属于工人自己所有，而是归资本家所有了。这种不属于工人自己所有的劳动，自然不能由工人作为商品来出卖。

其实，在商品市场上与资本家直接对立的，并不是劳动，而是劳动者——工人。工人出卖给资本家的，只是他的劳动力。必须把劳动力同劳动严格地区分开。劳动力是蕴藏在人身体中的一种能力，而劳动则是劳动力的作用。这就如同肠胃的消化能力不等于消化，机器亦不同于机器的功能一样。工人出卖劳动力，也就是把一定时间内的劳动力的使用权转让给资本家，由资本家去消费，而劳动力的消费过程，才是劳动。

资本家向工人支付的本来是劳动力的价值或价格，但因为采取了“工资”的形式，所以表现为劳动的价值或价格。马克思指出：“工资不是它表面上呈现的那种东西，不是劳动的价值或价格，而只是劳动力的价值或价格的隐蔽形式。”①

但是，劳动力的价值或价格表现为劳动的价值或价格，并不是偶然的，而是由资本主义的生产关系引起的。马克思指出：劳动的价值，完全“是一个虚幻的用语，就象说土地的价值一样。但是这类虚幻的用语是从生产关系本身中产生的。它们是本质关系的表现形式的范畴”②。具体说来，劳动力的价值或价格，之所以会表现为劳动的价值或价格，主要是由于这样一些原因：

第一，资本家同工人之间所进行的劳动力的买卖，同其他的商品买卖一样，也是首先以直观的形式在人们的知觉上表现出来的。买者给予卖者一定的货币，卖者给予买者一种与货币不同的商品。只要资本家给予工人一个货币额，工人给予资本家一件他所需要的商品就可以了，至于这件商品究竟是什么和叫什么，是劳动还是劳动力，他们并不深究。

第二，工资的支付方式，也容易使人们误认为工资是劳动的价值或价格。因为通常都是在工人给资本家提供了劳动之后，资本家才向工人支付工资。

第三，工资的现实运动，仿佛“证明”着工资不是劳动力的价值，而是它的机能即劳动的价值。这里有两种情况：（1）工人为资本家进行的劳动越多，他所得的工资也越多；（2）不同熟练程度的工人得到不同的工资。

由于劳动力的价值或价格采取了工资的形式，因而就把资本家对工人的剥削完

---

① 马克思，恩格斯．马克思恩格斯文集：第3卷．北京：人民出版社，2009：441.

② 马克思，恩格斯．马克思恩格斯全集：第23卷．北京：人民出版社，1972：587－588.

全掩盖起来了。只要我们对资本主义剥削和以前的各种剥削形式加以简单比较，就会更加清楚地看出这一点。在奴隶制度下，奴隶的劳动也分为必要劳动和剩余劳动，但因为奴隶的人身完全属于奴隶主所有，所以乍看起来，奴隶为自己进行的必要劳动，也好像是为奴隶主进行的无偿劳动，奴隶的全部劳动好像都是没有报酬的。在封建制度下，农奴的劳动分为必要劳动和剩余劳动是明明白白的，因为无论在哪一种地租形式下，农奴交给封建主的部分，都是和留给自己的部分明显地分开的。可是，资本主义的情况就完全不同了，在工资形式下，工人的全部劳动都表现为有偿劳动，都好像给了代价。马克思说："因此可以懂得，为什么劳动力的价值和价格转化为工资形式，即转化为劳动本身的价值和价格，会具有决定性的重要意义。这种表现形式掩盖了现实关系，正好显示出它的反面。工人和资本家的一切法权观念，资本主义生产方式的一切神秘性，这一生产方式所产生的一切自由幻觉，庸俗经济学的一切辩护遁词，都是以这个表现形式为依据的。"①

马克思的伟大功绩之一，就在于他透过工资这个现象形态揭明了工资的实质。他明确地指出：工资不是劳动的价值或价格，而是劳动力的价值或价格的转化形式。虽然正是劳动创造出价值和剩余价值，但这里成为商品并具有价值的却不是劳动，而是劳动力。

资产阶级的古典经济学派，从威廉・配第到亚当・斯密、李嘉图等人，都认为工资是劳动的价值或价格。斯密和李嘉图认为，劳动和其他商品一样，具有两种价格，即市场价格和自然价格。劳动的市场价格随着劳动的供求关系的变化而不断变化，而劳动的自然价格则是其市场价格依以上下波动的中心。他们所说的自然价格，其实就是价值。但劳动的价值由什么决定呢？按照他们首倡的劳动价值学说，自然应当由劳动来决定。他们意识到这样说便会使自己陷在一个圈子里走不出去，为了摆脱困境，于是就说劳动的价值也同其他商品的价值一样是由它的生产费用决定的。但是劳动的生产费用又是什么呢？他们并没有去考察这一问题（因为这是谁也不能回答的），而是考察了工人的生产费用。工人的生产费用也就是工人为维持自身及其家属的生活所必需的生活资料的价值，它虽然是可以确定的，但这样一来他们实际上是把概念转换了，即用工人的生产费用代替了原来的劳动的生产费用，这已经不是在说明劳动的价值，而是在说明劳动力的价值了。所以，马克思指出：古典经济学"是不自觉地代替了原来的问题，因为政治经济学在谈到劳动本身的生产费用时，只是兜圈子，没有前进一步。可见，政治经济学称为劳动的价值的东西，实际上就是劳动力的价值"②。

如果把古典经济学派关于劳动的价值的"说明"，用来分析资本主义的现实关系，便会立刻产生不能解决的矛盾。例如，假定工人劳动 12 小时，创造了 6 元的价值，其中 3 元为工资，3 元为剩余价值。按照他们的上述说法，工人所得到的 3

---

① 马克思，恩格斯. 马克思恩格斯全集：第 23 卷. 北京：人民出版社，1972：591.

② 同①589.

元工资，也就是工人 12 小时劳动的价值。但这样，同一个 12 小时劳动，就有两个完全不同的价值了：一个是 6 元，另一个是 3 元。显然，这不仅在理论上是完全错误的，而且在逻辑上是说不通的。古典经济学派正是由于不了解劳动力和劳动的区别，把工资看成劳动的价值或价格，因而使自己陷入了绝境。恩格斯说得好："不管我们怎样挣扎，只要我们还是讲劳动的买卖和劳动的价值，我们就不能够摆脱这种矛盾。经济学家（指古典经济学家。——编者）的情况就是这样。古典政治经济学的最后一个代表——李嘉图学派，多半是由于不能解决这个矛盾而遭到了破产。"①

古典经济学在工资问题上的错误观点，被后来的庸俗经济学彻底地庸俗化了。古典经济学虽然错误地把工资看成是劳动的价值或价格，但他们从劳动创造价值的正确前提出发，承认工资只是工人所创造的全部价值的一部分，而资本家和地主的收入，则都是来自工人的无偿劳动。可是在庸俗经济学手里，上述的科学因素被完全排除了，而庸俗的因素却被发展了。例如，萨伊根据他的生产三要素理论，认为工资来源于劳动，是劳动服务的报酬。由此他断言，工人既已得到他所应得的全部报酬，因而并没有受到资本家的任何剥削。他还反对工人增加工资的要求，宣称"要想使社会上一个阶级肩负赡养另一个阶级的重担和强迫支付没有任何产品可资抵补的工资，那就是丝毫不肯尊重私有权"②。他把工人阶级的工资低下和他们遭受的一切灾难都归咎于自然，首先归咎于人口过剩，说"如果把它归咎于社会制度，那就不公道了"③。萨伊就是这样在工资理论上为资本主义私有制进行无耻的辩护的。

第二节　工资形式

资本主义工资有各种各样的形式，但其基本形式不外乎两种，即计时工资和计件工资。研究工资形式，有助于我们进一步揭露为这个现象形态所掩盖着的资本主义剥削关系。

计时工资是按照工人的劳动时间支付的工资，如月工资、周工资、日工资、小时工资等。它们是劳动力的月价值、周价值、日价值、小时价值的转化形式。

计时工资是资本家利用来榨取工人剩余价值的一种形式，因而体现着这两个阶级之间的对立关系。但计时工资并不是总能充分反映资本家对工人的剥削，相反，它有时倒会掩盖已经加强了的剥削。比如，当计时工资有一定的提高时，人们就容易认为这是工人利益的增加和资本家利益的相应减少，但实际上并不一定是这样。我们考察计时工资，正是要通过计时工资的现实运动，来揭露它的本质关系。

---

① 马克思，恩格斯. 马克思恩格斯全集：第 22 卷. 北京：人民出版社，1965：239.

②③ 萨伊. 政治经济学概论. 北京：商务印书馆，1963.

考察计时工资的运动，不能只考察工资数量的多少，而必须同时考察工作日的长短和劳动强度的高低。只有通过对这两个方面的相互关系的分析，才能揭明资本家剥削工人的真实状况。

为了说明计时工资的有关问题，马克思批判地借用了“劳动价格”这个概念，在借用这个概念的时候，他抛开了资产阶级经济学所赋予它的错误含义。马克思所说的“劳动价格”，是指工人劳动力的一个小时的价格，是用工作日的平均小时数去除劳动力的平均日价值所得的商数，用公式表示则是：劳动价格＝$\frac{劳动力的日价值}{工作日的小时数}$。例如，假定劳动力的日价值是 2 元，工作日的长度是 10 小时，那么，每小时的劳动价格就是$\frac{2元}{10小时}$，即等于 2 角。在各个企业的工作日长度不一致的情况下，尽管每个工人都得到同样数额的日（周、月）工资，却完全可以有不同的劳动价格。例如，甲、乙两企业工人的日工资都是 4 元，但甲企业的工作日是 8 小时，而乙企业的工作日是 10 小时，这样，甲企业工人一个小时的劳动价格便是 5 角，乙企业工人一个小时的劳动价格便是 4 角，后者比前者低$\frac{1}{5}$。

劳动价格是反映计时工资和工作日长度之间的关系的指标。借助于这一概念，我们可以了解，在计时工资不变甚至有所提高的情况下，资本家可以通过延长工作日的办法，来加强对工人的剥削。试看以下两种不同的情况：

第一种情况：计时工资不变，劳动价格下降。例如，原来工作日长度为 10 小时，日工资是 2 元，这时的劳动价格便为 2 角；而当工作日由 10 小时延长到 12 小时时，日工资虽然不变，但劳动价格却下降到 $1\frac{2}{3}$角了。

第二种情况：计时工资提高，劳动价格不变甚至下降。比如，日工资由 2 元提高到 2 元 4 角，但同时工作日由 10 小时延长到 12 小时，则劳动价格不变，仍为 2 角；如果工作日延长到 14 小时，则劳动价格下降为 $1\frac{5}{7}$角。

在工作日不延长，但工人劳动强度提高的情况下，也可以得到同样的结果。

所以，马克思指出：“存在着不减少名义上的日工资或周工资而降低劳动价格的各种方法。”①

在实行计时工资的条件下，资本家常常利用小时工资制来加强对工人的剥削。他们以劳动价格为基础，只规定每小时劳动的平均工资，而不规定工作日长度和日（周、月）工资的总额。这样，资本家就可以根据自己的需要，随意延长或缩短工作日。比如，当经济繁荣、销售顺利时，资本家便要工人加班加点，延长工作日。这时，由于劳动时间增加，计时工资总额也随之增加，但劳动力的机能在超过一定的时间界限后，它的损耗就会以更快的速度增加，从而使工人遭受过度劳动之苦。

① 马克思，恩格斯．马克思恩格斯全集：第 23 卷．北京：人民出版社，1972：596.

反之，当经济衰退、销售困难时，资本家便缩短工作日，只按工人实际劳动小时数支付工资。由于劳动时间缩短，计时工资总额也相应减少，这就使工人陷入半失业的状态，生活无法维持，从而遭受劳动不足之苦。正如马克思所说："前面我们已经看到过度劳动的破坏性后果，这里我们又发现了工人由于就业不足所遭受的苦难的源泉。"① 资本家"可以破坏就业方面的任何规则性，完全按照自己的方便、意愿和眼前利益，使最惊人的过度劳动同相对的或完全的失业互相交替"②。

马克思通过对计时工资、劳动价格和工作日之间的关系的分析，揭明了计时工资的这样一个一般规律：在劳动量（一日的、一周的、一月的）一定的条件下，计时工资额由劳动价格来决定；反之，在劳动价格一定的条件下，计时工资额则取决于劳动量的大小。

正确地认识这一规律，有助于我们理解资本家和工人关系中的一些比较复杂的现象。如上面所提到的，资本家不仅可以通过延长工人的工作日来获得更多的剩余价值，而且可以通过缩短劳动时间来得到利益。工人阶级不仅要为争取缩短工作日而斗争，而且有时不得不为争取劳动权利、获得一定的劳动时间而斗争。

从这个规律中，又必然会引出以下两个加深工人贫困和痛苦的结果：第一，劳动价格越低，工人为了获得维持自己生活所必需的工资额，所付出的劳动量就必然越大。劳动价格的低下，成为压迫工人"自愿"延长劳动时间的手段。第二，劳动时间的延长，又会反过来引起劳动价格和计时工资的下降。这是因为，每个工人劳动得越多，即使在劳动力的供给不变的情况下，劳动的供给也会相应增大，从而促使工人之间的竞争加强，这就便于资本家进一步压低劳动价格和计时工资额。这种情况反过来又迫使工人去延长劳动时间。工人阶级就是在这种恶性循环中越陷越深。他们劳动得越多，反而得到的越少；得到的越少，又迫使他们劳动得越多。

计时工资在资本主义早期曾被广泛采用。以后，随着资本主义的发展，计时工资虽然仍是工资的基本形式之一，但计件工资却逐渐广泛地流行起来。

计件工资是按照工人所完成的产品件数或作业量来支付的工资。在其他条件不变的情况下，工人生产的产品数量越多，得到的工资额也越大。因此，乍看起来，好像在计件工资形式下，资本家所购买的是工人已经物化在产品中的劳动，而不像在计时工资形式下所表现的那样，是购买工人的活劳动。

其实，计件工资和计时工资并没有本质的差别，它只是计时工资的转化形式，或者说是变相的计时工资。这是因为，计件工资的确定，是以计时工资为基础的。资本家在规定计件工资单价（单位产品的工资额）时，是以计时工资形式下工人的日工资额和他一天所能完成的产品数量为依据的。当然，这常常是以身体强壮、技术熟练的工人的产量为标准的。计件单价，就是用日产品数量去除日工资额所得的商数。譬如，实行计时工资时，一个工人的日工资为 2 元，日产量是 10 件，那么，改行计件工资时，每件产品的计件单价便是：2 元÷10 件＝0.2 元/件。

---

①② 马克思，恩格斯．马克思恩格斯全集：第 23 卷．北京：人民出版社，1972：597．

决定计件单价的上述两个因素，即日工资额和日产品数量，又可以还原为日工资额和工作日长度。因为，一天的产量是和一天的劳动时间的长短有关的。因此，计件工资只是形式上不以劳动时间为尺度，实际上却仍是受劳动时间制约的。计件工资和计时工资一样，也是以劳动力价值和工作日长度为基础的。所以，计件工资与计时工资在实质上是相同的，它也是劳动力价值或价格的转化形式。马克思指出："工资支付形式的区别丝毫没有改变工资的本质，虽然其中一种形式可以比另一种形式更有利于资本主义生产的发展。"①

无论是实行计时工资还是计件工资，都不会在资本家和工人之间的关系上引起任何变化。假定在实行计时工资时，工人每天劳动 10 小时，其中 5 小时为必要劳动时间，5 小时为剩余劳动时间，剥削程度为 100％，那么，在实行计件工资时，如果从产品总量中把相当于所耗费的不变资本的那一部分产品扣除，所余产品数量的一半便代表必要劳动，另一半则代表剩余劳动，剥削程度仍为 100％。

虽然计件工资只是计时工资的转化形式，但它更便于资本家对工人实行统治和剥削。这是因为计件工资有下面这样一些特点：

第一，计件工资进一步掩盖了资本主义的剥削关系，它比计时工资具有更大的欺骗性。它更易于造成一种假象，似乎工人出卖的不是劳动力，而是劳动，并且不是活的劳动，而是物化在产品中的劳动；似乎工人是"多劳多得"，是按照自己生产出的产品数量得到了全部的劳动报酬。

第二，计件工资是资本家延长劳动时间和提高劳动强度的重要手段。在实行计件工资时，工人收入的多少与自己的劳动成果有着直接的联系，工人为了能够多挣一点工资，便最大限度地支出自己的劳动，尽可能地增加产品的数量。这样就刺激工人更有效地利用技术设备，提高劳动生产率，延长工作日，充分利用劳动时间，提高劳动强度，从而为资本家创造出更多的剩余价值。

可是，工人提高劳动生产率和劳动强度，并不会使平均工资水平提高。虽然当个别工人的劳动生产率和劳动强度超过了平均水平时，他能够按照自己所生产的更多的产品，取得相应的较多的工资，但是，当劳动生产率和劳动强度普遍提高时，资本家就会进一步提高劳动定额和降低产品的计件单价，从而使工资水平重新降低。而且，工人的劳动越紧张，劳动效率越高，劳动力就越会过剩，资本家也就越可以压低工资。马克思说："计件工资有一种趋势，就是在把个别工资提高到平均水平以上的同时，把这个水平本身降低。"②

第三，计件工资还是资本家用以克扣工人工资的手段。在实行计件工资时，工人劳动的数量和质量，是由工人所完成的产品数量和质量来衡量的，产品只有符合质量要求，才能按计件单价得到规定的工资。如果产品不合乎资本家所规定的质量标准，工人就要受到克扣工资或者罚款的处分。而且资本家在验收产品时，又总是

---

① 马克思，恩格斯. 马克思恩格斯全集：第 23 卷. 北京：人民出版社，1972：604.

② 同①608.

百般挑剔，故意刁难。“从这方面说，计件工资是克扣工资和进行资本主义欺诈的最丰富的源泉。”①

第四，计件工资为资本主义的家庭劳动奠立了基础。既然每个工人的劳动质量和劳动强度，已由计件工资形式本身控制着，那么资本家对劳动过程的直接监督很大一部分就成为多余的了。这样，资本家就有可能将某些工作交给分散的家庭劳动者去进行。这对资本家来说有很多好处。比如，他可以由此节省劳动资料（厂房、设备、照明和取暖资料等）方面的开支；可以降低计件单价，因为家庭劳动可能广泛吸收妇女和儿童参加，他们的工资是特别低微的。

第五，计件工资也为资本主义的等级剥削制度奠定了基础，使那些从事中间剥削的寄生虫更易于进行活动。这种等级剥削制度有两种主要形式：一种是资本家把工作整批地包给中间人，中间人再把工作分给各个家庭劳动者。这时，劳动者实际得到的工资，比资本家支付的要低得多，其差额被中间人从中剥削去了。另一种是资本家同工头签订合同，规定每件产品的计件单价，由工头负责招募工人和发放工资。工头直接统治着工人，并从中克扣工资。马克思说：“在这里，资本对工人的剥削是通过工人对工人的剥削来实现的。”② 在等级剥削制度下，工人由于遭受双重剥削，生活水平更为低下。同时，由于资本家和工人不直接打交道，双方都是直接与中间人发生联系，这就更容易模糊资本家和工人之间的真实关系。

第六，计件工资不利于工人的团结。首先，计件工资发展了工人之间的差别性和各自的独立性。他们的劳动能力和劳动支出互不相同，工资收入也就各不相同。这种情况使得工人的个别利益被突出了，而他们的共同利益则容易被模糊。其次，计件工资也加强了工人内部的竞争。在计件工资形式下，每个工人为了多得工资，都充分发挥自己的能力，尽力劳动，而计件工资又易于测量每个工人的劳动质量和劳动强度，这样，那些劳动能力较低的工人就会被排挤出去。马克思说：“如果工人没有平均的工作效率，因而不能提供最低限度的日劳动，他就会被解雇。”③ 最后，由于计件工资使家庭劳动得到发展，因而使工人的生产带有分散性，这有碍于他们之间的相互联系和紧密团结，并会削弱他们对资本家的共同斗争。

正是由于计件工资对资本家有许多好处，所以随着资本主义的发展，它就得到了广泛的采用。早在 14 世纪，计件工资就已和计时工资一起，正式列入英法两国的劳工法中。但是，只是到了工场手工业时期，它才被比较广泛地采用。在机器大工业的勃兴时期，特别是在 18 世纪末 19 世纪初，计件工资曾经被资本家当作延长工人劳动时间和降低工人工资的有力杠杆而获得了迅速的发展。

后来，随着资本主义国家生产自动化的发展，计件工资制的应用范围受到了一定限制，逐步地采用了计时奖励工资制。这是因为，在实行生产自动化的企业内，自动化装置本身制约着工人的劳动强度和劳动质量，工人之间因劳动技能、体力、

① 马克思，恩格斯. 马克思恩格斯全集：第 23 卷. 北京：人民出版社，1972：605.

②③ 同①606.

精力等方面的不同而在生产上引起的差别被缩小了。在这种情况下，实行计时奖励工资制比计件工资制对资本家更为有利，资本家可以在不提高工资甚至降低工资的情况下，利用机器的加速运转，来提高工人的劳动强度，并且可以避免在计件工资制下由于不断降低计件单价而引起的工人的反抗。

可见，实行计时工资还是实行计件工资，完全是以资本家的利益为转移的。在某些企业或部门中，往往同时采用这两种不同的工资形式，或是将两种工资形式的特点结合起来，组成各种各样的其他派生形式。

在现代资本主义各国，资本家为了加强对工人的剥削，在计时工资和计件工资的基础上，创立了各种形式的血汗工资制度。这种工资制度的特点，是利用科学技术的进步，采用所谓“科学的劳动组织”，把工人的劳动强度提高到极点，以便从工人身上榨取更多的血汗。因此，列宁把它们叫作榨取血汗的“科学”制度。

比较流行的血汗工资制度有“泰罗制”和“福特制”。“泰罗制”是由美国工程师弗雷德里克·泰罗首创而得名的，它的基本内容是这样的：（1）挑选身体最强壮、技术最熟练的工人，让他们进行最紧张的劳动，以秒或几分之一秒的时间为单位，记录他们完成每一操作所用的时间。（2）进一步对记录加以“科学”的分析，去掉其中一切多余的动作，并制定出所谓标准的劳动方法。（3）然后以这种标准的劳动方法为基础，给全体工人定出生产规程和时间定额，同时规定出两种高低不同的计件单价：对完成和超额完成定额的工人，按较高的单价支付工资；对没有完成（哪怕未完成的数额很小）定额的工人，则按较低的单价支付工资。在这种制度下，工人要想完成定额，就不得不比过去付出多得多的劳动。正像泰罗自己情不自禁地供认的那样：“为了完成这样数量的任务，车工就不得不从早到晚以最快的速度来工作，而机床的转数也就达到了刀具所能承担的最快的速度。”

在泰罗制下，由于劳动强度达到了极点，工人的身体受到了严重损害。并且由于一个人做了几个人的工作，因而有许多工人在这种“科学”制度下被赶出了工厂。但资本家的利润却由此而成倍地增加了。正如列宁所说的：“结果，在同样的9—10小时的工作中，他们就能从工人身上榨取比原先多两倍的劳动，无情地耗尽他的全部力量，以三倍于原先的速度把雇佣奴隶的神经和肌肉的点滴能力都榨取干净。但是他会过早地死去呢？大门外还有许多人哩！”①

“福特制”是美国人亨利·福特在他的汽车工厂内首先采用的一种加强剥削工人的劳动组织和工资制度，它在现代资本主义国家甚为流行。这一制度的主要特点是：在实行产品标准化的基础上，利用快速传送装置，把工人的劳动强度最大限度地提高。虽然工人可以由此得到较高的工资，但工资增加的程度远远落后于劳动强度提高的程度，因而根本不能补偿工人过度劳动的消耗。与此同时，资本家的利润却由于产量的大大增加和工资总额的减少而迅速提高了。

血汗工资制度还有其他各种形式，如赫尔斯制、罗文制、康脱制等。它们都是

---

① 列宁. 列宁全集：第23卷. 2版. 北京：人民出版社，1990：18.

泰罗制和福特制的变种，这里不一一列举。

在资本主义企业中，还有一种“分红”的工资制度，即根据企业的获利情况，在每年年终分给工人一点红利。这种制度最富有欺骗性，在政治上会给工人带来十分有害的影响。因为它造成了这样一种假象：似乎在实行“分红”制的企业中，工人和资本家的利益是一致的，企业赚的利润越多，工人分的红利也越多。它诱骗工人去积极提高劳动强度和劳动生产率，接受资本家规定的各种苛刻条件，从而为资本家生产更多的剩余价值。这种工资制对工人的最大害处，是它会模糊工人的阶级意识，削弱工人对资本家的反抗。从这种制度中，工人并不会得到任何好处，因为他们所得的红利，根本不是剩余价值的一部分，而是资本家预先从工人的基本工资中扣除的一部分。实际上，参加“分红”的工人所得的工资，往往比一般工人还要少。

由此可见，一切资本主义的工资制度，都是榨取工人血汗的手段。工资制度越“科学”、越“先进”，它对工人的榨取也就越巧妙、越残酷。

在半殖民地半封建的旧中国，与资本主义国家一样，工资的基本形式也是计时工资和计件工资，同时实行着各种血汗工资制度。旧中国的工资形式，不仅反映着资本家和工人之间的一般关系，而且反映着帝国主义、封建主义对工人剥削和奴役的关系。

在旧中国，计时工资应用的范围比较广。根据 1933 年对上海 16 个行业的调查，实行计时工资的占全部工厂工人的 56.4%，实行计件工资的则占 43.6%。这种现象反映了旧中国资本主义经济发展的落后状况。在技术装备落后的企业中，主要是依靠延长劳动时间来加强对工人的剥削。而且由于旧中国没有像欧美资本主义国家那样的工厂法的约束，工人又处于毫无政治权利的地位，资本家往往在计时工资形式下，运用野蛮的强制手段，迫使工人延长工作日。

计件工资在旧中国的一些现代工业中，如棉纺织业、针织业、火柴业、卷烟业中比较流行。不过，计件工资往往不是单独实行，而是同计时工资相并实行。比如，在同一个纺纱厂中，有的车间实行计时工资，有的车间则实行计件工资。

在旧中国，还存在过一些资本主义和封建主义相结合的工资制度和雇佣劳动制度，如包工制、包身工制、养成工制等就属于这一类。这些工资制度和雇佣劳动制度，深刻地反映了旧中国工人阶级所遭受的极其沉重的剥削和压迫。

包工制多流行于建筑业、采掘业、搬运业等劳动繁重的行业中，具有浓厚的封建性。在包工制下，包工头依靠反动封建势力，霸占一定的地盘，垄断包工权利，对工人进行残酷的中间剥削和压迫。这种制度也叫封建把头制度。

包身工制在纺织业和煤矿业中很流行，它也被日本帝国主义的在华纺纱厂所广泛采用。这种制度实质上是一种卖身的奴隶制度。包身工大都是农村中破产农民的儿女，他们是由与厂方有关系的一些包工头（即所谓“带工”的老板）用欺骗的方式招募来的。包工头以非常低廉的代价，同他们的父母或保护人订立包身契约，规定在三五年内有完全支配他们人身的权利。在契约规定的期限内，他们所得的工资完全归包工头所有，而包工头则只供给他们极其低劣的衣食。他们住在监狱一般的宿舍内，没有人身自由。包工头对他们实行超经济的强制，可以任意打骂侮辱，即使将他们折磨致死也不负任何责任。当然，包身工的首要剥削者还是资本家，包工头是资本家的爪牙。

养成工制是帝国主义榨取殖民地人民血汗的一种方式，它首先实行于当时日本帝国主义在华的一些纺纱厂中。养成工是由厂方或其代理人招募来的一些贫苦儿童，他们进厂后即失掉人身自由，在“养成”期间，膳宿条件极端恶劣，没有任何工资。期满以后，还必须按照苛刻的条件留在厂内为资本家工作几年，不得随便离开，否则资本家就要追回“养成”期间的全部膳宿费用。

从以上说明中可以看出，旧中国的工人阶级不仅遭受中外资本主义的剥削和压迫，而且遭受封建主义的剥削和压迫。他们不仅要忍受资本主义发展的痛苦，同时还要忍受资本主义发展不足的痛苦。

第三节　决定工资水平的各种因素和工资水平的变动趋势

以上，我们主要是从质的方面对资本主义工资进行研究。下面，我们还要从量的方面对它加以研究。从量的方面研究工资，也就是要研究决定工资水平的各种因素和工资水平的变动趋势问题。这种研究可以帮助我们进一步弄清资产阶级和无产阶级之间的对立关系。

资本主义制度下的工资是劳动力价值的转化形式，因此，工资的量的变动，便必然要以劳动力价值的变动为基础。马克思在谈到工资的量的变动时曾经指出：劳动力“既然等同于商品，因而也就受那些支配着一般价格变动的规律的支配”①。劳动力的“市场价格，如同其他一切商品的市场价格一样，在长时期里会与它的价值相适应”②。

如前所述，在劳动力价值的决定上，劳动力价值有一个不同于其他商品价值的地方，这就是，决定劳动力价值的不仅有一个纯生理的因素，而且有一个历史的或社会的因素。工人为延续自己的生命和繁殖后代，必须有一份起码数量的生活资料，这种生理上绝对必需的生活资料的价值，构成劳动力价值的最低界限。除了这种纯生理的因素，劳动力价值还取决于历史的或社会的因素。适应各国的历史传统、社会风俗以及经济状况的变化，工人的生活需要是不断变化的，因而用来满足这种需要的生活资料，在品种、数量和构成方面也是不断变化的。比如，在没有电视机、洗衣机的时候，就不会产生对这些消费品的需要；而当这些东西已经大量生产出来并成为一般群众的日常消费品的时候，这些东西便应该纳入工人必要生活资料的范围之内。同样的道理，在医药学已经大大发展了的今天，应该包括在工人生

---

①② 马克思. 工资、价格和利润. 北京：人民出版社，1964：51.

活资料中的医药品数量，自然也就比从前大大增多。如此等等。

工资水平的变动，尽管以劳动力价值的变动为基础，但在这个基础上，工资数量却可以有很大的伸缩性。因为正像马克思所指出的，劳动力价值中所包含的“历史的或社会的要素可能扩大，也可能缩小，甚至可能完全消失，以至除了生理上的限界以外什么也不会剩下”①。分析工资水平变化的趋势，就是要阐明工资数量的变化同劳动力价值的变化保持怎样的关系。

在研究工资数量的变动趋势时，必须首先把名义工资和实际工资区分开来。名义工资是指工人把劳动力出卖给资本家时所得到的货币额，即货币工资；而实际工资则是工人用货币工资所能买到的生活资料和服务的数量。货币工资和实际工资之间有着密切的联系，在其他条件不变的情况下，货币工资越高，则工人所能换取的生活资料和服务的数量就越多，实际工资就越高；反之，也就越少。但是，由于实际工资的高低不仅取决于货币工资量，而且取决于物价水平和房租的高低以及税收负担的轻重等多种因素，因此，货币工资和实际工资的变动往往是不一致的。例如，在通货膨胀、物价和房租上涨，从而生活费用急剧提高时，如果货币工资不变，实际工资就会降低；即使货币工资有所提高，但只要这种提高赶不上生活费用上涨的幅度，实际工资仍然会下降。只有当货币工资提高的幅度超过生活费用上涨的幅度时，实际工资才能有所提高。第二次世界大战后，各主要资本主义国家，在一个时期里，由于生产的发展和工人阶级长期的、有组织的顽强斗争，工人的实际工资水平有了不同程度的提高。但是，由于战后各国经济危机频繁发生，通货膨胀日益严重，生活费用急剧提高，以及捐税负担不断加重等，因而实际工资仍常常降低。

无论是名义工资还是实际工资，都不能把工资水平变化中所包含的数量关系完全反映出来。为了判明工资水平的变化趋势，还必须考察相对工资的变动。相对工资，就是和资本家的利润（即剩余价值）相比较的工资，也叫作比较工资。大家知道，工资和利润都来源于工人在生产中新创造的价值，它们不过是这同一个价值分割成的两个不同的部分。在这个价值额已知的条件下，其中一部分增加了，另一部分就会相应地减少。也就是说，利润增加了，工资就会减少；工资增加了，利润就会减少。工资和利润的变动是按相反方向进行的。所以，我们在分析工资数量的变动时，又必须注意工资和利润的对比关系的变化，只有这样，才能揭示出资产阶级和无产阶级的对立关系的发展情况。

在资本主义制度下，随着分工的日益扩大和机器的广泛采用，工人的劳动生产率不断提高。因此，在长度一定的工作日中，用来生产工人必需的生活资料的必要劳动时间日益减少，而生产剩余价值的剩余劳动时间则相应增加。换句话说，在工人所创造的新价值中，用来补偿劳动力价值即工资开支的这一部分的比重在日益缩小，而剩余价值即利润的比重则相应增大。可见，相对工资的降低，乃是资本主义

---

① 马克思. 工资、价格和利润. 北京：人民出版社，1964：52-53.

发展的必然趋势。以美国为例，1889 年，产业工人的工资相当于资本家利润的 69%，1919 年为 61%，1929 年降至 48%，1939 年又降至 45%。

相对工资的降低，是以利润的迅速增加为前提的。在这个前提下，相对工资的降低不仅可以在实际工资下降时发生，而且可以在实际工资不变甚至提高时发生。马克思曾经指出：“即使在实际工资同名义工资即劳动的货币价值同时增加的情况下，只要实际工资不是和利润同等地增加，相对工资还是可能下降的。比如说，在经济兴旺的时期，工资提高 5%，而利润却提高 30%，那末比较工资即相对工资不是增加，而是减少了。”①

但是，不管相对工资的降低是在什么情况下发生的，这种降低总是表明工人的社会经济地位的下降，表明工人和资本家之间鸿沟的加深。在相对工资降低的过程中，即使实际工资在一定时期内有所提高，工人的物质生活状况有某种程度的改善，“也不能消灭工人的利益和资产者即资本家的利益之间的对立状态”②。因为工资的提高，是在利润增加得更为迅速的情况下发生的，工人的物质生活状况比起资本家来，仍然不啻霄壤之别。

下面，我们来进一步说明决定工资水平的各种因素和工资水平的变动趋势。

马克思明确指出：“资本主义生产的总趋势不是使平均工资水平提高，而是使它降低，也就是在或大或小的程度上使劳动（即劳动力。——编者）的价值降低到它的最低限度。”③

我们知道，随着劳动生产率的提高和社会文化的发展，为维持劳动力再生产所必需的生活资料应该是不断增加的。但是，在资本主义制度下，由于一系列经济上的原因，工人的平均工资存在着一种朝着劳动力价值的最低限度下降的趋势。所谓劳动力价值的最低限度，就是劳动者“每天得不到就不能更新他的生命过程的那个商品量的价值，也就是维持身体所必不可少的生活资料的价值”④。马克思所说的资本主义生产的总趋势就是指工资水平朝着劳动力价值的最低限度下降这种趋势。在资本主义制度下，工人被迫经常在劳动力价值以下出卖自己的劳动力。他们只有随时随地同资本主义剥削制度的代表者——资本家进行斗争，才能使工资收入在现有劳动生产率所决定的劳动力价值的基础上维持一定的水平，从而使劳动力实现比较正常的再生产。而如果稍微放松了这种斗争，或者由于某种原因致使这种斗争不能顺利开展，他们就会立刻陷入贫困的深渊。

为什么资本主义会有工资水平降低到它的最低限度的趋势呢？工资运动的这种趋势，并不是由某个阶级或个人的主观意志决定的，归根到底是由客观的经济条件决定的。

造成工资水平降低趋势的根本原因，在于劳动力这种商品的供给经常超过需

---

①② 马克思，恩格斯．马克思恩格斯全集：第 6 卷．北京：人民出版社，1961：497.

③ 马克思．工资、价格和利润．北京：人民出版社，1964：56.

④ 马克思，恩格斯．马克思恩格斯全集：第 23 卷．北京：人民出版社，1972：196.

求。随着资本主义的发展，特别是机器大工业的发展，必然会出现机器排挤工人的现象。大批工人由于找不到工作而变成失业者和半失业者，因而造成劳动力的供给经常超过需求。在这种情况下，工人之间为出卖劳动力而进行的竞争会剧烈起来，而资本家之间为购买劳动力而进行的竞争则会相对减弱。这就决定了工人在劳动市场上经常处于不利的地位，而资本家则经常处于有利的地位。工人为了维持生存，不得不在资本家压低工资的苛刻条件下出卖自己的劳动力。因此，劳动力的价格，经常被压低到劳动力的价值以下。

除此之外，还有其他一些原因会促使工资水平降低。工人劳动强度的提高，就是其中一个重要原因。前面说过，资本主义的技术进步，必然引起劳动强度的提高。劳动强度提高，一方面使单位时间内劳动力的消耗增加，另一方面使同一时间内创造的价值增多。劳动力的消耗增加，补偿它就需要更多的生活资料。这意味着劳动力价值的增加。在劳动强度提高时，即使资本家从增加的价值中拿出一小部分用来稍许增加工资，但因为一般不能补偿劳动力的过度消耗，所以工人所得工资也仍然低于劳动力的价值。

通货膨胀、物价和房租的上涨，从而生活费用的提高，同样是工人工资水平降低的重要原因。例如在美国，由于美国政府推行全球战略和利用赤字财政政策调节与刺激国民经济，因而联邦政府的财政赤字不断增大。根据美国官方公布的数字，1976 财政年度赤字高达 664 亿美元，此后虽略有下降，1978 年仍达 448 亿美元，1979 年达 277 亿美元。美国政府为了弥补庞大的财政赤字，便滥发钞票，结果引起通货贬值，美元的购买力不断下降，1979 年 2 月的 1 美元只相当于 1939 年的 0.20 美元。通货贬值引起了物价上涨和生活费用的提高。美国的消费物价指数（即生活费用指数），1980 年 2 月比 1967 年上涨了 136.4%。类似美国的这种情况，今天在资本主义国家是普遍存在的。

工人工资水平降低的另一个重要原因，是税收负担的不断加重。据统计，在美国联邦政府 1970 财政年度的财政收入中，由个人负担的所得税、社会保险税达 1 357 亿美元，占财政总收入的 70%；到了 1978 财政年度和 1979 财政年度，分别增加到 3 044 亿美元和3 454亿美元，占财政总收入的 75.7%和 75.8%。另据美国报刊估计，1978 年一个普通工人要用工资的 1/3 交纳各种税款。这样庞大的税收，主要是靠对工人阶级和广大劳动人民的横征暴敛得来的，它夺走了工农群众收入的越来越大的部分，不能不使广大工人的实际工资降低。

实际工资和相对工资下降的现象，在半殖民地半封建的旧中国也表现得十分明显。一方面，旧中国资本主义的发展非常微弱，本来就吸收不了多少工人就业；另一方面，由于农村经济的凋敝，又经常有大量的破产农民涌入城市，他们形成了庞大的失业队伍。这样，劳动力价格的下跌和实际工资的降低便是势所必然的。再加上帝国主义、封建主义和官僚资本主义的残酷掠夺和横征暴敛，实际工资下降得更快。根据国民党官方大大缩小了的数字，抗日战争时期，在重庆市，1937 年产业工人的实际工资为 101.9（以 1937 年上半年为 100），1945 年就降低到 36.9，8 年中降低了64%。而我们知道，在此以前工人的实际工资本来就是很低的。抗日战争胜利以后，由于美帝国主义进一步从政治上、经济上控制了国民党统治区，指使和支持国民党反动派发动反人民的内战，使国民经济遭到更加严重的破坏，因此，在从抗日战争胜利到国民党反动政权崩溃的几年中，工人实际工资下降的速度就更为惊人。

第四节　无产阶级争取提高工资的斗争

在资本主义制度下，工人阶级为了反对工资水平的降低，必须同资产阶级展开斗争。

马克思曾经说过："工人为工资水平进行的斗争，同整个雇佣劳动制度有密切的联系；工人为提高工资的努力，在一百回中有九十九回都只是力求维持劳动（在这里应把劳动理解为劳动力。——编者）的现有价值；工人为劳动价格而与资本家斗争的必要性，是根源于工人所处的被迫把自己当作商品出卖的地位。如果工人在和资本的日常冲突中表示畏缩让步，他们就决不能开展任何规模较大的运动。"①

工资的现实水平，也和工作日的长度一样，归根到底是由工人阶级和资产阶级在斗争中的力量对比决定的。工人运动的历史证明，只要工人加强团结，对资本家进行坚决的斗争，就有可能暂时延缓工资水平的下降，或者使工资水平得到一定的提高。例如，德国在20世纪的最初10年中，工人罢工获得胜利的次数就占罢工总次数的36.8%；英国在同一时期占47.5%；旧中国从1918年到1939年在上海发生的1 672次罢工中，也有1 146次获得了胜利或部分的胜利。

为了反对工人阶级争取提高工资的斗争，资产阶级经济学家曾经散布了许多谬论，臭名远扬的"铁的工资规律"的"理论"就是其中之一。老机会主义者拉萨尔曾在工人运动中大肆宣扬这一谬论，说什么平均工资是由维持工人生存和繁殖后代并按照习惯所要求的必要的生活水平决定的，工人的平均工资是围绕着这种所谓的必要的生活水平而变动的。如果工资水平长时间超过这个必要的生活水平，那么，由于工人生活的改善，结婚和繁殖就会增加，这样，劳动力的供给也会增加，结果就会使工资降低到原来的水平，甚至比原来的水平更低。但是工资也不能长期低于这个必要的生活水平，因为在这种情况下工人的生活就会恶化，就会发生人口外流，独身生活，节制生育，甚至最后由于贫困而造成工人人口减少的现象，这样劳动力的供给就会减少，结果就会使工资恢复到原来的水平。这是"铁的工资规律"。

拉萨尔的"铁的工资规律"把工资的变动同工人人口的绝对数量的变动联系在一起，这样就把工人贫困、失业的原因归结于人口繁殖的"自然规律"。很明显，这个"铁的工资规律"是以马尔萨斯的人口论为论据的，它完全是为资本主义制度

① 马克思. 工资、价格和利润. 北京：人民出版社，1964：56.

作辩护的。其实，在资本主义制度下，工人所得工资的多少，决定于维持工人生存和繁殖后代所必需的生活资料的价值的大小，是由劳动力成为商品这一事实决定的。工人平均工资水平的高低，要受资本对劳动力需求的相对数量的变动的影响，而与工人人口绝对数量的变动无关。按照马克思主义关于工资数量取决于维持劳动力再生产所必需的生活资料的价值的说法，工资是一种可以变动的数量，因为劳动力价值是可以变动的，决定劳动力价值的历史的或社会的因素是不断变动的，也就是说再生产劳动力所需要的生活资料的品种、数量和构成，是随着经济发展水平和社会生活习惯的变化而变化的；而且，劳动力价格即工资水平的变化能在多大程度上高于或低于劳动力的价值，完全取决于工人群众和资本家的斗争。因此，只要工人阶级为争取提高工资而进行坚决的斗争，就有可能暂时改善自己的生活状况。

资产阶级为反对提高工人工资而散布的谬论当中，还有这样一种论调：工资水平提高了，商品价格就会跟着上涨，因此提高后的工资所能够买到的商品数量将会和从前一样多，也就是说，工人为提高工资而进行斗争是徒劳无益的，它不会产生任何积极的结果。这种论调实质上是主张商品价格由工资决定。其实，工资提高和物价上涨之间并没有必然的联系。在工人必需的生活资料的生产规模不变时，工资提高了，会增加对生活资料的需求，造成供不应求的状况，从而引起生活资料价格的上涨。但我们知道，价格一旦上涨了，生活资料的生产规模就会因利润较高而迅速扩大起来，结果，供不应求的状态就会消失，生活资料的价格就会降低到原先的水平。

所以，商品价格并不是由工资来调节的，它归根到底是由生产商品所消耗的社会必要劳动量来调节的。如果从商品的价值中扣除补偿已经消耗掉的生产资料的价值，那么，这个商品价值的其余部分便是工人的劳动在商品生产过程中创造的新价值，它分为工人工资和资本家利润两部分。在其他条件不变的情况下，工资的提高只会引起利润的下降，而不会影响到商品的价值，从而使商品价格提高。用“商品价格随工资提高而提高”的论调来反对工人为提高工资而进行的斗争，是完全没有根据的。

此外，资产阶级经济学者还这样宣传：工资一旦提高了，就会增加商品成本而降低利润；利润降低了就会缩小资本主义企业的经营规模和对劳动力的需求数量，结果就会增加工人的失业，这不但对资本家不利，就是对工人也是不利的。

说提高工资会相应地降低资本家的利润，这是事实。但说利润降低就会影响企业的正常经营，那就是骗人的鬼话了。因为工人为提高工资而进行斗争，几乎在所有场合都是为了使劳动力的价格能够多少接近它的价值。即使工资完全符合劳动力的价值，资本家仍然有利可图，资本主义企业仍然可以继续发展。资产阶级学者扬言工资提高会使劳资双方都受到损失，这无异于说只有工人忍受非人的生活才能使劳资双方都得到好处。因此，这种骗人的谎言，不过是为了恫吓工人，让工人听任资本家宰割，而不作任何反抗。

在资本主义制度下，工人阶级必然要为争取提高工资和反对降低工资而进行斗争，这是由雇佣劳动制度本身决定的。工人阶级的这种斗争，不仅可以延缓工资水平的下降，争得劳动条件和生活条件的某些改善，而且可以加强广大工人的团结，锻炼他们的组织性和纪律性。但是，必须明确，工人阶级为提高工资而进行的日常斗争，只是一种经济斗争。这种斗争无论进行得多么有效，都只能暂时延缓工人生活状况的恶化，而不能从根本上改变工人阶级的地位。只要资本主义制度存在，资产阶级总要依靠他们在经济上、政治上的统治地位，来加重对工人阶级的剥削和掠夺，从而使工人阶级的生活状况日趋恶化。所以，马克思说，工人阶级在反对压低工资的“这种日常斗争中只是在反对结果，而不是在反对产生这种结果的原因；只是在阻挠这种下降的趋势，而不是改变这一趋势的方向；只是在用止痛剂，而不是在除病根”①。

工人阶级为了从根本上改变自己的处境，绝不能仅限于经济斗争，而必须把争取提高工资的经济斗争和政治斗争紧密地结合起来，把斗争引导到推翻资产阶级的统治，引导到夺取政权的道路上去。只有用“消灭雇佣劳动制度!”的革命口号来代替“做一天公平的工作，得一天公平的工资!”这一保守的格言，消灭资本主义制度本身，工人阶级才能在经济上和政治上获得彻底的解放。

---

① 马克思．工资、价格和利润．北京：人民出版社，1964：56.

第四章

资本积累及其历史趋势

第一节　资本主义的简单再生产和扩大再生产。资本积累的本质

前面，我们通过对资本主义的直接生产过程的分析，揭露了剩余价值的来源和资本主义剥削的实质，阐明了资本主义社会两大阶级——资产阶级和无产阶级——对立的经济基础。在这一章，我们将通过对资本主义再生产过程的分析，进一步揭露资本和雇佣劳动的关系，阐明资本怎样依靠剩余价值而积累起来，资本积累将引起怎样的社会后果，资本积累的进程为什么不可避免地要导致资本主义社会阶级矛盾的尖锐化，并最终导致无产阶级革命和资本主义的灭亡。

在分析资本主义再生产过程之前，我们先谈一谈有关再生产的一些一般概念。

任何社会既然都不能停止消费，也就不能停止生产。社会生产总是要不断更新和不断重复地进行。对于生产，如果我们不是孤立地就它的某一次过程，而是把时间上继起的许多次过程联系起来看，那么，每一次生产过程都是上一次生产过程的更新和重复，因而同时又都是再生产的过程。

一方面，每一次生产过程都要消耗一定的物质资料。这些物质资料既包括生产资料，也包括生活资料。但另一方面，每一次生产过程又会生产出一定的物质资料，为下一次生产提供条件。所以，社会的再生产首先就是物质资料的再生产。

其次，每一次生产过程，都是人们在一定的生产关系下进行的；随着生产的不断更新和重复，这种生产关系也会不断地得到维持和发展。如果生产是在资本主义

关系下进行，服从于资本家追求剩余价值的目的，那么，再生产过程必然也是资本家榨取剩余劳动以增殖资本价值的过程，是维持和扩大资本主义剥削关系的过程。所以，再生产的过程同时又是人们生产关系再生产的过程。

这就是说，任何社会的再生产，都包含两方面的内容：一方面是物质资料的再生产，另一方面是生产关系的再生产。再生产过程就是这两个方面的统一。

再生产如按其规模来说，可以分为简单再生产和扩大再生产。简单再生产就是在原有规模上进行的再生产。在简单再生产的条件下，新生产的产品，仅够补偿已经消耗掉的生产资料和个人消费品。扩大再生产则是大于原有规模的再生产。这时，新生产的产品除了用以补偿已经消耗掉的各种物质资料以外，还有多余的部分。

现在，我们就来研究资本主义的再生产。

资本主义再生产的特点是扩大再生产，而不是简单再生产。但生产无论怎么扩大，总要以原有的规模作为基础和出发点。而且，从科学的方法论来说，要了解某一事物，必须首先了解它的简单的运动形式，从中找出有关这一事物的最一般的特点之后，才能进一步了解它的比较复杂的运动形式。因此，我们研究资本主义再生产，必须从它的简单再生产开始。

在简单再生产的情况下，工人所创造的全部剩余价值，都被资本家用于个人消费，再生产只是在原有规模上重复进行。分析资本主义简单再生产，可以使我们认识资本主义生产过程的某些重要特点，这些特点是我们以前把资本主义生产当作孤立的过程来考察时所不能发现的。

首先，可以看出，资本家购买劳动力的可变资本即支付给工人的劳动基金，是工人自己创造的。

我们知道，在通常的情况下，工人都是在生产过程中劳动一个时期（如一星期、半个月）以后，才领得工资的。当工人领到工资时，他们在这次生产过程中所生产的产品并不一定已经卖掉。因此，如果单就一次生产过程来看，好像工资是资本家用自己的货币垫付给工人的；在工人和资本家的关系当中，好像资本家是债权人，而工人是债务人。资本家及其代言人正是根据这种假象，胡说什么工人是靠资本家的贷款来生活的，资本家是工人的“救命恩人”，等等。但是，如果我们从再生产的角度来观察，就可以很容易揭穿这种假象，看清楚事情的本质。

从再生产的角度来看，工人在这一次生产过程中所生产的商品虽然还没有卖掉，但他在前一时期所生产的商品，却已经被资本家拿到市场上出卖并转化为货币了。所以，工人得到的工资，并不是资本家用自己的货币垫付的，而是用工人在前一时期所生产的一部分产品来支付的。马克思指出：资本家支付给工人的劳动基金，即可变资本“就是工人自己不断再生产的产品中不断以工资形式流回到工人手里的那一部分。当然，资本家用货币把这个商品价值支付给工人。但这些货币不过是劳动产品的转化形式。当工人把一部分生产资料转化为产品的时候，他以前的一部分产品就再转化为货币。工人今天的劳动或下半年的劳动是用他上星期的劳动或上半年的劳动来支付的”①。

在任何社会里，维持劳动者生活所必需的劳动基金都是由劳动者自己生产出来的。譬如，在农奴制度下，农奴在一星期当中，就要用一定的时间耕种自己的份地，以生产那些维持自己和家属生存所必需的各种物质资料。只是在资本主义制度下，才出现了劳动基金仿佛由剥削者垫付的这种假象。但对再生产过程的分析却清楚地揭明了：资本主义社会中的劳动基金同样是由工人自己创造出来的，工人不仅为自己创造了劳动基金，而且为资本家创造了剩余价值，不仅靠自己的双手养活了自己，而且以自己的劳动养活了不劳而获的资本家。

其次，通过对再生产过程的分析，我们对资本和雇佣劳动的关系还可以看出这样十分重要的一点：资本家手中的全部资本，不管最初是怎么来的，经过一定时期以后，都会变成剩余价值的积累物，变成由剩余价值积累起来的资本。

资本家常常向人这样说，他们是靠劳动起家的，他们最初的资本是靠自己或自己的祖先“辛勤劳动”积攒起来的。这种说法纯粹是一种虚构。资本主义的发展史告诉我们，资本家并不是“靠劳动起家”的，而是靠剥削、掠夺广大劳动者“起家”的。但是，为了说明问题，我们不妨暂时承认他们的这种说法，看一看即使是这样，经过若干次生产过程之后，事情会发生什么样的变化。

假设某一资本家有资本 2 万元，每年都能带来剩余价值 2 000 元。如果每年生产的剩余价值都被资本家消费掉，那么经过 10 年，资本家就消费了 2 万元的剩余价值，即恰恰与他原来投下的资本数量相等。这实际上就是，资本家原有的资本已经被他吃光用光了，而他现有的 2 万元资本不过是同时期内由工人所创造但由他所无偿占有的剩余价值积累起来的。

所以，工人不仅创造了自己的劳动基金，而且创造了资本家的全部资本。

由此可以得出这样的结论：既然资本家的全部资本都是工人创造的，那么当工人阶级掌握政权以后，对资产阶级占有的财产加以剥夺，便是完全合理的。从事情的本质上说，这里丝毫不存在对他人财产的所谓“侵犯”，而不过是工人阶级将自己以往失去的财产收回而已。

最后，从再生产过程的分析中，我们还可以看出，雇佣工人的个人消费，也是完全从属于资本家追逐剩余价值的需要的。

马克思指出，在资本主义的再生产过程中，工人进行着两种不同的消费：一种是生产消费，这种消费是工人在生产过程中消耗生产资料和自己的劳动力，其结果是为资本家生产出包含着剩余价值的商品；另一种是个人消费，这种消费是工人用工资购买生活资料以满足自己的生活需要。

由于工人的个人消费是在生产过程以外进行的，所以，如果只孤立地考察某一次生产过程，就会以为只有生产消费才与资本家的利害有关，至于工人的个人消费，则好像纯粹是工人自己的事情。但是，如果从再生产的角度来考察，情况就不

---

① 马克思，恩格斯．马克思恩格斯全集：第 23 卷．北京：人民出版社，1972：623.

同了。工人进行个人消费，会把他在生产中已经消耗掉的劳动力重新生产出来，这就保证资本家能够重新购买到劳动力，以便继续进行剩余价值的剥削。所以，工人的个人消费，也是资本主义再生产所不可缺少的一个要素。

在资本主义条件下，工人个人消费的性质，同机器加油、牛马吃草料等没有什么两样。资本家也正是用这样的眼光来看待工人的个人消费的。他们所关心的，是尽可能把这种消费限制在最低限度以内，即限制在使工人勉强维持劳动力再生产的限度以内。如果超出了这个限度，在他们看来那就算是“浪费”了。而资本主义制度下的工资，的确就是本着这种“节约”的精神来确定的，它充其量不过只够恢复工人的劳动力之用。

资本主义社会中工人个人消费的这种性质，决定了工人根本不可能依靠工资收入来改变自己的阶级地位。当工人进行了个人消费之后，他仍然是一无所有的无产者，为了不致饿死，不得不再次出卖自己的劳动力。他这次可能不把劳动力出卖给原先的资本家，而是出卖给另一个资本家，但是不管怎样，他是非把劳动力出卖给资本家阶级不可的。

所以，从再生产过程来看，工人在直接的生产过程以外，在把劳动力出卖给某个资本家以前，就已经是隶属于整个资产阶级了。在资本主义的饥饿纪律下，工人只有不断地把劳动力出卖给这个或那个资本家，才能够维持生存。马克思写道：“罗马的奴隶是由锁链，雇佣工人则由看不见的线系在自己的所有者手里。”①

这种情况清楚地表明，工人阶级只有用革命的手段推翻整个资产阶级的统治，才能从资本主义的锁链中解放出来。

综上所述，在再生产过程中，工人不仅生产出商品，生产出剩余价值，而且要再生产出资本家的全部资本和一无所有的雇佣工人，即把资本主义剥削关系存在的条件也重新生产出来。马克思说：“把资本主义生产过程联系起来考察，或作为再生产过程来考察，它不仅生产商品，不仅生产剩余价值，而且还生产和再生产资本关系本身：一方面是资本家，另一方面是雇佣工人。”② 所以，资本主义的再生产，乃是物质资料再生产和资本主义生产关系再生产的统一。

下面，我们来考察资本主义的扩大再生产。

在扩大再生产的情况下，资本家从工人身上剥削来的剩余价值，不是全部用于个人消费，而是有一部分转化为资本，用以购买追加的生产资料和劳动力，使生产在扩大的规模上重复进行。

把剩余价值转化为资本，或者说，剩余价值的资本化，就叫作资本积累。

举例来说，假定某一资本家有 10 000 元资本，其中 8 000 元为不变资本，2 000 元为可变资本；剩余价值率为 100%。这样，在当年的生产结束以后，工人就为资本家创造出 2 000 元的剩余价值。又假定资本家为了扩大再生产只把剩余价值的一

---

① 马克思，恩格斯．马克思恩格斯全集：第 23 卷．北京：人民出版社，1972：629.

② 同①634.

半即 1 000 元用作个人消费，而把其余的 1 000 元剩余价值转化为资本。如果不变资本与可变资本的比例不变，那么，就会有 800 元的不变资本与 200 元的可变资本被分别追加到原有资本中去。这样总资本就增大到 11 000 元，其中 8 800 元为不变资本，2 200 元为可变资本。资本增大了，资本家就可以购买更多的生产资料和劳动力，扩大生产规模。如果剩余价值率仍为 100%，到第二年末，资本家就可以获得 2 200 元的剩余价值。这样进行下去，资本数量就会不断增加，生产规模就会不断扩大，剩余价值也就会不断增多。

由此可见，剩余价值是资本积累的唯一源泉，而资本积累则是资本主义扩大再生产的唯一源泉。如果对于原始资本，资本家还可能辩护说这是靠他自己或他祖先的劳动积累起来的，那么，对于扩大再生产过程中的追加资本，就没有任何辩护的余地了。马克思一针见血地指出，追加资本“一开始就没有一个价值原子不是由别人的无酬劳动产生的”①。

资本的积累过程清楚地暴露了资本主义生产方式的本质。这就是：资本家总是通过无偿占有工人的剩余价值来扩大自己的资本，并以此为基础进一步扩大和加强对工人的剥削和统治。

从表面上看，资本和雇佣劳动的关系，完全符合商品生产和商品流通的规律。工人向资本家出卖劳动力，资本家向工人支付工资，他们是以平等的商品所有者的资格来相互对待的；而且，他们之间的这种交换也是按照等价原则进行的。但是，这只是一个形式，一种假象，只要我们对扩大再生产过程加以考察，就会很清楚地看出隐蔽在这种所谓“等价交换”背后的真实内容。

第一，资本家这一次用来购买劳动力的资本，不过是他上一次从工人身上榨取到的剩余价值的一部分，他们是用从工人那里剥削来的钱，再来购买工人的劳动力。表面上看起来这种交换是等价的，但实际上资本家却什么都不曾拿出来。

第二，由剩余价值转化而来的资本，在购买劳动力并变成工人的消费基金以后，不但要由工人在生产中把它补偿出来，而且在补偿时要加上新的剩余价值。这就是说，资本家不仅无偿地占有了工人过去创造的剩余价值，而且不断地利用这种剩余价值从工人身上榨取更多的新的剩余价值。

所以，马克思指出：“劳动力的不断买卖是形式。其内容则是，资本家用他总是不付等价物而占有的别人的已经物化的劳动的一部分，来不断再换取更大量的别人的活劳动。”② 马克思又指出：随着资本积累和扩大再生产的进行，“以商品生产和商品流通为基础的占有规律或私有权规律，通过它本身的内在的、不可避免的辩证法转变为自己的直接对立物”③。

总之，不断地利用无偿占有的别人劳动的成果，来继续无偿占有别人更多的劳动，以增殖资本价值，扩大资本规模，这就是被等价交换的外衣所掩盖着的资本主

① 马克思，恩格斯. 马克思恩格斯全集：第 23 卷. 北京：人民出版社，1972：638.

②③ 同①640.

义占有方式的本质，也就是资本积累的本质。

资本积累和扩大再生产是资本主义发展的必然趋势。这是因为：（1）剩余价值的生产，是资本主义生产方式的绝对规律，资本家追逐剩余价值的欲望是没有止境的，为了获得更多的剩余价值，他们除了提高剥削程度以外，还必须扩大自己的资本，购买更多的生产资料，雇佣更多的工人，进行扩大再生产。这样，对剩余价值的贪婪，就成了推动资本家尽量扩大生产的内在动力。（2）资本主义的竞争也迫使每个资本家要不断实行积累。只有不断实行资本积累，资本家才能不断地改进技术，扩大生产，从而增强自己的竞争能力，使自己在激烈的竞争中获胜，而不致被对方打败。因此，马克思说："竞争使资本主义生产方式的内在规律作为外在的强制规律支配着每一个资本家。竞争迫使资本家不断扩大自己的资本来维持自己的资本，而他扩大资本只能靠累进的积累。"①

资本积累越多，生产规模也就越能扩大。那么，资本积累规模的大小又是由什么决定的呢？

资本积累的源泉是剩余价值，如果剩余价值分为个人消费基金和积累基金的比例不变，那么，积累规模显然就取决于剩余价值的绝对量。凡是能够影响剩余价值量的因素，也就都会影响积累的规模。因此，就生产过程本身来说，积累规模的大小取决于以下几个因素：

第一，对工人的剥削程度。在其他条件相等的情况下，剥削程度越高，工人所创造的剩余价值就越多，资本积累也就越多。为了提高剥削程度，资本家除了经常采取延长劳动日或提高劳动强度的办法以外，还经常采取压低工资的办法，把工资压低到劳动力价值以下。这样，就增加了剩余价值的数量，从而使积累基金的数量相应地增加。

第二，劳动生产率的高低。劳动生产率提高了，商品的价值必然随之下降，这就会产生以下几种情况：首先，使劳动力这一商品的价值下降，从而使剩余价值率提高、剩余价值量增加。其次，使同样数量的可变资本可以购买更多的劳动力，并使同样数量的不变资本可以购买更多的生产资料，这样，资本家就可以用同样数量的资本从更多的工人身上榨取出更多的剩余价值。最后，除了以上两种情况会增大资本积累的规模以外，资本家还可以在不减少甚至增加自己个人消费的情况下，改变剩余价值分为积累基金和消费基金的比例，以增大积累基金。例如，原来在2 000 元剩余价值中，资本家要用 1 000 元购买消费品，现在由于商品便宜了，假定只用 500 元就可以购买到同样多甚至更多的消费品，这样，他就可以把另外 500 元转化为积累基金，从而把积累基金的总额由 1 000 元增加到1 500元。

此外，劳动生产率的提高，对旧资本的再生产也会产生直接的影响，它会把旧资本在生产效率更高的形态上再生产出来。譬如，随着科学技术的进步，会出现效率更高的新机器。这样，在旧机器更新的时候，就会被这种效率更高的新机器所代

---

① 马克思，恩格斯．马克思恩格斯全集：第 23 卷．北京：人民出版社，1972：649－650．

替。如果开始时个别企业更换了这种新机器，它就可以获得额外剩余价值；如果各个企业普遍采用了新机器，那就会增加相对剩余价值。所以，旧资本在生产效率更高的形态上的更新，会进一步促进资本的积累。

第三，资本积累的规模还取决于所用资本和所费资本之间的差额。在生产过程中，劳动资料如机器、厂房等，是全部被使用着，但只是逐渐地、部分地被耗费着，因而它们的价值也只是部分地被转移到新的产品中去。这样，在所用资本和所费资本之间便形成了一个或大或小的差额。这个差额的大小，是由劳动资料的质量和数量决定的。一方面，劳动资料的质量越好，越经久耐用，则每次生产过程中所转移的价值便越小，而这个差额便越大。例如，某台机器价值为 1 000 元，可用 5 年，这样，它在生产过程中每年转移的价值便为 200 元，全年所用资本与所费资本之间的差额便为 800 元。如果改进机器质量，将机器的使用期限延长到 10 年，则这个差额便增大为 900 元。另一方面，劳动资料的数量越多，所用资本与所费资本之间的差额也就越大，因为不言而喻，如果就 1 台机器来说这个差额是 900 元，则就 10 台机器来说就是 9 000 元。那么，所用资本与所费资本之间的差额是怎样影响资本积累规模的呢?

劳动资料的价值虽然在生产中是被逐渐地转移到新的产品中去的，但是它们的作用能力并不因此而以同一比例减低，而是在相当长的一段时间内依然照样保持着。这样，劳动资料的一部分作用能力，就会如同空气等自然力一样，无代价地为生产服务，并由此导致产品价值的低廉化。产品便宜的结果，就个别资本家来说，是他可以得到额外剩余价值，而就全体资本家来说，是他们可以多得相对剩余价值。当然，这也就会增加他们的资本积累。

随着资本的增大，所用资本与所费资本之间的差额也日益扩大，因而它作为影响资本积累规模的重要因素的作用，也日益显著。

第四，资本积累的规模还取决于垫付资本的大小。如果对工人的剥削程度是一定的，剩余价值量就取决于被剥削的工人人数的多少。假如不变资本和可变资本的比例不变，那么，随着资本的增大，可变资本也相应增大，被剥削的工人人数就会增多。所以，垫付资本越大，剩余价值量就越大，从而积累的规模也就越大。

从以上说明中可以看出，增加积累的一切因素，都是加强和扩大对工人的剥削的因素。资本积累就是依靠剥削工人所创造的剩余价值而实现的。没有剩余价值，就不可能有资本积累。随着资本积累和生产规模的扩大，资本家的财富愈来愈多，无产者的人数也愈来愈多，这就是说，资本主义的生产关系也日益扩大。马克思写道："简单再生产不断地再生产出资本关系本身：一方面是资本家，另一方面是雇佣工人；同样，规模扩大的再生产或积累再生产出规模扩大的资本关系：一极是更多的或更大的资本家，另一极是更多的雇佣工人……因此，资本的积累就是无产阶级的增加。"①

---

① 马克思，恩格斯. 马克思恩格斯全集：第 23 卷. 北京：人民出版社，1972：673-674.

资产阶级学者为了掩盖和歪曲资本积累的本质，替资本主义作辩护，提出了所谓“节欲论”。这个“理论”的最初的发明人英国庸俗经济学者西尼尔公然声称：“我用节欲一词来代替被看作生产工具的资本一词。”① 旧中国的很多资产阶级经济学者也曾随声附和，叫嚷资本是由资本家“忍欲而来”的。按照他们的说法，谷物之所以不被完全吃掉，而有一部分留下来作种子，是因为资本家实行了“节欲”；机器、棉花等之所以不被资本家自己消费掉，也是因为他们实行了“节欲”。总之，在他们看来，生产过程的一切物质条件，都是资本家节欲的结果。

通过对资本积累过程的分析，对于这种辩护性论调的虚伪性和反动性便有了进一步的认识。资本家绝不是什么忍欲牺牲的“苦行者”，恰恰相反，他们都是贪得无厌的剥削者。他们积累资本，根本不是为了什么“社会”，而是为了进一步侵吞更多的别人的劳动成果。

至于说到个人生活，资本家和“节欲”“节约”等字眼更是无缘。资本的积累不仅不排斥资本家的奢侈浪费，而且从一定的意义上说，这二者是相互促进的。资本积累得越多，榨取的剩余价值便越多，资本家就越有条件过奢侈浪费的生活。反过来说，他越是讲究排场，他就越能够在社会上获得较高的“信誉”，从而就越有可能积累更多的资本。因此，马克思说：“资本家的挥霍从来不象放荡的封建主的挥霍那样是直截了当的，相反地，在它的背后总是隐藏着最肮脏的贪欲和最小心的盘算”②。

第二节　资本的有机构成。资本的积聚和集中

从这一节起，我们将研究资本积累对无产阶级状况的影响。但为了弄清这一问题，首先必须了解资本的构成及其在积累过程中的变化趋势。

任何一个产业资本家，都必须将他的资本投放在生产资料和劳动力上。因此，从自然形式上看，资本总是由一定数量的生产资料和劳动力构成。在生产资料和劳动力之间，存在着一定的比例，这个比例，总的说来，取决于生产技术的发展水平。生产技术水平越高，每一个劳动力所推动的生产资料的数量也就越多；反之，生产技术水平越低，则每个劳动力所推动的生产资料的数量也就越少。政治经济学把这种由生产的技术水平所决定的生产资料和劳动力之间的比例，叫作资本的技术构成。

资本的构成不仅可以从自然形式上来考察，而且可以从价值形式上来考察。从价值形式上看，资本分为不变资本和可变资本。在这两部分资本价值之间，也存在

① 马克思，恩格斯. 马克思恩格斯全集：第 23 卷. 北京：人民出版社，1972：654.

② 同①651.

着一定的比例。这种比例，叫作资本的价值构成。

在资本的技术构成和资本的价值构成之间，存在着密切的联系。资本的价值构成是以技术构成为基础的，技术构成的变化通常会引起价值构成的相应变化，而价值构成的变化则通常反映着技术构成的变化。为了表明这种联系，马克思把由资本技术构成所决定并反映着它的变化的资本价值构成，叫作资本的有机构成。

当然，资本价值构成的变化并不总是由技术构成的变化引起的。例如，单纯由于价格的变动，不变资本和可变资本之间的价值比例也可以发生某种变化。但因为这种变化不反映技术构成的变化，它对无产阶级的状况不产生重大的影响，所以，我们在下面的研究中把它加以舍象。

资本的有机构成，在不同的企业和不同的生产部门是不一样的。凡是技术装备水平较高，或原料需要量较多，而价格又比较昂贵的企业和部门，它的资本有机构成就要高一些；在相反的情况下，资本有机构成就要低一些。尽管如此，我们从一个部门内部各个企业的资本有机构成，还是可以求出这一部门全部资本的平均构成的；而从各个部门资本的有机构成，则可以求出整个社会资本的平均构成。我们下面凡谈到资本有机构成时，都是指社会资本的平均构成。

我们先分析，在资本有机构成不变的情况下，资本积累对无产阶级产生的影响。

在资本积累的过程中，如果资本的有机构成不变，则可变资本将会与总资本按同一比例增加。例如，假定资本家去年有资本 1 亿元，其中不变资本和可变资本各占 5 000 万元，有机构成为 1∶1。如果今年资本由 1 亿元增加到 1.2 亿元，在有机构成不变的情况下，可变资本将和资本总量一样，增加 20%，即由 5 000 万元增加为 6 000 万元。可变资本的这种增加，意味着资本家需要雇佣更多的劳动力。这种情况继续下去，就会使劳动力的需求超过劳动力的供给，从而引起工人工资的一定提高。这种现象在资本主义发展的初期，是曾经存在过的。

可是必须明确，上述这种对工人阶级多少有利的情况，绝不会影响资本主义生产的根本性质，改变工人阶级在资本主义社会的阶级地位。因为资本积累的增长，首先意味着资本的剥削与统治得到了进一步的扩大和加强。同时，由资本积累增长所引起的工资提高，也只是一种有限的和暂时的现象。当工资的提高影响到资本家获得更多的剩余价值时，资本家便会减少或停止新的投资，甚而缩小现有的生产规模。这样，资本对劳动力的需求便会随之缩减，从而使工资水平重新降低下来。所以，工资随资本积累增长而暂时提高的现象，“实际上不过表明，雇佣工人为自己铸造的金锁链已经够长够重，容许把它略微放松一点”①。

但是，从资本主义发展的整个历史过程来看，资本的有机构成是不断变化的。资本家为了攫取更多的剩余价值和在竞争中占得优势，必须经常提高本企业的劳动生产率，以减少单位产品的劳动消耗。这就要求不断改善和提高企业的技术装备水

① 马克思，恩格斯. 马克思恩格斯全集：第 23 卷. 北京：人民出版社，1972：678.

平，即用机器代替手工劳动，用新的机器更替旧的机器。机器设备越是完善，同一数量的机器设备所需要的工人人数便会越少，资本的技术构成便会越高。资本技术构成的日益提高，必然引起资本有机构成发生相应的变化，也就是说，全部资本中不变资本的相对量会日益增加，而可变资本的相对量则日益减少。这对一个企业说来是如此，而对整个资本主义社会说来也是如此。所以，资本有机构成的提高，乃是资本主义发展的一种必然趋势。据统计，在 1889 年到 1959 年期间，美国加工工业中的不变资本数量共增加了 38 倍，而可变资本的数量则只增加了 22 倍。下面是美国加工工业资本有机构成变化的具体情况：

1889 年	1904 年	1929 年	1939 年	1959 年
4.4c ∶ 1v	5.7c ∶ 1v	6.1c ∶ 1v	6.5c ∶ 1v	7.5c ∶ 1v

企业的技术装备水平的提高，从而资本有机构成的提高，一般是以个别资本的增大为前提的。个别资本的数量越大，它便越有条件采用新的技术设备来提高劳动生产率，从而改变不变资本和可变资本的价值比例。因此，我们在分析有机构成提高条件下的资本积累对工人阶级的影响之前，还必须先分析有关个别资本如何增大的问题。

个别资本的增大，是通过资本的积聚和集中这两种形式实现的。资本的积聚，是指个别资本依靠剩余价值的资本化来增大资本的总额。例如，一个 10 000 元的资本，在发挥机能一年以后获得 2 000 元的剩余价值，资本家将其中的 1 000 元用于个人消费，而将其余的 1 000 元用于积累，作为追加的资本。这样，资本总额就从 10 000 元增加到也就是积聚到 11 000 元。所以，资本的积聚，不外是资本积累的直接结果，它和资本积累是直接联系着的。资本积累的规模越大，资本就积聚得越多，从而，个别资本的总额也就越大。然而，仅仅依靠资本的积聚，个别资本数量的增加是比较缓慢的。使个别资本迅速增大的途径，是资本的集中。

资本的集中，是指由几个资本结合成一个较大的资本而引起的个别资本的增大，也就是指许多分散的小资本通过互相吞并或互相“联合”而转变成少数大资本。马克思说：资本集中是“已经形成的各资本的积聚，是它们的个体独立性的消灭，是资本家剥夺资本家，是许多小资本变成少数大资本”①。

在资本集中的过程中，竞争是一个强有力的杠杆。在竞争中，那些分散的小资本不断被大资本打败，为大资本所吞并。这是因为，大生产比小生产具有许多优越的条件：大生产能够广泛地使用机器，采用先进技术和科学的劳动组织，能够广泛地实行分工和生产专业化，因而劳动生产率比较高；大生产能够提高设备利用率，从而能够节省生产费用和降低成本；大生产能够广泛地利用运输和商业方面的便利条件；大生产还容易取得银行信用的支持；等等。由于这样一些原因，所以资本主义的大企业，不仅生产的产品数量多，而且成本低，它们在竞争中经常处于有利的

① 马克思，恩格斯. 马克思恩格斯全集：第 23 卷. 北京：人民出版社，1972：686.

地位。大企业凭借着这种经济上的优势，可以迅速地打败小企业，使小企业破产，然后以最低的价格收买它们的生产设备，或者通过清偿债务以及“自愿”联合等方式把它们吞并过来。由此可见，资本主义的竞争过程，同时也就是资本按照“大鱼吃小鱼”的原则实现其集中的过程。

促进资本集中的另一个有力的杠杆是信用。一方面，资本主义信用通过贷款的形式加强了大资本的竞争力量，帮助它们在激烈的竞争中打垮和吞并中小资本；另一方面，信用又促使一些分散的中小资本联合起来，组成规模巨大的股份公司。因此，在资本主义制度下，信用的发展必然会大大加速资本集中的过程。

资本集中对于资本主义生产的发展具有重大的意义。如果个别资本只是依靠自身的积累而增大的话，那么，要建成大规模的工厂、矿井、铁路、运河和港口等等，就必须经过很长的时间。但是，通过资本集中，就有可能在较短的时间内把它们建立起来。

资本的积聚和集中，虽然都是个别资本增大的形式，但两者却有显著的区别。由于资本的积聚是依靠剩余价值的资本化来实现的，因此，随着个别资本的积聚，社会资本总额也会增加起来；而资本的集中则是多数小资本转化成少数大资本，是原有资本在资本家之间的重新分配和重新组合，因此，它不会增大社会资本的总额。

当然，在资本的积聚和集中之间，也存在着密切的联系。一方面，随着资本积聚的不断进行，大资本因为经常有巨额的剩余价值用于积累，它们的经济力量增长得特别快，因而它们在竞争中就更能顺利地打败小资本，从而使资本集中的过程更为迅速。另一方面，资本集中的速度加快了，也必然会反过来加速资本的积聚。因为集中起来的资本越大，便越有条件利用先进的生产技术，获得超额剩余价值，从而扩大积累的规模，加速资本的积聚。

本来，不论在哪一个社会里，随着生产的进行，社会产品总会有一个或大或小的部分不断地转作积累基金，即充当追加的生产资料。如果没有生产资料的这种积聚，则生产的任何扩大都是不可想象的。同样也可以这么说，不论在哪一个社会里，尽管内容和形式有所不同，但这样或那样的生产集中都总是存在的。例如，在封建制度下，作为社会基本生产资料的土地，就曾经大量地集中在地主阶级手中。可是，生产资料的积聚和集中表现为资本的积聚和集中，却是资本主义制度所特有的一种现象。在资本主义制度下，积聚和集中达到了空前巨大的规模，并且日甚一日地在加速进行。一个封建时代的庄园主，假使看到今天资本主义国家的钢铁大王、石油大王等等，一定会为后者的巨大资本财富而惊得瞠目结舌。

资本的积聚和集中，在今天主要资本主义国家里，正以惊人的速度发展着，并且达到了巨大的规模，出现了拥有资本达数十亿、数百亿美元的大资本集团。这些大资本集团，操纵着各主要资本主义国家的经济命脉，在政治上和经济上都处于统治地位。例如，在美国，资产超过 10 亿美元的大公司的数目，1901 年只有 1 家，到 1939 年第二次世界大战开始时也只有 31 家，可是到 1960 年便一跃增加到 96

家。这 96 家大公司，还不到美国公司总数的万分之一，却掌握着 3 057 亿美元的资产，占美国公司资产总额的 25.3%。1971 年，这样的大公司进一步增加到 289 家，其中资产在 100 亿美元以上的有 20 家。1974 年，美国全国最大的 800 家企业的资产额达到 18 072 亿美元，约占全国公司企业资产总额的一半，它们赚取的利润（纳税后）占全国利润总额的 70%。

与此形成鲜明对照的是，中小资本破产和被吞并的情况日益加剧。据统计，在 1948 年至 1954 年期间，美国每年企业兼并案平均为一二百起，1965 年以后，已激增到 1 000 起以上。企业倒闭的数目更是空前剧增，1965 年至 1970 年期间，平均每年在 10 000 家以上。1975 年，美国共有 11 432 家企业宣告破产，平均每天达 31 家。破产企业的负债总额共达 43.8 亿美元，创美国历史上的最高纪录。

在半殖民地半封建的旧中国，存在着三种不同类型的资本：帝国主义资本、官僚资本和民族资本。这些资本的积聚和集中过程是比较复杂的，并且具有不同于一般资本主义国家的某些特点。

旧中国的资本积聚过程，表现出如下特点：尽管剩余价值率很高，但积聚的速度并不快。这是因为，就外国资本来说，它们把从中国人民身上榨取的剩余价值，大部分拿回本国，不用来在中国投资。就官僚资本来说，它们攫取到的剩余价值，被重新投入直接生产过程的数量也是很少的。由于种种原因，它们将一部分剩余价值或者用于购买土地，进行封建剥削，或者用于商业和金融等投机事业；还有相当大一部分，则被用于寄生性消费。至于民族资本，由于受帝国主义、官僚资本主义的压迫和排挤，它们所榨取的剩余价值，有相当一部分被帝国主义资本和官僚资本所掠夺，因而资本总量的增加也是很缓慢的。

与资本积聚的情况相反，旧中国资本集中的速度比较快，而且集中的程度也比较高。毛泽东同志指出：在半殖民地半封建的旧中国，现代性工业“极为集中，最大的和最主要的资本是集中在帝国主义者及其走狗中国官僚资产阶级的手里”①。据估计，1933 年，帝国主义资本控制了中国铁的生产的 95%、煤的 65%、电力的 70%、石油的 99%以上。而官僚资本则一方面投靠帝国主义，另一方面凭借国家权力，排挤和吞并中小民族资本，并且掠夺广大的小生产者，形成独占性的资本。“蒋宋孔陈四大家族，在他们当权的二十年中，已经集中了价值达一百万万至二百万万美元的巨大财产，垄断了全国的经济命脉。”② 帝国主义资本和官僚资本的集中，是旧中国资本集中的主要构成部分，这种集中带有浓厚的原始积累的性质。

---

① 毛泽东. 毛泽东选集：第 4 卷. 2 版. 北京：人民出版社，1991：1431.

② 同①1253.

第三节　资本积累的过程和产业后备军的形成

现在，我们来研究在资本有机构成提高的条件下，资本积累对工人阶级状况的影响。

资本有机构成的不断提高，表明在资本总额中不变资本部分日益增多，而可变资本部分则相对地日益减少。假定不变资本和可变资本的比例原来是 1∶1，现在依次提高为 2∶1、3∶1、4∶1，在这种情况下，资本总额中转化为生产资料的部分，将由$\frac{1}{2}$依次递增为$\frac{2}{3}$、$\frac{3}{4}$、$\frac{4}{5}$，而转化为劳动力的部分，也将由$\frac{1}{2}$依次递减为$\frac{1}{3}$、$\frac{1}{4}$、$\frac{1}{5}$。我们知道，资本对劳动力的需求，不是取决于资本总额的大小，而是取决于可变资本的大小。随着资本积累的增长和资本总额的增加，可变资本的绝对量虽然也会增加，但由于资本有机构成的提高，可变资本的相对量即它在资本总额中所占的比重却日益下降。因此，在每个工人的工资不变的情况下，资本对劳动力的需求也将日益相对地减少。这种情况可以列表说明如下（见表 4－1）。

表 4－1

资本总额（元）	资本有机构成（C∶V）	不变资本量（元）	可变资本量（元）	需要工人数（每人工资 20 元）	每千元投资需要工人数
10 000	1∶1	5 000	5 000	250	25
40 000	3∶1	30 000	10 000	500	12.5

从表 4－1 可以看出，由于资本总额的增加，可变资本的绝对量增加了，因而需要的劳动力在绝对量上也增加了。但是，由于资本有机构成的提高，可变资本的相对量却减少了，因而每千元投资所需要的劳动力也相对地减少了，即由原来的 25 人减少到 12.5 人。

随着资本积累的增长和劳动生产率的提高，资本对劳动力的需求不仅会相对地减少，而且在某些生产部门或企业中，有时还会绝对地减少。这是由于这些部门或企业采用了新的机器设备，迅速提高了资本有机构成，把原来的一部分工人排挤出去了的缘故。例如，据统计，美国采掘业的新厂房设备开支，1946 年为 4.3 亿美元，1977 年达 44.4 亿美元，增加了 40.1 亿美元，而同时期内，就业人数却由 86.2 万人减少到 77.2 万人，减少了 9 万人。这个例子说明，美国采掘业的资本总额虽然增长得很快，但资本有机构成提高得更快，这就使所需要的劳动力绝对减少了。

在资本主义制度下，尽管资本对劳动力的需求日益相对地、有时甚至绝对地减少，但劳动力的供给却随着资本的剥削和统治的不断加强而日益增多。这主要是因为：(1) 由于资本家极力压低工资，致使工人的微薄收入不足以养家糊口，因而工人不得不让自己的妻子儿女也去做工。同时，由于机器的广泛使用和不断改进，许多操作方法变得简单了，而且不需要很强的体力就能胜任，这也为资本家广泛利用女工、童工提供了可能。（2）在资本家的剥削和压榨下，破产的农民和手工业者越来越多，他们不断地涌进劳动市场来寻找工作。（3）在资本家彼此剧烈的竞争中，一部分中小资本家破产，他们破产之后，不得不加入到雇佣工人的行列中来，靠出卖劳动力来维持生活。总之，随着资本主义的发展，劳动力这一商品的供给在不断地增加。

这样，在资本主义社会里，随着资本积累的增长和资本有机构成的提高，必然会出现两种完全对立的趋势：一方面，资本对劳动力的需求日益相对地减少，在某些部门或企业中有时甚至绝对地减少；而另一方面，劳动力对资本的供给，却在迅速地增加。结果，就不可避免地会造成大批工人失业，即造成资本主义制度所特有的相对人口过剩。所谓相对人口过剩，就是指工人的供给超过了资本对它的需求，也就是说，对资本家生产剩余价值的需要来说，有一部分工人成为过剩的或过多的了。马克思写道："资本主义积累不断地并且同它的能力和规模成比例地生产出相对的，即超过资本增殖的平均需要的，因而是过剩的或追加的工人人口。"①

在以上的分析中，我们假定被雇佣的工人人数的增加或减少，恰好和可变资本的增加或减少是一致的。但实际上，被雇佣的工人人数的相对减少，比可变资本的相对减少在速度上还要快得多。这是由许多因素决定的。譬如，在资本家提高工人的劳动强度和延长劳动时间的情况下，支付给每个工人的工资可能增加，从而资本家支付的工资总额即可变资本部分可能增加，但所需要的劳动力却可以不变甚至减少。

从以上分析中可以看出，资本主义制度下的人口过剩只是相对的，而不是绝对的。资产阶级学者为了掩盖资本主义制度造成人口过剩这一事实，力图把人口过剩说成是绝对的，按照这种说法，似乎是由于人口繁殖得过多，一部分人才无法找到工作。这种论调是完全错误的。其实，世界上根本不存在什么人口绝对过剩的问题。如果从满足人民的需要出发来发展生产，并且合理地调配劳动力，那么，即使在生产技术设备不断革新的条件下，也绝不会出现人口过剩的现象。但是，如果这样，资本主义就不成其为资本主义了。资本主义生产的目的是追求剩余价值，根本不可能合理地组织社会生产和利用劳动力，因此随着资本积累的增长，不可避免地会形成人口相对过剩的现象。

所以，相对人口过剩是资本主义制度的产物，是资本主义所特有的人口规律。马克思指出："工人人口本身在生产出资本积累的同时，也以日益扩大的规模生产出使他们自身成为相对过剩人口的手段。这就是资本主义生产方式所特有的人口规律"②。

---

① 马克思，恩格斯. 马克思恩格斯全集：第23卷. 北京：人民出版社，1972：691.

② 同①692.

相对过剩人口，不仅是资本主义生产方式的必然产物，而且是资本主义生产方式存在和发展的条件。因为资本主义生产通常是从危机到高涨，又从高涨到危机这样间歇地发展的。在危机时期，资本对劳动力的需求虽然会大大减少，但在高涨时期，由于生产规模的突然扩大，却又需要增添大批的劳动力。如果没有过剩人口的存在，资本家要想雇到追加的劳动力，就只有等待人口的自然繁殖（这显然不能适应资本主义发展的需要）。而在存在大量失业人口的情况下，他们就可以根据产业上的需要，随时找到可供剥削的人类材料。正是在这种意义上，马克思又把相对过剩人口叫作产业后备军。

既然失业人口的存在对于资本主义生产具有如此重要的意义，任何一个资本家就都不会同意消灭失业。作为资产阶级利益的代表者的资产阶级国家，经常宣称什么"消灭失业""实现充分就业"等等，完全是骗人的鬼话。只有当失业人口过多以致形成对资本主义制度的一种严重威胁时，他们才会主张把失业人口适当地减少一些。

在资本主义社会里，相对过剩人口基本上有三种形态。

第一种形态是流动的过剩人口。这一类过剩人口主要存在于现代的工业中心，在那里，工人经常由于企业生产的扩大和缩小，或者其他种种原因，时而被吸收到生产过程中去，时而又被解雇回到失业队伍中来。由于资本主义生产是极不稳定的，因而一生中没有失过业的工人是很少的。随着资本主义工业的发展，流动的过剩人口在日益增多。

第二种形态是潜伏的过剩人口。属于这一类的主要是农业中的过剩人口。随着资本主义在农业中的发展，有越来越多的农民破产，他们不得不靠出卖劳动力来维持极为贫困的生活。但是，随着农业资本有机构成的提高，对农业工人的需求，不仅是相对地而且是绝对地减少了，这样，就形成了农业中的大量过剩人口。农业中过剩人口之所以是潜伏的，是因为这些农业工人通常还保留着一小块土地，从形式上看来，他们好像没有失业，但实际上他们已经过剩了。由于单凭自己的一小块土地很难维持生活，因此，他们时刻盼望着城市工业中有利时机的到来（如建筑铁路、新开工厂、工业繁荣等），一有机会，就会奔向城市，补充城市无产阶级的队伍。

第三种形态是停滞的过剩人口。属于这一类的主要是指在自己家里替工厂主和包买主干活的城乡居民。他们的工作极不稳定，劳动条件极为恶劣，而工资则远低于一般水平。正像马克思所指出的，这类过剩人口的特点"是劳动时间最长而工资最低"①。这种过剩人口的补充来源，主要是大工业和农业的过剩劳动者，以及被大机器生产所排挤的手工业者。积累的规模越大，这种过剩的人口也就越多。

此外，处在相对过剩人口最底层的，则是那些被赶出生产部门再也无法找到工作的人，其中包括丧失劳动能力的人以及各种被迫流浪和堕落的人，等等。

---

① 马克思，恩格斯. 马克思恩格斯全集：第23卷. 北京：人民出版社，1972：705.

失业问题是资本主义社会的一个极其严重的问题，特别是到了帝国主义阶段，大批工人失业，更成为经常的现象。第二次世界大战后，各资本主义国家的失业人数迅速增加。在资本主义国家中最富有的国家——美国，经常的失业现象也很严重。下面就是美国官方所公布的一些有关完全失业的统计材料（见表 4 - 2）。

表 4 - 2

年份	完全失业人数（万）	失业率（%）	年份	完全失业人数（万）	失业率（%）
1958	468	6.8	1969	283	3.5
1959	381	5.5	1970	408	4.9
1960	393	5.6	1971	499	4.9
1961	481	6.7	1972	480	5.6
1962	401	5.6	1973	430	5.9
1963	417	5.6	1974	508	5.6
1964	388	5.2	1975	783	8.5
1965	337	4.5	1976	729	7.7
1966	288	3.8	1977	686	7.0
1967	298	3.8	1978	605	6.0
1968	282	3.6			

自 20 世纪 70 年代起，美国不仅有大批工人经常失业，而且有大量科学技术人员加入失业队伍。这种“高级失业者”的出现，是资本主义国家 20 世纪 70 年代以来的一种新现象，在美国尤其突出。据美国劳工部统计，1970 年，美国工程师失业已达 44 000 人，占就业工程师总数的 3.7%。另据美国科学技术人员登记处有意缩小的统计，1970 年春，美国空间科学家失业率为 1.7%，地球和海洋科学家失业率为 1.9%，物理学家失业率为 2.2%。而据 1971 年 6 月 7 日《美国新闻与世界报道》透露，美国失业的科学家和工程师已达 65 000 人，约占研究和发展机构专职工作人员 50 万人的 13%。

在西欧，失业问题也十分严重。1978 年英国失业人数为 147.5 万人，1980 年 4 月份超过了 152 万人，占劳动力总额的 6.3%。法国 1979 年 6 月份失业人数为 123.3 万人，联邦德国 1978 年失业人数为 98.9 万人。1979 年联邦德国由于有 4 万多名获得博士学位和国家文凭的毕业生找不到工作，而不得不推迟一部分在校学生毕业离校的日期。

经常的庞大失业人口的存在，大量科学技术人员加入失业队伍，明显地暴露出资本主义已经没有能力来驾驭发展起来的生产力，表明资本主义生产关系已经由于没落腐朽而成为生产力发展的严重障碍；同时也表明，在资本主义制度下，是不可能消灭失业的，要消灭失业，就必须消灭资本主义制度。

第四节　对马尔萨斯和现代马尔萨斯主义者人口“理论”的批判

相对人口过剩是资本主义生产方式不可避免的伴侣。资本主义生产方式的存在，是无产阶级遭受失业、贫困和饥饿的根本原因。资产阶级的御用经济学家，捏造了各种各样的“理论”，妄图以此麻痹劳动人民，替资本主义的剥削制度进行辩护。这些“理论”的代表作之一，就是英国牧师、庸俗经济学家马尔萨斯所写的《人口原理》。

《人口原理》本来是用剽窃来的观点拼凑而成的，其中并没有任何新的见解。但是，它的出版却受到了当时英国资产阶级的欢迎，其原因，正如马克思所指出的，“完全是由党派利益引起的”①。

在18世纪90年代《人口原理》出版的时候，正是英国的工业革命和资本主义关系迅速发展的时期。当时，失业人口大量增加，无产阶级的生活状况急剧恶化，因而，无产阶级和资产阶级的矛盾日益加剧。同时，社会上也流行着一些对现存制度不满、批判现存制度并提出改革意见的著作。这对资产阶级的统治不能不是一种威胁。因此，资产阶级迫切需要一种“理论”来麻痹和瓦解无产阶级的革命意志，并消除那些要求实行社会改革的理论的影响。《人口原理》的出版，恰好符合了这种要求。马克思指出：“这部著作的实际目的，是为了英国现政府和土地贵族的利益，‘从经济学上’证明法国革命及其英国的支持者追求改革的意图是空想。一句话，这是一本歌功颂德的小册子，它维护现有制度，反对历史的发展；而且它还为反对革命法国的战争辩护。”② 正因如此，《人口原理》就成了英国“资产者心爱的理论”③。

马尔萨斯人口“理论”的主要论点是：人类同其他一切生物一样，具有一种迅速繁殖的倾向，而为了维持日益增多的人类的生存，就需要有日益增多的生活资料，但这两者的增加却是不平衡的。马尔萨斯认为，在不受限制的条件下，人口每25年将增加1倍，是按照几何级数即1、2、4、8、16、32、64、128、256的数目增加的；而生活资料的增加则十分缓慢，每25年只增加一个相等的数量，是按照算术级数即1、2、3、4、5、6、7、8、9的数目增加的。这样，在200年以内，人口和生活资料就会成为256与9之比；在300年以内，就会成为4 096与13之比；而在2 000年内，人口和生活资料的差额就会大得几乎无法计算了。马尔萨斯由此进一步得出结论说，由于人口的增加远远超过生活资料的增加，因而社会上就不可

---

① 马克思，恩格斯. 马克思恩格斯全集：第23卷. 北京：人民出版社，1972：676注释（75）.

② 马克思，恩格斯. 马克思恩格斯全集：第26卷Ⅱ. 北京：人民出版社，1973：125－126.

③ 马克思，恩格斯. 马克思恩格斯全集：第2卷. 北京：人民出版社，1957：573.

避免地会产生饥饿、贫困和失业的现象。

马尔萨斯的人口“理论”，无论在理论上还是在实际生活中，都是没有任何根据的。我们知道，人是在社会中生存和发展的，与其他生物不同，人口的繁殖和运动是社会的、历史的现象，是由社会生产方式本身决定的。人类社会根本不存在所谓“自然的人口规律”。马克思指出：“事实上，每一种特殊的、历史的生产方式都有其特殊的、历史地起作用的人口规律。抽象的人口规律只存在于历史上还没有受过人干涉的动植物界。”① 如前所述，相对人口过剩只是资本主义生产方式所特有的人口规律，而随着资本主义生产方式的消灭，相对人口过剩规律也就退出历史舞台，失去作用。

马尔萨斯用来论证他的“理论”的材料，也是不能成立的。他根据北美有一个时期人口曾经在 25 年间增加了 1 倍的材料，就主观片面地断定在任何国家、任何时期，人口都是每隔 25 年增加 1 倍。事实上，那个时期北美人口的增加，主要是由于有大量的外来移民，因此并不能说明人口增长的一般情况。但这一点，马尔萨斯却故意避而不谈。至于食物的增长速度，马尔萨斯自己也承认没有任何实际材料，只是想当然地假定它每隔 25 年按算术级数增加同一数量而已。所以，马尔萨斯的所谓生活资料的增长必然落后于人口的增长这一论断，完全是他主观杜撰出来的，并不反映任何客观事实。

现实生活中的无数事实，有力地驳斥了马尔萨斯的人口“理论”。以某些资本主义国家过去的有关材料为例，法国从 1760 年到 1840 年的 80 年中，人口仅增加了 60%，而食物数量却增加了 2 倍；德国在 19 世纪的 100 年内，人口增加了 2 倍，而生活资料却增加了 3 倍。再以较近的材料为例，美国从 1937 年至 1971 年的 34 年间，人口增长了 60%，谷物产量增长了 132.5%，谷物的增长速度为人口增长速度的 2.2 倍；法国从 1950 年至 1975 年的 25 年间，人口增长了 26.5%，粮食增长了 1.2 倍，粮食的增长速度为人口增长速度的 4.5 倍。这些铁一般的事实，彻底地推翻了马尔萨斯的人口“理论”。

应该看到，人类取得生活资料，并不是消极地等待自然的赐予，而是依靠自己的劳动生产。生产、生产力是不断发展的，永远不会停留在一个水平上。通过劳动生产，人们不仅能够生产出为维持自身生存所必需的物质资料，而且会为社会发展创造越来越多的财富。随着科学技术的进步，从头认识和利用自然的能力与日俱增，人们从事劳动的领域越来越广，所能生产的物质资料也就越来越多。如果没有落后的社会制度的阻碍，是绝不会发生失业、贫困现象的。

马尔萨斯之所以煞费苦心地编造反动的人口“理论”，是有着明显的政治目的的。对这一点，他自己并不隐讳。他曾经这样说：“如果这些真理（指他愚弄劳动人民的人口‘理论’。——编者）能一步一步成为家喻户晓的道理……那末下层阶级的人民，作为一个集体来说，就会成为更温顺的和更守秩序的了，也就不会在缺

① 马克思，恩格斯. 马克思恩格斯全集：第 23 卷. 北京：人民出版社，1972：692.

粮的季节里动辄骚扰滋事，并且由于认识到劳动的价格和养家活口的生活资料问题的解决多半不决定于革命，他们将永远不易受到煽动性出版物的影响了。”① 在这里，马尔萨斯向人们供认了，他的人口“理论”完全是为了替资本主义的罪恶制度作辩护，为了愚弄劳动人民，反对劳动人民为推翻资本主义制度而进行的革命斗争。

由于马尔萨斯的人口“理论”特别有利于资产阶级，所以他们历来总是死抱住这一“理论”不放，把它当作反对无产阶级革命斗争的武器。到了帝国主义时代，反动的人口“理论”更加广泛地流传起来，并且形成了现代马尔萨斯主义。

现代马尔萨斯主义，在基本理论方面，与老马尔萨斯主义并没有什么区别。所不同的是，由于帝国主义已经是腐朽透顶的濒于死亡的资本主义，适应历史条件的这种变化，它在自己的宣传上也具有一些新的特点，并且变得比以前更加反动。如果说老马尔萨斯主义的宣传主要是为资产阶级的国内目的服务，而对外侵略的目的在其宣传中还没有被提到显著地位的话，那么，现代马尔萨斯主义则除了继续服务于资产阶级在国内反对无产阶级革命斗争这一目的外，还特别着重为帝国主义发动侵略战争、掠夺和奴役发展中世界的人民以及向外进行领土扩张等作辩护。

现代马尔萨斯主义者竭力否认帝国主义是现代战争的根源。他们用所谓“人口压力”来解释战争的原因，宣称由于“人口过剩”“生存空间缺乏”，一些国家才“被迫”走上侵略的道路。

现代马尔萨斯主义者不仅掩盖和歪曲帝国主义战争的真正根源，而且丧心病狂地把这种战争说成是好事情，说什么只有帝国主义战争才是在长时期内阻止人口增长的最有效的办法，从而是达到更高的生活水平和民主的手段。他们特别颂扬大规模杀人的武器——核武器、细菌武器、化学武器等。所以，现代马尔萨斯主义者比起他们的先辈来是更加反动、更加仇视人类的。

由此可见，现代马尔萨斯主义是帝国主义时代垄断资产阶级反对无产阶级革命、发动侵略战争、维护殖民主义统治的思想武器。因此，批判和粉碎老马尔萨斯主义及现代马尔萨斯主义，对当时世界人民反对帝国主义、争取民族解放和社会主义的斗争，具有十分重大的意义。

在旧中国，一些为帝国主义豢养的资产阶级社会学者曾极力利用老马尔萨斯主义来为帝国主义、封建主义和官僚资本主义的反动统治辩护，反对中国人民的革命斗争。当中国人民在中国共产党的领导下取得了民主革命的伟大胜利时，一些帝国主义分子再一次利用老马尔萨斯主义来歪曲和攻击这个伟大的革命斗争。例如，美国前国务卿艾奇逊在 1949 年发表的《美国与中国的关系》白皮书里，就捏造说中国之所以发生革命，是由于中国人口太多而饭又太少；并且他别有用心地说，人口众多是中国的不堪负担的压力，中国共产党也不能解决吃饭问题；等等。

毛泽东同志对这一类谬论进行了彻底的批判。他以许多国家的革命史实，证明

---

① 马尔萨斯. 人口原理. 北京：商务印书馆，1961：552.

了革命的发生不是由于什么人口过剩，而是由于反动统治阶级对人民的残酷剥削和压迫，至于所谓吃饭问题，在劳动人民掌握政权以后，通过发展生产，也是不难解决的。毛泽东同志指出：“西方资产阶级经济学家如像马尔萨斯者流所谓食物增加赶不上人口增加的一套谬论，不但被马克思主义者早已从理论上驳斥得干干净净，而且已被革命后的苏联和中国解放区的事实所完全驳倒。”① 新中国成立以后在社会主义革命和社会主义建设方面所取得的伟大胜利，已经充分证明毛泽东同志上述论断的正确性。新中国成立后我国社会主义制度的优越性也已使我国人口的增长逐步地有计划地进行，使其与物质资料的生产相适应。早在一百多年前，恩格斯就曾科学地预见到，在资本主义制度消灭以后，在未来的共产主义社会里，正像人们对物的生产必须进行计划调节那样，也必须对人的生产进行自觉的调节。② 我国实行的人口有计划增长的政策，是以马克思主义人口理论为指导，并根据我国实际情况制定的。它同马尔萨斯的人口“理论”毫无共同之处。

第五节　资本积累的一般规律。无产阶级的贫困化

随着资本积累的增长，社会财富日益集中到资产阶级手中，而社会财富的直接创造者无产阶级则趋于贫困化，他们所受的劳动折磨日益增加，失业人数不断增加，整个阶级的状况日趋恶化。伴随资本积累而产生的这种两极分化现象，是资本主义发展的必然趋势。马克思写道：“社会的财富即执行职能的资本越大，它的增长的规模和能力越大，从而无产阶级的绝对数量和他们的劳动生产力越大，产业后备军也就越大。可供支配的劳动力同资本的膨胀力一样，是由同一些原因发展起来的。因此，产业后备军的相对量和财富的力量一同增长。但是同现役劳动军相比，这种后备军越大，常备的过剩人口也就越多，他们的贫困同他们所受的劳动折磨成反比。最后，工人阶级中贫苦阶层和产业后备军越大，官方认为需要救济的贫民也就越多。这就是资本主义积累的绝对的、一般的规律。”③

马克思所阐明的关于资本积累一般规律的理论，进一步深刻揭露了资本主义生产关系的对抗性质，指出了无产阶级和资产阶级阶级矛盾必然尖锐化的社会经济根源。

无产阶级的贫困化，包括相对贫困化和绝对贫困化。

相对贫困化，是指随着资本主义的发展，在国民收入总额中，无产阶级所占的份额与资产阶级相比越来越小这样一种趋势。国民收入是无产阶级每年新创造的价

---

① 毛泽东．毛泽东选集：第4卷．2版．北京：人民出版社，1991：1511－1512．

② 马克思，恩格斯．马克思恩格斯全集：第35卷．北京：人民出版社，1971：145．

③ 马克思，恩格斯．马克思恩格斯全集：第23卷．北京：人民出版社，1972：707．在马克思亲自校订过的法文版中，“成反比”被改为“成正比”。

值总和（即v+m），其中一部分作为剩余价值归资产阶级占有，另一部分则是无产阶级的工资收入。在资本主义制度下，由于劳动生产率的不断提高和资产阶级对无产阶级剥削的加强，工资部分在国民收入中所占的比重，必然日趋降低。

例如，美国制造业工人的工资，在他们新创造的那一部分国民收入中所占的比重，1947年为50%，1954年为47.4%，1963年为43.3%，1972年为41.8%。

工人的工资在国民收入总额中所占比重的下降，还可以从剩余价值率的提高上反映出来。例如，美国制造业的剩余价值率，1947年为146%，1958年为185%，1968年为226%，1975年为263%。据计算，战后联邦德国的剩余价值率，1950年为181.4%，1960年为236.3%，1970年为273.9%，1976年为276%。

无产阶级日益相对贫困化的过程表明：在资本主义社会中，在社会财富和资本增加的同时，资产阶级对无产阶级的统治加强以及他们之间的鸿沟日益加深。

马克思在《资本论》中，着重说明了随着资本积累的增加，无产阶级在物质状况和整个处境方面有绝对恶化的趋势。他深刻地指出，一切生产剩余价值的方法，同时就是积累的方法，而积累的每一次扩大，又会反过来成为发展这些方法的手段，因此“工人的状况必然随着资本的积累而日趋恶化”①。尤其，由于资本有机构成的不断提高而形成的大量相对过剩人口，更是使情况变得有利于资本的剥削，同时促使无产阶级贫困化加深。所以，资本主义生产方式的内部结构决定着在其发展过程中必然要出现两极化的现象。“在一极是财富的积累，同时在另一极，即在把自己的产品作为资本来生产的阶级方面，是贫困、劳动折磨、受奴役、无知、粗野和道德堕落的积累。”②

当然，不能对无产阶级绝对贫困化问题，作某种简单化的理解：仿佛从资本主义建立之日起，那里工人的工资和实际收入便一直在逐年减少。这种看法显然是不正确的。马克思指出，无产阶级贫困化的规律同其他规律一样，“在实现中也会由于各种各样的情况而有所变化”③。譬如，在经济危机时期，由于劳动力供求关系相对说来不利于无产阶级，因而这一规律的作用就表现得相当明显；而在经济繁荣时期，由于劳动力供求关系出现了相反的情况，这一规律就表现得不那么明显。在资本主义国家，无产阶级为反对资本的剥削和压迫所开展的有组织的斗争，对减缓和阻扼无产阶级贫困化，具有一定的积极作用。但是，尽管这样，贫困化作为一种规律，总是客观地起着作用。

无产阶级状况的绝对恶化，表现在很多方面，主要是：工人的实际工资下降、失业人数增加、居住条件变坏、劳动强度提高以及工伤事故和职业病增多等等。

实际工资下降是无产阶级绝对贫困化的重要内容。这种情况的出现在资本主义的历史上是屡见不鲜的，特别是在经济危机和战争期间更是这样。通货膨胀亦可引起实际工资降低。例如，根据美国官方发表的数字，美国制造业生产工人的每周可

---

①② 马克思，恩格斯. 马克思恩格斯全集：第23卷. 北京：人民出版社，1972：708.

③ 同①707.

开支工资按 1967 年价格计算，1972 年 12 月为 111.37 美元，1975 年 2 月为 98.09 美元，下降了 11.9%。

在抗日战争时期，旧中国工人的工资就曾大幅度降低。例如，1945 年重庆产业工人的实际工资，比 1937 年下降了 65%。而我们知道，旧中国的工资水平，原来就是很低的。抗日战争胜利以后，由于国民党反动政府实行恶性通货膨胀政策，对广大人民进行疯狂的掠夺，工人阶级的生活状况更加陷入穷困不堪的境地。当时的情况，正如毛泽东同志所指出的，是"劳动群众和公教人员的生活日益恶化"①，"全国绝大多数人民，处于水深火热之中"②。

这里，有必要说明：工人物质生活的真实情况有可能被某些现象所掩盖。从现象上看，20 世纪 70 年代，有些资本主义国家的实际工资水平，比若干年前有一定提高。但是，我们知道，随着资本主义经济的发展，应该纳入工人必要生活资料范围内的物品，在品种和数量方面也不断增多了，换句话说，购买再生产劳动力所必需的生活资料的费用大大增加了。但是，资本家绝不会根据工人的实际需要来支付工人工资；相反，他们总是要把工资压低到现时再生产劳动力所必需的费用以下。

考察工人阶级的生活状况，必须考虑到失业工人的问题。关于这一点，斯大林写道："既然有失业工人后备军，而它的成员除了出卖自己的劳动力就无法生存，那么失业工人是不能不列入工人阶级之中的，但是，既然他们列入工人阶级之中，那么他们的赤贫状况，就不能不影响在业工人的物质状况。因此我认为，在说明资本主义国家工人阶级的物质状况时，也应该估计到失业工人后备军的状况。"③

工人在失业期间，断绝了固定的工资收入，衣食无着，陷入极端穷困的境地。他们很多人因付不起房租，被赶出住宅，流落街头；或者因无力偿还以前为购买耐用消费品而欠下的债款，以致个人的家庭用物遭到没收或拍卖。失业人口的大量存在，还会使在业工人的处境更加恶化。资本家能够利用劳动力供过于求的情况，来压低在业工人的工资，提高劳动强度和延长劳动时间。工人失业后，不得不依靠家属或亲友中的在业工人的资助来维持生活，这也必然要加深整个无产阶级的贫困化。

随着资本主义的发展，特别是到了帝国主义时期，经常失业的人口愈来愈多了。例如，从 1966 年到 1976 年这十年间，美国全国的失业人口从 287.5 万人增加到 728.8 万人；失业率从 3.8%上升到 7.7%。失业现象在青年特别是黑人中尤其严重。据统计，1981 年 1 月份美国全国的失业率为 7.4%，其中青年的失业率为 19%，黑人及其他少数民族的失业率高达 36.5%。

住宅问题，从来就是资本主义社会的一个严重问题。马克思早就指出："生产资料越是大量集中，工人也就越要相应地聚集在同一个空间，因此，资本主义的积

① 毛泽东．毛泽东选集：第 4 卷．2 版．北京：人民出版社，1991：1226.

② 同①1237.

③ 斯大林．斯大林选集：下卷．北京：人民出版社，1979：572.

累越迅速，工人的居住状况就越悲惨。”① 随着资本主义的发展，城市中有越来越多的地段，用于建造银行仓库之类的宫殿，修盖商品世家的高楼大厦，或是用于设置专为有钱人提供享乐的场所。而与此同时，工人们则被驱逐到那些最坏、最拥挤的角落里去，他们很多人不得不住在破烂不堪、肮脏透顶、老鼠成群、病疫丛生甚至连阳光和空气都不充足的贫民窟中。还有不少人，由于付不起房租，只好露宿街头，或者在桥洞、破车厢里栖身。据报道，1959 年，在美国居民中，住在城市贫民窟中的人数达 2 200 万，住在劣等住宅中的人数达 4 000 万。在纽约，有一个黑人聚居的贫民窟哈莱姆区，总共只包括 45 个地段，100 来条街巷，却聚居着将近 50 万名黑人。美国官方机构“公民权利委员会”的一个报告说：“如果纽约市其余各街区的人口全都像哈莱姆最糟糕的街区人口的密度一样，那么用纽约市的三个镇，也就可以把美国的全部人口容纳下去了。”这就是美国资产阶级为黑人设置的居住条件！

劳动强度提高和劳动条件恶化，也是无产阶级绝对贫困化的重要表现之一。资本家为了追逐更多的剩余价值，不仅极力降低工资，而且通过各种方法来提高劳动强度，以榨取工人的血汗。在各资本主义国家的企业中，普遍采用的血汗工资制度的实质，就是资产阶级利用各种科学技术成就来提高劳动强度，以加强对工人的剥削。由于过度的劳动和过分的精神紧张，劳动者的健康受到惊人的损害。这种损害，即使在工资有所提高的情况下，也是无法恢复的。因为劳动力的消耗只有在一定的限度内才能恢复，而“超过这一点，损耗便以几何级数增加，同时劳动力再生产和发挥作用的一切正常条件就遭到破坏”②。劳动强度的过度提高，不仅增加了筋肉力量的消耗，而且使工人的神经经常处于特别紧张的状态，这就使工人精疲力竭，容易患神经、心脏等方面的疾病。据统计，在美国劳工中，大约有 1 900 万人是不同程度的精神病患者，成为世界上患精神病百分比最高的国家。

劳动强度的提高和劳动条件的恶化，必然使生产中的工伤事故日益增多。在美国，仅 1969 年一年因工伤事故而死亡的就有 14 000 人，变成残废的共达 220 万人，其中有 9 万人是终身残废。在 1956—1960 年的 5 年中，美国、法国、联邦德国和意大利，因生产中的不幸事故而伤亡的工人共达 1 700 多万人，比这四个国家在第二次世界大战中死伤的人数还多 200 万人。

无产阶级所遭受的劳动折磨，在殖民地和半殖民地国家中尤其严重。新中国成立以前，工人每天的劳动时间一般都在 12 小时以上，有的企业（如煤矿）甚至长达 18 小时。由于劳动强度很高，劳动条件极端恶劣，因而工伤事故层出不穷，工人的生命安全毫无保障。对剥削者来说，机器和牲畜要比工人的生命宝贵得多。例如安源煤矿规定，工人在工作中死亡的，只发给 16 元的埋葬费，而当时一匹马的价格却为 60 元。

---

① 马克思，恩格斯. 马克思恩格斯全集：第 23 卷. 北京：人民出版社，1972：721.

② 同①576.

帝国主义殖民主义者在非洲所犯下的滔天罪行，更是罄竹难书。他们用木棍和皮鞭来强迫非洲工人进行极其繁重的劳动。例如，在前法属刚果，殖民主义者为了修筑普恩特—努阿尔铁路，抓来大批黑人做工，由于没有任何劳动保护，仅仅在施工的头 6 年（1922—1928 年）中就死亡了 17 000 人，而在这一段时间内修起来的铁路只有 90 公里，也就是说，每修 1 公里的铁路就付出 200 人的生命。

沉重的劳动折磨，极端恶劣的生活条件，摧残着工人的健康，使他们未老先衰，过早死亡；同时，也给工人的子女带来了极其严重的影响。尽管近代医学的发展异常迅速，但是，在许多资本主义国家，特别是经济落后国家中，由于劳动人民的物质生活条件恶劣，得不到应有的保健和医疗，因而人口的死亡率仍是相当高的。

马克思列宁主义关于资本积累规律的理论，提示了无产阶级贫困化的真正原因。无产阶级的相对和绝对贫困化，是资本主义发展的必然趋势，是不以人们的意志为转移的。无产阶级所进行的争取改善自己生活状况的斗争，只能在一定限度内延缓这一趋势的进展，但绝不能消除这一趋势本身。只有消灭资本主义制度，才是无产阶级摆脱贫困的唯一出路。

第六节　资本主义积累的历史趋势

马克思关于资本积累的学说，揭明了资本主义制度下无产阶级贫困和失业的真正原因，同时也深刻地阐明了资本主义制度必然走向灭亡的历史命运。

资本主义生产方式的产生、发展和灭亡是一个合乎规律的历史过程，或者像马克思所说的，是一个自然史的过程。资本主义生产方式是建立在阶级对抗的基础上的，随着它自身矛盾的发展，必然要被一种新的更高的生产方式所代替。

我们知道，资本主义生产方式的建立，在经济上必须具备两个基本条件：第一，是大批的自由劳动者的存在，他们有人身自由，但因为没有生产资料和生活资料，因此，为了生活，不得不出卖自己的劳动力，受雇于资本家；第二，是大量货币财富在少数人手中的积累，这些人因为握有大量的货币财富，因而有可能雇佣大批工人，进行大规模的资本主义生产。这两个条件是互相补充、缺一不可的。

从近代资本主义产生和发展的实际过程来看，以上两个条件主要是通过所谓资本的原始积累迅速形成的。在资本原始积累的过程中，一方面，有数以万计的小生产者丧失生产资料，变成了一无所有的自由工人；另一方面，则是生产资料集中在少数人手中并转化为资本。马克思把直接生产者因遭受强制剥夺而与生产资料相分离、社会财富迅速集中在少数人手中并转化为资本的过程，叫作资本的原始积累。之所以叫作“原始”积累，是因为这种积累发生在资本主义生产方式确立之前，而不同于通常意义上的资本主义积累。通常所说的资本主义积累，是指资本主义经济关系形成之后，资本家把从工人身上剥削来的剩余价值转化为资本的过程。资本的原始积累不是资本主义生产方式的结果，而是它的出发点。

资产阶级学者为了美化资本家的发家史，历来把资本的原始积累描绘成一种田园诗式的过程，他们捏造了许多谎言，来掩饰资产阶级在原始积累过程中所犯下的罪行。他们说什么从很早以来世界上就有两种人：一种是勤勉、聪明、节俭的人，这些人由于依靠自己的勤勉、节俭和才干积累了财富，后来便成了资本家；另一种是懒惰、浪费、堕落的人，由于他们好吃懒做，把自己的财产挥霍尽了，最后便变成了无产者。

但是，历史事实却告诉我们，资本主义生产方式产生的过程，是资产阶级运用一系列暴力手段，剥夺直接生产者、强迫小生产者和生产资料相分离的过程。通过这种剥夺，小生产者的分散的生产资料，转化为资本家的集中的生产资料，多数人的小私有制转化为少数人的大私有制。这种剥夺是极其野蛮和残酷的，正如马克思所说，“这种剥夺的历史是用血和火的文字载入人类编年史的”①。

对农民土地的剥夺，是直接生产者丧失生产资料并转变为近代无产者这一过程的基础，是整个原始积累过程的基础。

在英国，从15世纪最后30年起，就开始了强夺农民土地的过程，这个过程，一直延续到19世纪前半期。在这段长达300多年的时间里，一批又一批的农民被从田地上赶出来，他们流离失所，沦为乞丐、盗贼和流浪者。随后，代表新兴贵族和资产阶级利益的国家又颁布了各种血腥立法，用各种酷刑惩治这些流浪者，迫使他们接受雇佣劳动制度所必需的各种纪律。

最初的货币财富的积累，也是通过各种强盗行径进行的。新兴的资产阶级，当时曾经远涉重洋，用武力征服殖民地，杀戮土著居民，抢劫他们的金银财宝，进行掠夺性的殖民地贸易，贩卖奴隶和鸦片，进行商业战争，等等。他们通过这些手段获取了大量的财富，为加速资本主义生产的发展积累了必要的货币资本。马克思在分析资本原始积累时，曾着重指出了掠夺殖民地的作用。他写道：“美洲金银产地的发现，土著居民的被剿灭、被奴役和被埋葬于矿井，对东印度开始进行的征服和掠夺，非洲变成商业性地猎获黑人的场所：这一切标志着资本主义生产时代的曙光。这些田园诗式的过程是原始积累的主要因素。”②

除了从殖民地掠夺了大量的货币财富以外，资产阶级还通过国债制度、现代税收制度、保护关税制度等等，进一步掠夺本国广大劳动人民，从国内聚敛了大量的货币财富。

总之，无论采取哪种方法，资本原始积累的过程归根到底都是一个暴力掠夺的过程。资本家大量的原始资本，绝不是他们“勤俭”和“节欲”的结果，而是通过暴力对本国和殖民地的劳动人民进行掠夺的结果。因此，马克思明确地指出：“资本来到世间，从头到脚，每个毛孔都滴着血和肮脏的东西。”③ 在资本主义生产方

① 马克思，恩格斯. 马克思恩格斯全集：第23卷. 北京：人民出版社，1972：783.

② 同①819.

③ 同①829.

式确立以后，剥夺过程并没有停止。不过，由于历史条件的变化，对私有者的进一步剥夺，也采取了新的形式。过去是资本家剥夺个体劳动者，而现在则出现了资本家之间的互相剥夺。

资本家之间的互相剥夺，乃是资本积累过程中必然产生的现象，它是通过资本的集中来实现的。上面已经分析过，在资本积累的过程中，资本家之间的激烈竞争，引起了资本的不断集中。资本的集中，无论是采取强力吞并的形式，还是采取组织股份公司的形式，其实质都是大资本家对小资本家的剥夺，都是一个资本家打死许多资本家。

随着资本积累的增长，资本的集中日益加速，资本家之间的剥夺也就越加剧烈。如果说，资本的原始积累、资本家对小生产者的剥夺，结果使资本主义生产方式得以迅速确立的话，那么，资本的积累、资本的积聚和集中，则为资本主义制度的灭亡准备了必要的条件。这是因为，资本积累的增长，资本集中的加速，必然使得资本主义的基本矛盾——生产的社会性和私人资本主义占有形式之间的矛盾——越来越尖锐化；而资本主义基本矛盾尖锐化的结果，就使得资本主义私有制不可避免地要为社会主义公有制所代替。

在资本积累过程中，资本主义生产越来越具有社会的性质。这主要表现在以下三个方面：

第一，随着资本积累的增长，生产的规模愈益扩大，在各个资本主义企业里，都有许多劳动者在一起共同进行生产。这时，生产资料变成了许多人共同使用的生产资料，生产本身变成了许多人协同进行的社会化的大生产，而产品也变成了社会的产品——每一件产品都要经过许多工人的手才能生产出来。

第二，与规模巨大的资本主义企业相适应，资本主义的社会分工和生产专业化也有了广泛的发展，各个企业、各个部门之间互相联系和互相依赖的程度也日益加强。这个企业生产中所需要的机器设备和原料等等，要依靠其他企业供应，而另一些企业则又需要使用这个企业的产品。在这种情况下，一个企业或部门，如果离开了别的企业或部门，就根本无法进行生产。而产品也变成了社会的产品，每一件产品再也不能说是由哪一个人或哪一个企业生产的，它们实际上都是由全社会劳动者共同生产的。生产过程变成社会化的了。

第三，随着生产规模的扩大和社会分工的发展，国际市场也迅速扩大起来。生产日益变成世界规模的生产，各个国家和民族的经济活动日益密切地联结在一起。

但是，在资本主义生产越来越具有社会性质的同时，资本积累又引起了另一个后果，即资本越来越集中于少数资本家手中。一小撮大资本家凭借他们对生产资料的私有权，控制着整个社会的生产，无情地剥削和奴役广大工人群众，将他们所创造的生产成果攫为己有。

资本积累所造成的这两重后果之间存在着尖锐的矛盾。生产的社会性质要求由社会占有生产资料，并由社会对生产进行统一经营和计划管理，要求生产成果也归社会占有和根据社会的需要进行分配。但是，在资本主义制度下，生产资料却归少数资本家私人占有，生产什么，生产多少，不是根据整个社会的需要来安排，而是完全服从于资本家追逐剩余价值的目的，按照资本家个人的意愿来进行；生产出来的产品则完全由资本家占有，并按照他们的私利来进行交换和分配。这样，在生产的社会性和私人资本主义占有形式之间便发生了深刻的矛盾。

"资本主义制度所包含的生产社会化和生产资料私人占有制的矛盾，是所有有资本主义的存在和发展的各国所共有的东西"①。不过，在各国资本主义发展的初期，这个矛盾还不十分尖锐，只是随着资本积累的增长，这个矛盾才日益加深和尖锐起来。

生产社会性和私人资本主义占有形式之间矛盾的日益加剧，表明生产资料的资本主义私有制已越来越不适合生产力发展的需要，越来越成为生产力进一步发展的桎梏。因此，消灭资本主义私有制，建立与生产的社会性质相适合的社会主义公有制，就成为历史发展的必然趋势。而且，资本主义的社会化大生产的发展，也为实现这种变革准备了必要的物质条件。

资本主义的积累过程，不仅为资本主义的灭亡准备了客观的物质条件，而且准备好了资本主义制度的掘墓人——无产阶级。正如《共产党宣言》所指出的："资产阶级不仅锻造了置自身于死地的武器；同时它还造就了将运用这武器来反对它自己的人——现代的工人，即无产者。"② 随着资本主义的发展，无产阶级的队伍不断壮大。大量工人被集中在现代化的大企业里从事劳动。在现代化的大生产中，无产阶级的组织性和纪律性得到了锻炼和加强。随着资本和生产的集中，无产阶级所受的剥削、奴役和压迫越来越重，它们的革命意志越来越坚定。无产阶级是人类历史上最革命的阶级，是思想上、政治上、组织上最强大的阶级。它体现着生产力发展的要求，代表着历史前进的方向。只有无产阶级才有可能、有力量领导革命达到胜利，完成作为资本主义制度掘墓人和社会主义制度创造者的历史使命。

马克思在分析了资本家互相剥夺所造成的尖锐矛盾后写道："资本的垄断成了与这种垄断一起并在这种垄断之下繁盛起来的生产方式的桎梏。生产资料的集中和劳动的社会化，达到了同它们的资本主义外壳不能相容的地步。这个外壳就要炸毁了。资本主义私有制的丧钟就要响了。剥夺者就要被剥夺了。"③

这就是马克思在科学而详尽地分析了资本主义生产方式及其运动规律之后所得出的革命结论。

考察资本主义生产方式的历史，就可以看到，资本主义私有制，是对以个人劳动为基础的私有制的一个否定；而资本主义积累又必然引起对资本主义私有制自身的否定，这是否定的否定。但后一个否定，并不是要重建小生产者的私有制，而是要在资本主义所造就的社会化大生产的基础上，建立起与生产的社会性质相适合的

① 毛泽东. 毛泽东选集：第1卷. 2版. 北京：人民出版社，1991：318.

② 马克思，恩格斯. 马克思恩格斯全集：第4卷. 北京：人民出版社，1958：472.

③ 马克思，恩格斯. 马克思恩格斯全集：第23卷. 北京：人民出版社，1972：831-832.

社会主义公有制。

应该强调指出，社会主义公有制代替资本主义私有制，绝不能自发地实现，也不能通过任何“改良”的方式实现，而是必须通过无产阶级革命，通过用暴力推翻资产阶级的统治，通过无产阶级专政才能实现。这是因为，作为社会统治阶级的资产阶级不仅控制着全国的经济命脉，而且掌握着国家机器，即掌握着专门用来镇压工人阶级和其他劳动者反抗的各种暴力机关，他们绝不会自行退出历史舞台。毛泽东同志指出：“革命的中心任务和最高形式是武装夺取政权，是战争解决问题。这个马克思列宁主义的革命原则是普遍地对的，不论在中国在外国，一概都是对的。”①

马克思根据对资本主义积累过程的分析，科学地预见到资本主义积累的历史趋势，是资本主义制度必然灭亡，社会主义制度必然胜利。马克思的这一科学预见，已经为许多国家的无产阶级社会主义革命所证实了。在社会主义国家里，已经推翻了资本主义的统治，建立了社会主义制度。在那些无产阶级革命尚未取得胜利的国家里，无产阶级和其他被剥削、被压迫的阶级也正在为摆脱资本主义的剥削和奴役而进行着坚持不懈的斗争。不管帝国主义如何挣扎和阻挠，资本主义制度总逃脱不了灭亡的命运，而社会主义、共产主义制度终将在全世界范围内获得完全的胜利。毛泽东同志指出：“社会主义制度终究要代替资本主义制度，这是一个不以人们自己的意志为转移的客观规律。不管反动派怎样企图阻止历史车轮的前进，革命或迟或早总会发生，并且将必然取得胜利。”②

---

① 毛泽东. 毛泽东选集：第2卷. 2版. 北京：人民出版社，1991：541.

② 毛泽东. 毛泽东文集：第7卷. 北京：人民出版社，1999：315.

第五章

资本的循环和周转

第一节　产业资本循环的三个阶段

资本作为一种自行增殖的价值，不仅在生产过程内活动，而且在流通过程内活动。资本只有不断地从流通过程进入生产过程，又从生产过程进入流通过程，这样循环往复地运动，才能实现价值的增殖。因此，我们在以上各章分析了资本的生产过程之后，还必须把资本的流通过程也加进来考察，也就是说，要把资本的生产过程和流通过程当作一个统一的运动过程来加以考察。在这一章，我们首先要分析的是资本在其运动的各个阶段上所采取的各种不同的形态，以及这些形态之间的相互关系。通过这种分析，我们对于资本主义社会的阶级关系在资本运动过程中的各种表现将会获得进一步的理解。

资本在自己的循环过程中，要不断地经过三个阶段，并相继地采取三种不同的职能形态。

在资本循环的第一阶段，即购买阶段，资本家以商品购买者的资格进入商品市场和劳动市场，用他的货币去购买商品，即购买生产资料和劳动力，为生产准备条件。以 A 代表劳动力，以 Pm 代表生产资料，这一阶段的公式便是：

$$G—W<\begin{matrix}A\\Pm\end{matrix}$$

这个阶段，从形式上看，是由货币转化为商品。但货币转化为商品的过程怎么会成为资本循环的特定阶段呢？这一点是不能用形态变化本身来说明的，而只能用形态变化的物质内容即货币所购买的商品的特定用途来说明。原来，资本家用货币购买的商品，并不是随便的一种商品，而是具有特定使用价值的商品。这些商品在质的方面必须区分为生产资料和劳动力；在量的方面，生产资料和劳动力又必须保持适当的比例，一定数量的生产资料必须配备一定数量的劳动力。资本家“以货币形式预付的价值，现在处在一种实物形式中，在这种形式中，它能够作为会生出剩余价值（表现为商品）的价值来实现。换句话说，它处在具有创造价值和剩余价值的能力的生产资本的状态或形式中”①。

正因为资本家购买的商品具有上述确定的内容，因此，货币转化为商品的过程便成了资本循环中的一个特定阶段。在这个阶段，资本发生了形态变化，资本家放弃了货币形态的资本而掌握了生产形态的资本。所以，资本循环的第一阶段便是由货币资本转化为生产资本。

在资本循环的第一阶段，货币资本只是执行着货币的职能。无论是在购买生产资料的场合，还是在购买劳动力的场合，货币资本都是以货币的资格来发挥作用的，它或者作为购买手段，或者作为支付手段，这些职能同普通货币的职能并没有什么两样。但是，在资本运动的这个阶段，货币资本所执行的这种货币职能，同时又是资本的职能。货币的职能之所以能够同时成为资本的职能，只是由于货币是在资本运动的一个特定阶段发挥作用，它所实现的购买行为，是整个资本运动过程的一个不可缺少的环节。资本家只有当他用货币买到生产资料和劳动力之后，才能开始真正的资本主义的剥削活动。可见，在 $G—W<^{A}_{Pm}$ 这个阶段，货币资本虽然也是在执行着货币的职能，但实现这种职能却是为了给资本主义剥削准备条件，因此，货币的职能同时也就成了资本的职能。

G—A，即劳动力的购买，是货币资本转化为生产资本的一个具有特征性质的因素。劳动力的使用是剩余价值的真正源泉，因而只有购买劳动力，才是使以货币形态垫付的价值得以实际转化为资本，转化为生产剩余价值的价值的最重要的条件。至于 G—Pm，即生产资料的购买，则不过是为了吸收工人所支出的劳动。

应该强调指出，在 G—A 过程中，货币的职能之所以会表现为资本的职能，并不在于货币的购买手段和支付手段职能本身，之所以这样，完全是由一个确定的社会经济条件和阶级关系决定的。如果市场上根本没有劳动力商品，货币就无论如何也不能买到它。只有当广大劳动者被剥夺了一切生产资料，当这些生产资料完全集中在少数资本家手中的时候，劳动者才会被迫靠出卖自己的劳动力来维持生存。因此，马克思说：“问题的实质，在这里作为 $G—W<^{A}_{Pm}$ 行为的基础的，是分配。所谓分配，不是通常意义上的消费资料的分配，而是生产要素本身的分配，其中物

① 马克思，恩格斯. 马克思恩格斯全集：第 24 卷. 北京：人民出版社，1972：34.

的因素集中在一方，劳动力则与物的因素相分离，处在另一方。”①“因此，在G—A行为能成为一般社会行为以前，生产资料即生产资本的物的部分，就必须已经作为生产资料，作为资本，和工人相对立。”②

当货币资本完成了自己的职能，即买到劳动力和生产资料之后，货币资本就转化为生产资本。随着货币资本转化为生产资本，资本价值已经取得了实物形态，这样，进行生产的主、客观因素（即劳动力和生产资料）便都具备了。于是资本家就来消费他所购买的这些商品。但劳动力的消费或使用就是劳动，而资本家使用劳动力，实际也就是让劳动力和生产资料相结合，为他生产商品。所以，资本循环第一阶段结束后，便进入第二阶段，即生产阶段。

在生产阶段，资本采取了生产要素即生产资料和劳动力的形态。经过生产过程，劳动力被消费，原料被加工，机器被磨损，于是，资本又发生了一次形态变化，变成了一定量的商品。但这个商品，与原来买进的商品相比较，不仅物质形态不同，价值量也不同，它已经包含了剩余价值，因而，已经成为商品形态的资本即商品资本。所以，资本循环的第二阶段，就是由生产资本转化为商品资本。这个阶段可以用公式表示如下：

$$W<\begin{matrix}A\\Pm\end{matrix}\cdots P\cdots W'$$

公式中的P代表在生产过程中发挥作用的生产资本，W′代表包含着剩余价值的商品资本，虚线表示流通过程的中断。

生产阶段，是资本循环的全部过程中具有决定意义的阶段，资本的价值增殖就发生在这个阶段。在这个阶段，生产资料和劳动力不仅发挥着生产要素的作用，而且发挥着资本的作用，它们的职能就是生产价值和剩余价值。

生产资料和劳动力是任何社会的生产都必需的物的因素和人的因素，但它们本身并不是资本；它们之所以成为资本，是由于二者的特殊结合方式和它们所起的特殊作用。当劳动者失去生产资料从而劳动力同生产资料处于分离状态时，它们就只是可能的生产要素，要使它们成为现实的生产要素，就必须通过一定的方式把它们结合起来。马克思说：“实行这种结合的特殊方式和方法，使社会结构区分为各个不同的经济时期。”③ 在资本主义制度下，生产资料和劳动力的结合，是通过资本家对作为商品的劳动力的不断购买这一特殊方式来实现的。经过这种特殊方式结合起来的生产要素的特殊作用，就在于通过生产过程生产出包含一定量剩余价值的商品。正是在这种条件下，生产资料和劳动力才成为生产资本的要素。

以前说过，生产资料和劳动力，虽然都是生产资本的要素，但由于这两种要素在剩余价值的生产上起着不同的作用，所以被区分为不变资本和可变资本。除此以

①② 马克思，恩格斯. 马克思恩格斯全集：第24卷. 北京：人民出版社，1972：40.

③ 同①44.

外，生产资本的两种要素还有这样一个区别：生产资料在它归资本家所有时，即使是在生产过程以外（比如，工人下班后生产资料停止运转时），仍然是作为资本而存在；而劳动力则不然，它只有在生产过程以内，才是资本的存在形态。因为资本家所购买的，只是在一定时期内在生产过程中使用劳动力的权利，而不是劳动者本身。劳动力一旦离开了生产过程，就不再是资本的存在形态了。正是由于存在着这种区别，所以资本家对待这两种生产要素就采取迥然不同的态度：他们对自己的生产资料总是力求节约使用和妥善保管，而对劳动力则总是毫不吝惜地加以压榨和驱使。在资本家的视野里，无论是生产过程以内还是以外，都根本不存在劳动力的保护问题。

生产资本的两种要素，在生产过程中被结合在一起并被消费以后，就转化为一定量的商品资本，即包含着剩余价值的商品。但整个资本的运动并没有就此结束，它还要继续进行下去，资本循环第二阶段的结束，就是第三阶段，即售卖阶段的开始。

在资本循环的第三阶段，资本家带着包含剩余价值的商品，重新回到市场上，将这些商品出卖，转化为货币。但这个货币与开始垫付的货币已经不同，它包含着剩余价值，已经是增殖了的货币资本。所以，资本循环的第三阶段，便是商品资本转化为货币资本，它可以用公式表示如下：

$$W'—G'$$

从形式上看，$W'—G'$的过程也只是一般的商品流通过程。在这个过程中，商品由卖者手中转入买者手中，价值量并没有发生变化。商品被出卖后，转变为价值量和它相等的货币，因此在这里发生的只是价值的形态变化。

那么，为什么这个一般的商品流通过程会成为资本运动的一个特定阶段，而这里的商品又会同时具有资本的职能呢？马克思指出："在后一个阶段上（指 $W'—G'$ 阶段上。——编者），商品能够执行资本的职能，只是由于在它的流通开始以前，它已经现成地从生产过程中取得了资本性质。"① 这就是说，商品的资本性质，并不是由流通过程而是由生产商品的生产过程的性质决定的。W'不是简单商品生产的产物，而是资本主义生产过程的产物。它是垫付资本价值和剩余价值的承担者，在它上面体现了资本对雇佣劳动的剥削关系。正是这种情况，决定了 W'不仅是商品，而且是商品资本；也决定了 $W'—G'$不仅是商品价值形态的变化过程，而且是资本价值和剩余价值的实现过程，从而是资本运动的一个特定阶段。

商品资本的职能，就在于通过商品到货币的转化，一方面收回资本家原来在货币形态上垫付的资本价值，另一方面又实现生产过程中新创造出来的剩余价值。由商品资本转化为货币资本的过程，实质上就是垫付资本的复归过程和剩余价值的实现过程。为了全部实现剩余价值，商品资本作为已经增殖了的资本价值，必须全部

---

① 马克思，恩格斯. 马克思恩格斯全集：第 24 卷. 北京：人民出版社，1972：47.

通过 W′—G′的形态变化。假如在商品资本中，只有相当于垫付资本价值的部分能够卖掉，则剩余价值就不能实现。所以，在这里，商品售卖的数量，对于资本家说来，具有决定性的意义。

通过 W′—G′这一过程，资本价值又回到原来的货币形态。虽然这个货币 G′由于它已经包含了剩余价值而与原先投入的货币 G 在数量上有所不同，但是，不论资本价值还是剩余价值，只要它们采取了货币形态，就能够像最初投入的货币那样，用来购买生产资料和劳动力，重新开始资本的循环。因此，G′虽然是第一个循环的终点，但它又可以以 G 的资格成为第二个循环的起点。

以上，我们考察了资本运动的全部过程。我们看到，资本在自己的运动过程中依次通过以下三个阶段，即第一阶段，货币资本转化为生产资本；第二阶段，生产资本转化为商品资本；第三阶段，商品资本转化为货币资本。其中，第一和第三两个阶段属于流通领域，第二阶段属于生产领域。同时，我们又看到，资本在自己的运动中依次采取货币资本、生产资本和商品资本这三种形态，每一种形态各自执行着特定的职能，并且在完成了自己的职能以后就依次地转化为另一种形态。这种在运动中依次采取以上三种形态跟着又放弃这各种形态，并且在每一种形态中执行相应职能的资本，就是产业资本。这里所说的产业资本，不仅包括工业资本，而且包括农业、建筑业等物质生产部门的资本。因此，简单说来，产业资本就是指按照资本主义方式经营的各个生产部门的资本。

产业资本依次由一种形态转变为另一种形态，经过三个阶段又回到原来的出发点，这个全部运动过程就是产业资本的循环。产业资本的循环是资本运动的三个阶段的统一，即两个流通阶段和一个生产阶段的统一，其公式为：

$$G—W\cdots P\cdots W'—G'$$

它的详细表示是：

$$G—W<\begin{matrix}A\\Pm\end{matrix}\cdots P\cdots W'(W+w)—G'(G+g)$$

产业资本循环的三个阶段，是紧密地连接在一起的，资本的循环要能够正常进行，就必须顺利地通过所有这三个阶段。如果资本循环在第一阶段上遇到障碍，货币就会成为贮藏货币，不能发挥资本的职能；如果循环在第二阶段上停顿下来，生产资料和劳动力就会不被使用，从而也就不能创造出剩余价值；如果是第三阶段产生障碍，那么，商品就只能堆在仓库里，它所包含的价值和剩余价值也就不能实现。

产业资本的循环，由于不仅包含流通过程，而且包含生产过程，即创造剩余价值的过程，所以，只有这种资本能够决定社会生产的资本主义性质。正如马克思所指出的：“产业资本是唯一的这样一种资本存在方式，在这种存在方式中，资本的职能不仅是占有剩余价值或剩余产品，而且同时是创造剩余价值或剩余产品。因此，产业资本决定了生产的资本主义性质；产业资本的存在，包含着资本家和雇佣工人之间的阶级对立的存在。”[①] 至于商业资本和借贷资本，虽然在历史上很早就产生了，但由于它们并不支配生产领域，所以，它们从来也就不能决定社会生产的性质，不能形成独立的生产方式。以后我们就会知道，在资本主义制度下，商业资本和借贷资本的性质也是由产业资本决定的。

第二节　产业资本循环的三种形态

产业资本只有在不断的运动中才能使自己保存和增殖，因此，它不能在完成一个循环以后就停止下来，而必须周而复始地循环下去。这样，资本循环的公式也就成为无止境的：

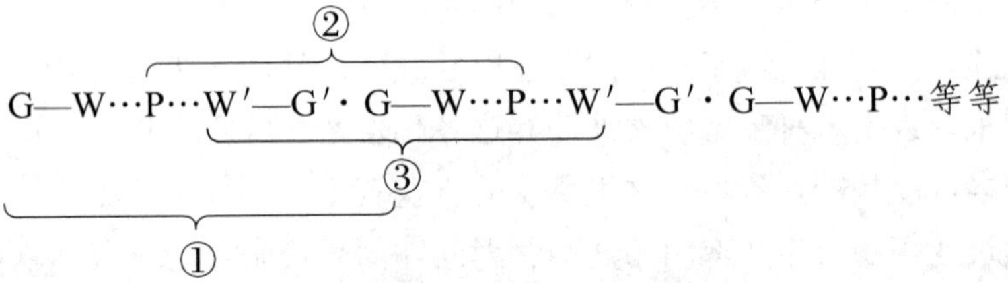

这个不断重复的循环过程表明，在产业资本不断运动的过程中，不仅进行着货币资本的循环，而且同时进行着生产资本的循环和商品资本的循环。因此，产业资本不是只有一种循环形态，而是有三种循环形态，即：

（1）货币资本的循环：G—W…P…W′—G′。

（2）生产资本的循环：P…W′－G′—W…P。

（3）商品资本的循环：W′—G′—W…P…W′。

产业资本是从货币资本的形态开始自己的循环的。货币资本的循环即 G—W…P…W′—G′，是从货币形态的资本 G 的垫付开始，经过一系列的形态变化，到价值增殖了的 G′结束。在这一循环中，资本家把一定的货币额（G）垫付下去，是为了让它变成更多的货币（G′），即为了使价值增殖。在货币资本的循环过程中，垫付的货币不断地变成更多的货币，剩余价值不断地被生产出来。这样，货币资本的循环即 G—W…P…W′—G′，最清楚地表明了资本主义生产的目的是取得剩余价值，或者说是赚钱，而生产过程则不过是达到这一目的所不可缺少的中间环节。正由于货币资本的循环表明了资本主义生产的这种本质特征，所以它就成了产业资本循环的一般形态。

但是，货币资本的循环，作为产业资本循环的三种形态之一，又是产业资本循环的一种特殊形态。与生产资本、商品资本的循环不同，货币资本的循环是按照自

① 马克思，恩格斯. 马克思恩格斯全集：第 24 卷. 北京：人民出版社，1972：66.

己特有的方式进行的，因而它具有自己的特点。如果我们把 G—W…P…W′—G′当作循环的唯一形态，孤立地加以考察，那么我们就会看到，它的起点和终点都是货币形态，作为产业资本的决定形态的生产资本，只占着中间地位，它的起点是垫付的资本价值，终点是增殖了的资本价值，G 变成了 G′，即资本家最终从流通中收回的货币（G′）比他最初投入流通中的货币（G）多。从这里就产生了一种假象：仿佛在货币资本的循环中，价值是在流通过程中增殖的，价值增殖好像是货币本身具有的一种能力，“货币资本也就表现为能够生出货币的货币了”[①]。因此，货币资本的循环具有一定的片面性。马克思在分析货币资本循环的特征时曾经指出：“货币资本的循环，是产业资本循环的最片面、从而最明显和最典型的表现形式”[②]。

生产资本的循环即 P…W′—G′—W…P，与货币资本的循环不同，这表现在：(1) 在货币资本的循环中，生产过程只是充当货币资本流通的媒介；而在生产资本的循环中，资本的总流通过程 W′—G′—W 则成为生产资本循环的媒介。(2) 在货币资本的一次循环中，并不表明再生产，因为 G′是循环的终点，只有当它与下一个循环相联系时，才会表明再生产。而生产资本的循环则不然，它在一次循环中就已经表明了再生产。因为在这个循环中价值得到增殖的货币资本 G′要继续投入流通，这时，G′中所包含的剩余价值（g）究竟如何运动，它是作为资本家的消费基金而被支出，还是作为新增的资本而与原有的资本合并在一起进行循环，就成为必须考察的问题。如果是简单再生产，则生产资本循环的终点 P 等于它的起点 P；如果是扩大再生产，则终点 P 大于起点 P。在简单再生产条件下，由于全部剩余价值都被资本家用于个人消费，因而，这部分价值就退出资本运动过程而进入一般商品的流通过程，从而形成与资本价值运动不同的另一条运动轨道。

因此，在简单再生产条件下，生产资本循环的详细公式是：

$$P\cdots W'\begin{Bmatrix} W \\ + \\ w \end{Bmatrix}\begin{matrix} — \\ \\ — \end{matrix}\begin{Bmatrix} G \\ + \\ g \end{Bmatrix}\begin{matrix} —W<\begin{matrix} A \\ Pm \end{matrix}\cdots P \\ \\ —w \end{matrix}$$

从该循环形态中可以清楚地看出：货币资本 G 是由工人在生产过程中生产出的商品转化而来的，资本家再用这部分货币去购买生产资料和劳动力，而用于购买劳动力的部分就成为工人的工资。可见，工资不过是工人自己生产的价值的一部分。

同时，还可以看出，不仅资本主义的再生产要依存于资本的循环，就是资本家的个人消费也要依存于资本的循环。虽然在剩余价值的流通 w—g—w 中，第二阶段 g—w，即资本家购买个人消费品的过程，完全是一般商品流通，它似乎与资本的循环无关，但流通的第一阶段 w—g 的情况却不同了。w—g 的过程，是剩余价值的实现过程，它是资本循环的有机组成部分。如果资本的循环受到阻碍，w—g 的实现过程遇到困难，剩余价值不能实现，资本家的个人消费就必然要受到影响。

---

① 马克思，恩格斯. 马克思恩格斯全集：第 24 卷. 北京：人民出版社，1972：69.

② 同①71.

在扩大再生产的条件下，剩余价值的一部分要转化为资本。但为了说明的简便起见，我们假定剩余价值被全部积累起来。这时，生产资本循环的公式便是：

$$P\cdots W'—G'—W'<\begin{matrix}A\\ Pm\end{matrix}\cdots P'$$

这个循环的终点 P' 大于起点 P。从形式上看，这似乎同货币资本循环中的终点 G' 大于起点 G 没有什么区别，但实际上，这个循环的终点 P'，与货币资本循环的终点 G'，具有不同的意义。G' 所表示的，是剩余价值已经生产出来的事实，而 P' 所表示的，则是“生产出来的剩余价值已经资本化，就是说，资本已经积累”① 的事实。G 之所以成为 G'，是价值增殖的结果，而 P 之所以成为 P'，则是剩余价值资本化的结果。

与 $G\cdots G'$ 不同，$P\cdots P'$ 的形态，是再生产的形态，这种形态虽然纠正了货币资本循环所造成的假象，不再把资本的循环表现为货币价值自行增殖的过程，但由于资本的货币形态在这种循环中只表现为转瞬即逝的暂时形态，因而以追逐剩余价值为目的这一资本主义生产的本质特征，便被掩盖起来了。在 $P\cdots P$ 的运动形态中，起点是 P，终点也是 P，不表示价值增殖是过程的目的。因此，这种形态很容易使人“忽视生产过程的确定的资本主义形式，而把生产本身说成是过程的目的，好象就是要尽可能多和尽可能便宜地进行生产”②。所以，这一循环形态又从另外的方面表现出自己的片面性。

在产业资本的运动中，商品资本也在不断地循环。商品资本循环的公式是：

$$W'—G'—W\cdots P\cdots W'\ (W'')$$

这种循环形态，与上面所阐明的两种循环形态都有所不同。在 $G\cdots G'$ 和 $P\cdots P$ 这两种循环形态中，起点都是有待增殖的资本价值，它们循环的开始阶段，不是直接的生产过程（P），便是为生产过程准备条件的生产要素的购买阶段（G—W），而终点 G' 和 P，都是流通过程的直接结果。商品资本的循环 $W'\cdots W'$ 却完全是另外一种情况，在这里，表现为循环起点和终点的 W'，不是流通过程的结果，而是生产过程的结果，循环起点不是有待增殖的资本价值，而是在商品形态上已经增殖了的资本价值。因此，这一循环的开始阶段既包含资本价值的循环，也包含剩余价值的循环。如果是简单再生产，循环的终点为 W'，如果是扩大再生产，循环的终点则为 W''。商品资本循环的详细公式是：

$$W'\begin{cases}W—\\ —G'\\ w—\end{cases}\begin{cases}G—W<\begin{matrix}A\\ Pm\end{matrix}\cdots P\cdots W'\ (W'')\\ g—w\end{cases}$$

① 马克思，恩格斯．马克思恩格斯全集：第 24 卷．北京：人民出版社，1972：94.

② 同①107.

从这种循环形态中，我们可以清楚地看出，商品资本 W′被全部消费（包括生产消费和个人消费）是资本循环得以正常进行的条件。

和货币资本的循环、生产资本的循环一样，商品资本的循环作为产业资本循环的一种形态，也同样不能如实地反映资本主义的现实。因为在商品资本的循环中，占首要地位的是流通过程，是商品的实现和消费，这就造成一种假象：资本主义生产之所以需要不断进行，似乎就是为了满足社会的需要，而作为资本主义生产的动力的对剩余价值的追逐，却被模糊了。

以上我们分别考察了产业资本循环的三种形态，这种考察使我们明确了，这三个循环有一个共同点：它们都是以价值增殖，即剩余价值的取得为目的的。同时，在它们的运动形态上，又表现出各自的特点和片面性。货币资本的循环 G…G′，最明显地表现出价值增殖是资本整个运动过程的目的和动机；生产资本的循环 P…P（P′），最明显地表现出产业资本的运动是再生产过程（简单再生产或扩大再生产的过程）；而商品资本的循环W′…W′，则最明显地表现出资本的运动过程自始就包含着生产消费和个人消费，并且全部产品的消费是实现增殖了的资本价值的条件。

因此，只有把资本循环的三种形态统一起来加以考察，才能全面了解产业资本的运动过程。反之，如果孤立地考察其中的某一循环形态，就会片面地理解资本主义的现实，得出错误的结论。例如，重商主义者只看重货币资本的循环形态，认为货币是社会财富的唯一形式，只要将货币投入流通，就可以使价值增殖。资产阶级的古典经济学家虽然纠正了重商主义者只看重流通过程的错误，把生产提到了首位，强调生产的主导作用，但他们把资本的循环只是归结为生产资本的循环，这样，他们在纠正重商主义者的片面性的同时，又陷入了另一种片面性。

以上，我们分析产业资本的三种职能形态及其循环的三种形态，是从产业资本运动的时间继起性方面来着眼的。在那里我们是假设资本家所投下的全部资本在一定时间内只采取一种形态，比如，最初是采取货币资本的形态，随后全部转化为生产资本的形态，然后又全部转化为商品资本的形态。这样，把资本的运动作为一个不断的流来考察，就有资本三种职能形态的依次转化和资本三种循环形态的依次过渡。

但在产业资本的现实运动中，任何一个不间断的资本循环，都是同时包含着这三种循环形态的。也就是说，产业资本的三种职能形态及其循环的三种形态在时间上是继起的，而在空间上则是并存的。马克思说：“任何一个单个产业资本都是同时处在所有这三种循环中。这三种循环，三种资本形态的这些再生产形式，是连续地并列进行的。”①

每个产业资本家为了使他的生产能够不断地进行下去，都必须把自己的全部资本，按照一定的比例分为三个部分，使其并存在货币资本、生产资本和商品资本这

---

① 马克思，恩格斯. 马克思恩格斯全集：第 24 卷. 北京：人民出版社，1972：117.

三种形态上。否则，资本的生产过程和流通过程就会发生交替的中断。假设某个资本家有 30 000 元的资本，如果他把这 30 000 元的资本一次都用来购买生产资料和劳动力，并投入生产过程，而没有留下多余的资本继续用来进行这种购买，那么流通过程就会中断；等到生产过程结束，生产出来的包含 30 000 元资本和若干剩余价值的商品被投入流通，而没有留下生产资本继续发挥作用，那么生产过程就会中断。当然，实际情况并非如此，在资本家那里，事实上资本的三种形态是并列存在的。为了保持资本运动能够相继进行，资本家必须把这 30 000 元资本分为三部分，比方说，每一部分各为 10 000 元，使它们分别处于货币资本、生产资本和商品资本的形态上。这样，当他的 10 000 元商品资本转变为货币资本时，同时就会有 10 000 元的生产资本转变为商品资本，并会有 10 000 元的货币资本转变为生产资本。这就是说，资本家手中必须经常握有一定数量的货币资本，以便不断地投入流通以购买生产资料和劳动力，转化为生产资本。同样，生产资本也必须经常存在，如厂房、机器、设备等生产资料，可以在多次生产过程中发挥作用，一旦磨损完毕，必须用新的加以替换；原料、材料等生产资料，也必须在消费完了时用新的加以补充。与此同时，资本家必须不断地把生产出来的商品运到市场上去出卖。由此可见，只有当资本的三种职能形态依次转化和并存的时候，资本的运动过程才不致发生中断。

在产业资本运动的过程中，资本各种职能形态之间的相继进行和并列存在是互为前提、互为条件的。没有并列存在，就不会有相继进行；同样，如果相继进行受到阻碍，并列存在便会遭到破坏。例如，当货币资本变为生产资本时，如果商品资本变为货币资本的过程受到阻碍，在资本循环中就会出现缺乏货币资本进而缺乏生产资本的现象。马克思说过，资本“每一部分的相继进行，是由各部分的并列存在即资本的分割所决定的”①。又说：“决定生产连续性的并列存在之所以可能，只是由于资本的各部分依次经过各个不同阶段的运动。并列存在本身只是相继进行的结果。”②

产业资本三种职能形态的并列存在和相继进行，决定了产业资本的三种循环形态的并存。由于产业资本同时处于货币资本、生产资本和商品资本的不同形态，而且每种资本形态都要连续地顺次地通过循环过程，这样，就必然同时形成货币资本循环、生产资本循环和商品资本循环这三种循环形态。因此，“产业资本的连续进行的现实循环，不仅是流通过程和生产过程的统一，而且是它的所有三个循环的统一。”③

对产业资本循环过程的分析，进一步揭示了资本的本质，丰富了资本的概念。资本不仅是自行增殖的价值，不仅是一种生产关系，而且是一种运动，是一个通过不同阶段的循环过程。离开运动，离开循环过程，资本就不能自行增殖，剩余价值

---

①③　马克思，恩格斯．马克思恩格斯全集：第 24 卷．北京：人民出版社，1972：119.

②　同①120.

就无从产生。因此，资本必须处于不断的运动状态中。资本只有不断地从一个循环阶段转入另一个循环阶段，从一种职能形态转化为另一种职能形态，才能实现价值的增殖。所以，马克思说："资本作为自行增殖的价值，不仅包含着阶级关系，包含着建立在劳动作为雇佣劳动而存在的基础上的一定的社会性质。它是一种运动，是一个经过各个不同阶段的循环过程，这个过程本身又包含循环过程的三种不同的形式。因此，它只能理解为运动，而不能理解为静止物。"①

产业资本在循环中，不仅要顺次地通过三个阶段和相应地采取三种职能形态，而且要同时出现在三个阶段和并存在三种职能形态上。这就是产业资本循环得以顺利进行的必要条件。但是，我们知道，由于资本主义社会充满了各种对抗性的矛盾，上述条件不可能经常具备，因而产业资本的循环便只能在断断续续、不时间歇的状态中进行。这种情况在发生罢工和经济危机的时候，就表现得特别明显。

第三节　流通时间和流通费用

产业资本的循环，是按照一定的时间顺序通过它的生产领域和流通领域的。资本停留在生产领域的时间，就是资本的生产时间；而停留在流通领域的时间，则是资本的流通时间。资本循环的这两部分时间，对于资本的价值增殖，具有完全不同的意义。为了弄清这一点，并阐明制约资本流通时间的因素及其对价值增殖的影响，有必要对资本的流通时间进行分析。

资本的生产时间，一般来说包括以下三个部分：（1）生产资料在生产过程中发生作用的时间。这一部分时间，主要是指劳动者进行劳动的时间，除此以外，也往往包括自然力对劳动对象独立发生作用的时间，例如，播在地上的种子要有一段自然生长的时间，葡萄酒要经过一段发酵的时间，等等。（2）生产过程中断、生产资料也停止发挥作用的时间。这主要是指机器、设备、工具在夜间停止使用的时间。（3）生产资料作为生产过程的要素，已经进入生产领域，但还没有加入生产过程的时间。这主要是指原材料在仓库里储存的时间。由此看来，生产时间同劳动时间并不一致，生产时间往往要超过劳动时间，即越过资本真正发生价值增殖的时间。生产时间总是包含劳动时间，而且，生产时间超过劳动时间的那一部分（如原料储存时间），也往往是生产正常进行所必需的。所以，马克思说："生产时间总是指这样的时间，在这个时间内，资本生产使用价值并自行增殖，因而执行生产资本的职能，尽管它也包含这样的时间，在这个时间内，资本是潜在的，或者也进行生产但并不自行增殖。"②

---

① 马克思，恩格斯．马克思恩格斯全集：第24卷．北京：人民出版社，1972：122.

② 同①141.

资本的流通时间，包括购买时间和售卖时间两部分。在购买时间内，资本由货币形态转变为商品形态，即转变为生产要素的形态；在售卖时间内，资本则由商品形态再转变为货币形态。在这里，只是发生资本价值的形态变化，而没有发生价值的增殖。

流通时间不仅不能使价值增殖，而且对于价值增殖还是一种限制。如果从资本循环中三种职能形态依次转化这方面来看，则资本处在流通过程中时，生产过程就会中断；流通时间越长，生产过程的更新就越慢。如果从资本循环中三种职能形态并列存在这方面来看，则资本停留在流通领域的时间越长，在生产领域中发挥作用的资本部分就越小。可见，不论从哪方面来看，流通时间对于生产时间都是一种限制。它限制了资本被当作生产资本来发挥机能，因而也就限制了价值的增殖。

如上所述，资本在流通领域内，无论是在购买阶段（G—W）还是在售卖阶段（W′—G′），都只能发生价值的形态变化，而不发生价值的增殖。尽管如此，购买时间同售卖时间还是有一定区别的。一般说来，在资本主义这种发达的商品经济中，由货币转化为商品要比由商品转化为货币容易得多。正如马克思所指出的：售卖（W′—G′）这个阶段，“是资本形态变化的最困难部分，因此，在通常的情况下，也占流通时间较大的部分”①。而且，由 W′转化为 G′不仅仅是资本价值的形态变化，还是包含在 W′中的剩余价值的实现过程。既然资本主义生产的目的是获取剩余价值，那么，商品的售卖阶段 W′—G′，对于资本家来讲，也就具有更加重要的意义。

不同商品售卖时间的长短，要受到商品本身的自然性质的限制。我们知道，不同商品具有不同的自然性质，有些商品可以较长期地保存，有些商品在几天甚至几小时内就要变质腐坏。但是不管怎样，它们都需要在一个或长或短的时间内卖掉，否则，随着商品的变质腐坏即商品的使用价值的丧失，包含在商品中的价值和剩余价值也会丧失。所以，由商品的自然性质所决定的商品的使用价值得以保存而不致变质腐坏的期限，就是商品能够停留在流通中的时间的绝对界限。商品越是容易腐坏变质，便越需要在更短的时间内卖掉。

和资本在生产领域中要有一系列的耗费一样，资本在流通领域中也要有一系列的耗费。这种用于流通领域并为商品流通服务的各项费用，就是流通费用。

商品在流通领域内的运动，实际上包括两个完全不同的过程：一个是商品实体本身即商品使用价值运动的过程；另一个是商品价值形态变化的过程。流通过程的这种二重性质，是由商品的二重性决定的。商品的使用价值运动的过程和它的价值形态变化的过程之间的区别，决定了商品的流通费用也区分为两种：一种是同商品的价值形态变化有关的费用，即纯粹流通费用；另一种是同商品的使用价值运动有关的费用，这是一种生产性的流通费用。

纯粹流通费用可分为以下几种：

---

① 马克思，恩格斯．马克思恩格斯全集：第 24 卷．北京：人民出版社，1972：143.

第一，用在商品买卖上的费用。其中包括支付广告费、支付商业工人的工资、买主和卖主间的通信联系、订阅工商报刊等各项开支。这种流通费用，完全是由商品的价值形态变化引起的，是商品经济所特有的费用。与这种费用有关的物化劳动和活劳动的支出，既不参与使用价值的创造，也不参与价值的形成，而仅仅服务于价值的形态变化。因此，这种流通费用不能增加商品的价值，它只能从生产领域中已经创造出来的剩余价值或剩余产品中得到补偿。

第二，用在簿记上的各种费用。其中包括雇佣簿记人员和购置各种簿记用品以及笔墨、纸张、写字台、计算机和事务所等方面的开支。在资本主义制度下，这种开支是服务于商品价值的形态变化的，因而，这种费用和上述用在商品买卖上的费用一样，也是非生产性的，要靠剩余价值或剩余产品来补偿。不过，这两者之间又有一定的区别。用在商品买卖上的费用，是由产品的商品形态引起的，它会随着商品经济的消失而消失。簿记费用则不是这样，它是任何社会化的生产所共有的，在共产主义条件下，商品生产尽管不存在了，但簿记不仅不会消失，反而会变得更加重要。这是因为，那时生产社会化的程度会更高，社会经济各个部门的联系会更加密切，因而更加需要依靠簿记来进行计划管理。马克思在论述簿记与上述买卖费用的区别时曾经指出："单纯买卖时间的费用只是由生产过程的一定的社会形式而产生，是由这个生产过程是商品的生产过程而产生。过程越是按社会的规模进行，越是失去纯粹个人的性质，作为对过程的控制和观念总结的簿记就越是必要；因此，簿记对资本主义生产，比对手工业和农民的分散生产更为必要，对公有生产，比对资本主义生产更为必要。但是，簿记的费用随着生产的积聚而减少，簿记越是转化为社会的簿记，这种费用也就越少。"①

第三，用于维持货币流通的开支。这里首先包括用作货币商品的金银本身，这部分金银既不加入个人消费，也不加入生产消费，仅仅是为商品的流通过程服务。另外，由于货币会逐渐磨损，所以社会每年都得铸造新的货币，来替换已经磨损掉的货币。此外，在货币的发行和保管过程中，也还需要一系列的费用。所有这些同货币流通有关的开支，都是由商品价值的形态变化引起的，都是非生产性的流通费用，因而，都需要依靠剩余价值来弥补。

同纯粹流通费用不同，由使用价值的运动所引起的流通费用，是同生产过程在流通领域内的继续有关的费用，是一种生产性的流通费用。像保管费用、运输费用等便属于这一类。

商品的保管费用，是指由商品储备所引起的各项费用，其中包括商品储备本身的损耗以及保管这些物品所耗费的物化劳动和活劳动。这些费用由于是发生在商品的流通领域，而不是发生在生产领域，因而应该算作流通费用。但是，商品储备的保管同单纯的买卖活动毕竟不同，买卖活动是为了完成商品价值的形态变化，而保管却是为了把商品的使用价值妥善地保存下来，以便把它送进消费领域，保证生产

① 马克思，恩格斯．马克思恩格斯全集：第24卷．北京：人民出版社，1972：152.

消费和个人消费的正常进行。正是这一点，决定了保管费用不同于上述的纯粹流通费用。

大家知道，在任何社会里，生产的最终目的都是为了消费。从这个意义上说，人们把产品生产出来，生产过程并没有完结，只有当产品通过必要的环节被妥善地送进消费领域以后，人们的生产活动才算完成。因此，为了保存使用价值而从事的保管活动，就其实质来说应该属于生产过程，只不过这种生产过程是在流通领域内进行的，并被流通的形式所掩盖罢了。在这上面花费的保管费用虽然是流通费用，但它却是同生产过程在流通领域内的继续有关的费用，是带生产性的费用。所以，这种保管活动不仅能够把商品中原有的价值保存下来，而且能够增加商品中的价值和剩余价值。

储备的形成，并不是资本主义社会所特有的现象。在任何社会里，为了保证社会生产和个人消费的正常进行，都需要把一部分产品储备起来。只是随着商品生产的发展，生产资料和个人消费品的储备才越来越多地采取了商品储备的形式。在资本主义制度下，由于社会生产的空前扩大和商品经济的高度发展，商品储备的数量绝对和相对地说都比从前大大增加了。但是，只要这些商品储备是保证社会再生产的正常进行所必需的，那么，为保存它们而支出的保管费用，就仍然带有生产的性质。

当然，也必须指出，资本主义社会的商品储备，有相当一部分并不是由于再生产的正常需要，而是由于销路停滞或投机的目的而形成的，由这些原因所引起的保管费用，显然同商品价值的形态变化有关，因而应该被归入纯粹流通费用。

与生产过程在流通领域内的继续有关的费用，除保管费用以外，还有运输费用。运输费用是指用在商品运输上的各项支出。商品通过运输变更使用价值的存在地点，商品也只有在完成这种地点变更以后，它的使用价值才能进入消费领域。马克思指出："在产品从一个生产场所运到另一个生产场所以后，接着还有完成的产品从生产领域运到消费领域。产品只有完成这个运动，才是现成的消费品。"① 因此，商品的运输过程应该被看作是一种追加的生产过程，即生产过程在流通领域内的继续。运输费用也和保管费用一样，虽然不增加商品的使用价值，但却是完成使用价值从生产领域到消费领域的运动所必需的，因而也具有生产的性质。运输劳动一方面可以把消耗掉的运输工具的价值转移到商品上去，另一方面又会给商品增加新的价值。这样，依靠价值的增加，除了补偿运输费用之外，还能为运输业的资本家提供剩余价值。不过，以投机为目的或因商品销售困难而支出的运输费用，由于不是使用价值的运动过程所实际需要的，所以应该算作纯粹流通费用。

由运输过程加到商品上的价值的大小，取决于运输业的劳动生产率和运输的距离。我们知道，劳动生产率与包含在单位商品中的价值量成反比，这是商品生产的一般规律。这个规律当然也适用于运输业。因此，运输业的劳动生产率越高，在一

① 马克思，恩格斯．马克思恩格斯全集：第24卷．北京：人民出版社，1972：168.

定距离内运输商品所需要的物化劳动和活劳动就越少，加到商品上的价值也就越少；反之，加到商品上的价值也就越多。如果运输劳动的生产率是一定的，那么，商品运输的距离越长，耗费的物化劳动和活劳动也就越多，加到商品上的价值也就越多；反之，加到商品上的价值也就越少。所以，正如马克思所说的："在其他条件不变的情况下，由运输追加到商品中去的绝对价值量，和运输业的生产力成反比，和运输的距离成正比。"①

在资本主义制度下，随着交通运输工具的发展，随着运输的集中和运输规模的扩大，单位商品的运输费用日益降低了。但与此同时，由于绝大部分的产品都转化为商品，由于市场的范围不断扩大，投在运输业上的物化劳动和活劳动的数量日益增加。

第四节　资本的周转时间和周转次数

资本主义生产的目的是不断地增殖资本的价值。为了实现价值的不断增殖，资本家就必须使他的资本不断地、周而复始地循环下去。这种周而复始、不断反复着的资本循环，就叫作资本的周转。马克思说："资本的循环，不是当作孤立的行为，而是当作周期性的过程时，叫做资本的周转。"②

考察资本周转的任务，同考察资本循环的任务是不相同的。在考察资本的循环时，我们主要是通过对其由出发点到复归点的运动过程的分析，阐明资本在其循环的各个阶段所采取的形态以及它们所要完成的职能。而在考察资本的周转时，则是要通过对资本周而复始、不断反复的运动过程的分析，来阐明资本运动的时间和速度及其对年剩余价值率的影响。

我们知道，产业资本的循环有三种形态，即货币资本的循环、生产资本的循环和商品资本的循环。我们考察资本的周转，实际上就是以货币资本的循环形态和生产资本的循环形态作为考察的对象。这是因为，这两种形态都是以垫付的资本价值作为出发点，并且在这两种形态中又都包含了垫付资本价值的增殖，而我们分析资本的周转，正好就是要分析垫付资本是怎样在周而复始的周转过程中增殖自己的。至于商品资本的循环形态，由于它的出发点并不是垫付的资本价值，而是已经增殖了的资本价值，因此，这种形态就不能成为研究资本周转时考察的对象。在下一章，我们将会看到，商品资本的循环形态，实际上是研究社会总资本的运动时所要考察的对象。

资本的周转时间，是由资本的生产时间和流通时间构成的。所以，资本的周转时间，也就是从资本价值在一定形态上垫付的时候起，到处在过程中的资本价值复

---

① 马克思，恩格斯. 马克思恩格斯全集：第 24 卷. 北京：人民出版社，1972：169.

② 同①174.

归到原来形态上的第一段时间，或者说是一个资本周期地更新它的价值增殖过程所需要的时间。

资本周转时间的长短，是由它本身的生产条件和流通条件决定的。由于各个部门资本的生产条件和流通条件互不相同，因而，它们的周转时间也不一样。比如，投入造船业、建筑业和畜牧业等部门的资本，周转时间一般比较长；而投入纺织业、食品业等部门的资本，周转时间则比较短。

为了衡量和比较各个资本周转的速度，必须在时间上有一个共同的衡量单位。这个衡量单位通常就是“年”。因为在资本主义生产的故乡——温带地区，最重要的农作物都是一年收获一次，所以，“年”也就成为衡量资本周转时间的自然单位。

如果用字母 U 表示“年”这个时间单位，用 u 表示一定数量资本周转一次所需要的时间，用 n 表示周转的次数，则衡量一年内资本周转次数的公式便是：

$$n=\frac{U}{u}$$

例如，有一个资本，周转一次需要 3 个月的时间，它在一年内的周转次数就是：$n=\frac{12}{3}=4$ 次。又如，有另一个资本，周转一次需要 18 个月的时间，它在一年内周转的次数就是：$n=\frac{12}{18}=\frac{2}{3}$ 次。这两个资本相比较，前者的周转速度是一年周转 4 次，而后者的周转速度则是一年周转 $\frac{2}{3}$ 次。前者的周转速度为后者的 6 倍，即前者的周转速度比后者的快 5 倍。

由此可见，周转时间与周转速度成反比，而周转次数则与周转速度成正比。在一定时间内，资本的周转时间越短，资本周转的次数越多，就表示资本周转的速度越快；反之，资本的周转时间越长，资本周转的次数越少，就表示资本周转的速度越慢。

第五节　固定资本和流动资本

资本周转速度的快慢，是受很多因素影响的。由于资本周转时间包括生产时间和流通时间，所以，总的说来，影响资本周转速度的因素，也可以分为生产过程中的因素和流通过程中的因素。

生产过程中影响资本周转速度的因素，是生产资本的构成和生产时间的长短。

生产资本按其价值转移方式的不同，可以分为固定资本和流动资本两部分。

我们已经讲过，生产资料在生产过程中被消耗以后，它的价值就转移到新的产品中去。但是，生产资料不同部分的价值的转移方式却是不同的。生产资料中的劳动资料，如厂房、机器、设备、工具等等，其使用价值可以在较长的时间内发挥作用，供许多次生产过程使用，因而它们的价值都是按照它们在每次生产过程中的损耗程度，逐渐地、一部分一部分地转移到新的产品中去的。比如，能用 50 年的厂房，每年转移到产品中去的价值只有$\frac{1}{50}$或 2%，能用 10 年的机器，每年转移到产品中去的价值只有$\frac{1}{10}$或 10%。这样，投在厂房、机器等上的资本部分，就形成了一种特殊的流通方式。首先，它们不是在物质形态上流通，而仅仅是在价值上流通。因此这部分资本一经投入生产领域，便在物质形态上全部发挥作用，并在每次生产过程中始终保持着自身的独立的使用形态。其次，它们的价值是按照它们在生产过程中损耗的程度而逐渐地、一部分一部分地转移到新的产品中去，并随着产品的出售而逐次地周转回来的，其余尚未转移的价值部分，则仍然固定在原来的使用形态内，并在生产过程中继续发挥作用。正是由于投在劳动资料上的资本在价值转移上具有这种特殊性质，所以，我们把这部分资本叫作固定资本。

马克思写道：“决定一部分投在生产资料上的资本价值具有固定资本性质的，只是这个价值的独特的流通方式。这种特别的流通方式，是由劳动资料把它的价值转移到产品中去，或者说，在生产过程中充当价值形成要素的特殊方式产生的。而这种方式本身，又是由劳动资料在劳动过程中执行职能的特殊方式产生的。”①

投在劳动对象如原料、燃料、辅助材料等上的资本价值，则是按照另外一种方式进行周转的。这一部分生产资料，在它们所参加的每一次生产过程结束之后，便全部被消费掉，失去了独立的使用形态，而它们的价值则全部一次转移到新的产品中去，并在产品出售以后，以货币的形式全部回到资本家的手中。因此，投在劳动对象上的这部分资本，就叫作流动资本。

至于投在劳动力上的资本即用来购买劳动力的资本，则不是把它的价值转移到新的产品中去，新产品中与这部分资本价值相等的价值，是由工人在生产过程中重新创造出来的。所以，在价值形成上，劳动力的作用同劳动对象是根本不同的。不过，在价值周转的方式上，投在劳动力上的资本价值和投在劳动对象上的资本价值却是相同的。这就是工人在生产过程中重新创造的、相当于劳动力价值的这部分价值，也是全部一次加入到新的产品中去，并随着产品的出售而全部从流通中收回，以便资本家能够重新垫付出去。正因为如此，所以，垫付在劳动力上的资本部分，也属于流动资本的范围。马克思写道：“不管劳动力和不变资本中非固定资本的组成部分就价值的形成来说是多么不同，它的价值的这种周转方式却和这些部分相同，而与固定资本相反。生产资本的这两个组成部分——投在劳动力上的价值部分和投在非固定资本的生产资料上的价值部分——由于它们在周转上的这种共同性，而作为流动资本与固定资本相对立。”②

---

① 马克思，恩格斯. 马克思恩格斯全集：第 24 卷. 北京：人民出版社，1972：179.

② 同①185.

根据以上所述，我们可以把固定资本和流动资本的区别归纳为以下几点：

第一，固定资本和流动资本的区别，是由它们的价值转移方式的不同引起的，而不是由于它们在价值和剩余价值的生产上具有不同的作用。在每一次生产过程中，固定资本的物质要素逐渐被消费，它的价值也是逐渐地、一部分一部分地转移到产品中去的。而流动资本的物质要素则是一次全部被消费，它的价值也是一次全部被转移到产品中去的。

这一区别表明，能够区分为固定资本和流动资本的，只有生产资本。因为只有这种资本形态，才发生价值转移的问题。至于产业资本的其他两种形态即货币资本和商品资本，由于它们只是在流通领域内发挥作用，而且这种作用仅限于使资本价值的存在形态发生变化，而不涉及资本价值转移的问题，因此，这两种资本形态都不能区分为固定资本和流动资本。资产阶级经济学家把这两种资本形态也称作流动资本，当然是完全错误的。货币资本和商品资本既然都是在流通领域内发挥作用的资本，它们就是与生产资本相对立的流通资本，而不是在生产领域内与固定资本相对立的流动资本。

第二，在固定资本周转一次的时间内，流动资本可以进行多次周转。因此，当商品进入流通过程时，固定资本的价值，只有转移到商品中去的那一部分才进入流通，而其余的部分则仍然保存在原有的使用形态上。至于流动资本就不同了，既然它的价值是全部一次转移到商品中去的，那么，当商品进入流通过程时，它的价值也就全部进入流通。

第三，投在固定资本上的资本价值，是一次全部垫付出去，而后在固定资本整个发挥作用的期间内一部分一部分地逐渐收回。投在流动资本上的资本价值，虽然也是一次全部垫付出去，但它却是一次全部收回。

第四，要使生产过程连续进行，则生产过程中就必须不断有流动资本的各种要素和固定资本的各种要素。流动资本的各种要素，需要不断地购买和替换；而固定资本的各种要素则不同，它们在整个发挥作用的期间内是无须购买和替换的。

在资本构成的问题上，资产阶级经济学家虽然也承认固定资本和流动资本的划分，但他们对这两个范畴的理解却是极其混乱和错误的。比如，有些资产阶级经济学家完全根据物体本身的位置是否移动这一点，来确定固定资本和流动资本的区别。从这种观点出发，他们把机器、建筑物等当作固定资本，而把机车、船舱等则当作流动资本。这种观点的错误是十分明显的。以船舶来说，虽然它在航行时处于流动状态，但它的价值转移的方式却不同于流动资本，而和固定资本完全相同。

另外一些资产阶级经济学家认为，物品按它本身的物质属性，天生地就分为固定资本和流动资本，他们断言，一切劳动资料都属于固定资本。这种观点同样是错误的。我们在前面讲过，在任何社会里，都可以把处在生产过程中的生产资料分为劳动资料和劳动对象，但只有在资本主义社会里，它们才成为资本。而且，还应该看到，即使在资本主义社会里，能够构成固定资本的物质要素，也并不是在任何情况下都以固定资本的姿态出现。譬如机器，当它在生产过程中作为劳动资料发挥作用的时候，是固定资本，而当它在商店中作为商品而被出卖的时候，则是商品资本。又如牲畜中的牛，用作役畜时是固定资本，而用作屠宰场的加工对象时则是流动资本。

把固定资本和流动资本的范畴，与不变资本和可变资本的范畴混淆起来，也是资产阶级经济学家惯用的手法。我们知道，不变资本和可变资本是根据它们在价值增殖过程中所起的作用不同来区分的，这种区分揭明了只有可变资本才是剩余价值的真正源泉。而固定资本和流动资本则是根据它们的价值周转方式的不同来区分的，这种区分有助于我们了解资本主义流通的规律性和进一步揭露资本主义所固有的矛盾。因此，资本的这两种区分，其意义是根本不同的。由于流动资本既包括资本家购买劳动力的可变资本，也包括购买原料、燃料等的一部分不变资本，因而如把资本的这两种区分混淆起来，就必然会抹杀不变资本和可变资本在价值增殖上的本质区别，从而也就不能说明劳动力在资本价值增殖上的特殊作用。这样一来，资本价值的增殖就好像是全部垫付资本作用的结果，资本剥削劳动的真相也就由此被完全掩盖起来。资产阶级学者之所以要混淆这两种区分，只承认固定资本和流动资本的区分，而根本否认不变资本和可变资本的区分，其目的就在于此。

马克思关于固定资本和流动资本的学说，是在对资产阶级经济学家上述错误观点的批判中建立起来的。这一学说的确立，使马克思关于资本构成的学说得到了进一步的丰富和发展。

固定资本的价值是根据它损耗的程度逐渐地转移到新的产品中去的。由这种损耗程度所决定的固定资本转移价值的大小，会直接影响固定资本周转的速度，因此，为了进一步探讨固定资本周转的特点，还应该分析固定资本的损耗。

固定资本的损耗，依据引起的原因不同，可以分为有形损耗和无形损耗。引起固定资本有形损耗的原因，首先是固定资本在生产过程中的使用。一般说来，这种损耗与固定资本使用的强度和持续的时间成正比。例如，机器转动的速度越快，持续的时间越长，则其损耗的程度就越大；反之，则损耗程度就越小。引起有形损耗的第二个原因是自然力的作用。例如，厂房和机器的木质部分会腐朽，金属部分会生锈，砖瓦会风化，等等。这种损耗并不是由它们在生产过程中的使用引起的，而且在一定意义上与它们的使用成反比。例如一台机器，越是闲置不用，就越容易生锈。当然，就是固定资本，在被使用的过程中，也会由于受自然力的侵蚀（如风吹雨淋等）而逐渐损坏。

固定资本的无形损耗，是指机器设备等在它们的有效使用期间内由于非使用和非自然力的作用所引起的价值上的损失。具体来说有以下两种情况：一种是由于生产方法的改进和劳动生产率的提高，生产同样的固定资本要素所需要的社会必要劳动时间减少了，因而使原有固定资本的价值相应地降低；另一种是由于出现了新的技术，发明了新的、效能更高的机器设备等，引起了原有固定资本的贬值。在这两种情况下，资本家无形中都遭受了一定的损失。马克思指出："在这两种情况下，即使原有的机器还十分年轻和富有生命力，它的价值也不再由实际物化在其中的劳动时间来决定，而由它本身的再生产或更好的机器的再生产的必要劳动时间来决定了。因此，它或多或少地贬值了。”①

资本家为了弥补这种损失，便极力加强对工人的剥削。他们采取延长劳动日、加强劳动强度、实行轮班制度等方法，提高机器的利用率，以便在较短的时间内把固定资本的投资收回。

固定资本的价值既然是按照固定资本的磨损程度逐渐地转移到新的产品中去的，那么，为了保证再生产继续进行，就必须把固定资本转移的价值部分不断地提取并积累起来，以备将来在实物形态上替换已经损耗完了的固定资本。这种做法通常叫作折旧。而根据固定资本的平均损耗程度逐年提取的资本价值，则叫作折旧费。例如，一台价值为10 000元的机器可以使用 10 年，则平均每年就有 1 000 元的价值转移到新的产品中去。资本家出卖商品之后，就可以每年从已实现的商品价值中提取 1 000 元作为机器的折旧费。这样，10 年之后当机器完全损耗而不能继续使用时，就可以用 10 年间积累起来的折旧费——10 000元去购置新的机器。

由于固定资本设备要遭受各种物质损耗，它的个别部分还免不了要损坏，因此，为了使固定资本能在它的有效期间内继续正常地发挥作用，还必须支出一定的费用，来进行日常的维修工作。马克思把这种用于日常维修的资本部分，称作独特的资本。由于这种资本是日常零星支出的，因而把它归入流动资本较为合适。此外，当固定资本设备损耗到一定程度时，还需要对它们进行大规模的修理。进行大修理不仅是为了恢复固定资本的技术效能，而且是为了恢复它们的价值（这种大修理有时类似于固定资本的更新），因此，大修理费用应该包括在固定资本中。

第六节　垫付资本的总周转。周转的周期

以上关于生产资本构成的分析表明，固定资本和流动资本周转一次所需的时间，或它们在一定时间内周转的次数，是各不相同的。流动资本的价值在每次周转中都是全部参加的，流动资本周转一次所需要的时间越短，它在一年中周转的次数就越多，周转的速度也就越快，从而每年周转的流动资本价值也就越大。譬如，某个资本家有流动资本 20 000 元，假定它一年可以周转 5 次，这样，在一年中周转的流动资本价值就等于 20 000 元×5＝100 000 元。这就是说，20 000 元的流动资本，由于周转较快，就可以发挥 100 000 元资本的作用。

可是，固定资本的周转却不同。固定资本的价值是逐渐地转移到新的产品中去的，只有当该固定资本不能继续发挥作用的时候，它的价值才转移完毕，并随着产品的实现全部周转回来。这样，固定资本周转一次所需要的时间，就等于该固定资本在生产中发挥作用的全部时间。例如，某资本家有固定资本共计 80 000 元，平均使用年

① 马克思，恩格斯．马克思恩格斯全集：第 23 卷．北京：人民出版社，1972：443－444．

限为10年，每年周转的资本价值为8 000元。这样，全部固定资本的价值周转一次，就需要10年的时间。显然，固定资本的周转比流动资本的周转要缓慢得多。

正是由于资本的不同部分的周转速度不同，所以当我们谈到某个资本的周转速度时，乃是指整个垫付资本的总周转速度。马克思说："预付资本的总周转，是它的不同组成部分的平均周转"①。整个垫付资本周转速度的计算方法是：用垫付资本的总额去除固定资本和流动资本周转的价值总额，所得的商数就是整个垫付资本在一年中的周转次数。在我们的例子中，就是：

$$\text{垫付资本的总周转速度}=\frac{\text{年周转的价值总额}}{\text{垫付资本的总额}}=\frac{108\ 000}{100\ 000}=1\frac{2}{25}\text{（次）}$$

垫付资本的总周转时间，和它的各个组成部分的现实周转时间是不相同的。在上面的例子中，垫付资本的价值平均一年周转了$1\frac{2}{25}$次，而流动资本却周转了5次，固定资本只周转了$\frac{1}{10}$次。固定资本要经过10年才周转一次，并进行实物替换。这就决定了整个垫付资本的价值也必须经过10年周转的周期，才能全部周转回来。而在这个周转周期内，垫付资本已完成了多次的总周转。

垫付资本总周转速度的快慢，一方面取决于固定资本和流动资本周转速度的差别；另一方面，又取决于固定资本和流动资本在生产资本中所占比重的大小。由于固定资本的周转速度慢于流动资本的周转速度，因此，在生产资本中固定资本所占的比重越大，则整个资本的周转速度就越慢；反之，流动资本所占的比重越大，则整个资本的周转速度就越快。举例说明如下。

假定有甲、乙两个资本家，垫付总资本各为50 000元。甲资本家的生产资本的构成是，固定资本和流动资本各占$\frac{1}{2}$，即各为25 000元；乙资本家的生产资本的构成是，固定资本占$\frac{3}{5}$即30 000元，流动资本占$\frac{2}{5}$即20 000元。又假定他们的固定资本都是5年周转一次，流动资本都是一年周转2次。根据以上假定，这两个资本家的垫付总资本在一年中的周转次数如表5-1所示。

表5-1

	甲资本家	乙资本家
固定资本每年的周转额	25 000元÷5=5 000元	30 000元÷5=6 000元
流动资本每年的周转额	25 000元×2=50 000元	20 000元×2=40 000元
垫付总资本的平均周转次数	$\frac{5\ 000\text{元}+50\ 000\text{元}}{50\ 000\text{元}}=1.1$次	$\frac{6\ 000\text{元}+40\ 000\text{元}}{50\ 000\text{元}}=0.92$次

① 马克思，恩格斯. 马克思恩格斯全集：第24卷. 北京：人民出版社，1972：204.

这个例子表明，尽管甲、乙两个资本家的垫付资本总额以及固定资本和流动资本的周转速度相同，但是，仅仅由于他们的生产资本的构成不同，因而这两个垫付资本总周转的次数也就不同。甲资本家的资本总额中由于流动资本所占的比重较大，因而垫付资本的总周转速度就较快，它一年可以周转 1.1 次；乙资本家的资本总额中由于固定资本所占的比重较大，因而垫付资本的总周转速度就较慢，它一年还周转不到 1 次。

在资本主义制度下，随着资本主义生产的不断发展和技术装备水平的日益提高，固定资本在不断地增长。

固定资本的增长及其在生产资本中所占比重的不断增大，使产业资本的周转速度有日益减慢的趋势。在这种情况下，资本家只有依靠增加垫付资本，才能得到和以前同样多的剩余价值，而这对资本家来说，当然是不利的。因此，资本家为了抵消资本周转日趋缓慢所带来的不利影响，便采取延长工人的劳动时间和提高劳动强度的办法，来加速资本的周转。

第七节　劳动期间和生产时间。流通时间

影响资本周转速度的，除了固定资本和流动资本的比例之外，还有劳动期间、生产时间和流通时间的长度。

劳动期间，是指制成一样成品所需要的劳动日数。这些劳动日数，又可以换算为若干互相联系的劳动小时数。劳动期间是生产时间的主要构成部分，它的长短是由产品的性质决定的。不同生产部门以及同一生产部门的各个企业，由于产品的性质不同，劳动期间的长短也就各不相同。例如，生产一张桌子，只需要几小时的时间，而生产一艘远洋轮船却需要几个月或一年左右的时间；生产谷物需要几个月的时间，而养育成大牲畜却需要几年的时间。

非常清楚，劳动期间的差别，会直接引起资本周转速度的差别。假设其他条件相等，只是由于生产产品的劳动期间不同，投在棉纺业中的资本的周转速度，就一定快于投在造船业中的资本的周转速度。

劳动期间的长短，不仅会影响资本的周转速度，而且会影响垫付的流动资本的数量。劳动期间越长，流动资本停留在生产领域内的时间就越久，为了维持生产的连续进行所需要的流动资本也就越多。正因为如此，所以像修铁路、开运河这一类劳动期间较长因而需要大量投资的事业，通常都只能由股份公司集资经营，或依靠资产阶级国家投资经营。

但是，劳动期间的长短，对固定资本垫付的数量并不产生上述影响。一台机器投入生产以后，不管它的产品是在几小时内生产出来，还是在几个月内生产出来，机器的价值都会比例于机器的损耗程度，逐渐转移到产品中去；直到机器的寿命完结以前，它总留在生产过程中继续发挥作用，并不需要购置新的机器来替换，从而

也就不需要投入新的固定资本。

劳动期间的长短，虽然是由产品的性质决定的，但它并不是一成不变的。随着分工、协作的发展和新技术的采用，生产同一种产品所需要的劳动期间会逐步缩短。在农业、畜牧业这一类生产部门，固然劳动期间的长短要取决于一定的自然条件，但通过选择良种、改良栽培和饲养技术等办法，也可以在一定程度上把劳动期间缩短。不过，无论各个部门的劳动期间怎样缩短，劳动期间的差别总是存在，由此而引起的资本周转速度上的差别也总是存在。

劳动期间只是生产时间的一部分。除此以外，生产时间往往还包括劳动过程中断、劳动对象受自然力独立作用的时间。这种劳动过程的中断，是由某些产品的生产过程的特点引起的。“在这个中断期间，劳动对象受时间长短不一的自然过程的支配，要经历物理的、化学的、生理的变化”①。因此，在这些产品的生产过程中，生产时间便或多或少地超过了劳动期间。这种情况，在农业和造林业中表现得最为明显。在其他一些生产部门中，也有类似的情况。

在上述由于自然力的独立作用而间断的时间中，是不会发生价值的增殖的，但这种时间的长短，对资本的周转速度却有着直接的影响。例如，在造林业中，因为劳动对象需要在十几年、几十年甚至上百年的时间中受自然力的独立作用，所以，资本周转需要经历漫长的期间。

生产时间和劳动期间的不一致，对流动资本的支出和固定资本的使用也有重大的影响。像农业这种生产部门，由于劳动是按季节进行的，在播种、收割这些农忙时期，就需要支出大量的流动资本，而在农闲时期则支出得比较少，因而在一年中间，流动资本的支出很不均匀；在耕畜、农具或农业机器等固定资本的使用方面，也是有时充分利用，有时又闲着不用，很不规则。

资本主义生产发展的趋势，一方面是要尽可能地缩短劳动期间，另一方面是要尽可能地缩短劳动对象受自然力独立作用的时间，使劳动期间和生产时间的差距尽量缩小。而科学技术的发展，也为缩小劳动期间和生产时间的差距提供了可能。例如，制造家具需要干燥的木材，但木材要任其自然干燥往往需要一两年的时间，如果在室内烘干则要用十几个昼夜的时间，而用高频率电流使其干燥只需要几十分钟就够了。

生产时间还包括生产资料的储备时间。为了保证再生产的不断进行，必须储备一定数量的原料、材料和其他生产资料，例如棉纺厂必须经常备有棉花，卷烟厂必须经常备有烟叶，等等。处于储备状态的资本虽然已经进入生产领域，但还没有实际发挥生产资本的职能，所以，它只是一种潜在的或者可能的生产资本。这种生产资本的数量越大，储备的时间越长，在其他条件不变时，资本周转的时间也就越长。

如果撇开价格变动的影响不说，资本家储备生产资料的数量就取决于购买生产

---

① 马克思，恩格斯. 马克思恩格斯全集：第 24 卷. 北京：人民出版社，1972：266.

资料的难易程度、距离市场的远近、交通运输工具的发展程度，等等。

以上我们分析了生产时间的各个部分对资本周转的影响，下面谈一谈流通时间的各个部分对资本周转的影响。

我们说过，资本的流通时间是由两部分时间组成的：一部分是购买时间，即货币资本转化为生产资本的时间；另一部分是售卖时间，即商品资本转化为货币资本的时间。流通时间这两部分的长短，对资本的周转速度都有影响，但影响最大的还是售卖时间。马克思说："流通时间，从而整个周转期间，是按照这个时间（指售卖时间。——编者）的相对的长短而延长或缩短的。"①

资本主义社会的各个生产部门和每一部门的各个企业，由于商品的销售条件和生产资料的供应条件各不相同，因而售卖时间和购买时间也就互有差别。一般来说，售卖时间的长短是由生产地点同市场距离的远近、交通运输条件的好坏以及供销合同中所规定的交货期限的长短等因素决定的。至于购买时间的长短，则主要取决于生产地点同原材料等生产资料的供应地点的距离，取决于把这些生产资料运往生产地点的交通运输条件。距离购买市场越近，原材料和机器、设备的供应越及时可靠，在生产储备上垫付的货币资本就越少，资本停留在购买阶段的时间也就越短。

缩短资本流通时间有许多方法，其中一个重要的方法就是发展交通运输事业。随着资本主义生产的发展，交通运输工具也取得了长足的进步。在陆上，畜力运输被火车和汽车的运输代替；在海上，则由帆船过渡到轮船和现代的远洋轮船。这些年来，飞机运输又日益占有重要的地位。交通运输工具的发展，加速了商品运输的速度，相对地缩短了生产地点和销售市场的距离，因而在一定程度上缩短了资本的流通时间，加速了资本的周转。但是，交通运输事业的发展又促进了市场的扩大，使本来为附近地方市场生产的商品变成了也为远方市场生产的商品，就这方面说，它又延长了资本的流通时间，使资本的周转速度缓慢下来。此外，由于资本主义的竞争和生产的无政府状态，往往造成商品的远程运输和往返运输；更由于广大劳动人民的贫困化，他们的购买力日益相对地降低，使商品在仓库中或货架上待售的时间大大增加，这一切都延长了资本的流通时间，从而延缓了资本周转的速度。

第八节　可变资本的周转及其对年剩余价值量和年剩余价值率的影响

资本周转速度的快慢，对剩余价值的生产有着重大的影响。一般来说：资本的周转速度越快，其中可变资本的周转速度就越快，由此带来的剩余价值总量就越多。

① 马克思，恩格斯. 马克思恩格斯全集：第24卷. 北京：人民出版社，1972：276.

假设有甲、乙两个资本家，他们的可变资本都是6 000元，剩余价值率也相同，都是100%，甲资本家的可变资本每年周转2次，乙资本家的可变资本每年周转10次。这样，由于可变资本周转速度的不同，甲、乙两资本家在一年间所获得的剩余价值总量就很不同。甲资本家在一年内获得的剩余价值总量为6 000元×100%×2=12 000元；而乙资本家在一年内获得的剩余价值总量则为6 000元×100%×10=60 000元。

一年内生产的剩余价值总量和垫付可变资本的比率，马克思把它叫作年剩余价值率。可变资本的周转速度越快，年剩余价值率也就越高。在上面的例子中，甲资本家的年剩余价值率为$\frac{12\ 000\text{元}}{6\ 000\text{元}}=200\%$；而乙资本家的年剩余价值率则为$\frac{60\ 000\text{元}}{6\ 000\text{元}}=1\ 000\%$。甲、乙两个资本家相比较，乙资本家可变资本的周转次数为甲资本家的5倍，而他的资本的年剩余价值率也为甲资本家的5倍。可见，年剩余价值率的高低，是和可变资本的周转速度成正比例的。

必须指出，由年剩余价值率所表现的关系，与由剩余价值率所表现的关系是不同的。剩余价值率是实际发生作用的可变资本同它所带来的剩余价值之比，它是表示剥削程度的；而年剩余价值率却是年剩余价值量和垫付可变资本之比，它是表示垫付可变资本的增殖程度的。拿上面的例子来说，甲、乙两个资本家对劳动者的剥削程度都是100%，但乙资本家垫付可变资本的增殖程度却为甲资本家的5倍。

如果我们以M'代表年剩余价值率，以m'代表剩余价值率即剥削率，以v代表垫付的可变资本，以n代表资本的周转次数，则$M'=\frac{m'vn}{v}=m'n$。所以，只有在$n=1$，即每年周转一次时，年剩余价值率才会和剩余价值率相等。

可变资本周转速度的快慢，为什么会影响年剩余价值量和年剩余价值率的大小呢？这是因为，剩余价值是由实际发挥作用的可变资本带来的，可变资本的周转越快，实际发挥作用的可变资本就越多，实际上剥削的劳动量也越多，因而年剩余价值量和年剩余价值率就越大。

我们仍用上面的例子来说明这一点。甲、乙两个资本家垫付的可变资本是相同的，同为6 000元，但甲资本家的可变资本一年周转2次，因而它在一年间实际上发挥了12 000元的作用；而乙资本家的可变资本则周转10次，因而它在一年间实际上发挥了60 000元的作用。一年有12个月，如果按月计算，则甲资本家每月发挥作用的可变资本为12 000元÷12=1 000元，乙资本家为60 000元÷12=5 000元。现在，让我们假定工资是按月支付的，每个工人的月工资为50元，这样，甲资本家每月能够雇佣的工人就是1 000÷50=20人，而乙资本家能够雇佣的则是85 000÷50=100人。乙资本家剥削的劳动量为甲资本家的5倍，因此，非常清楚，他的资本的年剩余价值量和年剩余价值率也为甲资本家的5倍。

从上面的分析可以得出这样的结论：可变资本周转得越快，实际发挥作用的可变资本就越多，剥削的工人就越多，因而年剩余价值总量就越多，年剩余价值率也就越高。反之，年剩余价值总量就越少，年剩余价值率也就越低。

但是，由于年剩余价值量和年剩余价值率的大小是同可变资本的周转速度相联系的，而可变资本又是包括在整个垫付资本中并和垫付资本的其他成分一起周转的，因而就容易造成一种假象，"似乎剩余价值率不仅取决于可变资本所推动的劳动力的量和剥削程度，而且还取决于某些从流通过程中产生的不可理解的影响"①。

但我们知道，单纯的流通过程以及资本的周转本身，并不能引起剩余价值总量的增加。只有当资本周转速度加快使得可变资本的周转速度也加快，使它在实际上发挥了较大的作用，即剥削了较多的工人时，才会引起剩余价值总量的增加。所以，剩余价值的增加并不是由于资本的流通过程具有什么神秘性。剩余价值量与剩余价值率在任何时候都是取决于可变资本所推动的劳动力的量与剥削程度的。

以上的分析告诉我们，资本周转的快慢同资本家有着切身的利害关系。为了加速资本的周转，资本家会采取各种各样的方法，但所有这些方法，归根到底都会导致对劳动者的剥削量的增加和剥削程度的提高。所以，当我们把资本的流通过程同生产过程结合起来考察时，资本主义经济中所固有的矛盾就显得更加尖锐和更加复杂了。

---

① 马克思，恩格斯. 马克思恩格斯全集：第24卷. 北京：人民出版社，1972：331.

第六章

社会资本的再生产和流通

第一节　个别资本和社会资本

前面我们已经研究了个别资本的运动。这一章我们要进一步研究社会资本的运动。这样做的目的，是为了阐明社会资本再生产和流通的规律性，以及在更加展开的形态上揭露资本主义经济所包含的对抗性矛盾。

在资本主义社会里，存在着成千上万个资本主义企业。其中，每一个企业的资本，都是独立地发挥资本的职能，它们各自通过自身的循环和周转，实现自己的价值增殖。但是，所有这些独立的个别资本，并不是互相孤立、彼此隔绝的，为了实现价值增殖，它们必须通过流通过程彼此发生一定的关系。事实上，每一个资本主义企业，一方面和那些为它提供生产资料的企业有着联系（向它们购买机器、设备和原材料），另一方面又和那些消费它的产品的企业有着联系（向它们销售自己的产品）。通过这种联系，各个独立的资本便形成了一个有机的整体，它们的个别运动便汇合成了一个整体运动。这种互相联系的个别资本的总和，就是社会资本或社会总资本，而互相交错的各个个别资本运动的总和，就是社会资本的运动。

社会资本的运动既然是由个别资本运动的总和所组成的，那么，社会资本的运动便和个别资本的运动具有一些共同的地方。例如，在它们的运动中都包含生产的消费，都必须经过流通过程，都必须采取货币资本、生产资本和商品资本这些不同的形态，运动的目的都是价值的增殖，等等。

但是，作为一个有机整体的社会总资本，又同构成这个整体的各个独立的个别资本存在着差别。这种差别主要表现在：在社会资本的运动中还包含着个人的消费，以及与此相适应的简单商品流通，而在个别资本的运动中则不包含这个过程。从个别资本来看，虽然每一个资本家都需要把剩余价值的一部分或全部用于个人消费，他雇佣的工人也必须把工资用在个人消费上面，但这里的个人消费及与此相适应的商品流通，是在他的资本运动的外部进行的，因而不包含在他的资本运动的过程之中。可是社会资本的运动却不是这样。从全社会的范围来看，资本家和工人把剩余价值和工资用于购买个人消费品的过程，同时也就是那些专门生产个人消费品的资本家出卖商品的过程，即他们的商品资本的实现过程。可见，在社会资本的运动中，必须且应当包括个人消费和媒介这种消费的一般商品流通。关于这一点，马克思曾经写道：“社会总资本的循环却包括那种不属于单个资本循环范围内的商品流通，即包括那些不形成资本的商品的流通。”①

如上所述，社会资本的运动是一个错综复杂的过程，那么，我们在考察这种运动过程时，应该从哪里出发呢？在这里，分析问题的出发点显然是十分重要的，不弄清这个出发点，就无法从错综复杂的过程中找出社会资本运动的规律。既然社会资本的运动不仅包含生产消费，而且包含个人消费，那么，只有从社会总产品出发，即从社会资本每年发挥职能所生产出来的社会总商品资本出发，才能对社会资本的运动作出正确的分析。社会总产品，既包含用于生产消费的产品，又包含用于个人消费的产品。马克思说：“如果我们考察社会在一年间提供的商品产品，那末，就会清楚地看到：社会资本的再生产过程是怎样进行的，这个再生产过程和单个资本的再生产过程相比有哪些不同的特征，二者又有哪些共同的特征。”②

分析的起点既然是社会总产品即社会总商品资本，那么，我们分析社会资本的运动，实际上也就是分析社会总商品资本的运动。它的运动公式是这样的：

$$W'\left\{\begin{array}{l} W- \\ -G'\left\{\begin{array}{l} G-W<\begin{array}{l}A\\Pm\end{array}\cdots P\cdots W' \\ \\ g-w \end{array}\right. \\ w- \end{array}\right.$$

这个公式表明了，社会资本的运动是从社会总产品即总商品资本（W′）开始的。在这个商品资本中，一部分（W）是用来补偿资本家垫付的资本价值的，另一部分（w）则代表资本家无偿占有的剩余价值。经过售卖，全部商品资本都转化为货币资本（G′）。这个货币额有一部分（G）被资本家用于购买生产资料（Pm）和劳动力（A），变为生产资本，经过生产过程之后，又重新变为商品资本（W′）以完成商品资本的循环；另一部分货币（g）则被资本家用于购买各种消费品，以满足个人的消费。工人出卖劳动力得来的货币，也用来购买个人消费品。这样，我们从这个公式中就可以看出社会总产品的一部分，是怎样通过资本的流通过程，被用

---

① 马克思，恩格斯. 马克思恩格斯全集：第 24 卷. 北京：人民出版社，1972：392.

② 同①435.

于个人消费的。总之，这个公式清晰地展示了社会资本运动的形态。

社会资本的再生产和流通过程，既然不仅是社会总产品在价值形态上补偿已经消耗掉的资本价值的过程，而且是它在实物形态上补偿那些已经在生产和生活中消耗掉的物质资料的过程，那么，我们对于社会资本的运动，必须从社会总产品各部分的价值补偿和实物补偿这两重角度来加以考察。换句话说，我们不仅要研究社会在一年中消耗掉的资本价值，是怎样从社会总产品中取得补偿的，而且要研究社会在生产中消耗掉的各种生产资料，以及资本家和工人消费掉的各种生活资料，是怎样从社会总产品中得到补偿的。只有当社会总产品满足了上述各方面的需要时，社会资本的再生产才能够顺利地继续进行。

应该指出，产品的实物补偿问题在社会资本再生产的考察中具有特别重要的意义。本来，在个别资本的再生产过程中，也不断地有价值补偿和实物补偿。但由于研究个别资本的再生产时，主要的任务是揭示资本家保存和扩大资本价值的秘密，因此，我们只要注意到价值补偿这一方面也就够了；至于实物补偿的问题，则可以假定个别资本再生产所必需的各种物质资料，都能够在市场上买到。但研究社会资本的再生产，就不能再作这样的假定了，因为社会资本已经包括了所有的个别资本，它在再生产过程中所消耗的各种物质资料，只能从它本身的产品中来求得补偿，而不能再借助于另外某一个资本的产品来求得补偿。由于这种原因，所以社会总产品能否和如何在实物上补偿当年消耗掉的各种物质资料的问题，就成了社会资本再生产能否正常进行的一个现实的和重要的问题。我们只有对这一问题作了详细的考察后，才可明了资本主义的社会再生产是怎样进行的。列宁曾经指出："现在的问题正在于：工人和资本家从哪里获得自己的消费品？资本家从哪里获得生产资料？生产出来的产品怎样满足这些需求和怎样使扩大生产成为可能？因而这里不仅是'价值补偿，而且是物质补偿'"①。

社会总产品各个部分的价值补偿和实物补偿的问题，从另一方面说也就是社会总产品的实现问题。如果社会总产品的各个部分都能够在价值上和实物形态上找到互相补偿的另一部分产品，那么，全部社会产品就能顺利地实现，从而社会资本的再生产过程也就能正常地进行。所以，在社会资本再生产上所要研究的问题，归结起来也可以说是社会总产品的实现问题。我们所要着重研究的乃是关于社会总产品的实现条件。为了阐明社会总产品的实现条件，就必须了解社会总产品在价值上和实物上是由哪几部分组成的。

马克思根据他对资本主义商品经济的深刻分析，明确地指出了，资本主义社会的总产品，在价值上是由不变资本（c）、可变资本（v）和剩余价值（m）这三个部分组成的；而在实物形态上，则是由生产资料和消费资料这两种经济用途不同的产品组成的。

与产品的实物形态的划分相适应，马克思又把整个社会生产划分为两大部类：

---

① 列宁．列宁全集：第 3 卷．2 版．北京：人民出版社，1984：34.

第一部类是生产资料的生产，即用于生产消费的各种产品的生产；第二部类是消费资料的生产，即用于个人消费的各种产品的生产。在每个部类内部，又包括许多不同的生产部门。

应该指出，第一部类和第二部类的划分，是对社会生产一切部门的最概括、最恰当的分类。在实际生活中尽管有许多产品既可用作生产资料，也可用作消费资料，但这并不影响把社会生产区分为两大部类的必要性和正确性。因为不论每一种产品有多少用途，为了进行再生产，总要有一部分产品只当作生产资料用，而另一部分产品则只当作消费资料用。马克思曾经指出："某些产品（例如马、谷物等）既可以供个人消费又可以用作生产资料的事实，丝毫也不会排除这种分类的绝对正确性。"①

社会总产品在价值上分为三个部分和社会生产分为两大部类，是马克思再生产理论的两个基本原理。这两个原理在今天看来虽然是如此简单明了，但在马克思主义的政治经济学问世之前却是一个长期没有得到解决的问题。在马克思以前，资产阶级的经济学家们曾经花了将近一个世纪的时间，试图从理论上解决社会资本再生产的问题，但他们都没有能够取得足够的进展。这里的原因是多方面的，但从理论认识上说，与他们不懂上面这两个原理是密切相关的。

重农学派的代表人物魁奈（1694—1774 年）在他的著作《经济表》中，对社会资本再生产问题的研究作了第一次尝试，而且作出了某些有意义的贡献。马克思对此曾给以很高的评价。但是，由于魁奈的《经济表》存在着马克思所指出的以下两个最主要的缺陷，因而他实际上并没有解决社会资本再生产的问题。第一，魁奈只是按资本的周转方式把资本区分为所谓"原预付"和"年预付"，即区分为固定资本和流动资本，而没有按资本在价值增殖过程中的不同作用区分为不变资本和可变资本，因而也就不可能从价值补偿方面对社会产品的实现问题进行正确的分析。第二，魁奈只把社会生产划分为农业和工业两大部门，而没有划分为生产资料生产和消费资料生产两大部类，因而也就不可能从实物补偿方面对社会产品的实现问题进行正确的分析。

在魁奈之后，亚当·斯密和李嘉图等人也对再生产问题进行了研究。但是，无论是斯密还是李嘉图的再生产观点，都是建立在一个错误的"斯密教条"的基础上的。按照这个"教条"，资本主义制度下社会总产品的价值应分解为工资、利润和地租三个部分，即分解为可变资本和剩余价值两个部分（v＋m），而不变资本（c）这一部分则被排除掉了。斯密对总产品价值的这种见解，实质上是错误地把社会在一年内新创造的价值（v＋m）当成了社会总产品的价值（c＋v＋m）。斯密之所以会把这两种不同的东西混淆起来，一个重要的原因就是他不懂得劳动的二重性。正因为他没有能够区分劳动的二重性，因而也就不懂得工人的劳动在创造新价值的同时，还可以把生产资料的旧价值转移到产品中去。

---

① 马克思，恩格斯. 马克思恩格斯全集：第 25 卷. 北京：人民出版社，1974：946.

从这种错误的“教条”出发，当然不可能对社会资本的再生产过程作出正确的分析。这是因为，如果不把补偿不变资本的这部分产品从社会总产品中划分出来，不了解总产品的价值应当区分为哪几部分，就无法说明总产品的各个部分是如何在价值上和实物上互相补偿的，从而也就无法说明社会总资本的再生产和流通过程。列宁在评价马克思正确分析总产品价值构成的重要性时指出：“如果不从总产品中把只能作为资本、永远不能采取收入形式的那一部分划分出来，就不可能了解社会总资本的再生产和流通的过程。”①

马克思由于批判和纠正了过去资产阶级经济学家的错误，从价值上和实物形态上对社会总产品的构成进行了科学的分析，并从理论上确立了上述两个基本原理，因此，他就给自己的再生产理论奠定了稳固的科学基础；在这个基础上，他顺利地和彻底地解决了有关社会总产品实现的一系列问题，从而揭示了社会资本的再生产和流通的全部规律。

第二节　简单再生产条件下社会产品的实现

资本主义的特征虽然不是简单再生产，而是扩大再生产，但是，基于实际的和理论的考虑，我们仍要从简单再生产来开始分析社会产品的实现问题。从实际方面说，简单再生产是扩大再生产的重要组成部分，是它的现实基础。只有在原来的生产规模得到保持的基础上，才谈得上社会生产的进一步扩大。从理论方面说，分析社会产品的实现问题，主要的困难并不是发生在积累或扩大再生产的考察上，而是发生在简单再生产的考察上。只要把社会资本简单再生产的条件弄清楚，扩大再生产的问题就可以迎刃而解。

为了研究的方便，我们必须预先作出几点必要的假定。第一，假定考察的是纯粹的资本主义经济，在这里只有资本家和工人这两个阶级。第二，假定生产周期为一年，全部不变资本都在一年内消耗掉，它的价值全部转移到新产品中去。第三，假定一切商品都按价值出售，商品的价值和价格也不发生任何变动。第四，假定没有对外贸易。这一切假定对于我们当前的研究都是合理的和必要的，因为这可以排除一些次要的和非本质的因素的干扰，从而便于从复杂的经济过程中，找出社会资本再生产的规律性。

下面，我们就来说明资本主义简单再生产条件下的社会产品实现的条件。

人们假设，第一部类（Ⅰ）的不变资本为 4 000（每一单位可以代表 100 万美元或 100 万英镑，等等），可变资本为 1 000，在剥削率为 100％的条件下，创造的剩余价值为1 000。又假设第二部类（Ⅱ）的不变资本为 2 000，可变资本为 500，在剥削率为 100％的条件下，剩余价值则为 500。这样，全年的社会总产品就可以

① 列宁．列宁全集：第 4 卷．2 版．北京：人民出版社，1984：65．

用下列图式来表示：

$$\text{Ⅰ}\quad 4\,000c+1\,000v+1\,000m=6\,000$$
$$\text{Ⅱ}\quad 2\,000c+500v+500m=3\,000$$

在这个图式中，第一部类的产品全部是生产资料，价值为 6 000；第二部类的产品全部是消费资料，价值为 3 000。全年社会总产品的价值共为 9 000。

为了使第二年的再生产能够照常进行，两大部类产品的各个部分都必须实现，即必须通过交换在价值上得到补偿，在实物形态上得到替换。那么，两大部类的产品是怎样实现的呢？

首先，第一部类的 4 000c，是由生产资料构成的，它代表着本部类生产中消耗掉的不变资本的价值。这些生产资料，有一部分可以留在原来的生产单位当作生产资料使用，例如煤矿开采出来的煤炭，机器制造厂生产出来的机器，都有一小部分要留在本单位使用；但它的绝大部分还是通过第一部类内部各个部门间的交换来实现的，例如机器制造厂的资本家向煤矿资本家购买煤炭，而煤矿资本家则向机器制造厂的资本家购买采煤机器，等等。这样，通过第一部类内部的相互交换，价值 4 000 的生产资料就得到了实现。

其次，第二部类中代表可变资本和剩余价值（即 500v 和 500m）的那部分产品，是由消费资料构成的，这部分产品也可以在本部类内部得到实现。第二部类的工人会用他的工资收入来购买生活必需品；而在简单再生产的条件下，第二部类的资本家也会把他的剩余价值全部支出在各种消费资料上。这样，第二部类就有 500v＋500m＝1 000 的消费资料被实现了。

最后，在第一部类中还剩下 1 000v 和 1 000m 的产品，而在第二部类中则剩下 2 000c 的产品，这两部分产品都不能在本部类内部实现。因为第一部类由 1 000v 和 1 000m 代表的这部分产品，实物形态是生产资料，但该部类的工人和资本家需要的却是消费品；而第二部类由 2 000c 代表的产品，则是消费资料，但该部类资本家需要的却是生产资料。在这种情况下，两大部类之间就必须进行交换。由于第一部类剩下的生产资料在价值上恰好和第二部类剩下的消费资料相等，因此，通过两个部类间的交换，这两部分产品便全部得到了实现。第一部类的工人和资本家获得了他们所需要的各种消费资料，第二部类的资本家也获得了恢复再生产所需要的生产资料。两大部类之间的这种交换，可以用图式表示如下：

$$\text{Ⅰ}\quad 4\,000c+\boxed{1\,000v+1\,000m}=6\,000$$
$$\text{Ⅱ}\quad \boxed{2\,000c}+500v+500m=3\,000$$

经过上述交换之后，两大部类所生产的产品，在价值上和实物形态上都得到了相应的补偿。这样，第二年的简单再生产就可以继续进行了。

上面的分析表明，社会资本的简单再生产需要具备以下基本条件，即第一部类的可变资本加剩余价值，应该等于第二部类的不变资本。只有在这个条件下，社会产品的各部分才能顺利实现，从而社会资本的简单再生产才能正常进行。这个条件用公式表示就是：

$$\text{I}(v+m)=\text{II}c$$

这一公式体现了社会生产两大部类之间的内在联系。它表明，要使社会资本的简单再生产和流通得以正常进行，第一部类生产资料的生产和第二部类对生产资料的消费之间，以及第二部类消费资料的生产和第一部类对消费资料的消费之间，都必须保持一定的比例关系。如果Ⅰ(v+m)小于Ⅱc，那么，在简单再生产的条件下，第二部类所消耗的不变资本就不能得到充分的补偿；同时，第二部类所生产的消费资料也就不能全部实现。同样，如果Ⅰ(v+m)大于Ⅱc，第一部类就会有一部分生产资料不能实现；同时，第一部类的工人和资本家对消费资料的需求也就不能得到充分的满足。在这两种情况下，简单再生产的条件都遭到了破坏，社会产品的实现也都遇到了困难。

从Ⅰ(v+m)=Ⅱc这一公式，还可以引申出以下两个公式：

第一，Ⅰ(c+v+m)=Ⅰc+Ⅱc，即第一部类全部产品的价值，应该等于两大部类的不变资本价值的总和。

这一公式表明了生产资料的生产同两大部类对生产资料的消费之间的关系。两大部类所消耗的生产资料，必须依靠第一部类所生产的生产资料来补偿。如果Ⅰ(c+v+m)小于Ⅰc+Ⅱc，那么，社会生产中所消耗的生产资料就得不到充分的补偿。如果Ⅰ(c+v+m)大于Ⅰc+Ⅱc，那么，在简单再生产的条件下，就会有一部分生产资料不能实现。在这两种情况下，简单再生产都不能正常地进行。

第二，Ⅱ(c+v+m)=Ⅰ(v+m)+Ⅱ(v+m)，即第二部类全部产品的价值，应该等于两大部类的可变资本和剩余价值的总和。

这一公式表明了消费资料的生产同两大部类的工人和资本家的个人消费之间的关系。由于在简单再生产的条件下，两大部类新创造的价值全部用于工人和资本家的个人消费，因此，第二部类所提供的消费资料，在价值上应该等于两大部类工人和资本家的收入的总和，在实物形态上，则应该同他们所需要的消费资料相适应。这样，全部消费资料才能得到实现，工人和资本家的个人消费需要才能得到满足，从而简单再生产才能继续进行。

总之，以上关于简单再生产条件下社会产品实现条件的公式，从各个不同的方面表明了简单再生产过程中生产和消费的内在联系，表明了简单再生产条件下社会生产两大部类所必须遵循的基本的比例关系。

再生产要能正常进行，不仅要求社会生产两大部类之间，而且要求隶属于两大部类的各个副类或各个生产部门之间保持一定的比例关系。这一点是不难理解的，因为两大部类都是由相当多的副类或不同生产部门组成的，两大部类的关系问题，实际上也就是它们所属的副类或部门的关系问题。所以，任何一个副类或部门生产过多或过少，都不仅会影响到本部类内部其他生产部门的生产，而且会影响到整个社会的生产。

下面，我们就以第二部类内部各副类之间的交换为例，来说明再生产所需要的这种更加具体的比例关系。

第二部类是由许多生产部门构成的，但按照它们的产品又可以概括地把它们分为两个副类：一类是生活必需品的生产，另一类是奢侈品的生产。第二部类这两个副类之间的比例，取决于资本家对工人的剥削程度以及资本家的浪费程度。假设两个副类的剥削率相同，如果社会总剩余价值 1 500（Ⅰ1 000m＋Ⅱ500m）当中，有 40％被资本家用来购买奢侈品，那么，第二部类总共就必须生产出 600 的奢侈品。因此，第二部类内部两个副类的生产，应该如下面的图式所示：

$$\left.\begin{array}{lll}\text{Ⅱa（生活必需品）} & 1\,600c+400v+400m & =2\,400\\ \text{Ⅱb（奢侈品）} & 400c+100v+100m & =600\end{array}\right\}3\,000$$

这两个副类的产品是怎样实现的呢？

首先，在Ⅱa 当中，有 400v 的产品是可以在本副类内部实现的，因为本副类的工人需要这些生活必需品。除此以外，Ⅱa 的资本家也会用 60％的剩余价值来购买生活必需品，因此在Ⅱa 当中，还有 240m 的产品也可以在本副类内部实现。

其次，在Ⅱb 当中，资本家要把 40％的剩余价值支出在奢侈品的购买上，因此，这里有 40m 的产品也可以在本副类内部实现。

再次，Ⅱa 的资本家还有 160 的剩余价值要支出在购买奢侈品上，Ⅱb 的工人和资本家也有 100 的工资收入和 60 的剩余价值要用来购买生活必需品，因此，通过两个副类之间的交换，又使Ⅱa 的 160m 的产品和Ⅱb 的 100v＋60m 的产品得以实现。

最后，还有Ⅱ a 的 1 600c 和Ⅱ b 的 400c 这两部分产品，它们代表被消耗掉的不变资本的价值，是必须用相应的生产资料来替换的。所以，这两部分产品，既不能分别在本副类内部实现，也不能通过两副类之间的交换来实现，而只能通过与第一部类的交换来实现。

关于两个副类产品的实现，可以用下列图式来表示：

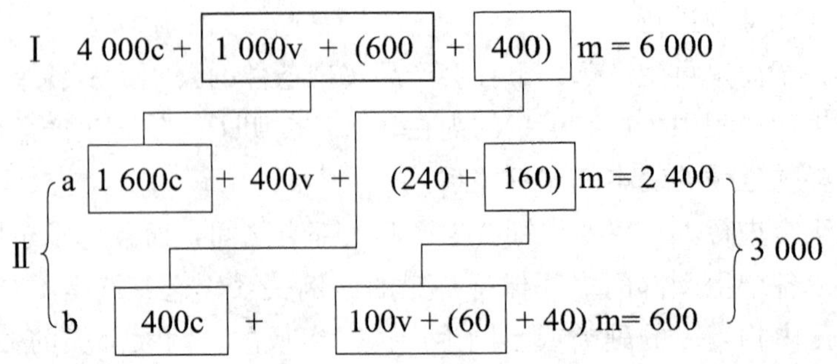

从上面的分析可以看到，第二部类两个副类产品的实现，也仍然是以简单再生产条件下社会产品实现的基本条件为基础，即以Ⅰ(v+m)=Ⅱc这一比例关系为基础的；但是在这个基础上，还要求第二部类这两个副类之间，以及这两个副类同第一部类之间也保持一定的比例关系。只有符合这一切比例关系，社会产品才能全部实现，简单再生产才能顺利进行。

从上面的分析还可以推论，为适应生活必需品生产和奢侈品生产划分的情况，第一部类为第二部类制造生产资料的各个部门之间，也必须有相应的划分，才能够分别地满足生活必需品生产部门和奢侈品生产部门对生产资料的需求。第一部类内部的这种划分，虽然我们在前面没有展开分析，但在客观上是必需的。所以，生活必需品生产和奢侈品生产之间的比例关系，不仅对第二部类本身的生产形态有着决定的意义，而且对第一部类的生产形态有决定的意义。马克思曾经指出，生活必需品生产和奢侈品生产之间的“这种分割从根本上影响着生产的性质和数量关系，对生产的总形态来说，是一个本质的决定性的因素”①。

以上，我们考察了简单再生产下社会产品的实现条件。在考察过程中，我们把货币流通的问题暂时撇开了。但实际上，社会产品各部分的实现，并不是以直接的物物交换的形式进行的，而是通过货币流通的媒介进行的。马克思曾说：“货币流通成为交换的媒介，同时也使这种交换难于理解，然而它却具有决定性的重要意义”②。所以，我们对于货币流通在社会产品实现过程中的作用，还有必要加以说明。

在这里，我们就以两大部类之间的交换，即以Ⅰ(1 000v+1 000m)对Ⅱ2 000c的交换为例，来说明货币流通在社会产品实现中的作用。

第一，为了购买劳动力，我们假设第一部类的资本家会把1 000的货币付给工人；于是，资本家就获得了价值1 000的劳动力，而工人则得到了1 000的货币工资。

第二，第一部类的工人用货币工资向第二部类的资本家购买消费品；于是，第二部类用以补偿不变资本的产品的一半（1 000c）就实现了。这些产品转归第一部类的工人消费，而1 000的货币则转归第二部类的资本家。

第三，第二部类的资本家再用这1 000的货币向第一部类的资本家购买生产资料；于是，第一部类由1 000v代表的这部分产品也得到实现，而原来由第一部类的资本家垫付的1 000货币则重新返回他们手中。

这样，经过三次经由货币作媒介的交换，就有第一部类1 000v的产品和第二部类1 000c的产品被实现了。

第四，我们再假设，第二部类的资本家垫付了500的货币向第一部类购买生产资料，并由此在实物形态上再补偿了500c的不变资本。这样，第一部类的资本家

① 马克思，恩格斯．马克思恩格斯全集：第24卷．北京：人民出版社，1972：457.

② 同①442.

就有一半的剩余价值，即 500m 的产品实现了。

第五，第一部类的资本家，用他获得的货币 500，向第二部类的资本家购买 500 的消费品，于是，货币又返回到第二部类的资本家手里，即回到原来的出发点。

第六，我们还假设，第一部类资本家为了个人消费，垫付了 500 的货币，向第二部类购买消费品。这样，第二部类用以补偿不变资本的产品就全部实现了。

第七，第二部类的资本家再用他卖得的这 500 的货币，向第一部类购买生产资料 500m，于是，第一部类的剩余价值就都实现了，而 500 的货币则重新返回出发点。

在以上七次交换当中，参加交换的总共有价值 4 000 的商品产品，即Ⅰ（1 000v＋1 000m)＋Ⅱ2 000c；此外还有价值 1 000 的劳动力。完成交换所需要的货币总共为 1 500。如果货币的流通速度更快一些，则所需要的货币还可以更少。

由此可见，货币流通在两大部类产品的交换中起了媒介的作用，两大部类的产品，就是借助于货币流通而实现的。在社会总资本的流通中，货币时而被当作资本，时而被当作普通的货币来发挥职能；它或是被资本家用来购买各种生产要素，或是被资本家和工人用来购买各种个人消费品。这些充当媒介物的货币，最终总是由资本家投入流通的，因此不管它是由哪个部类的资本家垫付出去的，最后总要返回到原来的出发点。马克思说："当再生产（无论是简单的，还是规模扩大的）正常进行时，由资本主义生产者预付到流通中去的货币，必须流回到它的起点（无论这些货币是他们自己的，还是借来的）。这是一个规律"①。

关于货币流通在社会产品实现过程中的作用就是这样。

我们在前面分析社会产品的实现条件时，曾经假定不变资本的价值会在一年中全部转移到新生产的产品中去。我们说过，为了揭示社会产品实现的一般条件，作这种假定是合理的和必要的。但是，实际情况和假设毕竟不是完全一致的。不变资本中有的固定资本部分，可以在几年、十几年乃至几十年的长时间内继续发挥作用，而它的价值则是随着它的磨损程度逐渐转移到产品中去的。固定资本再生产的这个特点，自然会影响到社会产品的实现。所以，在弄清楚社会产品实现的一般条件之后，我们还要回过头来谈一谈固定资本如何补偿的问题。

为了说明固定资本的补偿同社会产品实现的关系，只要就两大部类中一个部类的固定资本来进行考察就够了，因为其中的道理是一样的。现在，我们就以第二部类固定资本的补偿为例加以说明。

假定在第二部类的产品 2 000c 中，有 200 是代表当年消耗掉的固定资本的价值的。由于这部分固定资本不马上更新，因此，第二部类至多只能向第一部类购买价值 1 800 的生产资料，而不是购买 2 000。但这样一来，第一部类就有 200 的生产资料卖不出去；由于这一部分卖不出去，第一部类向第二部类购买的消费品也就相应减少，因此，第二部类也便有 200 的消费品卖不出去。于是，困难就发生了，我们

---

① 马克思，恩格斯. 马克思恩格斯全集：第 24 卷. 北京：人民出版社，1972：512.

在前面所论证的社会资本简单再生产的实现条件似乎有遭到破坏的危险。

为了解决上述困难，是否可以作这样的假设，即假设第一部类的资本家会多垫付 200 的货币来向第二部类购买消费品呢？如果第一部类的资本家多垫付 200 的货币来购买消费品，第二部类的资本家不是既可以把这些货币作为折旧基金积累起来，又可以把全部消费品都实现吗？但是，只要我们仔细考虑一下，就会知道这个假设是不合理的。因为在这个假设下面，第二部类的资本家固然能够积累折旧基金，也能够实现全部产品，但由于他把第一部类资本家多垫付的那 200 货币作为折旧基金贮藏起来了，并不立即向第一部类购买生产资料，因而第一部类还是有 200 的生产资料卖不出去，从而形成生产过剩。而且，根据我们前面的分析，在社会资本再生产的过程中，资本家垫付到流通中的货币必须返回到原来的出发点，这是一个客观规律。如果第二部类的资本家把第一部类的资本家多垫付的货币当作折旧基金贮藏起来了，货币就不能返回到它的出发点，而这是和货币运动的规律相背离的。

这一问题实际上是这样解决的：当第二部类的一部分资本家在折旧基金的形态上把当年固定资本转移过来的价值积累起来的时候，另一部分资本家会把历年积累下来的折旧基金用来更新固定资本。也就是说，整个第二部类的资本家仍然是每年向第一部类的资本家购买价值 2 000 的生产资料。马克思指出："第Ⅱ部类是由许多资本家构成的，他们的固定资本处在再生产的完全不同的期限中。对一些资本家来说，固定资本已经到了必须全部用实物更新的期限。对另一些资本家来说，它和这个阶段多少还有些距离。"① 所以，如果当第二部类的一些资本家在积累 200 折旧基金时，另一些资本家恰好用以前积累的 200 折旧基金去购买固定资本的各种要素，那么，第二部类就仍然可以向第一部类购买总数为 2 000 的生产资料，两大部类的交换就可以符合简单再生产条件下社会产品的实现条件，社会资本再生产也就可以正常进行。

由此我们可以得出一个重要的结论：一年间更新的固定资本的总额，应该等于当年在货币形态上积累的折旧基金的总额。如果不符合这一条件，固定资本的补偿就不能顺利进行，即使社会产品实现的基本条件Ⅰ(v+m)=Ⅱc 已经具备，社会产品也将不能完全实现，简单再生产的维持也仍会发生困难。

第三节　扩大再生产条件下社会产品的实现

资本主义的扩大再生产要以资本的积累为前提。这一原理不仅对于个别资本的再生产是适用的，而且对于社会资本的再生产也是完全适用的。为了实现社会资本的扩大再生产，资本家阶级就不能把全部剩余价值都用于个人消费，而必须把其中

---

① 马克思，恩格斯．马克思恩格斯全集：第 24 卷．北京：人民出版社，1972：514.

的一部分积累起来，作为追加的资本投入生产。

但是，剩余价值能不能转化为资本，还要取决于社会总产品能不能为扩大再生产提供必要的物质条件。马克思写道："要积累，就必须把一部分剩余产品转化为资本。但是，如果不是出现了奇迹，能够转化为资本的，只是在劳动过程中可使用的物品，即生产资料，以及工人用以维持自身的物品，即生活资料……总之，剩余价值所以能转化为资本，只是因为剩余产品（它的价值就是剩余价值）已经包含了新资本的物质组成部分。"①

所以，为了实现资本的积累和社会资本的扩大再生产，就必须具备这样两个物质条件：第一，社会产品中要包含追加的生产资料；第二，社会产品中要包含维持追加劳动力所必需的追加的消费资料。至于追加的劳动力，那当然也是扩大再生产的必要条件，但这个条件对于资本家来说，一般是不成问题的。因为在资本主义制度下，经常存在着庞大的产业后备军，资本家随时都可以找到追加的劳动力。

扩大再生产的各种物质要素既然要由社会总产品提供出来，社会产品各部分就不能保持原来在简单再生产条件下的那种比例关系，而必须按照扩大再生产的要求重新加以组合。马克思在谈到由简单再生产向扩大再生产过渡的前提时指出："对一定量商品来说，规模扩大的再生产所需要的前提是，既定产品的各种要素已经有了不同的组合，或不同的职能规定"②。那么，社会产品各部分应该按照什么样的比例关系重新组合，才能提供出追加的生产资料和追加的消费资料，以适应扩大再生产的需要呢？

首先，为了能够提供追加的生产资料，第一部类当中代表可变资本和剩余价值的这两部分产品，在价值总量上就不能仅仅等于第二部类所消耗的不变资本，而必须大于第二部类的不变资本。因为只有这样，这两部分产品在补偿了第二部类已消耗的生产资料之后，才能余下一部分生产资料来满足两大部类扩大再生产对追加生产资料的需要。因此，第一部类的 v＋m 必须大于第二部类的 c，这是社会资本扩大再生产的前提条件。这个前提条件用公式来表示就是：

$$\mathrm{I}(v+m)>\mathrm{II}c$$

其次，为了能够提供追加的消费资料，第二部类当中代表不变资本和供积累用的剩余价值这两部分产品，其价值总和就必须大于第一部类的可变资本加上供资本家个人消费用的剩余价值的总和。因为只有这样，第二部类所提供的这些产品，才能在补偿了第一部类工人和资本家所消耗的消费资料之后，还能余下一部分消费资料来满足两大部类扩大再生产对追加消费资料的需要。以 $\frac{m}{x}$ 代表供资本家个人消费用的剩余价值部分，以 $m-\frac{m}{x}$ 代表供积累用的剩余价值部分，那么，扩大再生

① 马克思，恩格斯．马克思恩格斯全集：第23卷．北京：人民出版社，1972：637.

② 马克思，恩格斯．马克思恩格斯全集：第24卷．北京：人民出版社，1972：571.

产的这个前提条件就可以用公式表示如下：

$$\text{Ⅱ}\left(c+m-\frac{m}{x}\right)>\text{Ⅰ}\left(v+\frac{m}{x}\right)$$

上面我们分析了社会资本扩大再生产所需要的前提条件。这些条件表明了，社会总产品的各部分之间必须进行什么样的重新组合，才有可能进行资本主义的扩大再生产。但是，具备了上述条件，也仅仅是具备了扩大再生产的可能性，只有当社会总产品都按照扩大再生产的要求得以实现的时候，才会出现实际上的扩大再生产。

现在，我们就进一步来考察扩大再生产下社会产品是怎样实现的。根据上述扩大再生产所需要的前提条件，我们假设社会总产品是由下列各个部分组成的：

$$\text{Ⅰ}\quad 4\,000c+1\,000v+1\,000m=6\,000$$
$$\text{Ⅱ}\quad 1\,500c+750v+750m=3\,000$$

在上列图式中，假定第一部类的资本家将剩余价值的半数用于积累，将其余的半数用于个人消费，在 1 000m 中，就有 500 转化为资本，500 转化为消费基金。假定资本的有机构成不变，那么，按照第一部类原来的有机构成 4∶1 的比例，转化为资本的 500 剩余价值，就有 400 作为追加的不变资本，100 作为追加的可变资本。这样，第一部类第一年生产出来的全部产品，为了积累的目的，重新组合如下：

$$\text{Ⅰ}\quad 4\,400c+1\,100v+500m=6\,000$$

第一部类的这些产品是怎样实现的呢？由 4 400c 所代表的这部分生产资料，是准备用来维持和扩大本部类的生产的，其中 4 000c 要用来替换已经消耗掉的生产资料，400c 则是追加的生产资料。这些产品除了有一小部分不经交换就直接投入原单位的生产外，其余部分都可以通过本部类资本家之间的交换而得到实现。但是，由 1 100v+500m 所代表的那部分产品，则不能在本部类内部实现。因为这些产品从价值上说是必须用于工人和资本家的个人消费的，但它们的实物形态却是生产资料，因此，这些产品只有和第二部类相交换，才能得到实现。

由于第一部类准备向第二部类提供的生产资料价值达 1 600，比第二部类原来消耗的生产资料 1 500 还多出 100，这就使第二部类在补偿了不变资本之后，还有可能从剩余价值中取出 100 作为追加资本，来扩大不变资本的价值。从另一方面说，也只有当第二部类把不变资本由 1 500 增加到 1 600 时，第一部类提供的生产资料才能全部实现。

为了扩大再生产，第二部类在扩大不变资本的同时，还必须相应地扩大可变资本。如果有机构成不变，那么，按照第二部类原来的有机构成 2∶1 的比例，不变资本增加 100，可变资本就应该相应地增加 50。这样，第二部类的剩余价值 750，在扣除了 100c+50v 的积累之后，就只有余下的 600 可以供资本家个人消费。于是，第二部类在第一年生产出来的全部产品，为了积累的目的，重新组合如下：

Ⅱ　1 600c＋800v＋600m＝3 000

在第二部类的这些产品当中，由 800v＋600m 所代表的这两个部分，是可以在本部类内部实现的，因为本部类的工人和资本家需要这些消费品。剩下 1 600c 的消费资料，在价值上恰好和第一部类 1 100v＋500m 的生产资料相等，这就可以通过两大部类之间的交换来实现。

这样，在扩大再生产的条件下，两大部类之间的这种交换，就可以用下列图式来表示：

Ⅰ　4 400c + [1 100v + 500m] = 6 000

Ⅱ　[1 600c] + 800v + 600m = 3 000

经过上述的各种交换，社会总产品就全部得到实现，两大部类的资本家都能买到扩大生产所需要的追加的生产资料，新增加的工人也能买到自己所需要的必要消费品。于是，到第二年年初，第一部类的资本就可以由 4 000c＋1 000v＝5 000 增加到 4 400c＋1 100v＝5 500；第二部类的资本也可以由 1 500c＋750v＝2 250 增加到 1 600c＋800v＝2 400。社会总资本则由原来的 7 250 增加到 7 900。这样，第二年的社会生产就可以在扩大的规模上进行了。如果剥削率不变，到第二年年底，就会生产出价值如下的社会产品：

Ⅰ　4 400c＋1 100v＋1 100m＝6 600
Ⅱ　1 600c＋800v＋800m＝3 200

第二年产品的实现，以及第二年以后各个年度生产扩大和产品实现的情况，都可以按照上面的方法加以类推。如果第一部类的积累率（积累量占剩余价值量的比例）不变，两大部类的资本有机构成和剥削率也不变，那么，到第三年年底就可以生产出价值如下的社会产品：

Ⅰ　4 840c＋1 210v＋1 210m＝7 260
Ⅱ　1 760c＋880v＋880m＝3 520

而到第四年年底则增加为：

Ⅰ　5 324c＋1 331v＋1 331m＝7 986
Ⅱ　1 936c＋968v＋968m＝3 872

如此等等。

上面的分析表明，在扩大再生产的条件下，两大部类之间必须保持这样一种比例关系，即：第一部类原有的可变资本的价值，加上追加的可变资本的价值，再加上本部类资本家用于个人消费的剩余价值，这三者的总和，必须等于第二部类原有不变资本和追加不变资本的价值总和。用公式表示就是：$\text{I}\left(v+\Delta v+\frac{m}{x}\right)=\text{II}(c+\Delta c)$。公式中 Δc 代表追加的不变资本，Δv 代表追加的可变资本。这就是扩大再生产条件下社会产品实现的基本条件，或者说社会资本扩大再生产需要具备的基本条件。只有符合了这个条件，社会产品的各个部分才能够全部实现，扩大再生产才能够正常进行。

从扩大再生产条件下社会产品实现的基本条件，还可以引申出以下两个条件：

第一，第一部类全部产品的价值，必须等于两大部类原有的不变资本价值，加上两大部类追加的不变资本价值的总和。用公式表示就是：$\text{I}(c+v+m)=\text{I}c+\text{II}c+\text{I}\Delta c+\text{II}\Delta c$。只有这样，第一部类的产品才能全部实现，并且两大部类已消耗的生产资料才能得到补偿，两大部类扩大再生产所需要的追加的生产资料才能得到满足。

第二，第二部类全部产品的价值必须等于两大部类原有的可变资本价值，加上供资本家个人消费用的剩余价值，再加上两大部类追加的可变资本价值的总和。用公式表示就是：$\text{II}(c+v+m)=\text{I}\left(v+\frac{m}{x}\right)+\text{II}\left(v+\frac{m}{x}\right)+\text{I}\Delta v+\text{II}\Delta v$。只有这样，第二部类的产品才能全部实现，并且两大部类工人和资本家所消耗的消费资料才能得到补充，两大部类扩大再生产所需要的消费资料才能得到满足。

对扩大再生产下社会产品实现条件的分析，进一步揭示了社会生产两大部类之间的内在联系。这一分析表明，两大部类的积累和生产的扩大，是互为条件、互相依赖的。第一部类既为第二部类提供追加的生产资料，同时又规定着第二部类的积累规模和积累率。但是反过来说，第二部类生产对第一部类生产的扩大也有制约作用。如果第二部类的积累和生产的扩大，没有提供足够的追加的消费资料，那么，第一部类产品的实现就会发生困难，同时，第一部类新增加的工人也会买不到必要的消费品，这样，第一部类生产的扩大，无疑就要遇到阻碍。正如马克思所指出的："在以资本的增加为基础的生产中，$\text{I}(v+m)$ 必须 $=\text{II}c$ 加上再并入资本的那部分剩余产品，加上第Ⅱ部类扩大生产所必需的不变资本的追加部分；而第Ⅱ部类扩大生产的最低限度，就是第Ⅰ部类本身进行实际积累，即实际扩大生产所不可缺少的最低限度。"①

上面，我们为了使问题的说明简便起见，曾经撇开了技术进步的因素，而假定资本的有机构成是不变的。在这个假定下面，每年积累的资本都按照原有的资本有机构成，划分为追加的不变资本和追加的可变资本，因此，不变资本增长的速度必然和可变资本增长的速度相同，生产资料生产增长的速度必然和消费资料生产增长的速度相同。如果其他条件都不变，那么，两大部类的生产也就必然会以同样的速

---

① 马克思，恩格斯. 马克思恩格斯全集：第 24 卷. 北京：人民出版社，1972：585.

度增长。这一点，我们只要比较一下前面列举过的社会产品逐年增长的数字，就可以清楚地看出来。

但是实际上，资本主义生产的扩大总是伴随着技术的进步，资本的有机构成也总在不断提高。如果把技术进步和有机构成提高的因素估计进去，我们就可以看到，在扩大再生产的过程中，两大部类的生产并不是按照同等的速度增长的，而是第一部类生产增长的速度高于第二部类生产增长的速度。这是因为，在有机构成提高的条件下，积累的资本有越来越大的部分合并到原来的不变资本中去，因此，不变资本的增长必然比可变资本的增长快，对生产资料的需求也必然比对消费资料的需求增长得快。这样，在其他条件不变的情况下，生产资料的生产就会比消费资料的生产增长得更快些。

生产资料生产优先增长的原理，是从资本有机构成提高的规律中引申出来的一个必然的结论。马克思在分析社会资本再生产的条件时，虽然一般地并不涉及生产资料生产优先增长的问题，但他曾经在一个地方十分明确地谈到了这一原理。他说，使资本主义社会和原始的野蛮人互相区别的事情之一，就在于“资本主义社会把它所支配的年劳动大部分用来生产生产资料（即不变资本），而生产资料既不能以工资形式也不能以剩余价值形式分解为收入，而只能作为资本执行职能”①。马克思在这里所谈的，正是生产资料生产占优势，即生产资料生产优先增长的问题。

马克思关于生产资料生产优先增长的原理，在列宁的著作中得到了进一步的阐明。列宁在论述这一原理时指出：“资本发展的规律是不变资本比可变资本增长得快，也就是说，新形成的资本愈来愈多地转入制造生产资料的社会经济部门。因此，这一部门必然比制造消费品的那个部门增长得快”②。列宁不仅进一步阐述了马克思的生产资料生产优先增长的原理，而且以资本有机构成的提高为前提，补充制定了关于社会资本扩大再生产的图式，并由此详细地论证了生产资料生产优先增长的必然性。

由于在技术进步的条件下，生产资料的生产比消费资料的生产增长得快，因此，第一部类中为本部类制造生产资料的各个部门的生产，如冶金、煤炭、工作母机制造业等基本工业部门的生产，就要比为第二部类制造生产资料的各部门增长得更快一些。只有这些基本工业部门更快地发展了，才能保证生产资料的生产得到优先增长。所以，正如列宁在分析扩大再生产的图式时所指出的：“这样我们看到，增长最快的是制造生产资料的生产资料生产，其次是制造消费资料的生产资料生产，最慢的是消费资料生产。”③

但是必须明确，生产资料生产的增长占优先地位，并不意味着生产资料的生产可以脱离消费资料的生产而孤立地、片面地发展。固然，第一部类产品中有相当一

---

① 马克思，恩格斯. 马克思恩格斯全集：第 24 卷. 北京：人民出版社，1972：489.

② 列宁. 列宁全集：第 2 卷. 2 版. 北京：人民出版社，1984：126.

③ 列宁. 列宁全集：第 1 卷. 2 版. 北京：人民出版社，1984：66.

部分是在本部类内部实现的，它们并不进入个人消费品的生产领域，就这一点来说，生产资料生产的增长似乎可以不依赖于个人消费品的生产。可是，生产资料的生产归根到底还是为了以更多的技术设备和原材料去供应消费资料的生产部门，以满足这些部门的生产需要。正如马克思所指出的："不变资本的生产，从来不是为了不变资本本身而进行的，而只是因为那些生产个人消费品的生产部门需要更多的不变资本。"① 而且，第一部类的各个部门，无论是为本部类制造生产资料的，还是为第二部类制造生产资料的，它们的工人和资本家都需要依靠第二部类来供应消费品，否则，他们就无法生存。所以，生产生产资料的各个部门，总是要通过直接或间接的交换去和生产消费资料的各个部门发生联系，生产资料生产的发展终究要依赖于消费资料生产的发展。如果没有消费资料生产的相应发展，生产资料生产的扩大就迟早要遇到困难。

马克思研究资本主义社会再生产过程而提出的再生产理论，具有重要的理论意义和实践意义。它不仅适用于资本主义社会，而且同样适用于社会主义社会。正如列宁所指出的，马克思关于第一部类和第二部类的比例关系的公式，对共产主义生产都是有效的。② 就资本主义社会来说，我们运用马克思的再生产理论，可以更深入地揭露这一社会的各种矛盾及其腐朽性，更具体地阐明它必然走向灭亡的内部根源；而就社会主义社会来说，运用这一理论，则有助于我们有计划地安排国民经济，正确处理经济过程中像农业、轻工业、重工业以及积累和消费等重大关系问题，从而推动社会主义建设事业更加迅速地向前发展。

第四节 资本主义条件下社会产品实现过程的矛盾和困难

马克思的再生产理论表明，无论在简单再生产还是扩大再生产的条件下，社会生产的两大部类以及各个部门之间，都必须保持一定的比例关系。但是，在资本主义的经济领域中，由于充满着种种不可克服的矛盾，社会资本再生产所需要的比例关系经常不能保持。这些矛盾主要有：生产社会性和私人资本主义占有形式的矛盾，以及由这一矛盾所引起的个别企业的有组织和整个社会生产的无政府状态的矛盾、生产无限扩大的趋势和劳动人民消费的有限性的矛盾。

资本主义生产的高度社会化，客观上要求把整个社会的生产置于一个统一计划的指导之下。但是，生产资料的私有制却把资本主义社会的生产割裂开来，使生产成为每个资本家私人的事情。因此，资本主义生产只能在个别企业内部具有一定的组织性，而整个社会的生产则完全处于一种没有组织、没有计划的无政府状态。而且，由于个别企业的组织性加剧了资本主义企业之间的竞争，因此它非但不能消除

① 马克思，恩格斯．马克思恩格斯全集：第25卷．北京：人民出版社，1974：341.

② 列宁．对布哈林《过渡时期的经济》一书的评论．北京：人民出版社，1976：2-3.

社会生产的无政府状态，反而加剧了这种无政府状态。这样，就不可避免地要产生如下结果：不是这种商品生产过多，便是那种商品生产过少，因而，社会资本再生产所要求的各种比例关系，就不能不遭到这样或那样的破坏。

生产的高度社会化和生产力的不断提高，使资本主义生产具有无限扩大的趋势。但是，在资本主义制度下，资本家生产的目的不是为了改善人民群众的生活，而是为了获得更多的剩余价值。为了达到这一目的，资本家一方面尽可能地增加资本积累和扩大生产规模，另一方面又千方百计地加强对工人阶级和其他劳动群众的剥削与压榨，限制了劳动人民消费水平的提高。这样，就形成了生产和消费之间的对抗性矛盾，从而不可避免地导致社会生产两大部类之间的比例关系的破坏。人民群众购买力的相对缩小趋势，不仅会直接影响第二部类产品的实现，阻碍第二部类生产的发展，使第二部类的生产日益落后于第一部类，而且会使第二部类对生产资料的需求相对缩减，从而间接影响第一部类产品的实现，使第一部类生产的发展也受到阻碍。

由此可见，社会产品实现条件经常遭到破坏和产品实现过程经常发生困难，乃是资本主义社会的一种必然现象。资本主义再生产虽然需要一定的比例关系，但在资本主义制度下并不能自觉地建立这种比例关系；资本主义再生产虽然需要某种平衡，但在资本主义制度下并不能自觉地维持这种平衡。马克思明确指出：“在这种生产的自发形式中，平衡本身就是一种偶然现象”①。

那么，社会资本再生产和流通所需要的比例关系，究竟是怎样形成的呢？

我们说过，价值规律在资本主义商品经济中起着自发的调节作用，资本家虽然不可能自觉地安排社会生产的比例，但他们有可能根据市场价格的晴雨表，使自己企业的生产多少能适应社会的需要。哪种商品的价格上涨，能够获得更多的利润，资本家就趋之若鹜，尽力去扩大这种商品的生产；反之，哪种商品的价格下跌，使资本家的利润减少，资本家就会缩减这种商品的生产。正是价值规律的这种调节作用，使资本主义各生产部门之间能够自发地形成某种比例，并且为社会资本再生产的进行提供某种可能的条件。不过，由于价值规律的调节带有极大的自发性和盲目性，同时，市场价格的涨落，并不能准确地反映出社会对各种商品的需要，因此，资本家在扩大生产的过程中，又常常会使得一些商品的生产超过社会的需要，从而破坏平衡状态，造成局部的或普遍的生产过剩。

所以，资本主义再生产所要求的比例关系，社会总产品实现所需要的各种条件，实际上是通过各种困难和波动，通过不断的经济震荡和周期性的经济危机，自发地强制地实现的。这种平衡的维持，同社会主义条件下通过自觉的计划所实现的平衡根本不同，它必然伴随着生产力的巨大浪费和破坏。马克思说过：“一切平衡都是偶然的，各个领域中使用资本的比例固然通过一个经常的过程达到平衡，但是这个过程的经常性本身，正是以它必须经常地、往往是强制地进行平衡的那种经常

---

① 马克思，恩格斯．马克思恩格斯全集：第24卷．北京：人民出版社，1972：558．

的比例失调为前提。”①

从上面的分析中可以看到，马克思的再生产理论或实现论，不仅阐明了社会资本再生产和流通的过程，揭示了再生产的一般规律性，而且揭露了资本主义再生产所固有的对抗性矛盾。这个理论不仅阐明了资本主义发展的条件，而且有力地证明了资本主义的历史局限性和历史暂时性。

马克思的再生产理论也和马克思的其他经济理论一样，遭到了各种敌对思想的歪曲和攻击。在这方面，我们可以举出19世纪末俄国民粹派和“合法马克思主义者”的观点来谈一谈，这些反马克思主义的观点是有一定代表性的。

民粹派为了否定当时俄国资本主义发展的可能性，进而否定无产阶级革命的必要性，曾经肆意歪曲马克思的实现论。民粹派认为，在资本主义的社会产品中，补偿不变资本和可变资本的这两部分是不难实现的，因为第一部分可以用于生产，第二部分可以用于工人的消费。但相当于剩余价值的这一部分则难以实现，因为它不可能为资本家全部消费掉。这一部分产品怎么实现呢？他们说，只有依靠“第三者”或“非资本主义生产方式的社会阶层”，即依靠农民和手工业者才能实现。可是他们却认为，随着小生产者的破产，国内市场是逐渐缩小的，因而剩余价值单靠国内市场也不能实现，必须依靠国外市场才能实现。但国外市场又是一般年轻的、晚近才走上资本主义发展道路的国家可望而不可即的。因此，结论就是：资本主义在俄国不能发展起来。

民粹派的上述观点是十分错误的。首先，把资本主义社会产品实现的困难，仅仅归结为剩余价值实现的困难，这是极端片面的。实际上，如果估计到资本主义的各种深刻的矛盾，那就应该了解到，实现的困难绝不仅限于剩余价值这一部分，社会产品其他部分的实现，也同样会遇到困难。列宁说过：“这一种因各生产部门分配的不合比例而引起的困难，不仅在实现额外价值（指剩余价值。——编者）时，而且在实现可变资本和不变资本时，不仅在实现消费品产品时，而且在实现生产资料产品时，都经常发生。”② 同时也不能认为，社会产品根本不可能在资本主义经济内部实现，因为依靠价值规律的调节，资本主义各生产部门之间还是可以自发地形成某种比例关系，资本主义的社会产品，就是通过困难、波动和危机而自发地实现的。

其次，如果谈到国内市场的变动，那么，在资本主义发展的过程中，小生产者的破产就恰恰不是缩小国内市场，而是扩大国内市场。小生产者的破产意味着农民和手工业者的分化，其中一小部分人变成资本家，而绝大部分人则沦为一无所有的雇佣工人。这些新起的资本家在扩大他们的生产时，需要向市场购买越来越多的生产工具和原材料，同时会向市场提供越来越多的商品；他们对消费品的需求，也会随着生产的发展而日益增加。而在劳动者这一方面，原来供他们个人消费的产品有

---

① 马克思，恩格斯．马克思恩格斯全集：第26卷Ⅱ．北京：人民出版社，1973：562.

② 列宁．列宁全集：第3卷．2版．北京：人民出版社，1984：28－29.

相当一部分是靠自己生产的，现在也要完全依靠市场来取得。这样一来，随着小生产者的破产和分化，资本主义的国内市场便日益扩大。

谈实现问题把国外市场（即商品输出问题）扯进来，这表明民粹派对这个问题一窍不通。因为在正常情况下，输出和输入总是接近平衡的，对外贸易不过是以外国的自然形态不同的物品来交换本国的物品，它并不影响两大部类产品之间的价值关系，也不会影响不变资本、可变资本和剩余价值之间的关系。把对外贸易引进来，并没有改变实现问题的本质，它只是把实现问题由一国的范围推广到国际的范围，这对于问题的解决并不能提供任何新的东西。

“合法马克思主义者”从另一个极端来攻击马克思的实现论。他们把马克思的实现论同资产阶级的市场理论混同起来，毫无根据地把实现论说成是按比例分配的理论。按照他们的“解释”，似乎马克思的再生产图式，就是要证明资本主义的生产能够同消费协调，证明资本主义各部门能够按比例地进行生产。因此，再生产的图式似乎不是为了说明社会产品实现的条件，而倒是为了证明资本主义的社会产品永远能够顺利实现。“合法马克思主义者”的一个代表人物杜冈-巴拉诺夫斯基还认为，从马克思的再生产图式，可以看出资本主义经济的发展是不以个人消费为转移的。他甚至断言，即使只剩下一个工人，资本主义社会产品的实现也不会发生任何困难。

这完全是适应资产阶级的需要而对马克思的实现论的一种曲解和诬蔑。

其实，马克思的实现论只是为了阐明资本主义社会产品的实现客观上必须具备的一些条件，而绝不是说在资本主义的现实经济生活中，真的经常具备这些条件，以致资本主义再生产可以畅通无阻地顺利进行。马克思不止一次地强调指出，由于在资本主义再生产过程中存在着一系列对抗性的矛盾，社会产品实现的条件必然要经常遭到破坏，社会产品的实现必然要经常发生困难。马克思的再生产图式所表明的不是别的，而恰恰是生产和消费之间的联系。消费虽然不是资本主义生产的直接目的，但资本主义生产归根到底还是要和消费相联系，并且要以消费为转移。如果资本主义社会真的只剩下少数工人，那么不用说社会产品的实现，就连资本主义社会本身的存在也是根本不可能的。杜冈-巴拉诺夫斯基等人的上述论点，不仅证明了他们对马克思主义政治经济学一窍不通，同时也充分证明了他们是站在资产阶级立场上来为资本主义制度辩护的。

所以，正如列宁所指出的：“马克思的理论（指他的实现论。——编者）不仅没有复活为资产阶级辩护的理论……相反，它却提供了最有力的武器去反对这种辩护论。”①

---

① 列宁. 列宁全集：第4卷. 2版. 北京：人民出版社，1984：73.

第七章

平均利润和生产价格

第一节　生产成本和利润。利润的本质

在前面几章中，我们分别考察了资本运动过程的两个方面，即直接生产过程和流通过程。通过这些考察，我们对于资本运动过程的本质及其规律性，已有了一个明确的认识。在以下各章中，我们将要根据已获得的关于资本运动过程本质的认识，从生产和流通统一的角度，来进一步“揭示和说明资本运动过程作为整体考察时所产生的各种具体形式”①，如产业资本、商业资本和生息资本等。资本在现实运动中就是以这些具体形式互相对立的。分析的结果，将使我们对资本整体运动过程所包含的极其错综复杂的关系和矛盾，对所有这些矛盾的发展规律，有更加全面和更加深入的理解。马克思写道：这里“将要阐明的资本的各种形式，同资本在社会表面上，在各种资本的互相作用中，在竞争中，以及在生产当事人自己的通常意识中所表现出来的形式，是一步一步地接近了”②。所以，分析资本的各种具体形态，还将有助于我们正确认识资本主义经济的各种表面现象，并进一步揭露资产阶级及其经济学者就这些表面现象所作出的一切肤浅的、错误的解说和论断。

在这一章中，我们所要说明的是产业资本的利润问题，要说明剩余价值怎样转化为利润以及利润怎样转化为平均利润的问题。在说明时，我们假定产业资本独自

---

① 马克思，恩格斯. 马克思恩格斯全集：第25卷. 北京：人民出版社，1974：29.

② 同①30.

完成资本循环的所有阶段，而无须借助于商业资本和借贷资本，并且假定它自己占有工人所创造的全部剩余价值。

如前所述，任何一个用资本主义方法生产出来的商品（W），其价值都可以用 W＝c＋v＋m 这个公式来表示。其中，c 代表所耗费的不变资本的价值，v 代表工人所创造的价值中用于补偿可变资本的部分，m 则是剩余价值。如果从商品价值中除去剩余价值 m，那么剩下来的 c＋v 这一部分，相当于资本家在生产上所耗费的资本价值，所以对资本家来说，这便是商品的生产成本或生产费用。

但是，我们知道，“商品使资本家耗费的东西和商品的生产本身所耗费的东西，无疑是两个完全不同的量”①。商品的资本主义生产成本，是按照资本的耗费来计算的，而商品的实际生产成本，却是按照劳动的耗费来计算的。为了生产一件商品，不仅要耗费各种生产资料即物化劳动，而且要耗费工人的活劳动。因此，商品的实际生产费用包括物化劳动耗费和活劳动耗费两个部分，它等于商品的全部价值，即等于 c＋v＋m，这比上述由资本耗费所规定的生产费用要大。

在资本主义制度下，商品的生产成本之所以只按照生产上耗费的资本（c＋v）来规定，这是由资本主义生产的特性决定的。资本家是剥削者，他在商品生产上只花费资本，而不花费自己的劳动。这里虽然也花费了工人的劳动，但工人在加入生产过程之后，是被当作资本的一个要素来发挥作用的。由于这种缘故，所以当资本家确定生产成本时，就只计算他所耗费的资本数量。

当然，说资本主义的生产成本是由生产上耗费的不变资本和可变资本的价值构成的，这仍然是我们通过理论分析得出来的结论，而不是说资本家也同我们一样，使用不变资本和可变资本这样的概念。资本家为了确定商品中的资本耗费，并不区分什么是不变资本和可变资本，在他看来，一切资本支出都是同样重要的。在这里，他唯一需要考虑的是固定资本和流动资本的区别。由于机器、厂房等的价值不能一次周转回来，所以他只计算这些固定资本的磨损部分；由于原料、材料的价值和工资支出等能够一次周转回来，所以他就把它们统统归入流动资本支出的项目之下；而这两部分合起来，就成为他为了生产一定量商品所支出的生产成本。

因为从商品价值中把 c 和 v 这两部分价值独立了出来，并且把它们归结为生产成本这一范畴，所以，商品的价值构成也就发生了相应的形式上的变化。如果我们以 k 代表生产成本，那么原来的 W＝c＋v＋m 公式，便转化为 W＝k＋m，即商品价值＝生产成本＋剩余价值。

但必须明确，对于资本主义经济来说，生产成本并不是一个单纯的计算范畴；它的意义也不仅限于表明资本家在商品生产上不耗费自己的劳动而只耗费自己的资本这一点。商品价值的这个独立部分，在现实的商品生产中，会发生实际的影响。

生产成本是资本家经营企业赚钱或亏本的标志。这一部分价值所代表的既然是商品中所包含的资本耗费，那么它必须通过流通过程从商品的售卖价格中收回来。

---

① 马克思，恩格斯. 马克思恩格斯全集：第 25 卷. 北京：人民出版社，1974：30.

只有这样，资本家才能够重新购买生产上所需要的各种生产要素，从而使生产过程得以继续进行。从这种意义上说，生产成本乃是资本主义商品的售卖价格的最低界限，如果售卖价格比这个水准还低，那就表示资本家的经营不仅无利可图，而且要亏本。反过来说，如果售卖价格超过生产成本，则表示资本家的经营是有利的，超过的部分越大，资本家便赚得越多。

与此相联系，通过生产成本这一范畴，我们还可以进一步揭露资本主义的竞争规律。生产成本既然只是商品价值的一部分，而不是它的全部，那么，在商品价值与生产成本之间便有一个价值差额。不同的企业生产同一种商品所支出的生产成本是不相同的。假定有甲、乙两家制鞋工厂，甲工厂每双鞋的生产成本为 5 元，乙工厂的为 6 元，每双鞋的社会价值为 7 元。在这种情况下，如果甲工厂的资本家以低于价值而高于生产成本的价格，比如以 6 元的价格出售自己的商品，就会使乙工厂的资本家处于十分不利的地位。马克思说："在商品的价值和它的成本价格之间，显然会有无数的出售价格。商品价值中由剩余价值构成的要素越大，这些中间价格的实际活动余地也就越大。"①

由此可见，生产成本与资本家经营上的顺利和困难、成功和失败有着密切的联系。正因为这样，所以每一个资本家都竭力设法降低自己商品的生产成本。

由于商品生产上所耗费的不变资本和可变资本，被笼统地归结为生产成本，因而这两种资本在价值增殖中的不同作用便无法区分了。在生产成本这一形态下，不论是不变资本还是可变资本，都一律表现为资本的支出。从这里人们能看到的唯一差别，是前者被支付在生产资料上，而后者则被支付在劳动力上。但是，对资本家来说，这种差别只不过是形式上的，因为他没有后一种资本支出，固然不能取得剩余价值，而没有前一种资本支出，他同样也不能达到价值增殖的目的。如果我们再考虑到资本家实际上是在固定资本和流动资本的名义下计算商品生产成本的，那么，就连上述仅有的形式上的差别也会从他们的视野里消失。正是由于在生产成本的形态下，不变资本和可变资本对价值增殖的不同作用被抹杀了，因而资本主义的剥削关系也就被掩盖起来了。

以上，我们说明了商品价值的一个部分，即生产成本。下面我们再来说明商品价值的另一个部分，即剩余价值。

从过去的分析中我们已经知道，剩余价值并不是由生产上所耗费的全部资本（c+v）的价值变化产生的，而是由其中可变资本（v）的价值变化产生的。可变资本所购买的是劳动力，劳动力的使用即劳动乃是价值和剩余价值的唯一源泉。但是，资本家却不是这样看待问题的，他把剩余价值看作是在生产过程中所耗费的全部资本生出来的，是由这些资本本身生出来的。这样一来，剩余价值就表现为资本家所耗费全部资本的一个价值增加额；而原来的那个能清楚表明剩余价值真实来源的公式 c+（v+m）——它表示 m 只是由 v 产生，是 v 的一个加量——也就变成了

① 马克思，恩格斯．马克思恩格斯全集：第 25 卷．北京：人民出版社，1974：45.

(c+v)+m，即剩余价值变成了所耗费资本的一个价值增加额。

然而，事情还不仅如此。对于资本家来说，剩余价值不但是他所耗费的全部资本的一个增加额，而且是他的那些未曾耗费的垫付资本的一个增加额。换句话说，剩余价值乃是他的全部所用资本的一个增加额，是由他的全部所用资本产生的。因为在他看来，那些未曾耗费的资本虽然不形成商品的生产成本，但由于作为生产的物质要素，同样参加了商品的生产过程，因而它们也就同样地“参加”了剩余价值的形成过程。关于这一点，马克思写道：“总资本在物质上是产品的形成要素，不管它作为劳动资料，还是作为生产材料和劳动，都是如此。总资本虽然只有一部分进入价值增殖过程，但在物质上总是全部进入现实的劳动过程。或许正是由于这个原因，它虽然只是部分地参加成本价格的形成，但会全部参加剩余价值的形成。不管怎样，结论总是：剩余价值是同时由所使用的资本的一切部分产生的。”①

当人们不把剩余价值看作是可变资本的产物，而把它看成全部垫付资本的产物或增加额时，剩余价值便取得了另一种形态，即利润的形态。利润和剩余价值本来是一个东西，所不同的只是，剩余价值是对可变资本而言的，而利润则是对全部垫付资本而言的。剩余价值是利润的本质，利润则是剩余价值的现象形态。正因为利润本质上是剩余价值，只是在外观上表现为整个垫付资本的产物，所以马克思便把利润称为剩余价值的转化形态。如果我们以 p 表示利润，则商品价值的公式 W=c+v+m=k+m，便进一步变成了 W=k+p。

由于剩余价值采取了利润的形态，因而关于它如何产生的问题，便神秘化起来，仿佛它就是资本自行生出来的。当然，由于我们已经学习了马克思的剩余价值学说，已经认识了利润的本质，所以当回过头来具体分析利润这个现象形态时，会很容易把它弄明白。

剩余价值之所以会采取利润的形态，表现为全部资本的产物，并不是起因于人们的错觉，而是有一定的客观原因的。马克思指出：“这个神秘化的形式必然会从资本主义生产方式中产生出来”②。之所以如此，首先是由于资本家垫付的不变资本和可变资本采取了生产成本的形态，因而可变资本的特殊作用——它是剩余价值的唯一源泉——便被抹杀了，这样，剩余价值的源泉也就自然地被归到全部资本上面。其次，剩余价值之所以会表现为利润，还因为劳动力的价值采取了工资的形态。由于劳动力的价值表现为工资，因而工人的全部劳动时间便好像都是给了代价和按着价值支付的，这样，剩余价值便不像由劳动所创造，而倒像由全部垫付资本所产生了。马克思说：“因为成本价格的形成具有一种假象，使不变资本和可变资本之间的区别看不出来了，所以在生产过程中发生的价值变化，必然变成不是由可变资本部分引起，而是由总资本引起。因为在一极上，劳动力的价格表现为工资这个转化形式，所以在另一极上，剩余价值表现为利润这个转化形式。”③

---

① 马克思，恩格斯．马克思恩格斯全集：第 25 卷．北京：人民出版社，1974：43-44.

②③ 同①44.

既然资本主义的商品价值包括生产成本和利润两部分，那么，如果资本家按照价值出售商品，他就可以得到一份在数量上等于全部剩余价值的利润。同样的道理，即使在价值以下出售商品，但只要售卖价格高于生产成本，他仍然可以得到一定的利润。举例来说，假定商品价值等于100元，生产成本等于60元，如果资本家分别按90元、80元、70元的价格把商品卖掉，他仍然会相应地得到30元、20元、10元的利润。从这一情况中，我们可以明了许多资本主义的竞争现象，如资本家之间的“价格战”、资本主义国家对殖民地所进行的“倾销”，以及所谓“大甩卖”等。在所有这些场合，一般地说，资本家都是以商品价值和生产成本之间的差额作为活动的基础的。

前面说过，生产成本是商品售卖价格的最低界限。如果价格低于生产成本，资本家所耗费的资本就不能得到补偿，这种情况若继续下去，他的全部资本就会趋于消灭。因此，在资本家看来，生产成本乃是商品的真正的内在价值。另一方面，生产成本又是资本家为生产商品所曾经支付的购买价格，即在生产前用来购买生产资料和劳动力的价格。由于他是通过购买价格付出自己的资本，而后又通过售卖价格取得利润的，因而在他看来，利润便好像是商品售卖价格在其“价值”以上的一个超过额，而不是商品价值在其生产成本以上的一个超过额；同时，利润也就不再是通过售卖而实现，却似乎是由售卖本身而产生的了。

从以上说明中我们看到，虽然生产成本不过是商品价值中的不变资本和可变资本，利润不过是商品价值中的剩余价值，但是在生产成本和利润的形态下，剩余价值的真正来源，资本家对工人的剥削关系，却因种种原因而被蒙蔽了。只有通过科学的分析，事物的真相才能暴露出来。马克思所创立的剩余价值学说和利润学说的巨大意义，就在于它深刻地揭明了利润的实质及其来源，从而为工人阶级反对资产阶级的剥削和统治提供了最锐利的思想武器。

第二节 利润率和影响利润率的因素

什么是利润率呢？既然利润是对垫付总资本而言的剩余价值，那么利润率便是剩余价值与垫付总资本的比率。马克思指出：“剩余价值 m 和总资本 C 的比率$\frac{m}{C}$，就叫作利润率 p′。”① 利润率通常以百分数表示。

正如利润是剩余价值的转化形态，利润率乃是剩余价值率的转化形态。利润率和剩余价值率是同一个剩余价值量以不同计算方法得出来的不同的比率。计算剩余价值率是将剩余价值与可变资本相比，即 $m'=\frac{m}{v}$；而计算利润率则是将剩余价值

① 马克思，恩格斯. 马克思恩格斯全集：第25卷. 北京：人民出版社，1974：58.

与垫付总资本相比，即 $p'=\frac{m}{c+v}$。

由于 c+v 大于 v，所以，用同一个剩余价值量与这两个不同量的资本相比，所得出的相对值是不相等的。利润率总是要小于剩余价值率。举例来说，假定总资本为 10 万元，其中不变资本为 8 万元，可变资本为 2 万元，剩余价值为 2 万元，那么，在这个条件下，剩余价值率便是 $\frac{m}{v}=\frac{20\,000\text{元}}{20\,000\text{元}}=100\%$，而利润率则是 $\frac{m}{c+v}=\frac{20\,000\text{元}}{80\,000\text{元}+20\,000\text{元}}=20\%$。

利润率和剩余价值率不仅在数量上有明显的差别，而且它们所表示的关系也是迥然不同的。以前讲过，剩余价值率所表示的是资本家对工人的剥削程度。利润率则不是这样，它实际表示的不过是资本家凭借垫付的资本得到一个多大的附加额，即总资本有多大的增殖程度。它不能揭示反而会掩盖资本对雇佣劳动的剥削程度。因为利润率总是小于剩余价值率。

利润率既然是资本价值增殖程度的指标，资本家就自然非常关心利润率的高低。马克思在《资本论》中曾引用登宁的这样一段话：“资本害怕没有利润或利润太少，就象自然界害怕真空一样。一旦有适当的利润，资本就胆大起来。如果有 10%的利润，它就保证到处被使用；有 20%的利润，它就活跃起来；有 50%的利润，它就铤而走险；为了 100%的利润，它就敢践踏一切人间法律；有 300%的利润，它就敢犯任何罪行，甚至冒绞首的危险。”① 这段话生动地说明了资本家对利润贪得无厌的本性。

资本家经营企业和从事商品生产的目的，就是以最少量的资本取得最大限度的利润。

利润率是经常变动的。为了了解利润率变动的规律性，我们必须分析决定和影响利润率的各种因素。

第一，在其他条件相同的情况下，利润率的高低取决于剩余价值率的高低。利润率的高低首先依存于剩余价值量的多少，而剩余价值量的多少则取决于剩余价值率的高低。因此，利润率和剩余价值率是按正比例而变化的；剩余价值率越高，利润率就越高；反之，则越低。依照前例，在垫付总资本为 10 万元，其中不变资本和可变资本分别为 8 万元和 2 万元，而剩余价值率为 100%的条件下，利润率是 20%。如果剩余价值率在这个基础上提高一倍，即由 100%提高到 200%，则利润率便会相应地提高一倍，即 $p'=\frac{40\,000\text{元}}{100\,000\text{元}}=40\%$。

因此，凡是会提高剩余价值率的一切方法，都会提高利润率。正因为如此，所以资本家为了提高利润率，便竭力延长工人的劳动日，加大劳动强度，提高劳动生

① 马克思，恩格斯．马克思恩格斯全集：第 23 卷．北京：人民出版社，1972：829 注释（250）．

产率，减少工人的工资，等等。就这方面说，利润率的提高就意味着对工人剥削的加强。

第二，利润率的高低还受到资本有机构成高低的影响。在剩余价值率和劳动力价值不变时，资本有机构成越低，同量资本所使用的劳动力就越多，创造的剩余价值也越多，从而利润率也就越高。反之，由于雇佣工人的减少，创造的剩余价值便会减少，从而利润率便会降低。所以，利润率是同资本的有机构成按相反的方向变化的（但不是成反比）。

举例来说，假定资本的有机构成为 3∶2，总资本为 100，剩余价值率为 100%，则商品价值是 $W=60c+40v+40m=140$，而利润率则是 $p'=\frac{40}{100}=40\%$。如果资本有机构成由 3∶2 提高到 4∶1，而其他条件不变，则利润率便是 $p'=\frac{20}{100}=20\%$。

但是这里有必要说明，利润率同资本有机构成按相反的方向变化，这是就一个生产部门来说的，而不是就一个部门内的个别企业来说的。如前所述，如果在同一部门内有少数企业提高了它们的资本有机构成，则这些企业由于产品的个别价值低于社会价值，便可以获得超额剩余价值即超额利润，因而它们的利润率就不是降低，而是提高。

第三，资本的周转速度对利润率的高低也有很大的影响。在其他条件不变时，在一年中资本周转的次数越多，其中可变资本的周转次数也就越多，因而同量资本所带来的剩余价值量便越大。这当然会提高资本的年剩余价值率，从而提高它的年利润率。

假定有甲、乙两个资本，两者的其他条件完全相同，只是资本周转的速度不同，在一年中甲资本周转一次，而乙资本则周转两次，这样，双方的年利润率就会有很大的差异，见表 7-1。

表 7-1

企　业	不变资本	可变资本	剩余价值	利润率（%）	周转次数	年利润率（%）
甲	80	20	20	20	1	20
乙	80	20	20	20	2	40

可见，如果其他条件相同，年利润率的高低就会与资本的周转速度成正比。利润的获得总是离不开时间这个因素，只有把时间因素考虑进去才可以确切判明资本的增殖程度，而在实践中通常是以一年为期计算利润率的，所以资本家最关心的乃是年利润率的高低。为了提高年利润率，他们便用一切办法来缩短生产时间和流通时间，以加快资本的周转速度。而加快资本周转速度又总是和加大工人的劳动强度、延长他们的劳动时间等直接联系着的。

第四，利润率的高低与不变资本的节省状况也有很重要的关系。一般说来，节省不变资本之所以会提高利润率，是因为这种节省可以缩小利润率公式中分母部分的数值。在剩余价值量和剩余价值率已知的条件下，只要不变资本减少了，用同量剩余价值与较少量的垫付资本相比，利润率当然会提高。

资本主义企业采用的是社会化的大生产，由于它实现了生产资料和劳动力的集中，而集中的生产资料是由集中的劳动者共同使用的，因而就有可能大量地节省生产资料。在“资本和剩余价值”一章中我们曾经说明，大企业用在动力、机器、厂房、照明、取暖和行政管理等方面的开支，平均来说比小企业要少得多。充分利用社会化大生产的这些优越条件，是资本家节省不变资本以提高利润率的一种重要方法。

资本家还通过延长劳动日来相对地节省不变资本的开支。在剩余价值率不变的条件下，如果不延长工人的劳动时间，资本家要榨取更多的剩余劳动，就必须增加工人的人数。为此，他必须依一定比例增加机器、厂房等不变资本的投资。但是如果延长工人的劳动时间，即使延长的部分也相应地付给工资，资本家仍可以在不增加机器、厂房等不变资本投资的情况下取得更多的剩余价值，并由此提高资本的利润率。这种方法也可以表现为另一种形式：把“一班制”改为“两班制”或“三班制”，就会在更大程度上实现不变资本的相对节省。

利用废料对资本家节省不变资本也很重要。大工厂在生产过程中会产生大量的废料，在科学技术不发达的情况下，资本家不是把它们当作垃圾丢弃，便是以极低廉的价格卖出去。但随着科学技术的发展，它们中有越来越多的部分被转变成新的生产资料，成了有用之材。在这种情况下，不论资本家是利用它们作为自己企业的加工原料，还是按已经提高的价格将它们出卖给别的企业，都可以由此而节省大量的不变资本。

对资本家节省不变资本来说，最重要的一种方法，是靠牺牲工人的生命和健康来减少劳动条件方面的开支。为此，资本家往往把厂房修盖得尽量狭窄、简陋，迫使工人终年累月在拥挤不堪、空气恶浊的环境里进行苦役般的劳动。甚至对于有危险的机器和有毒的气体，也不装置必要的安全设备和采取预防措施。马克思曾描述过当时的实际情况：“这种节约的范围包括：使工人挤在一个狭窄的有害健康的场所，用资本家的话来说，这叫作节约建筑物；把危险的机器塞进同一些场所而不安装安全设备；对于那些按其性质来说有害健康的生产过程，或对于象采矿业中那样有危险的生产过程，不采取任何预防措施，等等……总之，资本主义生产尽管非常吝啬，但对人身材料却非常浪费”①。

第三节　利润转化为平均利润

在上一节中，我们论证资本的利润率时，把由各种原因所引起的利润率的变

---

① 马克思，恩格斯．马克思恩格斯全集：第25卷．北京：人民出版社，1974：102.

化，看作是同一资本在不同时间内发生的变化。如果一个资本的剩余价值率不变，只要它的有机构成或者周转速度发生变化，它的利润率便会发生相应的变化。

现在，我们根据剩余价值率不变这样的假设条件，来进一步分析各不同生产部门的资本的利润率。

既然就每一个个别资本或个别部门来说，当剩余价值率不变时，利润率会随着资本有机构成或资本周转速度的变化而变化，也就可以这样推论：在其他条件相等时，如果各不同生产部门的资本有机构成或资本周转速度不同，它们的利润率也便应该不同。那些投在有机构成较低或是周转速度较快的部门中的资本，由于在同一时间内获得的剩余价值多、利润多，因而它们的利润率便应该比较高；相反地，那些投在有机构成较高或周转速度较慢的部门中的资本，由于在同一时间内获得的剩余价值少、利润少，因而它们的利润率便应该比较低。

但是，在资本主义的现实经济生活中，明显地存在着这样的事实：各部门的资本家，不论从事哪一种商品生产，都能够大体上比例于他们的资本量而获得相应的利润。也就是说，各部门的利润率实际上是大致相同的、平均的。

于是，我们在这里便遇到了两种似乎互相矛盾的现象：商品如果按照价值出卖，各部门便会有高低不同的利润率；各部门的利润率如果是平均的，商品便不应该按照价值出卖。对于这种看来似乎互相矛盾的现象应该怎样从理论上予以说明呢？或者说，利润平均化这一现象应该怎样加以解释呢？为了认识平均利润，必须首先研究它是如何形成的。如果把平均利润形成的原因、过程和结果一一分析清楚了，则上述“矛盾”自然便会得到解决。

我们在前面说明利润和利润率的问题时，仍然是假定每个资本家所得到的利润，等于本企业的工人所创造的剩余价值。如果真是如此，则不同部门的利润率的差别就将会永久保持，而不会平均化。可是，资本家是唯利是图的，处在利润率低的部门的资本家是不会甘心保持现状的，而是要与利润率高的部门的资本家展开争夺利润的竞争。正是由于这种部门之间的竞争，利润转化为平均利润，利润率转化为平均利润率。

各部门之间的竞争表现在许多方面。譬如，其中有互相以买者和卖者的资格在商品买卖方面进行的竞争，有为了从银行和托运单位取得业务上的便利条件而进行的竞争，等等。但是，部门之间的竞争，最主要的还是表现在它们为了争夺较高利润率而展开的竞争上。一般地说，后一种竞争是通过资本的转移而实现的。所谓资本转移，就是资本从利润率较低的部门撤出，而转移到利润率较高的部门，它既包括原有社会资本在各部门间的流入或流出，即原资本在各部门间分配比例的变化，也包括新资本向利润率较高部门的投入。

那么，资本在不同部门之间的转移，是怎样使不同的利润率趋于平均从而形成平均利润率的呢？

我们假定有食品工业、纺织工业和机器制造业等三个不同的生产部门，它们的资本周转速度和剩余价值率都相等，但由于资本有机构成不同，因而利润率也不相同，见表 7-2①。

表 7-2

生产部门	资　本	剩余价值率	剩余价值	商品价值	利润率
食品工业	70c+30v	100%	30	130	30%
纺织工业	80c+20v	100%	20	120	20%
机器制造业	90c+10v	100%	10	110	10%

这里，食品工业的资本有机构成最低，利润率却最高；而机器制造业的资本有机构成最高，利润率却最低。这两个部门垫付的资本相等，但利润率却相差两倍。在这种情况下，机器制造业部门的资本家为了得到高利润率，便会将他们的资本转移到食品工业部门中去。随着资本的转移，食品工业部门的资本便逐渐增加，生产规模便逐渐扩大，而产量则逐渐增多；与此相反，机器制造业部门则是生产规模逐渐缩小，产量逐渐减少。由于商品供给量的变化，这些商品原有的供求平衡关系便被打破了，从而原有的商品价格同价值趋于一致的关系也发生了变化（需知，商品之所以能按价值出卖，就是以供求平衡为前提的）。食品因供过于求，因而价格会下降；机器因求过于供，因而价格会上涨。由于价格的这种变化，这两个部门的利润率也就相应地发生变化：食品工业部门的利润率比以前降低了，而机器制造业部门的利润率则比以前提高了。上述资本转移的过程以及由此而来的价格和利润率的变动，要一直到两个部门的利润率大体平均的时候，才能暂时地停止下来。这样，便形成了平均利润率。

在利润率平均化的条件下，各部门的资本家便可以根据平均利润率获得与其投资量大小相适应的利润。如果投资 100 获得 20 的利润，投资 1 000 就会获得 200 的利润。这种按照平均利润率归资本家占有的利润，我们把它叫作平均利润。

平均利润的形成过程，是不同部门的资本家通过竞争而重新瓜分剩余价值的过程。平均利润形成以后，各个部门的资本家所得到的利润，就不一定恰好与本部门所创造的剩余价值相等了。资本有机构成高的部门，得到的利润要大于本部门创造的剩余价值；而资本有机构成低的部门，得到的利润则要小于本部门创造的剩余价值；只有资本有机构成等于平均构成即中位构成的部门，得到的利润才与本部门创造的剩余价值相一致，见表 7-3。

表 7-3

生产部门	资本	剩余价值率	剩余价值	平均利润率	平均利润	平均利润与剩余价值之差
食品工业	70c+30v	100%	30	20%	20	−10
纺织工业	80c+20v	100%	20	20%	20	0
机器制造业	90c+10v	100%	10	20%	20	+10

① 为了便于计算，这里假定固定资本一次周转完毕。

从表7-3中可以看出，食品工业部门创造了30的剩余价值，但只得到20的利润；机器制造业部门创造了10的剩余价值，却获得20的利润；只有纺织工业部门所得的利润才恰好同本部门创造的剩余价值一样多。但是，这里一个部门所多得的，正是另一个部门所少得的，从所有的部门来看，利润量既没有增多，也没有减少，利润总额与剩余价值总额仍然是相等的。

所以，从本质上说，平均利润率不过是把社会总资本作为一个整体看待时所得到的利润率，它乃是剩余价值总额与社会总资本的比率。用公式表示则是：

$$\text{平均利润率}=\frac{\text{剩余价值总额}}{\text{社会总资本}}$$

但是，不能把平均利润率理解为各部门不同利润率的简单平均，因为平均利润率的水平，不仅取决于各部门的资本有机构成的高低和利润率的高低，而且取决于社会总资本在各部门之间的分配比例。在社会总资本中，投于资本有机构成较低的部门中的资本所占的比重越大，平均利润率便越高；反之，平均利润率便越低。依照前例，假定食品工业部门的资本为500，纺织工业部门的资本为300，机器制造业部门的资本为200，而其他条件不变，则平均利润率就会由此而发生如下变化，见表7-4。

表7-4

生产部门	资本	剩余价值率	剩余价值	平均利润率	平均利润	平均利润与剩余价值之差
食品工业	350c+150v	100%	150	23%	115	-35
纺织工业	240c+60v	100%	60	23%	69	+9
机器制造业	180c+20v	100%	20	23%	46	+26

从表7-4中可以看出，由于各部门的资本量在总资本中所占的比重有了改变，平均利润率便由原来的20%提高到23%。而且，属于中等资本有机构成的纺织工业部门，它所得到的利润也与本部门所创造的剩余价值产生了差额。

以上，我们说明了资本有机构成不同的各个工业部门之间平均利润率的形成过程。在说明时，我们曾假定各部门的资本周转速度是相等的。但事实上，不同部门的资本周转速度是不同的，而这种资本周转速度上的差别，也同样会引起利润率上的差别。因此，资本不但要向资本有机构成低的部门转移，而且要向资本周转速度快的部门转移。不过，一般说来资本有机构成的高低和资本周转速度的快慢，二者是一致的。在通常情况下，资本的有机构成越高，资本的周转速度便越慢。因此，资本向有机构成较低部门的转移，和资本向周转速度较快部门的转移，大体上是方向相同的。虽然也有一些部门，资本有机构成较高，但资本周转速度较快，可是在这种情况下，由于这些部门的利润率接近于一般利润率，因而可以不发生或少发生资本移出或移入的现象。由于以上的原因，所以当我们说明平均利润的形成时，只要说清了由资本有机构成不同所引起的资本转移就可以了，对于由资本周转速度不同所引起的资本转移，就用不着再单独进行分析。

各个部门的不同利润率到平均利润率的转化，只是一种一般的趋势，不能认为是利润的绝对平均化。事实上，在平均利润率起作用的条件下，各个部门的利润率仍然可以存在这样或那样的差别。如果仅从个别年代来看，在某些部门之间，利润率甚至还可以存在较大的差别。不过，只要我们从较长一段时期来看，各个部门的利润率就的确存在着一种平均化的趋势。

平均利润率的形成，并不排斥各部门中少数先进企业可以获得超额利润，即不排斥同一部门中各企业之间可以有利润率上的差别。我们分析利润到平均利润的转化，是把每一个部门作为一个整体来看待的，因而是以每一个部门的资本的平均有机构成和平均周转速度为前提的。至于说到每一部门内部的各个个别资本的有机构成和周转速度，那肯定是有差别的。只要一个部门中各企业之间存在着这种差别，它们的利润率就会高低不等。因此，各个资本家并不会由于平均利润率的作用，而放弃追求超额利润的竞争。马克思指出："一个资本家或一定生产部门的资本，在对他直接雇用的工人的剥削上特别关心的只是：或者通过例外的过度劳动，或者通过把工资降低到平均工资以下的办法，或者通过所使用的劳动的额外生产率，可以获得一种额外利润，即超出平均利润的利润。"①

尽管如此，如果从部门之间的关系来看，不同部门的利润率，还是存在着平均化的趋势的。在每个部门中，中等条件的生产一般总是占着显著的优势，这种中等企业的利润率，一般可以代表各该部门的利润率水平，而部门之间的竞争，首先就是使各部门的中等企业即大多数企业的利润率趋于平均化。

利润转化为平均利润以后，资本主义的剥削关系进一步被掩盖、被歪曲了。我们在前面讲过，剩余价值转化为利润，已经掩盖了剩余价值的真实起源，而利润表现为总资本的产物，可变资本的特殊作用便看不见了。这种转化只是一种性质上的变化，还没有发生数量上的差别，即整个部门的利润量和剩余价值量仍然是一致的。如果说这里也有数量上的差别，那也只是存在于利润率和剩余价值率之间。既然在其他条件相等时，利润率的高低取决于剩余价值率的高低，那么，尽管利润的真实来源已被掩盖，但总还可以使人感觉到在利润和剩余价值之间，进而在利润和工资即工人的活劳动之间，仍存在着某种联系。但现在的情况不同了，平均利润和剩余价值之间，不仅在性质上发生了变化，而且在数量上存在着差别（利润和剩余价值一致的情况，只是偶然的）。既然各个部门的利润量都与本部门的总资本量成比例，既然凡是等量资本都能够取得等量利润，利润便无论在性质上还是数量上都表现为全部垫付资本的产物了。这样一来，利润的实质和来源便完全被掩盖了。马克思指出："利润和剩余价值之间——不仅是利润率和剩余价值率之间——实际的量的差别，把利润的真正性质和起源完全掩盖起来，这不仅对存心要在这一点上自

① 马克思，恩格斯．马克思恩格斯全集：第25卷．北京：人民出版社，1974：220．

欺欺人的资本家来说是这样，而且对工人来说也是这样。”①

当平均利润率形成以后，等量资本取得等量利润的事实，反映到资本家的意识中，就成为他们经营企业的基本观念。“基本观念是平均利润本身，是等量资本必须在相同时间内提供等量利润。”② 在这种观念的支配下，平均利润率的保持，就不再仅仅是依靠社会资本在不同部门之间的转移，而是可以通过资本家的直接计算和价格上的直接补偿来实现。比如，某一资本有机构成较高或资本周转速度较慢的部门，只要它的产品为社会所必需，它就可以参照当时社会上既有的一般利润率，来大体上确定本部门的利润率和商品的售卖价格，而不一定要重新通过资本转移的竞争活动。

马克思关于平均利润率规律的学说，具有十分重要的意义。一方面，这一学说揭明了各个资本家在基本利益上的一致性和特殊利益上的矛盾性；另一方面，更重要的是这一学说揭露了整个资产阶级对整个无产阶级的剥削关系。

如前所述，平均利润率是剩余价值总额与社会总资本的比率。每个资本家所得利润的多少，不仅取决于他对本企业工人的剥削程度，而且取决于全体资本家对全体工人的剥削程度。平均利润不过是剩余价值在产业资本家之间重新分配的结果。在这种分配关系中，整个资本主义生产就好像一个庞大的股份公司，而每一个资本家则是这一公司的大小股东，每个股东都是按照他入股的多少即投资的大小来取得相应的利润的。

由此可见，在资本主义制度下，工人不仅受直接雇佣他们的个别资本家的剥削，而且受整个资本家阶级的剥削；与每个工人对立的，不仅是个别资本家，而且是整个资产阶级；不仅是部分工人同个别资本家的对立，而且是整个无产阶级与整个资产阶级的对立。在各个资本家之间，虽然为了追逐和瓜分利润也进行着竞争，也存在着矛盾，但他们在对付工人阶级时，彼此的利害是一致的。正如马克思所深刻指出的：“资本家在他们的竞争中表现出彼此都是虚伪的兄弟，但面对着整个工人阶级却结成真正的共济会团体。”③

由此便应该得出这样的结论：工人为了摆脱资本主义的剥削和压迫，不能只在局部范围内以少数人的力量来反对个别的资本家，而必须以整个阶级的力量来反对整个资产阶级。只有这样，他们才能够摆脱整个资产阶级的剥削，取得革命的彻底胜利。

第四节　价值转化为生产价格

我们看到，随着平均利润率的形成，许多部门所得到的利润，都与本部门生产

① 马克思，恩格斯. 马克思恩格斯全集：第25卷. 北京：人民出版社，1974：188.

② 同①233.

③ 同①221.

出的剩余价值发生了数量上的差别，有些部门多得了一部分，而另一些部门则少得了一部分。这样，这些部门的商品价格，便与价值不一致了。前面讲过，商品的价值等于生产成本加剩余价值。现在，既然剩余价值转化为平均利润，商品就不再是按照生产成本加剩余价值的价格，而是按照生产成本加平均利润的价格来出售了。这种由商品的生产成本和平均利润所构成的价格，我们把它叫作生产价格。因此，随着利润转化为平均利润，价值便同时转化为生产价格。

生产价格与价值的差额同平均利润与剩余价值的差额，二者是一致的。资本有机构成高的部门，平均利润大于剩余价值，因而生产价格高于价值；反之，资本有机构成低的部门，平均利润小于剩余价值，因而生产价格低于价值。只有资本有机构成中等的部门，平均利润与剩余价值才大体上一致，因而生产价格与价值也大体上相同。

价值转化为生产价格的情况，可用表 7-5 表示。

表 7-5

生产部门	资　本	剩余价值	平均利润	价　值	生产价格	生产价格与价值之差
食品工业	70c+30v	30	20	130	120	−10
纺织工业	80c+20v	20	20	120	120	0
机器制造业	90c+10v	10	20	110	120	+10
合计	240c+60v	60	60	360	360	0

从表 7-5 中可以看出，食品工业部门所生产的全部商品的生产价格比它的价值低 10，而机器制造业部门所生产的全部商品的生产价格则比它的价值高 10。但这些部门的生产价格总额与价值总额是相等的，即都是 360。这就是说，从整个社会来看，生产价格和价值，并没有发生量的变化。

但是，从资本有机构成较高的部门和较低的部门来看，生产价格和价值的差额，则是经常存在的。因此，在价值转化为生产价格的条件下，价值规律起作用的形式便发生了变化，商品不再是按照价值而是按照生产价格来交换了。也就是说，市场价格的变动不再是以价值为中心，而是以生产价格为中心了。

这里所讲的生产价格，是指社会生产价格，而不是个别生产价格。在同一部门中，各个生产条件不同的企业，它们的个别生产价格是不同的。但商品的市场价格，并不是决定于个别生产价格，而是决定于社会生产价格。社会生产价格一般是由社会平均的生产条件所决定的生产价格。个别生产价格低于社会生产价格的企业，可以获得高于平均利润的超额利润。

生产价格虽然是价值的转化形态，但从各个特殊部门来看，决定生产价格变动的因素，同决定价值变动的因素并不完全相同。商品价值取决于生产商品时所消耗的社会必要劳动时间，而生产价格则取决于商品的生产成本和平均利润之和。这样，生产价格和价值的关系便被模糊了，“随着价值转化为生产价格，价值规定的基础本身就被掩盖起来”①。

在各个生产部门中，商品的生产价格可以在以下各种情况下，发生量的变化。第一，商品的价值不变，但平均利润率发生了变化；第二，平均利润率不变，但生产商品的物化劳动或活劳动发生了变化，也就是价值发生了变化；第三，商品价值和平均利润率同时发生变化。

但是，有必要说明，生产价格的变动主要还是取决于价值的变动。这是因为，平均利润率的变动，一般是很缓慢的。尽管各个部门的利润率会不断发生较大的变动，但它在不同部门的变动以及在同一部门不同时期的变动，往往会互相抵消，因而不致立即影响到平均利润率的变化。马克思写道：“一般利润率的实际变化，在不是例外地由特殊的经济事件引起的时候，总是由一系列延续很长时期的波动所造成的、很晚才出现的结果，这些波动需要有许多时间才能固定成为和平均化为一般利润率的一个变化。因此，在任何一个较短的时期内（把市场价格的波动完全撇开不说），生产价格的变化显然总是要由商品的实际的价值变动来说明，也就是说，要由生产商品所必需的劳动时间的总和的变动来说明。”②

由此可见，尽管从一个部门来看，生产价格和价值可以不一致，但生产价格还是以价值为基础的，它的运动要依存于价值的变动，即依存于社会必要劳动时间的变动。

资产阶级的经济学者们为了掩盖资本主义经济关系的实质，拼命抓住生产价格与价值不一致的经济现象，来攻击马克思的劳动价值论。例如，庞巴维克（1851—1914 年）在《资本论》第三卷出版后曾经宣称：《资本论》第三卷的论断，与第一卷的基本学说是互相矛盾的。也就是说，他认为马克思的平均利润和生产价格的学说，与劳动价值学说是互相矛盾的。

其实，马克思的劳动价值学说与生产价格学说之间并不存在任何矛盾。从前面关于剩余价值转化为利润和平均利润、价值转化为生产价格的说明中，我们可以看出，平均利润是以剩余价值为基础的，它只是剩余价值在不同部门间重新分配的结果。离开了剩余价值理论，就根本无法说明平均利润率的规律。同样，生产价格是价值的转化形态，只有在劳动价值论的基础上，才能够阐明生产价格的界限及其运动过程。商品按照生产价格出卖，绝不是对价值规律的否定，而只是价值规律起作用的形式发生了变化。

第一，从个别部门来看，虽然一些部门的资本家所得到的平均利润高于本部门工人所创造的剩余价值，而另一些部门的资本家所得到的平均利润则低于本部门工人所创造的剩余价值，但是，从全社会来看，整个资产阶级所得到的平均利润总额和整个无产阶级所创造的剩余价值总额仍然是相等的。

第二，从个别部门来看，虽然一些部门的商品的生产价格高于它的价值，而另

---

① 马克思，恩格斯．马克思恩格斯全集：第 25 卷．北京：人民出版社，1974：188.

② 同①186.

一些部门的商品的生产价格则低于它的价值，但是，从全社会来看，生产价格总额和价值总额仍然是相等的。就整个社会来看，商品按照生产价格出卖，实际上也就是按照价值出卖。

第三，生产价格的变动，归根到底取决于商品价值的变动，而且两者变动的方向也是一致的。如果生产商品所耗费的社会必要劳动时间减少，商品的价值降低，商品的生产价格也就会随之下降；反之，如果生产商品所耗费的社会必要劳动时间增加，商品的价值增大，商品的生产价格也就会随之提高。

因此，列宁指出："《资本论》第3卷所解决的是在价值规律的基础上形成平均利润率的问题。"① "这样，价格离开价值和利润平均化这一众所周知的、无可争辩的事实，就被马克思根据价值规律充分说明了，因为全部商品的价值总量是同价格总量相符的。"②

可见，资产阶级经济学者将马克思的生产价格学说同劳动价值学说对立起来，并利用他们所制造的"矛盾"来攻击劳动价值学说和剩余价值学说，是完全站不住脚的。他们这种为保护资本家的利益而对马克思主义经济学所作的"指难"，除了证明他们自己是"资本家的乏走狗"（鲁迅先生语）之外，丝毫无损于马克思主义经济学的灿烂光辉。

马克思的平均利润和生产价格的学说，不仅完全符合思维的逻辑进程，而且完全符合客观的历史进程。我们知道，在历史上，价值并不是一开始就取得生产价格这一形式的。在从原始社会解体至资本主义发展到一定高度以前的几千年的时间内，商品一直是按照价值进行交换的，价值一直是价格运动的中心。在这个漫长的过程中，无论是以个体劳动为基础的小商品经济，还是以奴隶制度或农奴制度为基础的商品经济，商品所有者都是比例于商品生产上所耗费的劳动时间，来互相交换商品的。在所有这些场合，价值规律的作用都是完全以它原有的形式展开的。恩格斯曾经详尽而生动地描述过这一情况，他指出："中世纪的农民相当准确地知道，要制造他换来的物品，需要多少劳动时间。村里的铁匠和车匠就在他眼前干活；裁缝和鞋匠也是这样……农民和卖东西给他的人本身都是劳动者，交换的物品也是他们各人自己的产品。他们在生产这些产品时耗费了什么呢？劳动，并且只是劳动……如果不按照花费在他们这些产品上的劳动的比例，他们又怎么能把这些产品同其他从事劳动的生产者的产品进行交换呢？在这里，不仅花在这些产品上的劳动时间对互相交换的产品量的数量规定来说是唯一合适的尺度；在这里，也根本不可能有别的尺度。"③

即使在资本主义发展的初期，商品价值也没有转化为生产价格。那时，虽然在同一地区的商业资本之间，形成了平均利润率，但在不同的产业资本之间，利润率

---

① 列宁. 列宁全集：第26卷. 2版. 北京：人民出版社，1988：68.

② 同①69.

③ 马克思，恩格斯. 马克思恩格斯全集：第25卷. 北京：人民出版社，1974：1016.

还没有平均化。这是因为，在当时的社会条件和技术条件下，产业资本的自由转移还比较困难。随着资本主义的发展，在社会生产的各部门中，资本主义取得了统治地位，非资本主义的经营方式、行会制度的束缚等被逐渐排挤和消除了；劳动力在不同部门或不同地区之间自由流动的障碍被废除了；信用制度发展了并且成为资本竞争的有力杠杆；而且，随着科学技术的提高和机器大工业的产生与发展，各部门间在生产技术上的差别逐步缩小了。所有这一切，都为资本在不同部门间的转移提供了必要的社会的和技术的条件。只是从这个时候起，利润才转化为平均利润，价值才转化为生产价格。由此可见，价值到生产价格的转化，是随着资本主义大工业的出现和发展而完成的。正如马克思所说："商品按照它们的价值或接近于它们的价值进行的交换，比那种按照它们的生产价格进行的交换，所要求的发展阶段要低得多。而按照它们的生产价格进行的交换，则需要资本主义的发展达到一定的高度。"①

从以上说明中可以看出，马克思的平均利润和生产价格的学说，既符合严密的逻辑进程，也符合客观的历史进程。价值、剩余价值、平均利润、生产价格，既是由抽象到具体的逻辑发展过程，也反映了由小商品生产到资本主义商品生产、由资本主义发展的较低阶段到较高阶段的历史发展过程。

第五节 平均利润率下降趋势的规律

如上所述，由于资本主义各生产部门的互相竞争，结果导致了平均利润率的形成。但是，平均利润率形成以后，并不是永远固定在一个水平上，它还会继续发生变动。从资本主义发展的实际情况来看，平均利润率的水平，不是趋向提高，而是趋向下降，尽管下降的速度并不很快。

为什么平均利润率会有下降的趋势呢？造成这一结果的基本原因是社会资本平均有机构成的提高。我们知道，在剩余价值率不变的条件下，一个资本额究竟能获得多少剩余价值或利润，从而能有多高的利润率，同它的有机构成的高低有着直接的联系。有机构成越低，同量资本推动的劳动力便越多，因而剩余价值量或利润量便越多，利润率便越高；反之，情况也就相反。我们又知道，在资本主义制度下，由于各个资本家追逐超额利润和参与竞争，各个部门的资本有机构成都是在不断提高的。而各个部门资本有机构成提高的结果，必然会使整个社会资本的平均有机构成提高，从而使平均利润率趋于下降。举例来说，假定在资本主义生产发展的一定时期中，不变资本的绝对量不断增加，从而资本总量也不断增加（从 150 增加到 200，再增加到 300），但可变资本的绝对量不变（始终是 100），剩余价值率也不变（始终是 100%），则平均利润率就会出现如下依次降低的情况：

---

① 马克思，恩格斯．马克思恩格斯全集：第 25 卷．北京：人民出版社，1974：197－198.

$$c=50 \quad v=100 \quad p'=\frac{100}{150}=66\frac{2}{3}\%$$

$$c=100 \quad v=100 \quad p'=\frac{100}{200}=50\%$$

$$c=200 \quad v=100 \quad p'=\frac{100}{300}=33\frac{1}{3}\%$$

所以，平均利润率下降乃是资本主义制度下劳动生产率提高的必然结果。马克思说：“一般利润率日益下降的趋势，只是劳动的社会生产力日益发展在资本主义生产方式下所特有的表现。”①

平均利润率有逐渐下降的趋势，这本来是资产阶级学者早就注意到和承认了的事实，可是由于他们不了解不变资本和可变资本的区别以及剩余价值和利润的区别，不分析资本的有机构成和一般利润率的形成过程，因此他们始终没有能对利润率下降这一现象作出正确的解释。“已往的经济学一直不知道怎样说明利润率下降的规律”②。这一规律由马克思第一次作了科学的说明。

利润率的下降，绝不表示工人所受剥削程度的减轻。我们知道，工人所受剥削程度的大小，是用剩余价值率来表示的。一定资本的利润率，虽然要取决于剩余价值率，但剩余价值率并不是引起利润率变动的唯一因素。前面说过，能够引起利润率变动的，还有资本的有机构成和资本的周转速度等因素。因此，平均利润率的下降，完全可以在剩余价值率不变甚至提高的情况下发生。例如，在资本有机构成为60c∶40v的情况下，如果剩余价值率为100%，利润率便为40%；如果剩余价值率由100%提高为150%，同时资本有机构成提高为80c∶20v，这时利润率便下降为30%。

同样，平均利润率的下降，也绝不意味着资本家得到的利润量越来越少。利润量的多少，取决于两个因素：一个是利润率，另一个是资本量。如果资本总额保持不变，利润率下降，自然会使利润量减少。但是，资本主义社会的实际情况是资本总量在不断增加。因此，尽管平均利润率有下降的趋势，但利润总量仍然会不断增大。事实上，利润率的下降和利润量的增大，二者是相伴发生的，是同一过程的两个方面。正因为这样，所以马克思把利润率趋向下降的规律，有时也叫作利润率下降但利润量同时增加的规律。

利润率的下降和利润量的增加，是由相同的原因引起的。前面说过，由于资本的积累和积聚，资本总量在不断增大。伴随着资本总量的增大，可变资本的相对量虽然会有所减少，但它的绝对量通常却会增加。因此，被剥削的劳动量，从而剩余价值和利润的绝对量也会增大。马克思说：“在生产过程和积累过程的发展中，可以被占有和已经被占有的剩余劳动的量，从而社会资本所占有的利润的绝对量，都

---

① 马克思，恩格斯. 马克思恩格斯全集：第25卷. 北京：人民出版社，1974：237.

② 同①249.

必然会增加。但是，同样一些生产规律和积累规律，会在不变资本的量增加时，使不变资本的价值同转化为活劳动的可变资本部分的价值相比，越来越迅速地增加起来。因此，同样一些规律，会使社会资本的绝对利润量日益增加，而使它的利润率日益下降。”①

即使在可变资本的绝对量不增加，雇佣工人的人数也不增加的情况下，利润率的降低和利润量的增加也可以同时发生。只要延长劳动日，提高劳动强度，便会使剩余劳动量从而利润量增加。事实上，在资本主义发展的过程中，剩余价值率是不断提高的，因而同量可变资本所得到的剩余价值量和利润量也是不断增加的。

平均利润率的下降趋势，不仅不排除利润总量的增加，同时也不排除在个别年份中利润率的上涨。不应当把利润率的下降，理解为年复一年的直线下降，而应当理解为在长时期内表现其作用的一种趋势。在资本主义生产发展的过程中，虽然劳动生产率和资本有机构成提高得相当快，尤其是从产业革命以后，有机构成提高得更快，但利润率的下降却是比较缓慢的，这是因为有一系列因素在阻碍着利润率的下降。这些因素主要是：

第一，剥削程度的提高。这包括延长工作日、提高劳动强度、降低工资等。延长劳动日，固然会增加每个工人所使用的生产资料，从而增加不变资本，但就固定资本来说，却是相对地减少了。前面说过，在工作日延长的情况下，即使不增加固定资本，剩余劳动量从而利润量也会增加。这就阻碍了利润率的下降。提高劳动强度，也会有同样的作用。特别是通过加快机器运转速度而使劳动强化的方法，比那种用增加每个工人照管的机器数量而使劳动强化的方法，对资本家更为有利。因为前一种方法可以相对减少固定资本的消耗，而后一种方法却要增大固定资本的投资。降低工资，也可以增加剩余劳动量和利润量。当然，这里所说的不是指那种由于劳动生产率提高、劳动力价值减低而引起的工资下降，因为这会同时提高资本的有机构成，从而降低利润率；这里所说的是指由于大批妇女、儿童参加生产，或大量相对过剩人口的存在而引起的在价值以下出卖劳动力的工资下降。在后几种情况下，资本有机构成不会提高，而利润总量却可以增加，从而阻碍利润率的下降。

第二，随着劳动生产率的提高而发生的生产资料价值的降低。在资本主义生产发展的过程中，虽然不变资本的绝对量和相对量都在不断地增加，但我们知道，这种增加并不与生产资料的数量成比例。不变资本价值的增加程度，总是小于生产资料数量的增加程度。因为随着劳动生产率的提高，一定量生产资料的价值也在相应地降低。马克思写道：“目前投入纺纱业的资本价值中，不变资本占 7/8，可变资本占 1/8，而在十八世纪初不变资本占 1/2，可变资本占 1/2，但是，目前一定量纺纱劳动在生产中所消费的原料、劳动资料等的量却比十八世纪初要多几百倍。原因很简单：随着劳动生产率的增长，不仅劳动所消费的生产资料的量增大了，而且生产资料的价值比生产资料的量也相对地减少了。这样一来，生产资料的价值绝对地增

① 马克思，恩格斯. 马克思恩格斯全集：第 25 卷. 北京：人民出版社，1974：244.

长了，但不是同它的量按比例增长。”① 生产资料价值不断降低，会减弱有机构成提高的速度，从而延缓利润率的下降。此外，生产资料价值的降低，还会引起原有不变资本价值的减少，如果考虑到这一层，利润率下降所受到的阻碍，就会比以上所说的还要大。

第三，由于大量相对过剩人口存在而引起的某些部门对手工劳动的采用。我们知道，资本家采用机器的目的，是为了降低生产成本，取得更多的利润。可是，在有大量相对过剩人口存在，从而有大量廉价劳动力可供利用的情况下，某些生产部门就宁可采用手工劳动而不使用机器。在这些部门中，因为可变资本占有相当大的比重，并且工资很低，因而剩余价值率便比较高。这样，同量资本所获得的剩余价值量也就比较大，利润率也就比较高。这当然也会阻碍平均利润率的下降。

第四，对外贸易的发展。发达的资本主义国家可以通过对外贸易，特别是对经济落后国家的贸易，获得巨额利润。首先，利用对外贸易既可以输入廉价的原料、材料，降低不变资本的价值，从而提高利润率，也可以输入廉价的生活资料，降低劳动力的价值，从而提高剩余价值率和利润率。其次，输出到经济落后国家的商品，可以按照高于输出国的商品价值的价格出售。因为经济落后国家的劳动生产率低，生产同种商品所耗费的劳动多，因而商品的价值高，在这种情况下，经济发达国家输出的商品即使按照低于当地价值的价格出售，也会取得高额利润。最后，资本家还可以把对外贸易同对殖民地及经济落后国家的直接投资结合起来，也就是说，他们可以在国外购买廉价劳动力和原料、材料等就地进行生产，并将产品就地出卖。而且由于殖民地和经济落后国家的资本有机构成低，利润率便比较高。所有这些，都会阻碍本国平均利润率的下降。

第五，股份资本的增加。随着资本主义生产的发展，股份资本日益增加，但股份资本并不要求获得平均利润，它只是凭股票取得一定的股息，而股息照例要小于平均利润。股份资本只取得较小的利润率（利息率）这一事实，对平均利润率的下降过程，能起某种延缓的作用。

由于有以上这些因素阻碍和延缓平均利润率的下降，所以，尽管平均利润率的下降是一种确定不移的趋势，但它下降的速度却不像一般设想的那样快，它的作用实际上要经过一个较长的时期才能明显地表现出来。马克思说：“一般说来，我们已经看到，引起一般利润率下降的同一些原因，又会产生反作用，阻碍、延缓并且部分地抵销这种下降。这些原因不会取消这个规律，但是会减弱它的作用。否则，不能理解的就不是一般利润率的下降，反而是这种下降的相对缓慢了。所以，这个规律只是作为一种趋势发生作用；它的作用，只有在一定情况下，并且经过一个长的时期，才会清楚地显示出来。”②

平均利润率下降趋势的存在，明显地暴露了资本主义生产方式发展过程中的矛

① 马克思，恩格斯．马克思恩格斯全集：第23卷．北京：人民出版社，1972：683－684.
② 马克思，恩格斯．马克思恩格斯全集：第25卷．北京：人民出版社，1974：266.

盾。我们知道，争取尽可能高的利润率，以最小限度的垫付资本攫取最大限度的利润，这是每一个资本家经营企业的动机和目的，也是他们改进生产技术、提高劳动生产力的唯一动力。但是，资本家这种为争取高利润率而进行的活动，却带来了与他们的“初衷”相违反的东西——利润率下降。这个与资本家的主观愿望完全对立的客观趋势，引起了资本主义社会一系列的不可克服的矛盾。

首先，是生产扩大与价值增殖之间的矛盾。我们知道，资本主义生产的唯一动机和直接目的是追求剩余价值。为了达到这一目的，资本家便尽量改进技术，提高劳动生产率，扩大生产规模。因此，从这方面来看，生产力具有无限发展的趋势。可是，生产力的发展和资本有机构成的不断提高，却引起了利润率的下降。同时，生产力的发展，也引起了现有生产资料价值的降低，从而使资本贬值。资本家本来的目的是想保存现有的资本价值，并以此为基础来取得最大限度的利润，可是在生产扩大的过程中却产生了相反的结果：扩大生产的手段与价值增殖的目的发生了矛盾，生产力发展的无限性与价值增殖的有限性发生了冲突。

其次，是人口过剩与资本过剩的矛盾。在利润率下降的情况下，资本家为了弥补利润率下降所带来的损失，便尽量增加积累，扩大资本规模，以期通过扩大剥削范围和提高剥削程度来增加利润量。这不仅使大资本同中小资本的竞争更加尖锐化，而且提高了为获得一定利润量和开办新企业所需要的最低资本额。这就使得许多分散的中小资本难以独立经营，而成为闲置的过剩资本。与此同时，随着资本积累的进行和资本有机构成的提高，相对过剩人口也在不断地增加。一方面，有大量的过剩资本不被用于生产；另一方面，又有大量的过剩人口找不到工作，造成了人力和物力的巨大浪费。这是资本主义生产关系阻碍社会生产力发展的最突出的表现之一。

再次，是生产与消费之间的矛盾。利润率的下降和积累的扩大，是同时进行而又相互促进的同一过程的两个方面。资本的不断积累，造成了生产的巨大发展，同时也造成和加深了劳动群众的贫困化。尤其是为了阻碍利润率的下降，资本家更加强了对工人的剥削，使社会有支付能力的需求相对缩小。这样，商品的实现，从而价值和剩余价值的实现便越来越困难。马克思指出：剩余价值的生产条件和实现条件是不同的，“前者只受社会生产力的限制，后者受不同生产部门的比例和社会消费力的限制。但是社会消费力既不是取决于绝对的生产力，也不是取决于绝对的消费力，而是取决于以对抗性的分配关系为基础的消费力；这种分配关系，使社会上大多数人的消费缩小到只能在相当狭小的界限以内变动的最低限度。”① 可见，在资本主义的生产过程和产品实现过程之间存在着的这种矛盾，可以归结为生产和消费的矛盾，即生产无限扩大的趋势与有支付能力的需求相对缩小之间的矛盾。

最后，利润率下降趋势规律的作用，也加剧了资产阶级同无产阶级之间、资本主义列强同殖民地和经济落后国家之间，以及资本家相互之间的矛盾。在利润率下

---

① 马克思，恩格斯．马克思恩格斯全集：第25卷．北京：人民出版社，1974：272－273.

降趋势的威胁下，经济发达国家的资本家除日益加紧对本国无产阶级的剥削和压榨外，还尽量扩大对殖民地和经济落后国家的掠夺性贸易与资本输出。这就必然会同时加深他们同本国无产阶级的矛盾以及他们同国外其他民族的矛盾。另外，资本家相互之间为争夺利润而进行的斗争也会更趋尖锐化。

上述一切矛盾，是资本主义生产发展和利润率下降的必然伴侣，它们的存在和发展，充分地表明了资本主义生产方式的局限性和历史过渡性。所有这些矛盾，都不可能在资本主义范围内加以解决，只有通过革命变革，以无产阶级专政代替资产阶级专政，以社会主义制度代替资本主义制度，才能打破资本主义生产关系给社会生产力发展所造成的种种限制，从而使人类社会在新的基础上迅速前进。

第八章

商业资本和商业利润

第一节　商业资本是产业资本的独立部分

我们在前一章研究平均利润和生产价格时，曾经假定产业资本单独完成资本循环的所有阶段，而无须借助于商业资本和其他资本，并假定产业资本家独自占有雇佣工人所创造的全部剩余价值。但是，资本主义社会的实际情况并不是这样。在资本主义制度下，参加资本循环过程的不仅有产业资本，而且有商业资本以及其他资本形态；剩余价值也并非由产业资本家独自占有，而是由参加资本循环过程的各个资本家集团共同瓜分。那么，商业资本在整个资本循环过程中具有什么作用呢？商业利润的来源和实质是什么呢？商业资本家对商业店员又是怎样进行剥削的呢？这些就是本章所要研究的主要问题。

商业资本也叫作商人资本，它是历史最悠久的资本形态之一。远在奴隶社会的初期，作为商品交换中介的商人阶层就已经出现了。以后，随着商品货币关系的发展，在奴隶社会和封建社会中，商业资本又曾经得到不同程度的发展。但是，资本主义社会的商业资本，无论就其来源、职能还是牟取利润的方式来说，都不同于以往时代的商业资本。

资本主义以前的商业资本，主要是从简单商品流通中产生的，一些富裕的农民和手工业者利用积累起来的货币，专门从事商品买卖，这些货币便转化成商业资本，而他们自己则变成了商人；而近代的商业资本，则主要是从产业资本中分离出来的，一部分产业资本家脱离生产领域，利用自己的资本专门从事商品买卖，于是一部分产业资本便分离出来变成商业资本，而他们自己则变成商业资本家。资本主义以前的商业资本，活动于简单商品流通领域，主要是为买卖双方的直接消费服务；而近代的商业资本，则活动于社会资本的流通领域，主要是为各产业部门生产和实现剩余价值服务。资本主义以前的商业资本，依靠贱买贵卖和商业欺诈，一方面占有小生产者的剩余产品，另一方面也占有奴隶主和封建主从直接生产者身上剥削来的一部分剩余产品；而近代的商业资本，则和产业资本一起，共同占有雇佣工人所创造的剩余价值，并参与利润的平均分配。所以，为了把握资本主义制度下商业资本的本质和特点，不能把它同资本主义以前的商业资本相混淆。

现在，我们就来分析近代商业资本的来源和职能。

我们在研究产业资本的循环时曾经说过，产业资本在它的运动中会顺次地采取货币资本、生产资本和商品资本这三种不同的形态，并完成不同的职能。整个运动用公式表示就是：G—W…P…W′—G′。那时，我们曾经假定：产业资本循环的每一阶段，包括商品资本的实现阶段即 W′—G′在内，都是由产业资本家自己来完成的。这种假定，和资本主义初期的实际情况，是大体上相符的。当时生产规模不大，市场范围不广，手工工场的老板往往自设门市部，兼营自己工场产品的推销业务。在当时的情况下，产业资本家有可能和消费者直接来往，不一定需要商人居间来代为推销商品和实现剩余价值。

但是，随着资本主义的发展，一部分商品资本就逐渐从产业资本的运动中分离出来，它们的职能固定地由一部分不从事生产活动而专营商品买卖的商业资本家来完成。这样，商品资本就转化成了商业资本。

商品资本从产业资本的运动中分离出来并转化为商业资本的可能性，首先在于：商品资本的职能同产业资本其他两种形态的职能本来就是不相同的。我们知道，货币资本的职能是在商品市场上购买生产资料和劳动力，为剩余价值的生产准备条件；生产资本的职能是通过在生产过程中对雇佣工人的剥削，使垫付资本的价值增殖；而商品资本的职能则是销售商品，实现垫付资本的价值和剩余价值。由于产业资本的各种形态执行着不同的职能，因而就有可能在资本家之间实行分工，由不同的资本家来分别担负不同的职能：产业资本家主要从事商品的生产和剩余价值的榨取，而商品的买卖则由商业资本家来完成。

其次，就全部社会资本来说，总有一部分要经常处于流通领域并执行着流通资本的职能。我们曾经说过，产业资本要能连续不断地循环，不仅在运动中要顺次地采取货币资本、生产资本和商品资本这三种形态，而且必须同时采取这三种形态，其中每种形态又必须分别完成各自的循环。因此，社会资本也就分为两大部分：一部分处在生产领域中，以生产资本的形态发挥职能；另一部分则处在流通领域中，以商品资本和货币资本的形态发挥职能。正是由于商品资本在社会资本的运动中具有这种相对的独立性，因而就使它的职能可以专门由某一部分资本家来完成，使商品资本独立化为商业资本。

马克思写道："只要处在流通过程中的资本的这种职能独立起来，成为一种特殊资本的特殊职能，并且固定下来，成为一种由分工给予特殊种类资本家的职能，商品资本就成为商品经营资本或商业资本。”①

商品资本的一部分从产业资本运动中独立出来，不仅有如上所说的可能性，而且有它的必要性。随着生产的发展和商品行销区域的扩大，流通中商品资本的数量大量增加，流通的时间也相应地大大延长。在这种条件下，如果产业资本家继续实行自产自销，就必须建立庞大的商业网和通信网，雇佣大量的商务代理人。为此，他就必须付出大量的商务开支，即增加流通资本和垫付资本的总量。如果他不这样做，就必须缩小现有生产资本的数量，以便使生产资本和流通资本相适应。在这两种情况下，产业资本的利润率都会降低。于是，就要求从现有的产业资本家当中分离出一批人来，改行经商，用他们的资本专门为推销产业资本家的商品服务。同时，有一部分新起的资本家，也把他们积累起来的资本投入商业部门。而过去那些为封建经济服务的财力比较雄厚的商人，现在也转而为产业资本家服务。近代的商业资本，大体上就是这样形成的。

所以，资本主义制度下的商业资本，就其性质来说，不外就是不断出现在市场上、不断停留在流通中的商品资本一部分的转化形态。之所以说是一部分，是因为在社会总产品当中，实际上还有一部分是由产业资本家自行销售的。例如轧钢厂可以把钢材直接卖给机器制造厂，纺织机器制造厂可以把纺织机器直接卖给纺织工厂，面包工厂可以把面包直接卖给消费者，等等。

商业资本从产业资本当中分离出来之后，它所执行的职能，仍然是商品资本的职能。因为当产业资本家把商品卖给商人之后，对产业资本家来说，他的商品资本固然已经实现，他的商品资本已经变成了货币资本，$W'—G'$的过程已经完成，他已经取得了剩余价值，但是，对商品本身来说，它并没有因此而退出流通领域，它只是变更了所有者，即由产业资本家手里转入商人手里，商品中所包含的价值和剩余价值并没有最后实现。换句话说，商品资本的职能，还有待商人继续完成。只有当商人把商品卖给消费者，商品从流通领域进入消费领域时，商品资本到货币资本的转化过程，即$W'—G'$的过程才真正结束，商品资本的职能也才得到最后的实现。

商业资本的职能仍然是实现商品资本，这在社会资本的流通顺利进行的情况下，是不容易被人们觉察出来的；可是，一旦商品遭遇滞销，人们就会痛切地感觉到这一点。这时，不仅商人要吃到苦头，就是产业资本家也会由于他的商品没有销路，由于商人不能购买他的下一批商品，而不得不缩减生产或停止生产。可见，商业资本的职能和商品资本的职能实际上是一回事，所不同的，只是以前这些职能是由产业资本家作为自己的附带业务来完成，而现在则成为商业资本家的专门业务了。马克思写道：“商品经营资本无非是生产者的商品资本，这种商品资本必须经历它转化为货币的过程，必须在市场上完成它作为商品资本的职能；不过这种职能已经不是生产者的附带活动，而是一类特殊资本家即商品经营者的专门活动，它已

① 马克思，恩格斯. 马克思恩格斯全集：第25卷. 北京：人民出版社，1974：298.

经作为一种特殊投资的业务而独立起来。”①

必须指出，商业资本虽然是商品资本一部分的转化形态，但它既然从产业资本中分离出来，就不再是产业资本的一个单纯的环节，而是作为一种独立的资本形态来发挥作用。

使商业资本成为一种独立资本形态的条件，基本上有两个：第一，在商业资本的活动范围内，推销商品这件工作，已经不由产业资本家来兼任，而是专门由商人，由流通中的代理人来担任。在商人和产业资本家之间已经形成了一种特殊的社会分工，推销商品已经成为商人的专门职责。但是，仅有这一点是不够的。例如，当产业资本家自己雇佣商业事务员、跑街、掮客之类的商务代理人来推销商品时，商品资本就不转化成独立的资本形态，它不过是处在流通领域中的产业资本的一部分而已。所以，还必须有第二个条件，即这种专门经营商品买卖的人还必须有自己独立的投资。他必须握有一定的货币，以便用来向产业资本家购买商品，然后再把商品卖出，变为更多的货币。这就是说，商业资本有它独立的循环，这种循环用公式表示就是 $G—W'—G'$。只有具备上述两点，商品资本才转化为独立发挥职能的商业资本。

总之，从商业资本的来源和职能以及它和产业资本的相互关系来看，商业资本不外就是商品资本一部分的转化形态，是产业资本的一个独立部分。

商品资本独立化为商业资本，对于加速产业资本的周转和提高产业部门的利润率起着重要作用。这些作用具体说来有以下几个方面。

首先，由于分工和商业事务的专门化，商人比起产业资本家会更熟悉市场情况，熟悉消费者的需求和各种复杂的销售条件，因此，由他们经手推销商品，就可以缩短商品的流通时间，加速商品资本转化为货币资本的过程。

其次，由于分工和商业事务的专门化，商人投在商品买卖和偿付商业事务开支方面的资本，比起产业资本家各自经办商业事务来，在数量上可以节省，这就会相应减少社会资本用于流通领域的数量，从而增加生产领域的资本总量。

最后，一个商人不仅可以为同一部门的几家工厂推销商品，甚至可以为不同部门的许多家工厂推销商品，因此，商业资本的周转速度就不受个别产业资本的周转的限制，它可以在产业资本的一次周转时间内，完成若干次周转。当他把甲产业资本家的一批商品推销出去之后，可以在甲资本家把第二批商品投入市场之前，再为乙、丙等产业资本家推销商品。这样，从整个社会的范围来看，就可以进一步减少流通中的资本数量，并缩短各部门产业资本的周转时间。

以上各点，归根到底是使资产阶级能够在一定时间内把更多的资本投入生产，并以更大的规模榨取剩余价值。因此，商业资本的存在，有利于增加产业部门的利润和促进资本主义的发展。

但是应当指出，商业资本对于加速产业资本的周转和提高产业部门的利润率的

① 马克思，恩格斯. 马克思恩格斯全集：第 25 卷. 北京：人民出版社，1974：301.

上述有利作用，只是在它的数量不超过社会必要的比例的限度内才是如此。如果商业资本的数量超过了社会必要的比例，那么就会产生相反的结果。那时，由于商业机构的臃肿和商品流通环节的增加，社会资本的周转速度将会变得缓慢，一般利润率也会因而降低。进一步说，由于商业资本的独立化，资本主义再生产的矛盾会进一步发展，资本主义生产、流通和消费之间的脱节现象会更加严重起来。商业资本既然和产业资本相独立，那么，产业资本家只要能够把商品卖给商人，他的生产就可以继续进行。但由于广大劳动群众的购买力相对缩减所引起的商品销售困难的增加，商品不一定能够迅速地由商人手里转到消费者手里。加上商人往往囤积居奇，待价而沽，因此，随着生产的继续增长，流通领域的商品就可能形成庞大的堆积。这样，流通时间就不是缩短，而是延长了；流通资本也不是相对减少，而是增加了。在表面繁荣的掩盖下，生产、流通和消费之间的矛盾日益尖锐化，当这些矛盾发展到一定的程度时，就必然要导致经济危机的爆发。

旧中国的商业资本，带有明显的半殖民地半封建经济的特点。如同工业资本一样，旧中国的商业资本也分为官僚买办商业资本和民族商业资本两部分。

官僚买办商业资本，是由帝国主义扶植起来的，它是帝国主义掠夺和奴役中国人民的工具，是帝国主义的附庸，它帮助帝国主义在中国倾销商品，搜刮原料，尽力把旧中国变为帝国主义的商品市场和原料供应地。蒋、宋、孔、陈“四大家族”所控制的垄断性商业组织，就是这种官僚买办商业资本的集中代表。官僚买办商业资本不仅具有浓厚的买办性，还具有浓厚的封建性。它同农村的封建地主经济和高利贷资本相结合，用各种残酷方法野蛮剥削和掠夺农民、手工业者。毛泽东同志指出：“帝国主义列强从中国的通商都市直至穷乡僻壤，造成了一个买办的和商业高利贷的剥削网，造成了为帝国主义服务的买办阶级和商业高利贷阶级，以便利其剥削广大的中国农民和其他人民大众。”① 这种官僚买办商业资本，体现着旧中国最反动、最落后的经济关系，严重破坏和阻碍了社会生产力的发展。

在旧中国，和官僚买办商业资本并存的，还有民族商业资本。由于旧中国长期遭受帝国主义的压迫和摧残，社会经济处于停滞状态，因而使民族商业资本同样没有完成从前资本主义形态到资本主义形态的转变。这种商业资本虽然部分地从属于产业资本，为产业资本推销商品和实现剩余价值服务，但还有相当一部分是为地主经济、为简单商品流通服务的。

旧中国民族商业资本的数量，大约相当于民族工业资本的三倍，但经营极其分散，除少数例外，一般来说每一家商店的资本和从业人员都很少。根据新中国成立初期的调查，坐商每户资本平均只有 1 000 多元，从业人员不到 2.3 人。这种商业资本超过工业资本而经营又极其分散的状况，正是旧中国资本主义不发达的表现。

民族商业资本由于缺乏强大的民族工业作基础，因而在经济上十分软弱，同帝国主义和封建主义有千丝万缕的联系，对它们具有很大的依赖性。例如，在沿江沿

---

① 毛泽东．毛泽东选集：第 2 卷．2 版．北京：人民出版社，1991：629.

海的大城市中，民族商业资本就有一部分为帝国主义洋行推销商品，并从帝国主义对中国的不等价交换中分取一部分利润；而内地和小城镇的民族商业资本，则较多地同地主经济和高利贷资本结合在一起，许多商人身兼地主和高利贷者，他们主要从对农民和手工业者的不等价交换中获取商业利润。

第二节　商业利润和商业价格

商业资本家的资本既然是以一种独立的资本形态发挥作用的，那么，商业资本家也和产业资本家一样，总是力图用他的资本来获取尽可能多的利润。然而，商人是在流通领域内进行活动的，如果把他所从事的与生产过程有关的保管、运输、包装等活动除开不说，他的纯粹属于流通领域的活动（即单纯买卖商品的活动），是不创造任何价值和剩余价值的。那么，商业利润又是从何而来的呢？

从表面上看，商业利润来自商品售卖价格和购买价格的差额。我们在前面说过，产业资本家是按照生产价格出卖商品的，从社会平均的角度来说，这也就是按照价值出卖。因此，商人所获得的利润，似乎只能是商品价值以上的某种加价，只能是从流通中产生的了。

把商业利润当成商品价值以上的附加，这种看法虽然好像也符合商业活动的特点，也不无“根据”，但是，这只是反映了事物的表面现象，而没有反映出它的本质。资产阶级庸俗经济学者，历来就是把这种假象当作真理来传播的。实际上，商业利润并不是来自流通过程的单纯加价。售卖价格高于购买价格只能说明商人是从这个差额当中取得利润，但不能说明商业利润的真正来源。

商业利润的真正来源是什么呢？它的真正来源也同产业利润一样，是产业工人在生产中所创造的剩余价值。马克思指出：“因为商人资本本身不生产剩余价值，所以很清楚，以平均利润的形式归商人资本所有的剩余价值，只是总生产资本所生产的剩余价值的一部分。”①

事情是这样的：由于商人为产业资本家推销商品，产业资本的一部分职能由商人来完成，因此产业资本家就不能独自占有全部剩余价值，他必须把剩余价值的一部分让给商人。这种让渡是通过价格差额来实现的。换句话说，当产业资本家把商品卖给商人时，其价格实际上要低于前面所说的生产价格，然后，商人再按十足的生产价格（就整个社会来说，也就是按照价值）把商品出卖给消费者。这样，商品的售卖价格虽然高于购买价格，但并不高于它的现实生产价格或价值。这一部分通过价格差额而由产业资本家让渡给商人的剩余价值，便形成商业利润。

商业资本既然是作为职能资本在流通领域中活动，它就不仅要获得商业利润，而且它的利润率必须大致相当于在生产中发挥职能的产业资本的利润率。这是不言

---

① 马克思，恩格斯. 马克思恩格斯全集：第25卷. 北京：人民出版社，1974：314.

而喻的，假使商业资本的利润率经常低于产业资本的利润率，那就不会有人投资经营商业了。因此，马克思指出：“因为产业资本的流通阶段，和生产一样，形成再生产过程的一个阶段，所以在流通过程中独立地执行职能的资本，也必须和在不同生产部门中执行职能的资本一样，提供年平均利润。”①

商业资本获得和产业资本大致相等的利润，是通过各个商业部门同各个产业部门之间的竞争，通过它们之间的资本转移来实现的。如果商业利润率低于产业利润率，商人就会认为经商是不合算的事，因而就会把他的资本转移到产业部门中去。由于商业部门没有产业部门那样庞大和复杂的技术设备，因此，它要把资本转移出去，是比较容易的。马克思说：“没有哪一种资本比商人资本更容易改变自己的用途，更容易改变自己的职能了。”② 当然，从另一方面说，商业利润率也不能比产业利润率高，否则，产业资本也会向商业部门转移。所以，商人和产业资本家之间的竞争，必然会导致商业利润和产业利润趋于平均化，使它们处于大致相等的水平。

关于剩余价值在商人和产业资本家之间瓜分的情况，可以用下面的例子来说明：

假定一年间垫付的产业总资本为 $720c+180v=900$（比方说，以亿元为单位），$m'=100\%$，那么，剩余价值总额就是 180，社会总产品价值是 $720c+180v+180m=1\ 080$，平均利润率则为$\frac{180m}{720c+180v}=20\%$。现在，假定除了 900 产业资本之外，还有商人为购买商品，为反复支付商品购买价格而投放的 100 商业资本。这样，社会总资本就增加为 900（产业资本）+100（商业资本）=1 000。但由于商业部门的纯粹买卖行为不创造价值和剩余价值，剩余价值总额还和以前一样是 180。商业资本参加剩余价值总额的分配后，就使平均利润率降低到$\frac{180}{900+100}=18\%$。按照这个平均利润率水平，产业资本应该得到$900\times18\%=162$ 的平均利润，而商业资本则获得 $100\times18\%=18$ 的平均利润。所以，产业资本家应该按照 $720c+180v+162p$（产业利润）=1 062 的价格把商品卖给商人，而商人则按照 $1\ 062+18h$（商业利润）=1 080 的价格把商品卖给消费者。这样，商人在按照价值出卖商品的条件下，就可以从售卖价格和购买价格的差额中，获得 18 的商业利润。

由于商业资本参加了利润的平均化，因而商品生产价格的公式便应该作适当的修正，以使它具有更严密的规定。原来，商品的生产价格等于生产成本加平均利润。现在，就产业资本来说，虽然生产价格还是生产成本加平均利润，即 $k+p$，但这个 p 已经发生了变化，它已经不是全部利润，而只是归产业资本家占有的那一部分了。依照上述例子，p 不是等于 180，而是等于 162。而就总商品资本的现实生产价格（也就是价值）来说，它已经不是等于 $k+p$（产业利润），而是等于 $k+p+$

①② 马克思，恩格斯．马克思恩格斯全集：第 25 卷．北京：人民出版社，1974：314.

h（商业利润）了。

乍一看来，由于商业资本参加剩余价值的分配，使平均利润率降低，这对产业资本似乎是不利的。其实并非如此。根据前面的说明，如果没有商人，产业资本家就必须为实现商品而投放更多的资本，这就会使他的利润率比现在降低得更多。相反地，由于商人专门从事商品买卖，加速了商品资本的流通并减少了流通中的资本总量，因而就可以减少产业资本家在利润上的损失。马克思指出："只要商人资本限制在必要限度以内，差别就只是在于：由于资本职能的这种划分，专门用在流通过程上的时间减少了，为流通过程预付的追加资本减少了，而且总利润中以商业利润的形式表现出来的损失也比在没有这种划分的情况下减少了。"①

商业资本的独立化和它参与剩余价值的分配，客观上是有利于产业资本的。反过来说，产业部门榨取的剩余价值越多，在其他条件不变时，一般利润率，从而商业利润率也就越高。所以，尽管产业资本家和商人在分割利润的问题上也存在着矛盾，但他们在剥削工人阶级这个根本问题上，却有着共同的阶级利益。

上面所分析的只是在纯净关系下的商业利润的来源，也可以说是它的基本来源。为了认识商业利润的本质和来源，我们必须就这种纯净关系进行分析。当然，商业利润的来源实际上并不止此一途，商业的实践告诉我们，商人还利用不等价交换等办法，来获取利润。他们一方面通过压低收购价格的办法，以占有小商品生产者的剩余产品，另一方面又用抬高物价、掺杂使假、克扣斤两尺寸、以次货充好货等办法来剥削广大的消费者（主要是城市职工和乡村农民）。这样，小生产者的一部分剩余产品和广大消费者的一部分劳动收入，也就成了商业利润的一个经常的补充来源。不过，在这里为了说明问题的本质，还是应当把这种补充来源撇开，而专就商业利润的纯粹形态来考察，不然问题的分析就会受到不必要的扰乱。

如上所述，商人是以商品加价的形式，来获得商业利润的。但商品究竟是怎样进行加价的呢？或者说，商品的商业售卖价格，究竟是怎样决定的呢？

在资本主义条件下，人们容易产生这样一种观念：对某一种商品究竟要加上多少利润，商业价格要定多高，似乎完全是由商人任意决定的。但是，只要稍微仔细地分析一下，就可以明白这种观念是错误的。

如果把下一节将要考察的商业流通费用抛开不说，那么，我们一般地可以这样说，一种商品的售卖价格的高低，取决于生产价值水平和平均利润率水平，而这两者都不是商人可以任意规定的。假如 1 斤砂糖的生产价格是 1 元，平均利润率是 15%，那么，商人购买 100 斤砂糖就需要花费 100 元，并且这 100 斤砂糖就应该附加上 15 元的利润，即按 115 元的价格售卖。商人不能任意把砂糖的商业价格过分抬高或降低。

商品加价的程度和商业价格的高低，除了取决于上述两个因素之外，还要受不同部门的商业资本周转速度的影响。各部门商业资本的周转速度，也不是商人所能

① 马克思，恩格斯．马克思恩格斯全集：第 25 卷．北京：人民出版社，1974：324－325.

任意决定的。

商业资本的周转，包括商品的购买和商品的售卖两个阶段，即 G—W 和 W—G。商业资本每通过这样两个阶段，便完成一次周转。商业是生产和消费的中介，因此，商业资本的周转速度，第一，要受各产业部门的商品生产时间的限制，必须有商品生产出来，商人才能加以推销；第二，要受消费者消费速度和范围的限制，必须有消费者购买，商人才能把商品售卖出去。

商业资本的周转速度，在不同的商业部门是各不相同的。比如，糕点业的商业资本，就比家具业的商业资本周转得快一些。在同一商业部门内部，各个商业企业的资本周转速度，也有快慢的不同。但无论如何，从这些不同的周转速度中，总可以求出一个平均的速度来。

那么，商业资本的周转速度，怎么会影响到商品的加价程度，从而影响到商品的商业价格呢?

商业资本的周转同产业资本的周转不同。大家知道，产业资本周转的快慢，对于每一次周转所生产出来的商品价值量是不产生影响的，但是，对于年剩余价值量和年平均利润率，却有着决定性的作用。产业资本周转越快，年剩余价值量就越多，年平均利润率也越高。但商业资本的周转却不是这样，商业是不创造剩余价值的，因此，商业资本周转的快慢，对于年剩余价值量或年利润量，并不产生直接的影响。对于商业资本来说，平均利润率是一个既定的数量，它是由产业资本所生产的利润总量和社会资本总量（包括产业资本和商业资本）的比例决定的。因此，假如商业资本在社会总资本中所占的比重是已定的，那么，各部门商业资本周转的快慢，就不会影响到年平均利润率，也不会影响到总利润中归商业资本占有的份额。就不同的商业部门来说，它们之间在资本周转速度上无论有多大的差别，都不会在它们的年利润率上引起差异；不同的商业部门，只要它们的资本量不超出必需的限度，它们就总是能比例于各自的资本量获得相应的利润。如果商业利润会随着商业资本周转速度的快慢而发生变化的话，那么，正如马克思所指出的，“商人资本就会随着它的周转次数的增加，比产业资本提供高得多的利润，而这是和一般利润率的规律相矛盾的。”①

但是，不同部门商业资本周转的快慢，却会直接影响到商品的商业售卖价格。这是因为，在平均利润率不变，从而在一定量商业资本所获得的利润量不变的条件下，商业资本周转速度越快，它周转的商品数量就会越多，而将这一定量的商业利润分摊到单位商品上去的份额就必然越少。用上面举过的例子来说，我们在那里假定商人用 100 元购买 100 斤砂糖，如按照 15%的平均利润来实行加价，商人从一次周转中就能获得 15 元的利润。假定商业资本一年不是周转 1 次，而是周转 5 次，商人用 100 元资本一年就能为产业部门推销 500 斤砂糖，即 500 元的商品。但根据上述等量商业资本获得等量商业利润的原则，这一年归商人占有的利润将仍然只有

---

① 马克思，恩格斯. 马克思恩格斯全集：第 25 卷. 北京：人民出版社，1974：348.

15 元。因此，在这种情况下，每 100 斤砂糖就只能加价 3 元，即按 103 元的商业价格来出卖，15 元利润只有在这 500 斤砂糖完全卖掉以后才能实现。

所以，马克思说："商业加价的多少，一定资本的商业利润中加到单个商品的生产价格上的部分的大小，和不同营业部门的商业资本的周转次数或周转速度成反比。"① "不同商业部门的商业利润的同一百分率，会按照这些部门周转时间的长短，以完全不同的就商品价值计算的百分率，提高该商品的出售价格。"②

不过，这里应该注意的是，我们说商业资本的周转速度的差别，不会影响到它的年利润率，只会影响到单位商品的商业加价，这是就不同商业部门的关系来说的；而如果就同一商业部门内部的各个商人来说，那么资本的周转速度，对于他的年利润率，就有决定性的意义了。假定某一个商业部门共有资本 3 000 元，由三个资本各为 1 000 元的个别资本组成，平均利润率为 15%。又假定该商业部门资本平均一年周转 3 次，甲资本每年周转 4 次，乙资本每年周转 3 次，丙资本每年周转 2 次。在这种情况下，甲资本每年得到的利润是 200 元，乙资本每年得到的利润是 150 元，丙资本每年得到的利润是 100 元；而它们的年利润率则分别为 20%、15% 和 10%。这就是说，周转速度高于平均速度的个别资本，可以得到比平均利润率更高的年利润率，这正如在同一产业部门中，生产条件较好的资本家可以得到超额利润一样。正因为如此，所以资本周转速度快的商人，在竞争过程中就可以比别人卖得价格便宜一些，而不致使他的利润降低到平均利润以下。平常所谓商人"薄利多销"的奥妙，便在这里。

以上，我们分析了商业资本周转速度对商业价格的影响。正因为存在着上述影响，所以就造成了一种假象，好像流通过程本身能决定商品价格的高低；进而引起了一种错误的观念，好像商人自己就能决定商品的售卖价格。但马克思主义政治经济学的科学分析却告诉我们，商业价格的高低并不是任意确定的。决定商业价格的客观因素是生产价格和平均利润率，至于商业资本的周转，就只能影响到分摊给单位商品的利润的份额。因此，商业价格的形成，也是严格地依据价值规律和剩余价值规律的。正如马克思所指出的："如果已知价值和剩余价值的限界，那就不难理解，资本的竞争如何把价值转化为生产价格并且进一步转化为商业价格，如何把剩余价值转化为平均利润。"③

第三节 商业的纯粹流通费用及其补偿

以上，我们研究商人如何参与利润的平均分配问题，是假定 100 的商业资本只

---

① 马克思，恩格斯. 马克思恩格斯全集：第 25 卷. 北京：人民出版社，1974：348.

② 同①349.

③ 同①350.

是商人为了购买商品，为了在反复的周转中偿付商品的购买价格而投下的。因此，在商品出卖以后，他便能从商品的售卖价格中收回这笔投资并获得相应的利润。但是从商业实践来看，商人除了为购买商品需垫付一定的资本以外，还必须在商品的流通过程中支出一系列的费用。商人支出的这些费用，也是他的投资，同样必须从售卖价格中收回，并为他带来相应的利润。但商人用在购买商品上的投资和用在流通费用上的投资毕竟是不同的。因此，在分析商业资本和商业利润时，还必须对商业流通费用及其补偿的问题单独加以说明。

我们在“资本的循环和周转”一章中说过，由于商品具有使用价值和价值二重属性，因此，商品的流通费用，也可以分为两种。一种是由商品的价值形态变化所引起的费用，即纯粹流通费用，它包括广告费、簿记费和商业雇员的工资等等。另一种是由商品的使用价值的运动所引起的费用，这是一种生产性的流通费用，它包括保管费、运输费、包装费等等。商人在以上两方面支出的费用，都必须在商品出卖后得到补偿并取得利润。但因这是两种性质不同的流通费用，所以，这些费用赖以补偿的来源及其补偿的形式也就各不相同。

下面，我们着重考察纯粹流通费用是怎样补偿的。

我们已经知道，单纯的买卖活动是不创造任何价值的。因此，商人为了进行这种买卖活动而支出的纯粹流通费用，也不能增加商品中所包含的价值量和剩余价值量。可是，商人支付的纯粹流通费用，是他的垫付资本的一部分，这部分资本不仅要从商品的价格中得到补偿，而且要参加利润的平均分配，取得相应的平均利润。不然，就与资本的概念不相符了。那么，在社会总产品的价值（c＋v＋m）中，哪一部分是用来补偿纯粹流通费用的呢？哪一部分是它的补偿来源呢？从理论上说，为了使再生产得以正常进行，不变资本价值（c）必须用来重新购置生产中消耗掉的生产资料，因此它不能用来补偿纯粹流通费用。可变资本价值（v）是用来维持劳动力再生产的，也不能用来补偿纯粹流通费用。所以，在社会总产品价值中，只有剩余价值（m）这一部分，才能作为纯粹流通费用的补偿来源。马克思写道：“一般的规律是：一切只是由商品的形式转化而产生的流通费用，都不会把价值追加到商品上。这仅仅是实现价值或价值由一种形式转变为另一种形式所需的费用。投在这种费用上的资本（包括它所支配的劳动），属于资本主义生产上的非生产费用。这种费用必须从剩余产品中得到补偿，对整个资本家阶级来说，是剩余价值或剩余产品的一种扣除，就象对工人来说，购买生活资料所需的时间是损失掉的时间一样。”①

正是由于这种原因，所以商人参加剩余价值分配以后的平均利润率，实际上比我们前面计算过的要低一些。拿上面的例子来说，假定商人在 100 的投资之外，还追加 50 的投资作为纯粹流通费用，那么，剩余价值总额 180 就将在 900 的产业资

---

① 马克思，恩格斯. 马克思恩格斯全集：第 24 卷. 北京：人民出版社，1972：167.

本和150的商业资本之间平均分配，这样，平均利润率就要下降为$\frac{180}{900+150}=17\frac{1}{7}\%$了。因此，产业资本家只能按照$900+154\frac{2}{7}=1\ 054\frac{2}{7}$的价格把商品卖给商人，然后商人再加上归他所得的利润和他支出的商业费用，即按照$1\ 054\frac{2}{7}+25\frac{5}{7}+50=1\ 130$的价格把商品卖给消费者。

商人用在纯粹流通费用上的资本部分，参加利润的分配，使平均利润率再次降低下来，这对产业资本似乎是不利的。其实不然，因为产业资本家如果自己兼营商业事务，他也得支出纯粹流通费用，因而也同样会使利润率降低。现在由商人来负担，由于分工和商业活动的专业化，这种费用比产业资本家兼营商业事务时可以减少一些，因而利润率的降低也可以少一些。

每个商人都要为商品买卖支出纯粹流通费用，可是这些费用又不能增加商品的价值，因此，从整个社会来看，纯粹流通费用是一种非生产性支出，是社会总产品及其价值的一种单纯的扣除。这种费用既然每年都要支出，那么就必须每年把它补偿出来。这种补偿不仅要在价值形态上而且要在实物形态上进行。也就是说，社会每年都必须再生产出一部分商业建筑物、商业设备以及笔墨纸张和商业职工的生活资料等物质资料，以供商业部门使用。

上面，我们是把纯粹流通费用当作一个整体来分析的。但是，按照纯粹流通费用的组成，它还可以分为不变资本和可变资本两部分。商人用在商业建筑、设备以及柜台、账簿等物质要素上的资本，是纯粹流通费用中的不变资本部分，而他支付给商业雇员的工资，则是可变资本部分。对于不变资本部分，商人可以根据它在流通过程中消耗的程度，把它计算到售卖价格中去，并且获得相应的平均利润。但是，可变资本部分怎么也能这样得到补偿并获得相应的利润呢？

这里的困难是这样产生的：商业劳动只是实现价值和剩余价值，它本身并不创造任何价值。商人之所以应该获得一份平均利润，是因为他从事了实现剩余价值的活动。但是，现在由于商人雇佣店员来替他从事商业活动，他不仅自己要得到一份平均利润，而且必须取得一份用来支付工资的利润。这无异于他以一份投资实现了双份的利润。这个问题如何解释呢？

为了弄清这一问题，我们需要回到产业资本家自己的商业办事处去，因为商业资本本来是从产业资本中分离出来的，是产业资本一部分的转化形态。在那里我们将有可能认识清楚这一问题。

前面说过，在生产规模不大时，产业资本家往往自设商业办事处，实行自产自销。但是，随着生产的扩大和商业事务的增加，产业资本家的商业办事处就需要雇佣工人。这种商业劳动者同产业工人不同，他们不能创造剩余价值，只能实现剩余价值。但产业资本家仍然要向他们支付工资，而且这种工资开支也得算在商品的预付资本总额中。

初看起来，由于商业劳动者的工资算入商品成本，商品的售卖价格似乎比没有雇佣这种劳动者时要高一些；而且由于这种工资开支增加了预付资本总额，因而利润率的水平似乎也会降低下来。但仔细考虑一下就会知道，这样做对产业资本家实际是有利的。因为商业劳动者的作用恰恰在于其能够加速商品的销售过程，从而相对地减少流通中的资本和为实现一定量商品所消耗的各种流通费用。只要商业劳动者的工资开支不超过正常数量，单位商品上所加入的全部流通费用就可以保持不变或者减少，商品的售卖价格也可以保持不变或者降低。而且，由于流通资本相对减少了，就会有更多的资本投入生产过程，结果产业资本的利润率还可以提高。

当商业企业代替了产业资本家的商业办事处之后，上述问题的性质并不会发生变化。商人投在流通中的资本，仍然要获得平均利润，商业流通费用的消耗，也仍然要算入商品的售卖价格。所不同的只是，现在流通中的资本是由商人垫付的，而与这些资本相适应的平均利润也是由商人获得的。这时，如果商人的资本很少，只够用他自己的劳动来买卖商品，那么他也就只能获得少量的利润。在这种情况下，由于他是依靠自己的商业劳动来获得收入，而且他的利润收入通常又只相当于熟练工人的工资，因此，他还不能算是商业资本家，而不过是一个靠自己的劳动为生的小商贩。但是，随着生产的发展和商业事务的增加，单是依靠小商贩来推销商品就变得对产业资本家不利了。因为小商贩的经营规模狭小，资本极其分散，产业资本家同这些人数众多的小商贩打交道，就会大大增加他的商务开支。“这样，商业资本独立地进行活动的利益，就会大部分丧失掉。除了纯粹的商业费用，别的流通费用，如分类、运送等等的费用也会增加……计算大额数字并不比计算小额数字多花费时间。十次 100 镑的购买所花费的时间，等于一次 1 000 镑的购买所花费的时间的十倍。和十个小商人通信时信件、纸张和邮费方面的支出，等于和一个大商人通信时的支出的十倍。”① 所以，资本主义生产的发展在客观上就要求实现商业资本的集中，用资本主义的大商业来代替小商贩。

比起产业资本家自己雇佣商业劳动者来说，由商业资本家雇佣店员来进行大规模的商业经营，将会在更大程度上加速商品资本的周转，并且可以在更大程度上减少为实现一定量商品所需的各项流通费用。因此，尽管有商业雇员的工资加到商品售卖价格中去，但单位商品所加入的全部流通费用还是可以不变或者减少；尽管商人可变资本及其利润要通过商品售卖价格得到补偿，但商品售卖价格水平还是可以不变或者降低。所以，商人可变资本及其利润由剩余价值得到补偿这一点，是完全可以得到说明的。

上面对于商人可变资本补偿问题的分析，使我们对于商业领域中的资本主义剥削关系有了一个清楚的认识。商业职工也和产业工人一样，是依靠出卖劳动力为生的无产者，他们的劳动力的价值也是由维持这种劳动力所必需的生活资料的价值决定的。商业职工的劳动（如果撇开他们在商品的运输、包装、保管中的劳动不谈）

① 马克思，恩格斯. 马克思恩格斯全集：第 25 卷. 北京：人民出版社，1974：329.

虽然不创造剩余价值，但它却能为商业资本家实现剩余价值。商业职工的劳动使商人的货币能够作为资本来发挥职能，使他能够占有产业工人所创造的一部分剩余价值。因此，对于商业资本家来说，商业职工的劳动也是一种生产劳动，是他的利润的源泉。对商业职工的劳动力的使用，同产业工人一样，绝不会为劳动力的价值所限制。商业职工的劳动日，也分为有偿劳动时间和无偿劳动时间两部分。在有偿劳动时间内，他们所实现的剩余价值补偿商业资本家可变资本的支出，而在无偿劳动时间内实现的剩余价值，则以商业利润的形式归商人占有。马克思写道："正如工人（指生产部门的工人。——编者）的无酬劳动为生产资本直接创造剩余价值一样，商业雇佣工人的无酬劳动，也为商业资本在那个剩余价值中创造出一个份额。"① 因此，商业剥削的实质就在于：商业资本家是依靠商业职工的无偿劳动，来取得产业部门让渡给他的那部分剩余价值的。

随着资本主义的发展，对商业职工的剥削程度日益加强。商业资本家采用延长工作日、加强劳动强度、提高商业劳动生产率等办法，来加重对商业职工的剥削。在许多资本主义国家里，大多数商业职工的劳动日长达10～12小时，有的甚至更长。由于工作日的延长和无偿劳动的增加，商业利润量和利润率也就相应增长。商业资本家还凭借商业操作的机械化，迫使商业职工更加紧张地工作，加大他们的劳动强度和提高他们的劳动生产率。当个别商业企业的劳动生产率高于平均水平时，为实现一定量商品所消耗的流通费用就可以低于社会必要耗费，因而这个商业企业就能够获得超额利润；而在商业的劳动生产率普遍提高的情况下，由于社会必要的流通费用的降低，相对地缩小了流通中占有的社会资本量，因而又可以延缓一般利润率的下降。

对商业职工剥削程度的加强，还表现在商业职工工资的降低上面。资本主义商业企业规模的扩大和商业职工人数的增加，造成了在商业职工之间实行分工的可能，从而使大部分商业劳动趋于简单化；产业部门大批失业工人的存在以及农民的不断破产等，使得商业职工的劳动力经常供过于求。这一切，都会成为商业资本家压低商业职工工资的重要手段。

对商业职工剥削程度的加深，使广大商业劳动者陷于相对贫困化和绝对贫困化的深渊。这不能不使资本主义社会的阶级矛盾日益尖锐起来。

以上，我们着重分析了纯粹流通费用的补偿问题。至于生产性的流通费用，由于它能够增加商品的价值和剩余价值，因此，商人在这方面的支出，就可以从商品价值的增加中得到补偿。

由运输、保管等生产性劳动所创造的剩余价值，也同样要参加利润的平均化，商人只能比例于他的投资而获得一份商业利润。但是也必须指出，运输费、保管费等费用并不是在任何情况下都能形成价值，都能从价值增殖中得到补偿。比如，由于商品销售困难和商业投机而引起的追加的保管费、运输费，因为是同价值实现有

① 马克思，恩格斯．马克思恩格斯全集：第25卷．北京：人民出版社，1974：328.

关的，是纯粹流通费用，所以不能形成新的价值。当然，商人在这方面的开支，也便不能从价值增加中得到补偿。

在资本主义各国，随着市场竞争、生产无政府状态 、商业投机、劳动人民贫困化和周期性经济危机的加剧，商品积压越来越严重，商品销售越来越困难，因而使得纯粹流通费用有了空前的增长。例如在美国，仅官方公布的广告费用一项，1939 年为 19.8 亿美元，1969 年为 194.82 亿美元，1977 年则增加到 370 亿美元，38 年间增长了 17 倍多。纯粹流通费用的增长，表明商品销售困难的增加，同时也表明资本主义腐朽性的加强。纯粹流通费用既然会提高商品的售卖价格，那么，在工资水平没有相应增长的情况下，这种流通费用的增长，也就意味着劳动者实际收入的下降。

第四节　资本主义商业的形式

资本主义的商业有多种形式。它们是适应资本主义生产发展的状况及其需要而逐步发展起来的。

在资本主义初期，产业资本的规模还比较小，产品主要是在产地附近的市场上销售。与此相适应，那时商业资本的规模也比较小，商业形式也比较简单。当时，商业的批发业务和零售业务一般还结合在一起，一个商业企业往往经营许多种不同的商品，而且兼营商品的运输、保管、分类等业务。

随着资本主义生产的发展，尤其是机器大工业的出现，生产规模和市场范围都迅速扩大了。适应这种新的情况，商业便大大发展起来。商业的分工越来越细，不仅运输、保管等业务从商业中分离出来，成为独立的行业（如运输业、货栈业等），而且纯粹的商品买卖业务也日益专业化。批发商业和零售商业分开了，并各自再分为许多种专门性的行业，与此同时也出现了各种各样的商业形式。

下面，我们先考察批发商业和它的几种主要形式。

批发商业是资本家之间的商业，它联系的对象不是一般的消费者，而是产业资本家和商人。在商品流通过程中，大部分批发商业都表现为中间环节。当某一批发商人把商品卖给另一个批发商人或零售商人时，商品流通并没有结束，商品资本并没有得到最终的实现。当然，也有一部分批发商业，如向产业资本家供应生产资料的批发商业，它的商品的出卖，就是流通的终结；但这种批发商业与零售商业不同，它出售的商品是进入生产消费，而不是进入个人消费。

批发商业在商品流通中的上述地位，决定了它所经营的一般是大宗交易。

最初，批发商业曾经广泛采取过集市贸易的形式。这种集市贸易通常是定期（包括传统节日）在城市、集镇或寺庙附近举行的。当集期到来时，商人以及各种各样的买主和卖主都赶到集市上来参加商品的买卖。集市上除了进行批发交易外，还进行零售交易。以后，随着资本主义工业的发展，为了及时满足生产和消费的需要，越来越需要将货物经常不断地运送到市场上去。而交通运输工具的进步也为及时运送这些货物提供了可能。这样，定期的集市就逐渐失去作用，让位给各种经常性的专门市场。在这种专门市场上，每天都可以进行交易，而且每一种重要商品，如粮食、棉花、布匹、五金、机械等都各有自己的市场。

资本主义的发展和大宗交易的增多，使得交易的具体方式也发生了变化。过去，每次交易时购买者都要当面看货，现在只要通过看货样就可以成交了。这是因为，在大宗交易的情况下，当面看货有很多不便，而大工业的产品又都具有一定的规格和质量，少量的样品可以代表大宗的商品。所以，买卖双方只要根据货样，就可以签订大宗交易的合同，然后再按合同交货付款。由于货样交易的发展，商业行为和商品本身的运动也就互相分离了。

货样交易分为定期的和经常性的两种。例如，资本主义国家定期举行的商品博览会，就是一种定期的货样交易。至于经常性的货样交易，则是在商品交易所进行的。

商品交易所是按照货样进行大宗批发交易的场所，在大的商品交易所中，往往集中了几个国家甚至整个资本主义世界对某种商品的供求。商品交易所的交易，分为现货交易和期货交易。现货交易，是在成交之后卖者立即交货，买者立即付款（用商业术语说就是立即实行“交割”），或在很短的时间内履行交货付款的手续。期货交易，是在成交之后还要经过一定时期，卖主才向买主交货，真正的商品买卖行为要比成交晚得多。在成交时，卖主仓库里并不一定有现实的商品，商品可能还在运输途中，甚至可能还没有生产出来。所以，在期货交易的场合，商业行为和商品的实际运动有了进一步的分离。

期货交易为商人进行投机活动提供了广泛的可能性。在进行期货交易时，买卖双方对于商品本身是不感兴趣的，他们唯一感兴趣的是成交日期和交货日期的商品价格差额。成交之后，卖主希望商品价格下跌，买主则希望价格上涨。到了交货日期，一般并不需要实际的商品支付，只要由卖主或买主把成交日期和交货日期的商品价格差额交付给对方就可以了。在整个交易过程中，卖主并没有商品，买主也不需要真实的货物，双方都是在以某种预期的价格水平来进行赌博，都想从商品的价格波动中牟取暴利。这种赌博性的买卖方式，通常叫作“买空卖空”。

这种“买空卖空”的投机活动，使得商业行为和实际的商品运动完全分离了。这种商业行为丝毫不代表商品的现实运动。由于这种投机活动的存在，商品交易所里的总营业额，往往超过实际的商品流转额几十倍、几百倍之多。

在投机活动中，真正能够攫取到暴利的主要是那些资本雄厚从而能够垄断市场和操纵物价的大资本家，而中小资本家则往往陷于破产。但受投机活动之害最深的还是广大的劳动人民。因为投机活动会引起物价的人为的上涨，使劳动人民的实际收入降低，使他们的生活困苦。

在资本主义的商业体系中，零售商业也占有重要的地位。

零售商业与批发商业不同，它是商人同广大消费者之间的商业。零售商人从产业资本家或批发商人那里买进货物，然后卖给广大消费者。商品经零售商人出售后，就从流通领域进入消费领域。

由于零售商业是零星地出售商品，它的资本可大可小，因此，与批发商业不同，经营零售商业的往往有各种不同身份的人，从资本巨头直到靠摆小摊子勉强维持生活的城市贫民。这就是说，在资本主义社会里，存在着各种经济性质极不相同的零售商业。有以剥削商业雇员为基础的资本主义性质的零售商业，有既依靠本人劳动又雇佣少量商业雇员的小商业资本家的零售商业，也有自己从事商业劳动的个体经济性质的小商贩的零售商业。虽然从人数上说，小商业资本家和小商贩占零售商人的绝大多数，但他们在全部零售交易额中所占的比重却是很小的。和资本主义经济的其他领域一样，在零售商业中，也是大资本占优势，而且由于资本积聚和集中规律的作用，大资本所占的优势日趋加强。

随着商业资本的集中，各种大规模的零售商业组织，如大百货商店、有许多分支机构的总店等等，也广泛地发展起来。大百货商店是综合经营各种商品的商业组织。大百货商店由于货色齐全，“服务”周到，加上能利用大规模的广告宣传以广为招徕，等等，因而它在同小商店进行竞争时就占有极大的优势。有些大商人不仅在城市的繁华区开设巨大的商店（这种商店对它的下属分支机构而言，就是总店），而且在城市的其他街道、城郊、贫民窟乃至外埠和农村广泛地设立分店。通过这种遍设各地的分支机构，大资本家就有可能控制该行业大部分商品的销售，更有力地打击和排挤中小商人，并迫使广大消费者听任他的摆布。

为了剥削那些收入少的劳动人民，资本主义的零售商业还采取了所谓标准价格商店这一形式。这种商店的特点是：把几种商品的一定量搭配在一起（也可以是一种商品），使之成为一个售卖单位，商品按照这种售卖单位标价和出卖。商人利用这种简便形式，可以把各种质量靠不住的商品和呆滞商品出售给城乡的贫苦人民，并从中获取大量利润。

在各主要资本主义国家，零售商业还广泛采取分期付款的赊销方式。这种办法的大量出现，是由于劳动人民的贫困和由此引起的商品销售困难。它名义上是方便消费者，实际上是对工农群众的一种债务奴役和高利盘剥。据统计，在美国，1950年分期付款总额为147.03亿美元，按人口平均为96.5美元，而到1977年分期付款总额上升为2 165.72亿美元，按人口平均为999美元；27年间分期付款总额增长了近14倍，按人口平均增长了9.35倍。

资产阶级的辩护士们，把分期付款的赊销办法说成是资本主义“物质文明进步”的结果，是资产阶级为无产阶级提高生活水平的一种“义举”和“恩赐”；仿佛有了这种办法，人人就都可以取得各种贵重的消费品，可以尽情享受资本主义的物质文明。然而，事实并非像资产阶级说的这样美妙。工人和其他劳动人民用这种分期付款办法购置某些价格昂贵的耐用消费品，实际是不得已提前动用自己未来的收入。他们必须向资本家支付利息，因而比用现款购买要多付出不少钱。为了偿还欠款，还必须更加注意节省日常开支或被迫从事其他兼职工作以增加收入，等等。

对于资本家来说，分期付款的赊销办法却是十分有利的。通过这种办法，他们不仅可以把各种积压的商品推销出去，而且可以取得高额利息。即使有些赊购者不能按期偿付欠款，资本家也还可以把原物收回，因而他们不会遭受丝毫损失。由此可见，分期付款的赊销办法，乃是资本家对广大职工加强剥削的一种手段。

近年来，资本主义的商业形式在零售商业方面又有了一些新的变化。其中，以消费者自我服务为特点的所谓“超级市场”得到较普遍的发展。这种超级市场是一种规模较大的综合性零售商场，只设少数营业人员，由顾客自行检取所购商品。它在经营管理上虽然较多地利用了现代科学技术成就，但这种比较完善的商业企业组织却是为资本家发财致富服务的。它招徕的顾客越多，销售量越大，便有越多的利润装进商业资本家的腰包。

在旧中国，商业的形式特别复杂。这是由旧中国半殖民地半封建的社会性质决定的。在这里，为了避免重复，我们不罗列旧中国商业的一切形式，只是就它不同于一般资本主义国家的某些特殊形式作一些简要的说明。

在旧中国一些沿江沿海的大城市里，有一种最惹人注目的现象，就是外国商行的栉比林立。这些商行，是帝国主义列强根据不平等条约，在旧中国开设商埠以后，逐步建立和增多起来的。根据《海关统计年报》的材料，各帝国主义国家在华设立的洋行、商店、交易所等，1913 年为 3 805 家，1930 年达到 8 297 家。这些洋商向中国高价销售商品，廉价收购各种原料，垄断了旧中国的进出口贸易。帝国主义国家通过这种商业机构，大量地吸吮中国劳动人民的血汗和劫夺中国的财富。所以，洋行的存在和发展，充分表现了旧中国经济的半殖民地性质。

买办商业的统治，是旧中国商业的另一个突出的特点。买办商业是在帝国主义扶植下滋生和发展起来的。买办商人作为帝国主义的商务代理人，帮助帝国主义者在中国的广大城乡建立起一整套商业剥削网。买办商人向洋行交付一定的保证金，经理或包销洋行的商品；另外，他们在通商大埠和内地农村为帝国主义者收购原料。他们从上述买办活动中获取一定的佣金，分享帝国主义从中国人民身上掠夺来的一部分垄断利润。在以“四大家族”为代表的官僚资本的统治形成以后，这种买办商业就成为中国官僚资本主义经济的一个重要方面，并且得到了迅速的扩展。

投机性商业特别发达，也是旧中国商业的一个显著特点。投机本来是资本主义商业的必然伴侣，但像旧中国（特别是在“四大家族”统治的最后十几年里）那样猖獗的商业投机却是世界各国所罕见的。据估计，在新中国成立前夕，各地的投机商约有 50 万户，其中上海一地即有 30 万户。这些投机商户中，不但有许多没有铺面，甚至有的连商号名称也没有；在大多数场合，它们并不真正买卖商品，而只是在市场上、在交易所里兴风作浪，利用物价的迅速波动来攫取暴利。那时，不仅商人从事投机，而且有许多产业资本家由于物价经常波动，从事正常经营不能获利，因而弃工经商，纷纷转向商业投机。另外，当时国民党反动政府中的许多所谓党政要人、高级军官和高级职员，也都是投机专家，他们利用职务特权，在黄金、石油以及其他商品市场上大搞投机活动，借以大发横财。商业投机的异常发展，反映了旧中国国民经济的寄生性和腐朽性，表明了旧中国社会经济的动荡和不稳定。

由于旧中国的经济发展极不平衡，在沿江沿海的一些城市里资本主义经济虽然有相当程度的发展，但在广大农村仍然是封建经济占优势。因此，旧中国除了资本主义商业以外，还广泛存在着封建性质的商业。这种商业和地主经济密切地结合在一起，用各种封建剥削方式残酷地剥削农民。在商业的组织形式上，内地的商业也带有严重的封建行会性质。

与广大农村分散落后的经济相适应，农村普遍存在集市贸易，如节日集市、定期集市以及各种定期专业性集市（如骡马大会、药材大会）等。这些集市贸易是农村商业活动的基本形式，农民主要在集市上出卖自己的农副产品和购买必需的生产资料与生活资料，商人也主要在集市上进行买卖。

最后，我们还要指出，由于经济落后，所以小商小贩特别发达也是旧中国商业形式的一个特点。旧中国的小商小贩具有多种多样的形式，如夫妻店、摊贩、肩挑小贩等等。小商小贩是从事商品买卖的劳动者和小私有者。在旧中国，他们和小生产者一样备受反动政府和土豪劣绅的压迫，并且受商业资本的控制和剥削。

第五节　资本主义国家的对外贸易

商业资本不仅参与国内的商品流通，而且参与国与国之间的商品流通。

对外贸易，就是一国同其他国家间的商品流通。只要商品流通和商业有了一定的发展，各国之间就可能有贸易往来。因此，远在奴隶时代和封建时代，许多国家就已经有了对外贸易。但在当时，对外贸易的规模很小，而且主要是为剥削阶级提供一些奢侈品，为他们的个人消费服务。只有到了资本主义时代，国际贸易关系才得到了广泛的发展，对外贸易才在社会经济生活中起着巨大的作用。这是因为，对外贸易也和国内贸易一样，是以生产为基础的。只有资本主义时代生产发展到前所未有的水平，才使对外贸易有了高度的发展。

资本主义国家的对外贸易，是资本主义生产方式存在和发展的条件之一，同时又是资本主义发展的必然结果。马克思指出："对外贸易的扩大，虽然在资本主义生产方式的幼年时期是这种生产方式的基础，但在资本主义生产方式的发展中，由于这种生产方式的内在必然性，由于这种生产方式要求不断扩大市场，它成为这种生产方式本身的产物。"①

资本主义生产的发展以及在此基础上逐渐形成的国际分工，为资本主义国际贸易的发展创造了必要的条件。资本主义条件下形成的国际分工，具有两重性质。一方面，国际分工的发展，使各国可以充分利用本国的资源和生产条件更有效地发展本国的经济，这对于促进劳动生产率更快提高和推动生产力更快发展，具有重要的

---

①　马克思，恩格斯. 马克思恩格斯全集：第25卷. 北京：人民出版社，1974：264.

作用。另一方面，国际分工的发展，使一些落后国家的经济畸形发展，这就便于发达的资本主义国家对它们的经济进行控制，使它们的经济对这些国家产生很大的依赖性，从而便于这些国家对它们进行剥削和掠夺。

建立在大机器生产基础上的资本主义国际贸易，打破了封建主义的闭塞性和孤立性，把一系列国家和地区生产的商品纳入国际市场，使它们的人力资源和物质资源得到更有效、更充分的利用，使社会生产力获得空前迅速的发展。这是资本主义对封建主义的一个巨大的进步。

国际贸易对资本主义国家经济发展的积极作用有如下几个方面：首先，国际贸易扩大了资本主义国家的市场，使产品获得更大的销路，这便为再生产的不断扩大创造了条件。其次，国与国之间的贸易必然引起各国资本家在国际市场上的竞争，它们要想提高自己的竞争能力，就必须努力改进技术，降低成本，向国际市场提供物美价廉的商品。通过国际贸易还可以取得最先进的科学技术，改进自己的生产，提高自己的技术水平。所有这些，都可以促进劳动生产率的不断提高和推动生产的迅速发展。最后，国际贸易可以使资本家利用国际分工的好处，增加利润收入，加速积累，使资本主义国家能够以更快的速度和更大的规模扩大生产。

同时，资本主义国家的对外贸易，又是资本家获取高额利润的手段，是经济发达的资本主义国家奴役和掠夺经济落后国家的重要工具。

首先，资本家发展对外贸易，是为了获得有利的商品销售市场和原料来源。随着资本主义的发展，国内市场越来越不能适应生产发展的需要，同时国内原料来源也日益不足。正是这种情况，推动着资本家把他们的剥削触角伸向国外。国外销售市场的扩展，使资本家有可能把国内的商品价格维持在较高的水平上；而廉价的外国原料和粮食的输入，又使资本家有可能降低商品成本和工人的工资。所有这些，都使资本家能够获得更大的利润。

其次，对外贸易的发展，又使得经济发达国家的资本家能够从不等价交换中获得大量的利润。他们一方面按照高于价值的价格向经济落后国家推销工业品，另一方面又按照低于价值甚至低于生产成本的价格，从经济落后国家购买各种原料。例如，第二次世界大战结束以来，美国、英国等帝国主义国家，为了剥削和掠夺亚、非、拉发展中国家，它们惯用的手段之一，便是尽可能压低原料价格，抬高制成品价格，使工业制成品和初级产品的价格“剪刀差”扩大。例如，根据英国《经济学家》杂志编制的国际市场初级产品（不包括石油）价格指数，在 1973—1977 年期间，石油以外的初级产品价格上涨了 34%，但同期制成品价格却上涨了 51.5%。由于工业国加强了对发展中国家不等价交换的剥削，发展中国家的经济困难加重了。

最后，对外贸易还使得发达的资本主义国家在经济上和政治上奴役经济落后国家，把经济落后国家纳入自己的势力范围，变为自己的殖民地。机器大工业为资产阶级提供了大量的廉价商品，依靠这种廉价商品，发达的资本主义国家不仅有条件同经济落后国家建立有利于自己的贸易联系，而且必然进一步干涉这些国家的内政和整个社会经济的发展进程。正如马克思和恩格斯所指出的，资本主义国家的廉价商品，是它用来摧毁一切万里长城的重炮。

由于对外贸易能够给资产阶级带来巨大的利益，因此每一个资本主义国家都力图扩大对外贸易。随着资本主义的发展，资本主义各国的对外贸易得到了迅速的发展。例如，美国从 1830 年至 1979 年，对外贸易进口总额由 0.63 亿美元增加到 2 063.3 亿美元，出口总额由 0.59 亿美元增加到 1 816.4 亿美元。英国从 1900 年至 1978 年，进口总额由 5.231 亿英镑增加到 409.7 亿英镑，出口总额由 2.645 亿英镑增加到 373.6 亿英镑。

对外贸易就其结构和内容来看，包括商品输出（出口）和商品输入（进口）两个方面。输出贸易和输入贸易是互相联系、互相影响的。如果没有本国商品的输出，就不能经常地从国外输入商品；相反地，如果没有国外商品的输入，要增加商品的输出也会发生困难。一个国家在一定时期内（通常是一年内）输出和输入商品总值的对比，叫作贸易差额。如果输出的商品总值多于输入的商品总值，就是出超（顺差）；如果输入多于输出，就是入超（逆差）。入超的国家必须动用自己的黄金储备、代运外货的收入或国外投资的收入等来偿付差额，否则它就要成为债务国。

为了使对外贸易尽可能符合本国资产阶级的利益，各个资本主义国家都制定有自己的对外贸易政策。在自由竞争的时代，资本主义国家的对外贸易政策基本上有两种，即保护关税政策和自由贸易政策。究竟采取哪种政策，是由各国当时的经济状况决定的。

保护关税政策是资本主义发展初期形成的一种对外贸易政策。一方面，实行保护关税制度的国家，通常对进口商品征收很高的关税，有时甚至禁止进口，但对本国工业需要的原料，则用低税或免税办法奖励进口。另一方面，对于本国工业品的出口，则用减免关税或给予出口津贴的办法来加以奖励，而对本国需要的原料则限制或禁止出口。在资本主义发展的初期，像英、法、俄、美这些国家，都采用过这种政策，它对于这些国家的工业发展起过很大的作用。正如马克思在分析这种对外贸易制度时所指出的："保护关税制度把一个国家的资本武装起来和别国的资本作斗争，加强一个国家的资本反对外国资本的力量"①。"保护关税制度不过是为了在某个国家建立大工业的手段"②。

随着资本主义工业的发展和工业品在国际市场上竞争力量的加强，一些发达的资本主义国家便逐渐放弃或削弱了保护关税政策，并在不同程度上采取自由贸易政策。

实行自由贸易，也就是取消国家对进出口贸易的干涉，用减免关税等办法来解除对对外贸易的限制，发展各国之间的自由竞争。自由贸易政策对工业先进国家的资产阶级非常有利，它使这些国家的工业能得到廉价的外国原料，输入廉价的粮

---

① 马克思，恩格斯. 马克思恩格斯全集：第 4 卷. 北京：人民出版社，1958：284.

② 同①458.

食，使这些国家易于把商品输出到其他国家，这就便于发展本国的工业，降低本国工人的工资，扩展本国商品在国外的销售市场。自由贸易政策最先在英国采用，因为英国是最早开始产业革命的国家，它一度成为“世界工厂”，因而有条件采取自由贸易政策。19世纪上半期，英国逐步实行了自由贸易，到19世纪40年代，英国几乎废除了对原料、粮食和进口货物的一切关税。此后，其他一些资本主义国家，如俄国、普鲁士、奥匈帝国等也开始降低进口税率。但由于这些国家的工业比较落后，而且存在着较浓厚的封建残余，高额关税有利于地主阶级抬高粮价和维持高额的地租，因此，这些国家并没有彻底实行自由贸易。

资产阶级古典经济学的代表人物亚当·斯密和大卫·李嘉图，曾经给自由贸易政策以理论上的论证。在他们看来，通过发展国与国之间的自由贸易，似乎就能够建立起一种“合理的”国际分工；在这种国际分工之下，似乎每个国家都可以把自己的资本和劳动用在能给自己带来最大利益的工业部门。也就是说，他们认为自由贸易不仅会给资本主义的发展带来好处，而且可以增进全体人民的“福利”。

可是，事实并不像资产阶级学者所描写的那样。自由贸易政策对于先进国家的资产阶级，固然是一种有利的政策，因为他们的经济实力雄厚，在竞争中具有显著的优势；但对于经济落后国家，自由贸易却意味着破坏它们脆弱的民族工业，把它们变为工业先进国家的农业附庸。因此，资产阶级学者宣扬的那种国际分工体系，并不是什么各国分工合作的体系，而只是工业先进国家剥削和奴役经济落后的农业国的体系。在对内方面，自由贸易对于工业先进国家的工人阶级也不会有什么好处。因为在自由贸易制度下，资本主义的自由竞争将会更充分地展开，资本主义的经济规律，例如资本积聚和集中的规律、无产阶级相对贫困化和绝对贫困化的规律等等，会更充分地发挥作用，一言以蔽之，无产阶级会遭受更加残酷的剥削。所以，贸易的自由实际上只是“资本的自由”，是资本家剥削和奴役工人阶级的自由。正如马克思所指出的：“摆脱羁绊的资本对他（指工人。——编者）的奴役并不亚于受关税束缚的资本对他的奴役”①。

随着自由竞争的资本主义向垄断资本主义的过渡，一些曾经在不同程度上实行过自由贸易的国家，又放弃了这种贸易政策，重新恢复保护关税政策。不过，这时保护关税的作用已经和资本主义上升时期不同。当时实行保护关税是为了维护新兴资产阶级的利益，促进资本主义工业的发展。而在垄断资本主义时代，保护关税已经成为垄断资产阶级控制国内市场和对外进行扩张的工具。垄断资产阶级一方面用关税壁垒抵制外国商品的输入，以维持国内市场上的大大超过商品价值的垄断价格，攫取高额垄断利润；另一方面，他们又用这种利润的一部分来对出口商品实行补贴，在国外市场上廉价倾销商品，以便夺取国外市场，实现经济扩张。目前资本主义国家的对外贸易政策，就是这样为垄断资产阶级服务的。

---

① 马克思，恩格斯. 马克思恩格斯全集：第4卷. 北京：人民出版社，1958：457.

第九章

借贷资本和信用

第一节　借贷资本的本质和特点

我们在前两章研究产业资本和商业资本时，都是假定资本家完全依靠自有的资本来从事经营。但是，事实上有许多资本家除了使用自有的资本以外，还或多或少地使用借入的资本。因此，当我们研究了产业资本和商业资本以后，还需要进一步研究借贷资本以及作为这种资本运动形式的资本主义信用。

在资本主义社会中，货币资本家（食利者）构成一个独特的资本家集团。他们既不像产业资本家那样经营商品的生产，也不像商业资本家那样经营商品的流通，而是凭借自己所掌握的货币资本从事贷放资本的活动，并据此来同产业资本家和商业资本家一起瓜分雇佣工人所创造的剩余价值。研究借贷资本和信用，就是为了揭明货币资本家同其他资本家集团在共同瓜分剩余价值的基础上所形成的经济关系，揭露他们对工人阶级的剥削关系；同时阐明近代信用制度对于资本主义的发展及其矛盾尖锐化所起的作用。

借贷资本是生息资本的一种形态。生息资本和商业资本一样，也是一种历史悠久的资本形态，在不同的历史阶段，它具有不同的形态。在原始社会末期以及在奴隶社会和封建社会中它表现为高利贷资本，而在资本主义社会中则表现为借贷资本。

资本主义社会以前的生息资本，即高利贷资本，主要在下述两个方面进行活动：一是高利贷者把货币贷给奴隶主和封建主，二是高利贷者把货币贷给农民和手工业者。奴隶主和封建主向高利贷者借贷，主要是为了弥补他们各种寄生性消费的巨额开支，而小生产者向高利贷者借贷，则主要是为了购买必需的生产资料和生活资料以及交纳捐税和地租等等。因此，无论在哪种高利贷形式下，债务人都是把借得的货币当作单纯的货币，即当作购买手段和支付手段来使用，而不是当作资本来使用。货币只有在高利贷者自己手中才起资本的作用，因为它能给他带来利息。由于高利贷资本的利息的来源，不外是奴隶、农奴或小生产者的剩余劳动，因而这种资本所体现的乃是高利贷者和奴隶主或封建主共同瓜分奴隶或农奴所生产的剩余产品（甚至必要产品）的经济关系，以及高利贷者对农民和手工业者等小生产者的剥削关系。马克思曾经这样指出："高利贷资本有资本的剥削方式，但没有资本的生产方式。"①

与高利贷资本不同，借贷资本是在资本主义条件下，适应产业资本和商业资本的需要而产生和发展起来的，因此它体现的乃是另外一种经济关系。借贷资本的形成和资本主义的再生产过程有密切的联系，而它的主要来源就是在产业资本和商业资本的循环和周转过程中由于各种原因而必然出现的暂时闲置的货币资本。

第一，在资本周转的过程中，固定资本的损耗部分，会不断地在货币形态上暂时闲置起来。大家知道，不论是产业资本还是商业资本，它的固定资本的价值都是按照其损耗的程度一部分一部分地加到商品中，并随着商品的出售分批地回到资本家手里，而固定资本的更新，却是在它被完全消耗以后才进行的。这样，在固定资本的折旧费已经开始提取，而它的物质形态尚未更新期间，在资本家手中便会有一定数量的折旧费暂时闲置起来。

第二，在资本周转的过程中，也会有一部分流动资本变成暂时闲置的货币资本。首先，商品的销售和原材料、燃料等的购买，在时间上往往是不一致的，当商品销售出去以后，而原材料和燃料的购置尚未到期时，就会有一部分流动资本以货币的形式暂时闲置起来。这种情况，在一些生产或原料购买带有季节性的生产部门（例如制糖业、纺纱业、卷烟业等等）中，表现得尤其明显。其次，商品销售日期和工资支付日期的不一致，也会使一部分流动资本变成暂时闲置的货币资本。

第三，资本家预定用于积累部分的剩余价值，只有当它达到一定数量的时候，才能实际上变为追加资本。而在它足以被用来扩大原有企业的规模或建立新企业之前，它也会在货币形态上暂时闲置起来。

所以，在资本主义再生产的过程中，由于种种原因，必然会有一部分货币资本暂时闲置起来。这部分暂时闲置的货币资本既然从职能资本（产业资本和商业资本）中游离出来，那么也就不能再为其所有者带来剩余价值，显然，这是和资本的本性相矛盾的。前面说过，资本只有在运动中才能存在，才能保持自己的生命力。作为资本有意识的担当者的资本家，当然不愿意让他的资本处于这种闲置状态，为此，他必须给这部分资本寻求新的出路。

---

① 马克思，恩格斯．马克思恩格斯全集：第25卷．北京：人民出版社，1974：676.

我们知道，各个个别资本的循环是互相交错地进行的。当一部分资本家已经完成了卖的过程，即完成了商品资本到货币资本的转化（W′—G′）的时候，另一部分资本家可能正处于买的过程，即实现由货币资本到生产资本的转化（G—W）。同样，各资本家更新其固定资本的时间也是先后不一致的。这种情况便决定了在同一时期内不同资本家对货币资本具有不同的需要：当一部分资本家由于上述原因而握有暂时闲置的货币资本时，另一部分资本家则会由于相反的原因（购买原料、设备或发放工资等等）而需要临时补充自己的货币资本。

因此，闲置的货币资本的出路是存在的。这里，正和商品在进入交换过程时的情况一样，凡是物自己所不能做到的，都由它的主人即所有者以实际行动来补足了：拥有闲置货币资本的资本家，会把它们贷放给那些临时需要补充货币资本的资本家去使用，并在后者手里重新发挥职能资本的作用。这样一来，从职能资本中游离出来的货币资本就变成了借贷资本。当然，职能资本家是不能白白使用借贷资本的，除了要按期归还外，还必须把用所借资本剥削到的剩余价值的一部分作为报酬支付给对方。职能资本家支付给借贷资本家的这部分剩余价值就是利息。

综上所述，借贷资本不外是借贷资本家为了取得一定的利息而暂时贷给职能资本家的货币资本。职能资本家把借入的资本用于生产或流通，是为了榨取剩余价值，获得利润。所以，借贷资本同其他资本一样，体现着资本家和雇佣工人之间的生产关系，同时，还体现着两个资本家集团即货币资本家和职能资本家之间的关系。

一方面，既然借贷资本是在职能资本运动的基础上产生，并为职能资本的周转服务的，那么从这方面说，借贷资本是从属于职能资本的一种资本形态。但是，另一方面，既然这种资本已经从职能资本中游离出来，成了一种独特的资本形态，那么也就在许多方面不同于职能资本。借贷资本具有以下几个特点：

首先，它是一种作为商品的资本。在资本主义条件下，一定数量的货币如果被作为资本来使用，就能够为它的所有者带来剩余价值或平均利润。这样，作为资本的货币就比普通的货币多了一种使用价值，它不仅可以用来充当一般等价物，而且可以用来生产利润。货币资本家把他的货币资本按照一定的期限贷给产业资本家，实际上就是把货币作为资本的使用价值，即生产利润的能力，让渡给产业资本家。因此，马克思指出："资本本身所以表现为商品，是因为资本被提供到市场上来，并且货币的使用价值实际上作为资本来让渡。"①

不过，借贷资本乃是一种区别于普通商品的特殊商品。普通商品一经消费过后，商品的实体和它的价值便都一起消灭了。资本商品却与此不同，它有这样一种属性："由于它的使用价值的消费，它的价值和它的使用价值不仅会保存下来，而且会增加。"②

---

① 马克思，恩格斯. 马克思恩格斯全集：第25卷. 北京：人民出版社，1974：398.

② 同①393.

普通商品的转让是通过买卖的形式，根据等价交换的原则进行的。在交换过程中，买者放弃货币，取得商品；卖者则放弃商品，取得货币。在这里，人们虽然会放弃对自己商品的所有权，但并没有放弃商品的价值。商品价值仍然保留在买卖双方的手里。不过在一方是保留在商品形态上，而在另一方则是保留在货币形态上。但资本商品却不是这样。当货币资本家把自己的资本让渡给职能资本家时，他并没有从对方那里得到任何等价。他之所以把价值作单方面的让渡，乃是为了在一定时期后重新把它收回，并给他带来一定的利息。由于货币资本家不是把资本商品真正出卖出去，而是把它暂时转让给职能资本家使用，因此，当货币资本通过循环过程再回到职能资本家手里之后，职能资本家必须把这个资本连同利息归还给贷出者。马克思说："价值额，货币，在没有任何等价物的情况下付出去，经过一定时间以后交回来。贷出者总是同一价值的所有者，即使在这个价值已经从他手中转到借入者手中，也是这样。"①

普通商品的价格是商品价值的货币表现。但资本商品的价格是什么呢？能否说利息是借贷资本价值的货币表现呢？不能。因为如果把利息说成是借贷资本价值的货币表现，则一个价值额就有两个价格了。比如，假定有一个价值为 1 000 元的借贷资本，每年生息 50 元；如果说利息是它的价格，则这个资本便有两个价格：一个是 1 000 元，另一个是 50 元。显然，这是完全不合理的。马克思说："如果我们把利息叫作货币资本的价格，那就是价格的不合理的形式，与商品价格的概念完全相矛盾。"② 所以，利息并不是借贷资本价值的货币表现，而不过是这种资本商品的使用价值的报酬。

其次，借贷资本的另一个特点是，它是一种作为财产的资本。借贷资本只有当它转到职能资本家手里时，才能发挥资本的职能。它在货币资本家手里虽然已经是资本，而不是单纯的货币，但不过是一种财产资本。至于货币真正转化为资本的过程，那是在职能资本家手里进行的。如果职能资本家是产业资本家，则他借得货币以后，就会用它来购买生产资料和雇佣工人，开始进行资本主义的生产。当包含剩余价值的商品被生产出来并被出售以后，资本便会重新在货币形态上回到产业资本家的手里。由于产业资本家使用的货币资本是借来的，所以，他必须把这个资本连同利息交还给它的贷出者。借贷资本家虽然不经营商品生产和商品流通，但他单凭对资本的所有权，就可以定期地从职能资本家那里获得利息收入。从这里我们看到，同一个资本取得了两重的存在：对于借贷资本家来说，它是财产资本；对于职能资本家来说，它是职能资本。财产资本和职能资本的这种分离，是资本主义的寄生性和腐朽性的一个重要表现。

最后，借贷资本具有不同于产业资本和商业资本的特殊的运动形态。产业资本的运动要经过生产过程和流通过程，它的公式是 $G—W\cdots P\cdots W'—G'$。商业资本的

---

① 马克思，恩格斯. 马克思恩格斯全集：第 25 卷. 北京：人民出版社，1974：395.

② 同①396.

运动虽然不经过生产过程，但也要经过买和卖两个流通阶段，它的公式是 $G-W-G'$。但借贷资本的运动却不是这样。从表面上看来，它既不包括生产过程，也不包括流通过程；人们所能看到的，只是货币资本的贷出，并在一定时期后带着增殖的价值返回到它的所有者手里。因此，它的公式是 $G-G'$。马克思指出：“把货币放出即贷出一定时期，然后把它连同利息（剩余价值）一起收回，是生息资本本身所具有的运动的全部形式。”①

在借贷资本的这种运动形式上，资本主义的生产关系完全被颠倒过来了。仿佛货币同再生产过程相独立，就已经具有增殖自己价值的能力，仿佛货币天然就能够生出更多的货币。“创造价值，提供利息，成了货币的属性，就象梨树的属性是结梨一样。”② 在 $G-G'$上，资本的运动过程缩短了，媒介过程也消失了，资本对雇佣劳动的剥削更是一点也看不见了。这种情况正如马克思所说的：“资本现在是物，而作为物它是资本。货币现在‘害了相思病’。只要它被贷放出去，或者投到再生产过程中去……那就无论它是睡着，还是醒着，是在家里，还是在旅途中，利息都会日夜长到它身上来。这样，生息的货币资本……实现了货币贮藏者的虔诚愿望。”③ 借贷资本的这一特点，表明了资本拜物教的观念已经发展到了它的顶点，已经最后地完成了。

当然，货币本身并不能生出更多的货币，货币资本倘不经过生产地使用，就不能真的自行增殖自己的价值。货币资本只有在产业资本家的手中变为生产资本，通过生产过程，才能使自己的价值增殖。因此，借贷资本运动的完整的公式应该是 $G-G-W<\begin{matrix}A\\Pm\end{matrix}\cdots P\cdots W'-G'-G'$。公式的最初阶段 $G-G$，表示借贷资本家贷给产业资本家货币资本；中间阶段 $G-W<\begin{matrix}A\\Pm\end{matrix}\cdots P\cdots W'-G'$，表示产业资本家使用所借资本进行生产活动的全部过程；最后阶段 $G'-G'$，则表示产业资本家向借贷资本家偿付本金和利息。在运动的最初和最后阶段，都只是货币资本在两个资本家之间的转让，资本价值并没有增殖。至于资本的价值增殖，那是在中间阶段的生产过程内发生的。所以，$G-G'$的公式，其实不过是上述公式的简化而已。

第二节　利息和企业利润

职能资本家向借贷资本家借得货币资本以后，就运用所借资本来经营商品生产或者商品流通。不管他经营何种行业，由于他使用别人的资本，因而便不能独自占

① 马克思，恩格斯. 马克思恩格斯全集：第 25 卷. 北京：人民出版社，1974：390.

② 同①441.

③ 同①443.

有运用所借资本而获得的全部利润，他必须把利润的一部分以利息的形式交给货币资本的所有者。当然，职能资本家也不能把全部利润都交给借贷资本家，因为如果这样，他就不能从运用借入资本当中获得任何好处，从而他也就不会再去借入别人的资本了。所以，在正常情况下，利息只能是平均利润的一部分，而不能是它的全部。利润是剩余价值的转化形态，利息则不过是剩余价值的特殊的转化形态，是借贷资本家凭借资本所有权通过贷出资本收取代价的形式而获得的一部分剩余价值。

由于资本所有权和资本使用权的分离，平均利润被分割成两个部分：一部分是归借贷资本家（贷款人）所有的利息，另一部分是归职能资本家（借款人）所有的企业利润。只要平均利润的一部分采取利息的形态，它的另一部分，即平均利润和利息间的差额或平均利润超过利息的这一部分，就会转化为与利息相对立的企业利润的形态。企业利润是在存在利息的条件下产业利润和商业利润的统称，它是原产业利润或原商业利润减去借贷资本利息以后的剩余部分。马克思指出：利息和企业利润，“只是剩余价值固定在不同范畴，不同项目或名称下的部分”①。

平均利润分割为利息和企业利润，本来只是在职能资本家使用借贷资本的场合才会发生。但是，在资本主义的现实生活中，资本家即使是运用自有的资本进行经营，他们也会像使用借入资本经营的资本家那样，把所获得的利润划分为利息和企业利润。这是因为，“总利润的量的分割所采取的独立形式，产生了质的分割。”②换句话说，总利润随着数量上的分割而转变成两种性质上不同的东西，其中，利息单纯表现为资本所有权的结果，表现为资本本身的产物；而企业利润则单纯表现为资本家使用资本进行操作的结果，表现为资本家发挥职能的产物。“总利润的这两部分硬化并且互相独立化了，好象它们是出自两个本质上不同的源泉。”③ 随着利润出现这种性质上的分割，使用自有的资本进行经营的资本家，在人格上就变成了双重的：资本的所有者和资本的使用者。因为他是资本的所有者（即贷放资本给自己的人），所以要取得利息；因为他是资本的使用者（即职能资本家），所以要取得企业利润。

借贷资本的特殊的运动形态，以及利润之分割为利息和企业利润，使得资本主义的生产关系更加神秘化了。本来，由于剩余价值转化为利润和平均利润、商业资本的独立化等等，剩余价值的来源就已经变得模糊不清了。但是，无论如何产业利润总还表现为生产过程的产物，它终究还与资本和劳动的对立相联系；商业利润尽管从表面上看是由流通过程产生的，但它毕竟还表现为交换即人们之间的一种社会关系的产物。利息和企业利润却不是这样，在这两种形态上，资本和雇佣劳动的对立是一点也看不见了。

第一，就利息来说，在质上，它表现为资本所有权的收入，是资本的自然果

① 马克思，恩格斯．马克思恩格斯全集：第25卷．北京：人民出版社，1974：425.

② 同①423.

③ 同①421.

实；在量上，利息率虽然依存于平均利润率，但它的确定又有自己的特殊方法。利息率不表现为生产过程和流通过程的结果，而是作为一个既定的事实预先存在于生产过程之前，它不像个别资本的利润率那样经常不断地变动，也不是根据职能资本家使用借入资本获得利润的具体情况来确定。这样一来，利息和工人剩余劳动的关系便被割断了，资本和雇佣劳动的对立便完全被掩盖起来了。

第二，就企业利润来说，也是一样。职能资本家与借贷资本家不同，他是要指挥生产过程和流通过程，要对工人的劳动进行监督的。这样，也就造成了一种假象：仿佛企业利润是和利息根本不同的，它不是资本所有权的结果，而是职能资本家作为非所有者、作为劳动者发挥职能的结果；它似乎绝不和工资劳动相对立，绝不代表他人的无酬劳动。

资产阶级及其代言人向来就是根据以上这些虚假的现象，来看待利息和企业利润的。他们把利息看作是对于货币所有者的“忍欲牺牲”的报酬，是货币本身生育出来的货币，而把企业利润则看作是对于产业资本家和商业资本家的“监督劳动”的报酬，是他们的“监督工资”。

这些说法当然都是荒诞无稽的辩护言辞。我们知道，任何资本如果不被用来榨取雇佣工人的剩余劳动，不管它的所有者如何“忍欲牺牲”，它都绝不会增加一个价值原子。说资本本身能够产生利息，这和说把钱锁到柜子里它会变多是一样不合理的。借贷资本家虽然不直接和雇佣工人发生关系，但他们是通过职能资本家间接地同雇佣工人发生关系，他们是凭借对资本的所有权，和职能资本家一道瓜分雇佣工人在生产过程中所创造的剩余价值。马克思指出：“在再生产过程中，执行职能的资本家作为别人所有的资本的代表，同雇佣工人相对立；货币资本家则由执行职能的资本家来代表，参与对劳动的剥削。”① 所以，借贷资本家同产业资本家、商业资本家一样，也是无产阶级的剥削者，和无产阶级处于对立的地位。

至于说企业利润是资本家的“监督工资”，是对他们“监督劳动”的报酬，则更是骗人的鬼话。我们知道，资本家指挥生产和监督劳动的活动，并不是以劳动者的资格进行的，而是以资本家的资格进行的。资本家要能剥削雇佣工人的剩余劳动，他就必须进行一定的剥削活动。企业利润的数量并不取决于资本家自己进行了多少“监督劳动”，而是取决于他榨取了多少工人的剩余劳动。此外，如果说企业利润是资本家的“监督工资”，那么，为什么当资本家把“监督劳动”交给别人即他的代理人去做的时候（按照同一逻辑，这时他就不应该再拿“监督工资”了），他还能取得企业利润，甚至企业利润反而会比以前增加呢？所以，企业利润绝不是什么“监督工资”，资产阶级把它说成“监督工资”，不过是为了欺骗工人群众，并借以掩盖资本主义的剥削而已。

以上，我们考察了利润分割为利息和企业利润的问题。下面我们就来考察利息率。

---

① 马克思，恩格斯．马克思恩格斯全集：第 25 卷．北京：人民出版社，1974：427．

利息率是以百分数表示的一定时期内的利息量和借贷资本量的比例。例如，一个1 000元的借贷资本，如果一年能带回 50 元的利息，那么资本的年利息率就是 $\frac{50\text{元}}{1\ 000\text{元}}=5\%$，按照习惯的说法，就是年利五厘。

既然利息是平均利润的一部分，那么平均利润率便构成了利息率的最高界限。在通常情况下，利息率无论如何都不会与平均利润率相等，更不会超过平均利润率。只有在某些极特殊的场合，利息率才会等于或超过平均利润率。例如，在危机时期，由于借贷资本极为稀缺，有的资本家为了偿还债务，就会被迫以等于或高于平均利润率的利息率来取得贷款。当然，这只能算是特殊的例外情况，不然，使用借贷资本的职能资本家就无利可图了。从理论上说，利息率的最低界限是无法确定的，因为它无论如何都不能等于零，如果等于零，那么就意味着没有人出借他的货币资本，从而利息率这个概念本身也就不存在了。所以，利息率总是在平均利润率和零之间上下摆动。

由于利息是平均利润的一部分，所以利息率的变动也就密切依存于平均利润率的变动。在其他条件不变时，平均利润率提高了，利息率就会相应地提高；反之，利息率就会相应地降低。假定利息是平均利润的一半，那么，当平均利润率等于30%的时候，利息率就会等于 15%，如果平均利润率降低到 20%，那么，利息率就会降低到 10%。

利息率的变动依存于平均利润率这一事实，清楚地表明，借贷资本家和职能资本家在剥削工人阶级这一点上，有着共同的阶级利益。因为利息率和平均利润率的水平，归根结底要取决于对雇佣工人的剥削程度。剥削程度越高，平均利润率就越高，当其他条件不变时，利息率也就越高。

当平均利润率已定的时候，利息率的变动就取决于平均利润分割为利息和企业利润的比例。而这种比例首先是由金融市场上借贷资本的供求双方，即借贷资本家和职能资本家之间的竞争来决定的。当借贷资本的供给增加而需求不变时，利息率就会下降；反之，当对借贷资本的需求增大而供给不变时，利息率就会提高。从这里我们又看到，借贷资本家和职能资本家在经济利益上也存在着一定的矛盾和斗争，当然，这种矛盾和斗争并不排斥上面所说的他们根本利益上的一致性。

当我们谈到利息率时，还必须对市场利息率和平均利息率加以区分。市场利息率是由某一时期金融市场上借贷资本的供求状况来确定的利息率，平均利息率则是根据整个产业周期来平均计算的利息率。市场利息率是不断变动的，特别是在产业周期的不同阶段变动就更大。例如，在危机阶段，资本家为了偿还债务、避免破产，会不惜任何代价来取得贷款，这时由于对借贷资本的需求大大超过它的供给，因而利息率便会急剧上涨。有关统计材料表明，在 1907 年的危机阶段，美国的利息率曾经高达 100%～130%。再例如，在萧条阶段，由于生产和流通都处于停滞状态，有大量的货币资本不能被资本主义的工商企业所利用，因而借贷资本的供给便会大大超过对它的需求，这时利息率便会大大跌落。

市场利息率尽管不断地变动，但在每一段确定的时间内，它又像商品各个时期的市场价格一样，表现为固定的和一致的。与市场利息率不同，平均利息率会在较长的时间内表现为不变的量，这是因为，作为它的根据的平均利润率，只是在较长的时间内才会发生变动。

借贷资本供求双方的竞争，尽管在利息率的确定上起着决定的作用，但是这种竞争本身并不能说明有关利息率的全部情况，譬如，它不能说明，当市场上借贷资本供求平衡的时候，平均利息率是由什么决定的。马克思指出，在平均利息率的决定上，习惯和法律传统等等，也和竞争一样起着作用。

在利息率的决定上，之所以存在这样的特点，是由利息本身的性质引起的。我们知道，在借贷资本的场合，同一个资本取得了双重的存在：在借贷资本家手里是作为财产资本，而在职能资本家手里则是作为职能资本。这种情况虽然使两个当事人（借入者和贷出者）都有了分割利润的权利，但是并不能使同一资本执行两次职能、生产两次利润。在生产过程中，只有作为职能资本的资本在发挥作用，而作为财产资本的资本，在这里是完全不起作用的。利息和企业利润的分割，并不是因为财产资本和职能资本在剩余价值的生产或实现过程中起了不同性质的作用，而完全是由于这个过程以外的原因，即由于资本的所有权和资本的使用权的分离，同一利润才要以不同的名义在两类资本家之间进行分配。因此，借贷资本本身不能提供一个内在的标准（像商品有内在的价值一样），来决定自己占有利润的比例，并作为市场利息率依以摆动的基础。正因为如此，所以在借贷资本供求平衡的情况下，利息率就只能由习惯和法律传统等等来决定了。

随着资本主义的发展，平均利息率也像平均利润率一样有逐渐下降的趋势。据统计，美国短期贷款的利息率在1866—1880年为3.6%～17%，在1880—1900年为2.63%～9.75%，在1901—1920年为2.98%～8%，在1921—1935年为0.75%～7.81%，在1945—1956年为0.75%～3.63%。造成这种下降趋势的原因，首先是平均利润率的下降。前面说过，随着资本主义的发展，平均利润率有下降的趋势，因而，以平均利润率的变动为转移的利息率也就有下降的趋势。除此以外，还有两个原因引起利息率的下降。第一，随着资本主义的发展，食利阶层的人数日益增加，他们或者因为资本过小而不能独立经营，或者因为利息收入已够维持奢侈生活而不愿组织生产，于是把自己的货币资本变成了借贷资本。第二，信用制度的发展，也使得社会各个阶层的游资容易集中起来，形成大量的借贷资本。这两点都可能使得借贷资本供给的增长速度超过需求的增长速度，从而引起利息率的下降。

利息率的下降趋势，反映了在资本主义制度下有日益增大的资本部分不能用于生产，造成了借贷资本的经常过剩。这充分暴露了资本主义制度的局限性及其矛盾的深刻性。

综上所述，我们可以得出这样的结论：利息和企业利润不外是剩余价值或平均利润的特殊部分，二者都来源于对雇佣工人的剥削；利息和企业利润的分割，只是资本家分裂为货币资本家和职能资本家的结果；二者数量比例的变化，也只是这两类资本家在竞争中的力量对比发生变化的结果；利息和企业利润的分割及其相互对立，并不能改变它们共同的实质和来源。

第三节　商业信用和银行信用

和其他资本形态一样，借贷资本也是经常处于运动的状态中。它不断地由资本的所有者贷放给资本的使用者，然后又由资本的使用者（当然要附上利息）归还给资本的所有者。资本主义信用就是借贷资本的运动形式。

我们在前面只是说到了货币形态的借贷资本。其实，借贷资本既可以是货币形态的，也可以是商品形态的。因此，根据贷放的资本的不同形态，借贷资本的运动形式，即资本主义信用，又可以区分为商业信用和银行信用。

商业信用是指职能资本家之间用赊账方式买卖商品时彼此提供的信用。在赊售商品时，商品虽然从卖者手里转移到买者手里，但卖者并没有从买者那里得到现款，而是得到一张延期支付的票据。因此，把商品赊售出去，实际上就等于在商品形态上把资本贷放出去；这时买卖双方的关系，也就成了债务人和债权人的关系。赊购的价格往往比现款支付的价格要高一些，两者之间的差额就是赊购者向赊售者支付的利息。

资本主义的商业信用具有以下特点：第一，商业信用的对象是处在产业资本循环一定阶段的商品资本。就贷出者来说，他提供商业信用的过程，同时就是他的商品资本实现（虽然还不是最终实现）为货币资本的过程。第二，商业信用的债权人和债务人都是职能资本家，因而这种信用体现着职能资本家之间的关系。当然，这种关系也是以资产阶级和无产阶级之间的关系为基础的。第三，在产业周期的各个阶段，商业信用的动态与产业资本的动态是一致的。在繁荣阶段，由于工业生产增长，商品流通扩大，因而商业信用就会随之扩大；反之，在危机阶段，由于工业生产下降，商品流通停滞，因而商业信用也就随之缩小。

商业信用的工具是商业票据，票据分为期票和汇票两种。期票是债务人对债权人开出的承诺在一定时期内支付现款的债务凭证。期票经过债权人在它背面作了转让债权的签字（背书）之后，在到期之前可以当作流通手段或支付手段，用来向别的资本家购买商品或偿付债务。这样，期票的新的持有者就成了债权人，他有权在期票到期时向最初的出票人兑取现款。但是，由于在赊销、赊购的情况下，许多资本家既是债权人又是债务人，因此，到期的期票常常可以互相抵销，只有抵销不完的余额才用现款支付。比如，布厂资本家甲向纱厂资本家乙开了一张期票，乙又拿这张期票向棉花商人丙购买棉花，如果棉花商人又同时经销布匹，他就可以拿这张期票从布厂资本家甲那里进货。在这种情况下，他们彼此间的交易就可以不用现款或少用现款。因此，商业信用和期票流通对于加速商品周转和节省货币流通费用具有很大的作用。和期票不同，汇票是由债权人向债务人发出的令其向第三者或持票人支付一定款项的凭证。

商业信用的产生远比资本主义要早。还在简单商品生产的条件下，就已经出现了赊销赊购的现象。可是，只有到了商品生产和商品流通十分发达的资本主义社会，商业信用才得到了广泛的发展。在资本主义条件下，商业信用之所以必要，是因为：(1) 各个部门资本周转的时间不同，当某些资本家有了待售的商品时，需要购进这种商品的另一些资本家，却由于自己的商品尚未卖出而没有现款，在这种情况下，前一类资本家就只好用赊账办法出售自己的商品。(2) 商业资本家没有足够的货币资本来买进产业资本家出售的全部商品，因而产业资本家只好把商品赊给商业资本家。

商业信用是整个资本主义信用制度的基础，只有当商业信用发展到一定水平时，才会产生银行信用。由于商业信用只是职能资本家个人之间的信用，所以这种信用形式本身就带有一定的局限性。

首先，商业信用的规模要受各个职能资本家的资本数量的限制。产业资本家或商人究竟能让别人赊购多少商品，赊欠多久，这要看他究竟握有多少准备资本。一般说来，单靠个别资本家的资本，很难把大量商品长期赊给别人。

其次，商业信用的规模，还要受各个职能资本家的资本归流的限制。资本的归流越顺畅，商业信用的规模就越会扩大；反之，则越会缩小。

最后，商业信用还要受商品流转方向的限制。例如，由于纺织机器是纺织工业部门的生产资料，要向纺织工业部门推销，因而纺织业资本家就可以从机器制造业资本家那里获得商业信用。但机器制造业资本家却不能反过来从纺织业资本家那里获得商业信用，因为纺织品不能充当制造机器的生产资料，因而它不会被赊售给机器制造业部门。

由于商业信用具有上述局限性，它远远不能满足资本主义扩大再生产的需要，因此，除了商业信用外，还必须有其他的信用形式来补足。银行信用就是为了适应这种需要而在商业信用的基础上发展起来的一种信用形式。

银行信用是银行或货币资本家以贷款方式向职能资本家提供的信用。它在许多方面不同于商业信用，并且突破了商业信用的种种局限。首先，银行信用不是由职能资本家相互提供的信用，而是由银行提供给职能资本家的信用，由于银行把社会上的各种游资集中起来，形成了庞大的借贷资本，因此，这种信用就不受个别资本家的资本数量和资本归流的限制。其次，由于银行贷出的不是处在再生产过程中的商品资本，而是闲置的货币资本，因此，银行信用的范围也就不受商品流转方向的限制。商业信用只能由商品的出卖者提供给商品的购买者，而银行信用却可以由银行提供给任何一个职能资本家。正因为银行信用具有这样一些特点，所以，它能够提供更多的借贷资本，允许更长的借贷期限，而这些都远非商业信用所能比拟的。因此，银行信用可以在更大程度上满足资本主义扩大再生产的需要，满足资本家在营业上进行投机的需要。

银行信用主要由银行来办理。资本主义的银行，是资本家进行投资的一个特殊领域，是资产阶级用以维持再生产过程的一个重要工具。在资本主义社会里，银行像是一个庞大无比的怪物，它的躯干雄踞于繁华的工商业中心，而它的四肢却伸张到每一个穷乡僻壤，它以自己特有的器官到处吮吸劳动人民的血汗。为了说明银行在资本主义经济生活中的巨大作用，我们必须对银行及其业务作较细致的考察。

银行业的历史先驱是货币经营业。当初，货币经营业的主要任务是从事与货币流通有关的各种技术性的操作。譬如，为各国商人兑换不同的铸币以及未经铸造的金块和银块，代替顾客把货币从一个地方汇到另一个地方，以及代替顾客保管、收付现金和进行结算，等等。但是，随着封建制度向资本主义制度的过渡，随着资本主义工商业的发展，货币经营业者以存款形式集中起来的闲置资本日益增多，于是他们就越来越多地发展借贷业务。这样，货币经营业就逐渐地转变为银行业了。

一方面，银行把大量闲置的货币资本集中起来，把贷款人集中起来，替全体货币资本家或食利者贷出资本；另一方面，它又把借款人集中起来，“为整个商业界而借款”①，替全体职能资本家借入资本。因此，银行不外是贷款人和借款人的中介，即债权人和债务人的中介，是经营货币资本的企业，而银行家则是经营货币资本的商人。

银行既然是债权人和债务人的中介，它的信用业务自然也就分为两个方面：一方面是负债业务，即吸收资金或吸收存款的业务；另一方面是资产业务，即投放或贷出资金的业务。

银行所能支配的资本包括两个部分：一部分是银行家自己投入银行的自有资本，这只占银行资本的一小部分；另一部分是从外面吸收进来的存款，即借入资本，这部分在银行资本中所占的比重比前者要大得多。

银行的存款是从哪里来的呢？首先，来自职能资本家的暂时闲置的货币资本。每个资本家为了经营自己的业务，都必须有一定数量的货币资本，但这些货币资本通常并不放在资本家的保险柜里，而是存在银行。因此，几乎每个职能资本家都在银行有往来账户。他们把货币存入银行的目的主要不是为了取得利息，而是为了便利收支和取得银行贷款。其次，银行存款也来自货币资本家或食利者阶层。他们存款的目的，是为了取得利息。最后，工人、农民和手工业者的储蓄以及社会各阶层预定要逐渐用掉的收入，也是银行资金的来源。这些小额货币本身虽然不是资本，但它们一经集中到银行家手里，就会形成一笔巨大的款项，被贷放给资本家，发挥借贷资本的作用。

银行通过各种各样的存款，把社会各个角落的游资集中起来，用以经营大规模的贷款业务。

银行的资产业务或贷出资金的业务，采取了各种各样的形式，其中主要的有期票贴现、抵押贷款和长期投资等。

前面讲过，期票是商品的赊购者给赊售者开出的一种定期的债券，它代表着到

① 马克思，恩格斯. 马克思恩格斯全集：第 25 卷. 北京：人民出版社，1974：453.

期即可兑取的货币。因此，期票经过债权人的“背书”，也可以用来购买商品或偿付债务，起信用货币的作用。但是，个别资本家的信用毕竟有限，所以期票不可能在较大的范围内流通。为了资本周转的需要，持票人常常要提前把期票变成现款，这时候，他就可以借银行的帮助来达到目的。期票贴现，就是银行用现款购进没有到期的期票。由于银行只有在期票到期的时候，才能持票向债务人兑取现款，所以，期票贴现实际上是银行对职能资本家的短期贷款。期票贴现时要打一定的折扣，比方说一张10 000元的三个月后到期的期票，倘按年利率4%贴现，银行便可以得到100元的回扣，这个回扣也就是贴现利息。其计算方法是：$10\ 000\text{元}\times\frac{4}{100}\times\frac{3}{12}=100\text{元}$。一般来说，贴现率要相当于当时的贷款利息率。

抵押贷款，包括以商品、提货单、期票、有价证券和不动产等作抵押的各种活期的或定期的贷款。但银行家对于他确信有偿还能力、有信用的借款人，也可以发放没有抵押品的贷款，不过，这种贷款的利息率一般都比前者高。

长期投资，是指银行以购买股票的方式向各种企业进行的投资。银行购买了企业的股票，就成了企业的股东或所有者，显然这和贷款给企业是不同的。银行购买股票的目的是为了取得利息，或者是为了在有利的情况下把股票转卖出去，以牟取投机利润。

如上所述，银行开展贷款业务所需要的货币，主要是靠吸收存款得来的。此外，银行还可以发行银行券来代替现款，以满足贷款业务的需要，特别是贴现业务的需要。

以上分析的是有关银行信用业务的问题。

除了信用业务之外，银行还经营结算业务。由于各个资本主义企业在银行都有活期存款，因而各企业之间进行交易就可以不用现款而用支票。支票是活期存户向银行发出的提款通知单，银行必须按照支票上开列的金额向支票上指定的人或持票人支付现款。但各企业间相互开出的支票通常不是提取现款的支票，而是转账支票，持票人不向银行提取现款，而是要求银行把支票上开列的金额由发票人的存款账户转记到持票人的存款账户。银行根据这种转账支票就可以为存户进行非现金结算。非现金结算业务，对于节省货币流通费用有很大的作用。

银行家经营银行业务，也和工商业资本家经营工商业一样，是为了获取利润。银行利润从何而来呢？大家知道，银行的存款和贷款都有利息，但贷款利息要比存款利息高。贷款利息和存款利息之间的差额，扣除业务上的开支以后，便是银行利润。利息既然是剩余价值的一部分，那么，银行利润归根到底是来自工人所创造的剩余价值。由于银行家是经营货币资本的商人，他不仅有独立的投资，而且有独立的营业，因此，他所要求的利润，按他自己投入的资本来计算，便不能低于社会上的平均利润。否则，他就不会经营银行业，而会把资本转移到工商业部门去。自发的竞争过程，必然会使银行利润接近产业利润和商业利润的水平。

然而，银行家之所以能够以银行利润的形式分沾一部分剩余价值，还是因为他依靠了银行雇员的劳动。和商业雇员一样，银行雇员的劳动虽然不创造价值和剩余价值，但却能够帮助银行家取得转归银行业的那部分剩余价值。银行雇员的劳动也有一部分是无偿劳动，因此，他同样受到银行资本家的剥削。

旧中国自 19 世纪中叶起，随着外国资本主义的入侵和国内资本主义的发展，现代的信用制度和银行业也逐渐地发展起来。但旧中国的信用领域也和其他领域一样，带有半殖民地半封建社会的烙印。

在旧中国的信用体系中，帝国主义在华银行和官僚资本的银行占统治地位。帝国主义在华银行是帝国主义对中国实行经济掠夺的重要工具。随着帝国主义经济侵略的扩大，其银行投资也逐年增加，而且增加的速度远比其他领域的投资快。据统计，帝国主义在华的金融投资，1914 年仅占在华投资总额的 0.4%，1931 年上升到 6.6%，1936 年则上升到 24.9%，跃居各业投资的首位。帝国主义在华银行依靠它们的经济政治实力和根据不平等条约所取得的各种特权，勾结官僚买办银行和封建性的钱庄银号，牢牢地控制了旧中国的金融、财政，贪婪地榨取中国人民的血汗。毛泽东同志指出："帝国主义列强经过借款给中国政府，并在中国开设银行，垄断了中国的金融和财政。因此，它们就不但在商品竞争上压倒了中国的民族资本主义，而且在金融上、财政上扼住了中国的咽喉。"①

官僚买办银行在本国资本开设的银行当中，占了压倒性优势。据统计，1936 年，为"四大家族"所控制的中央银行、中国银行、交通银行和中国农民银行等四大银行的实收资本为 1.68 亿元，占当时全国 164 家银行实收资本总额的 42%；资产总额为 42.88 亿元，占 59%；各项存款为 26.76 亿元，占 59%；发行兑换券 12.7 亿元，占 78%；纯收益为 0.22 亿元，占 44%。但这样庞大的银行资本，并不是在工业生产高度发展的基础上形成的，而是依靠封建买办军事独裁的政治强力集中起来的。它对外依附于帝国主义，为帝国主义的经济侵略服务；对内则利用各种经济特权和政治上的强力，支配全国的信用体系，通过发行纸币、经募公债、证券投机和发放高利贷等等方式，搜刮民脂民膏，为维护"四大家族"的反动统治和其发财致富服务。官僚买办银行不仅谈不上扶助民族工商业的发展，而且经常利用信用手段来排挤、扼杀和吞并民族工商业。因此，这种具有浓厚买办性和封建性的银行资本的存在和发展，对旧中国的社会生产力起了严重的破坏作用。

第四节　股份公司和虚拟资本

在资本主义生产不断增长和信用制度日益发展的基础上，股份公司得到了广泛的发展。股份公司不是由个别资本家独资经营的企业，而是由许多资本家用购买股票的办法合资经营的企业。

---

① 毛泽东. 毛泽东选集：第 2 卷. 2 版. 北京：人民出版社，1991：629.

股份公司在资本原始积累时期就已经出现了，但只是到 19 世纪下半叶以后才广泛地发展起来。在现代资本主义各国，绝大多数企业都采取了股份公司的形式。

由于个别资本家握有的资本数量有限，不足以创办规模巨大的企业，所以就有必要组织股份公司，把许多个别资本联合起来。马克思说："假如必须等待积累去使某些单个资本增长到能够修建铁路的程度，那末恐怕直到今天世界上还没有铁路。但是，集中通过股份公司转瞬之间就把这件事完成了。"①

股份公司的资本，是通过发行股票集中起来的。股票，是它的持有者向股份公司投资入股并借以取得收入的凭证。每个股东都根据他投资的多少握有相应数量的股票，并且有权根据他的股票数量定期地从股份公司获得相应的收入。

在形式上，只要是股票持有人，不论持有多少，都是股份公司的所有者——股东，都有权参加股份公司的管理。按照规定，股份公司的活动，是由股东大会决定的，在这种会议上每一个股东都有表决权。但是，由于股东的表决权不是一人一票，而是一股一票，所以股东大会实际上是由少数大股东所控制的，股份公司的活动实际上也是由这些人来决定的。又由于许多小股东经常不能和不愿出席股东大会，因此大股东只要掌握了股票的半数，甚至是三分之一，就可以操纵整个股份公司的活动。完全控制股份公司所需要的股票数额，叫作股票控制额，而大股东通常也就掌握了这种股票控制额。可见，股份公司实际上是大资本控制和利用中小资本的形式，是大资本家实现资本集中的工具。股份公司的发展，表明大资本支配权的加强。

股份公司不仅是大资本控制和利用中小资本的形式，而且是大资本家支配其他阶级和阶层的货币资金的形式。在现代资本主义国家中，许多股份公司常常发行一种小额股票，在广大居民中推销。有的大企业的资本家也把这种小额股票作为附加工资、奖金和津贴，强制本企业的职工接受。通过这些办法，大资本家可以进一步壮大自己的经济力量。资产阶级经济学者出于为资本主义剥削进行辩护的卑鄙目的，故意在这种小额股票上大做文章。他们宣扬说，由于有了这种办法，资本主义已经具有"民主的"和"人民的"性质，资本主义已经进入"资本民主化"和"人民资本主义"的时代，资本家和工人的阶级界限已经趋于泯灭，等等。

其实，大资本家发行小额股票，不过是为了把劳动者手中的零散资金集中起来归其支配而已。不仅如此，他们还有更为恶毒的目的，这就是妄图以此约束工人的行动，诱使工人不再为自身的利益而参加罢工和其他斗争。（资本家会"忠告"工人说：你们再罢工就是自己反对自己！）我们且不说有能力购买股票的只占工人的极少数，即使每个工人都能买上一两张股票，也绝不会由此改变他们的经济地位。在这种情况下，坐享其成和发财致富的仍然是少数大资本家，即股份公司的真正的主人，而遭受残酷剥削的同样仍然是工人群众。工人购买少量股票的事实，不能说明任何别的问题，只能说明工人生活的贫困和不稳定。他们因为担心一旦失业和年

① 马克思，恩格斯．马克思恩格斯全集：第 23 卷．北京：人民出版社，1972：688．

老被辞退时无法生活，才不得不在平日节衣缩食，留下有限的钱来进行小额储蓄或购买股票。如果按照资本家的上述说法，购买几张股票就算作股份公司的老板，那么，那些在下班后还要到街头向过往行人兜售发卡、领带等小东西的工人，岂不早就应该算作独资企业的股东了吗？在资本主义制度下，工人购买少量股票虽不会改变他们的经济地位，但却能够从多方面加强资本家的统治权力，加重大资本家对全体工人群众的压榨和奴役，并加深资产阶级和无产阶级的鸿沟。

股票持有者凭股票获得的收入，叫作股息。股息实质上是工人所创造的剩余价值。股东可以凭股票领取股息，但不能把股票退还给公司，抽回自己的投资。如果他想把资本收回，他只能按一定价格把股票转让给别人，这种价格叫作股票行市。

股票本身并没有价值，它之所以能够出卖，只是因为凭股票能够领取一定的股息收入。所以，股票价格不外是资本化的收入。也就是说，股票的价格应该等于这样一笔货币资本，这笔资本存入银行所能得到的利息，恰恰和根据股票所能领取的股息相等。假定有一张票面额为 100 元的股票，每年能够领取 10 元股息，即 10％的股息，而当时的存款利息率只有 5％，那么，这张股票就会按 10 元÷5％＝200 元的价格出卖，因为只有将这样多的资本存入银行，获得的利息才能和股息相等。

在利息率不变时，股份公司的盈利越多，股息越高，股票行市也就越高。而在股息不变时，利息率越高，存款的收入越多，股票行市就越低。所以，股票行市和股息成正比，而和利息率成反比。在现代资本主义各国，每当国际局势紧张，军火工业的利润显露出上升的征兆时，军火工业的股票价格就马上上涨。垄断资本家、军火大王们之所以热衷于制造国际紧张局势，道理就在这里。

既然股票只是取得收入的凭证，而股票的购买者又都是食利者，他们只是要求股息收入不低于存款利息，那么，股份公司能够发行多少股票，并不取决于它有多少实际资本，而是取决于它能提供多少股息，取决于当时利息率的高低。假定有一个资本家集团，投资 100 万元创建了一个股份企业，过了一年，这个企业能够提供 10 万元的利润，而当时利息率只有 5％；这样，所发行的 100 万元的股票，就可以按照 200 万元的价格出卖，该资本家集团从中赚得 100 万元的创业利润。如果它不出卖全部股票，而只是出卖其中的一半，这样，它仍然可以获得 50 万元的创业利润。所谓创业利润，就是创办股份企业所发行的股票的价格总额同实际投入这个企业的资本总额之间的差额。股份企业的创立者为了保持对股份企业的控制和经常获得利润，通常不是把股票全部卖出，而总是自己保留一部分。

股份公司的创立者，除了通过出卖股票从中攫取巨额创业利润外，还采取其他办法来掠夺普通股东，而资本掺水就是这许多办法中的一种。所谓资本掺水就是指发行股票的金额超过了投入企业的实际资本的数量。为了隐瞒资本掺水，股份公司的创立者必须高估公司的财产。

股份公司除了发行股票之外，还发行另外一种有价证券——公司债券。公司债券和股票不同，它的持有者同股份公司之间只存在普通的债权和债务关系。债券持有者只能定期地从股份公司得到预先规定的利息，并且可以按期收回本金，但他们无权参加股东大会，也无权参与公司事务。公司债券也可以在市场上买卖，它的价格也同股票的价格一样，是资本化的收入，并且是由债券利息的多少和借贷利息率的高低决定的。不过，由于公司债券的利息是固定的，因而债券行市的变动只能以借贷利息率这一因素的变动为转移。

股票、公司债券、国家公债和不动产抵押证券等所有这些有价证券，由于能够为其所有者定期地带来一定的收入，同时能够被人们当作商品来买卖，并且有着自己独特的决定价格的方法，因此，很自然地便造成一种假象：好像它们本身就是资本。在资本主义社会中，人们也正是把有价证券当作资本看待的。其实，一切有价证券都不是真正的资本，而是虚假的资本，是虚拟资本。

有价证券之所以是虚拟资本，是因为有价证券本身没有价值，它也不是价值符号，并且不能在资本主义再生产过程中履行资本的职能。以股票为例来说，当人们用货币购买了股票以后，真正的资本就转移到公司方面去了，而此时留在股票持有者手里的股票，不过是一种资本所有权的证书或者资本的“纸制的复本”，人们凭借它可以从公司领取一定的收入。但也正因为持有股票便能占有一部分剩余价值，因此，对它的所有者来说它似乎就是资本，虽然从实质上说它并不是资本。

虚拟资本不仅在质上不同于实际资本，在量上也不同于实际资本。虚拟资本的数量等于各种有价证券的价格总额。虚拟资本数量的变化取决于各种有价证券的发行数量和它们的价格水平。

在有的情况下，虚拟资本数量的变化可以反映实际资本数量的变化。例如，当由于发行新的股票和债券而引起实际资本增加时，或者当由于企业停业或倒闭而引起股票价格下跌以至废弃时，就是这样。但是，在通常情况下，虚拟资本数量的变化并不反映实际资本数量的变化。仍以股票为例，假设商品价值不变，那么，不管在昨天和今天之间股票行市怎样暴涨或暴跌，即不管虚拟资本的数量如何变动，在资本主义工商企业中发挥作用的资本，仍然一样多。

随着资本主义的发展，虚拟资本的增长速度有日益快于实际资本增长速度的趋势。造成这种趋势的原因主要有：(1) 平均利息率有下降的趋势；(2) 独资企业或合伙企业改组为股份公司；(3) 国家债务的增长。

在资本主义国家中，各种有价证券的买卖，都是通过证券交易所和银行来进行的。证券交易所是专门买卖有价证券的市场，在这里随时公布各种有价证券的行市。有价证券的买卖双方都聚集在这里议价、成交和结算。正常的有价证券交易，在资本主义社会中起着自发地分配货币资本的作用，它把食利阶层所掌握的货币资本，通过购买有价证券分配到国民经济各个部门以作为长期投资。

但是，由于有价证券的行市随着企业的经营状况、国家的财政收支状况、国内与国际的经济和政治形势的变动而经常暴涨或暴跌，这就为进行有价证券的投机提供了条件。这样，证券交易所也就成了投机家进行证券投机的中心。证券投机的特征是，购买有价证券不是为了长期投资，而是为了经过一个短时期再转卖出去，以便获得行市差额（即证券卖价和买价之间的差额）形式的利润。交易所的证券投机主要是通过定期交易来进行的。这种交易的特点是：有价证券的买卖双方要在成交后的一定时期进行交割和结算，而结算要按照成交时的证券行市来进行。证券行市在成交时和交割时的不一致，会使买者赚钱（行市上涨时），或者使卖者赚钱（行市下跌时）。值得注意的是，在这种交易中，买者通常并不是真的要买有价证券，而卖者也不一定要真的握有有价证券；双方都是在赌证券行市的涨落，结算时也只是其中某一方向另一方支付行市涨落的差额。

显然，在证券投机中，能够占上风的自然是那些控制着经济命脉、资力雄厚和熟悉各种内幕的少数大资本家，他们甚至可以依靠手中掌握的大量证券和货币资本，兴风作浪，故意制造空气，人为造成证券行市的暴涨或暴跌，以便从中牟利。而参与这种冒险勾当的中小资本家，则往往会在一转瞬间弄得倾家荡产。正如马克思所形象地描述的那样："在这种赌博中，小鱼为鲨鱼所吞掉，羊为交易所的狼所吞掉。"① 交易所的投机活动加速了资本集中，加速了大资本对中小资本的剥夺。

股份公司的发展和虚拟资本的增长，表明了资本主义寄生性和腐朽性的加强。随着股份公司的发展，企业的经营管理完全被委托给高薪雇佣的经理人员，资本的所有者完全同资本的职能相分离，变成了十足的寄生虫。同时，投机冒险、诈取诳骗也达到了骇人听闻的地步。马克思指出，随着股份公司的发展，"它再生产出了一种新的金融贵族，一种新的寄生虫，——发起人、创业人和徒有其名的董事；并在创立公司、发行股票和进行股票交易方面再生产出了一整套投机和欺诈活动"②。如同历史上临近灭亡的奴隶主、封建主一样，在股份公司大量发展的条件下，资产阶级已经完全变成了寄生阶级，他们的存在除了对自己以外，已经失掉了任何意义，并且再也找不到为自己的存在而进行辩护的"理由"了。

第五节　信用在资本主义经济中的作用

信用制度尤其是银行制度，在资本主义经济生活中起着巨大的作用。

首先，信用促成了资本的再分配和利润率的平均化。前面讲过，利润率的平均化是资本在各个部门之间自由转移的结果。但是，每个部门的生产资本都有自己特定的自然形态和用途，例如，高炉设备只能用于炼铁，纺织机器只能用于纺织，因而它们都不可能直接由一个生产部门转移到另一个生产部门。只有货币形态上的资本，才能排除这方面的障碍。而信用制度，特别是银行，正是实现货币资本再分配的最灵活的机构。依靠银行的贷款或投资，资本就能够被迅速地从利润率低的部门转移到利润率高的部门，从而促成各部门利润率的平均化。

其次，信用对于节省各种流通费用也有重大的意义。信用可以大大节省货币流

---

① 马克思，恩格斯. 马克思恩格斯全集：第 25 卷. 北京：人民出版社，1974：497.

② 同①496.

通费用，特别是在使用金属货币的条件下，这种节省尤其明显。这是因为：(1) 信用可以使很大一部分商品交易不用现金支付；(2) 信用可以使社会上闲置的货币迅速地集中到银行，并重新投入流通，因而就加快了货币流通的速度，从而相应地减少了流通中所需要的货币量；(3) 随着信用事业的发展，银行所发行的信用货币——银行券，逐渐代替了流通中的金属铸币。

信用也能节省另外一些流通费用。由于信用事业的发展，商品的买卖可以采取赊账的方式，因而大大加快了商品流通和资本周转的速度。因此，同商品流通有关的簿记费、保管费等费用，以及为购买生产资料而准备的货币资本，都可以得到节省。

由于信用节省了各种流通费用，缩短了资本的流通时间，因而就使社会总资本中用于非生产资本（货币资本和商品资本）的部分相对减少，用于生产资本的部分相对增加，从而使资本家获得的利润总额增加，使利润率提高。

再次，信用的另一个重要作用，就是促进资本的集中，加速资本的积聚。信用加速了股份公司的发展。股份公司的资本，是靠发行股票征集起来的。但股票的很大一部分，要通过银行来发行，而且银行常常就是股票的主要购买者，即股份公司的主要投资者。因此，离开银行，股份公司就不能得到大规模的发展。信用促进了股份公司的发展，同时也促进了资本的集中，因为股份公司正好是资本集中的重要形式之一。

信用事业的发展，还大大加速了大资本家剥夺中小资本家的过程。这是因为大资本家具有较高的信誉，比较容易获得大量的银行贷款，进行追加投资，以改进生产方法和扩大企业规模，因而就大大加强了他们的竞争力量，使他们能够压倒和吞并中小资本家。这样，信用事业“就成了竞争斗争中的一个新的可怕的武器；最后，它变成一个实现资本集中的庞大的社会机构”①。

信用不但是资本集中的强大杠杆，而且是资本积聚的重要因素。一方面，信用使各个企业零散的用作积累的剩余价值集中于银行，汇合成为巨额的货币资本，使其能够随时投入需要追加资本的部门和企业，这样就缩短了个别资本家逐渐积累资本所需要的时间。另一方面，信用还把社会上各个阶级和阶层的零星收入动员和集中起来，提供给资本家使用，从而增大了资本积累的规模。

最后，信用制度促进了资本主义基本矛盾的发展，从而使资本主义制度所固有的生产过剩的经济危机日趋频繁和加深。

在信用制度的帮助下，社会生产资料以空前未有的规模积聚和集中起来，企业的生产规模日益扩大，生产过程日益具有社会性质。但是，这些高度集中的生产资料和高度社会化的大生产，却被一小撮大资本家掌握着。这样，资本主义制度所造成的强大的社会生产力，便和资本主义私有制的狭隘外壳越来越不相容了。

资本主义基本矛盾的尖锐化，导致了经济危机的爆发。而信用对于促进资本主

---

① 马克思，恩格斯．马克思恩格斯全集：第 23 卷．北京：人民出版社，1972：687.

义基本矛盾的尖锐化，起了重要的作用。

第一，信用动员了一切闲置的货币资本和社会各阶层的储蓄，来为资本主义生产和流通服务，这样，生产规模的扩大，就不再受资本家自有资本的限制了。与此同时，由于资本主义剥削的加强，广大居民有支付能力的需求却日益相对缩小。马克思说："信用的最大限度，等于产业资本的最充分的动用，也就是等于产业资本的再生产能力不顾消费界限的极度紧张。"① 这样，信用便加剧了资本主义所固有的生产和消费之间的对抗性矛盾，促进了生产过剩经济危机的爆发。

另外，信用买卖又造成了对商品的虚假需求，掩盖着客观上已经存在的生产过剩；即使危机已经开始，大量商品已经无法销售，但由于信用的支持，市场也可能表现得十分繁荣。这样，信用就使资本主义生产有可能更加脱离有支付能力的需求而盲目地扩大下去，从而使生产过剩的经济危机更加深刻和更加带有破坏性。

第二，信用加剧了资本主义各个生产部门之间发展的不平衡性。信用为个别部门生产规模的突然扩大提供了方便条件。当某些部门的利润率比较高的时候，资本家就利用银行贷款，向这些部门进行投资，使这些部门的生产过度膨胀，从而使各个生产部门之间的不平衡发展进一步加剧。

信用尽管在促进和加深经济危机方面起着重要的作用，但必须明确，信用绝不是经济危机的原因，它既不能使危机产生，也不能消灭危机。经济危机的真正原因是资本主义的基本矛盾——生产的社会性和私人资本主义占有形式之间的矛盾；只要资本主义存在，经济危机就无法避免。在这个问题上，现代资产阶级庸俗经济学者夸大信用的作用，硬说经济危机是由于信用制度的某些缺陷而造成的，宣称只要资产阶级国家对信用加以调节，就可以消除经济危机。然而，这种辩护论调是完全经不起事实的考验的。我们知道，自从资产阶级国家有意识地插手信用以来，资本主义各国的经济危机不是减少了，而是增多了，不是减弱了，而是加强了。譬如，在美国，在第二次世界大战结束以后的短短 30 多年当中，就已经爆发了六次经济危机。

综上所述，信用在资本主义社会中具有双重作用。一方面，它促进了资本主义生产的发展；另一方面，它又加剧了资本主义的内在矛盾，并使消灭资本主义的各种物质条件更快地成熟。马克思说："信用制度加速了生产力的物质上的发展和世界市场的形成；使这二者作为新生产形式的物质基础发展到一定的高度，是资本主义生产方式的历史使命。同时，信用加速了这种矛盾的暴力的爆发，即危机，因而加强了旧生产方式解体的各种要素。"②

资本主义制度下所形成的信用制度，还为无产阶级革命胜利以后有计划地组织社会主义的生产、流通和分配，提供了现成的组织形式。马克思早就指出，银行制度在无产阶级专政的国家手中，将成为实现由资本主义到共产主义过渡的有力杠杆

---

① 马克思，恩格斯．马克思恩格斯全集：第 25 卷．北京：人民出版社，1974：546.

② 同①499.

之一。马克思在肯定资本主义银行制度的这一作用的同时，也着重驳斥了蒲鲁东所散布的通过资本主义信用机构进行社会改革的幻想。他指出：“银行制度造成了社会范围的公共簿记和生产资料的公共的分配的形式，但只是形式而已。”① 在资本主义制度下，一切信用机构都是被资产阶级掌握并为资本主义生产服务的，都是资产阶级剥削无产阶级的工具。

列宁在俄国十月革命的前夕，对于马克思的这一思想曾经作了十分精辟的阐述。他写道：“大银行是我们实现社会主义所必需的‘国家机构’，我们可以把它当作现成的机构从资本主义那里拿过来，而我们在这方面的任务只是砍掉使这个极好机构资本主义畸形化的东西，使它成为更巨大、更民主、更包罗万象的机构。那时候量就会转化为质。统一的规模巨大无比的国家银行，连同它在各乡、各工厂中的分支机构——这已经是十分之九的社会主义机构了。这是全国性的簿记机关，全国性的产品生产和分配的计算机关，这可以说是社会主义社会的骨骼。”②

第六节　信用制度下的货币流通

在资本主义国家里，曾经长时期实行金属货币制度。这种货币制度可分为复本位制和单本位制。复本位制是以黄金和白银这两种金属同时作为本位货币的制度，单本位制则是以上述两种金属中的一种作为本位货币的制度。在资本主义发展的初期，许多国家都采用复本位制，到 19 世纪末，差不多所有的资本主义国家都改用单本位制——金本位制，只有少数经济落后国家，例如旧中国，采用银本位制。

在典型的金本位制下，流通中的货币主要是金币。这种货币制度的特点是：(1) 金币可以自由铸造。任何人都有权用自己的黄金向造币厂换取金币或委托其代铸金币。(2) 其他货币符号可以自由兑换金币。(3) 黄金在国际上可以自由流动。金本位制的这些特点，使得流通中的货币量能够自发地适应商品流通的需要。如果货币过剩，一部分货币便退出流通领域，变为贮藏手段；如果货币不足，它们便进入流通领域，由贮藏手段变为流通手段和支付手段。由于货币和黄金（商品）之间存在着直接的联系，因而也就能够保持币值的稳定。采用金本位制时，为了满足小额周转的需要，也发行一些用银、铜等较贱的金属铸成的辅币投入流通。

随着资本主义经济的发展，以金币为主要流通工具的货币制度，日益不能适应生产和流通发展的需要，于是，在商业信用和银行信用的基础上，产生了信用流通工具，在一定范围内代替金币流通。

如上所述，在商业信用的基础上，曾经产生了期票和汇票这样的信用流通工具。但是，由于这种票据是个别资本家的私人债券，因而它只能在比较狭小的范围

---

① 马克思，恩格斯．马克思恩格斯全集：第 25 卷．北京：人民出版社，1974：686.

② 列宁．列宁全集：第 32 卷．2 版．北京：人民出版社，1985：300.

内流通。同时，商业票据有固定的期限，这对于它的流通范围来说，也是一种限制。

为了打破商业票据的这种狭隘界限，银行家便发行银行券来代替商业票据。银行券是银行所发行的信用货币，它是以商业票据流通为基础的，并且是用来代替商业票据的。

最初的银行券是由各个银行分散发行的，后来国家才把银行券的发行权集中于国家银行或极少数占垄断地位的大银行。

银行券作为信用货币，同纸币有着本质的区别。首先，银行券是由货币作为支付手段的职能引起的，并且是由银行通过票据贴现等信用方式发行的；而纸币却是由货币作为流通手段的职能引起的，并且是由国家强制发行的。马克思曾经指出："真正的信用货币不是以货币流通（不管是金属货币还是国家纸币）为基础，而是以汇票流通为基础。"① 其次，银行券是为了代替流通中的商业票据而发行的，而纸币则是资产阶级国家为了弥补财政赤字而发行的。正因为如此，银行券在债务人（期票或汇票的付款人）向银行偿还债务时，会按期返回到银行，而纸币在发行以后就滞留在流通领域内，而不会自动地流回到发行纸币的国库。最后，典型的银行券可以自由兑换金属铸币，而纸币一般是不可兑换的。

在银行券可以自由兑换金属铸币的条件下，流通中的银行券总量是由商品流通所需要的货币量来调节的。马克思指出："已知通货的速度和支付的节约，现实流通的货币量是由商品的价格和交易量决定的。银行券的流通也受这个规律的支配。"② 当商品流通扩大时，无论是商业票据总额还是向银行要求贴现的商业票据的数量都会增加，因而银行券的发行量也会相应地增加。反之，当商品流通缩小时，银行券的发行量也就相应地减少。银行券之所以不会在流通中过剩，是因为流通中不需要的银行券会通过兑换金属铸币而流回银行。马克思写道："只要银行券可以随时兑换货币，发行银行券的银行就决不能任意增加流通的银行券的数目。"③"流通的银行券的数量是按照交易的需要来调节的，并且每一张多余的银行券都会立即回到它的发行者那里去。"④ 正因为如此，可以自由兑换的银行券的币值，一般地说是比较稳定的。

流通中的银行券数量受商品流通的自发调节并能保持稳定的币值，其前提是银行券的发行必须完全以真正的商业票据为基础。但事实上，在资本主义国家里，作为银行券发行基础的，除了商业票据之外，还有"融通票据"⑤ 和国家债券，而后两种票据并不代表真实的商品交易，因而也不反映商品流通对流通手段的真正需要。这种情况决定了银行券的发行数量往往会超过国民经济的客观需要。在银行券

---

① 马克思，恩格斯．马克思恩格斯全集：第25卷．北京：人民出版社，1974：451.

② 同①592.

③④ 同①594.

⑤ 融通票据是指相互间有业务联系的银行、公司和个人，专为融通资金而签发的一种票据。这种票据的签发不以真实的商品交易为基础，而以取得货币贷款为目的。

可以自由兑换的条件下，这种过多的发行虽然通常不会马上引起银行券的贬值，但当危机到来，或由于其他原因人们特别需要黄金的时候，银行券就可能因为不能完全兑现而贬值。

根据上面的分析可以看出，银行券的币值稳定，是以下面两点为前提的：第一，银行券的发行数量必须适应商品流通的需要；第二，银行券必须能够随时兑现。因此，银行券的发行必须具备双重保证，即信用保证和黄金保证。信用保证是指银行所掌握的、据以发行银行券的商业票据。具备信用保证就意味着发出的银行券是客观需要的。由于银行所掌握的票据，除了商业票据之外，还有“融通票据”和国家债券，所以这种保证的可靠程度，还要看商业票据在其中所占比重的大小而定。黄金保证是指发行银行所拥有的黄金准备。黄金保证的意义在于：一方面，以黄金准备的数量来限制银行券的发行；另一方面，通过银行券的兑现来保证其币值的稳定。

各个资本主义国家的银行券保证制度是各不相同的。在第一次世界大战以前，英国 1844 年的银行条例（即《比尔条例》）规定，没有金属担保的发行，最高限额为 1 400 万英镑。超过这个限额的发行，则需要 100%的金属保证。法国从 1870 年起实行由法律规定银行券发行最高限额，但不规定金属保证标准的制度。至于美国，在 1913 年以前，由于尚未建立中央银行制度，银行券是由各个国民银行分散发行的。美国 1863 年与 1864 年的法律规定，每个国民银行都可以按照自己所购买的公债数额发行银行券。这种银行券的保证不是黄金和商业票据，而是国家公债。美国 1913 年颁布了《联邦储备法》，把银行券的发行权集中于 12 个联邦储备银行，并规定银行券发行的金属保证至少为 40%，其余部分须以商业票据作保证，如果金属保证不足法定比率，则需要向国家交纳发行税。

第一次世界大战前夕，许多资本主义国家为了扩大黄金储备，以增强自己在国际上的竞争力量和为战争做准备，便开始缩小黄金的自由流通。战争爆发以后，欧洲所有的参战国都停止了银行券对黄金的自由兑换。同时，为了弥补战争开支和财政赤字，又大量地发行不兑现的银行券，以致造成了严重的通货膨胀。战争结束以后，除了美国以外，所有的参战国都没有恢复黄金流通。因此，从这时起，资本主义国家的金本位制便开始走向崩溃了。

1924—1928 年，各资本主义国家先后实行币制改革，企图恢复金本位制，以稳定通货。但由于战后世界黄金储存量在各资本主义国家之间的分配更加不平衡，有些国家的黄金储备过少；同时也由于各国竞相储备黄金，以增强实力，所以都没有能够恢复黄金的自由流通和银行券对金币的自由兑换。当时有的国家实行金块本位制（如英、法等国），有的国家则实行金汇兑本位制（如德、意、奥、匈等国）。所谓金块本位制，是指银行券不能兑换金币，而只能兑换金块，并且规定银行券只有达到一定限额才能兑换。例如，英国在 1925 年规定银行券兑换的最低限额为 1 700 英镑，法国在 1928 年规定银行券兑换的最低限额为 21.5 万法郎。所谓金汇兑本位制，是指银行券只能兑换外汇，而不能兑换黄金，但这些外汇可以在外国兑换黄金。显然，在这两种制度下，由于黄金不能在国内自由流通，因而也就使资本主义制度丧失了自动调节货币流通的机制，银行券的发行容易超过流通的实际需要。因此，战后的币制改革，并没有使银行券完全恢复它在战前所曾具有的稳定性。

1929—1933 年的世界经济危机，进一步摧毁了这种残缺不全的金本位制，各资本主义国家都停止了银行券的兑换。这样，金本位制就在整个资本主义世界彻底破产了。目前，已经没有一个资本主义国家实行名副其实的银行券流通。这些国家所发行的纸币虽然还保留着“银行券”的名义，但就其经济本性来讲已经变成纸币，因为它不能兑换黄金，而且它的发行不是为了商品流通的需要，而是为了弥补资产阶级政府的财政开支。因此，这种“银行券”的运动，只能受纸币流通规律的支配。恩格斯说：“不能兑现的银行券，只有在它实际上得到国家信用支持的地方……才会成为一般的流通手段。因此，这种银行券受不能兑现的国家纸币的规律的支配”①。

金本位制的崩溃，反映了资本主义制度的危机的加深，从此便开始了各资本主义国家通货膨胀的过程。第二次世界大战以后，由于各资本主义国家疯狂地进行扩军备战，通货膨胀变得更为厉害，通货不断贬值，物价不断上涨。通货膨胀加深了资本主义经济的不稳定性，给无产阶级和广大劳动群众带来了深重的灾难，但却为一小撮大垄断资本家带来了高额利润，从而使资本主义的社会矛盾更趋尖锐化。

以上我们论述了信用制度下资本主义国家的货币流通，下面我们要研究资本主义国家之间的货币流通。

随着资本主义的发展，国际上的经济、政治和文化的联系日益密切，这便使各国间的货币债权、债务关系日益增多，而这些货币债权、债务又需要在一定时期结清，于是便产生了国际结算。

一个国家对其他国家由于偿付货币债务和收回货币债权而引起的货币收支，反映在该国的国际收支平衡表中。国际收支平衡表有两种：一种是一定时期的国际收支平衡表，另一种是一定时刻的国际收支平衡表。前者是指一个国家在一定时期内（通常为一年）从其他国家收入的货币总额与对其他国家支出的货币总额二者的对比，它所反映的是该国在过去一定时期内所发生的国际收支的对比关系。后者是指一国与他国在某一时刻应收货币总额与应付货币总额之间的对比，它所反映的是该国在当时即将发生的国际收支的对比关系。

国际收支平衡表包括收入和支出两个方面，收入方面总括起来有下列各项：（1）贸易收入（输出商品的收入）；（2）劳务收入（为外国提供运输工具、通信工具以及保险等所获得的收入）；（3）非贸易收入（外国公民在本国旅行、游览以及外国使馆和代表团的费用；本国侨民自国外的汇款；外国捐赠、赔偿的款项等）；（4）投资收入（输出资本所获得的利息、股息）；（5）资本和信用的移动（长期业

---

① 马克思，恩格斯. 马克思恩格斯全集：第 25 卷. 北京：人民出版社，1974：594.

务收入：包括对国外出售有价证券和不动产、外国贷款、外国投资等；短期业务收入：包括自国外获得的短期信用、外国借贷资本的流入、收回存放在外国的借贷资本等）。支出方面总括起来也相应地有下列各项：（1）贸易支出；（2）劳务支出；（3）非贸易支出；（4）投资支出；（5）资本和信用的移动。

国际收支平衡表中收入和支出之间的差额，叫作国际收支差额。收入大于支出称为国际收支顺差，支出大于收入称为国际收支逆差，收入和支出相等就是国际收支平衡。

在资本主义发展的初期，贸易和劳务收支在国际收支中占有重要的地位，这两个项目的收支状况基本上就决定了一国国际收支差额是处于顺差状态还是处于逆差状态。随着资本主义的发展，其他项目的收支状况在国际收支中日益起着重要的作用，特别是到了帝国主义时期，这种情况就表现得更为明显。于是便出现了这样的情况：有的国家虽然在贸易收支上是逆差，可是在整个国际收支上却是顺差。例如，英国在第一次世界大战以前，在贸易上经常入超，但由于有大量的国外投资收入来弥补，因而国际收支差额仍然表现为顺差。这种情况表明英帝国主义寄生性的加强。还有一些国家，虽然在贸易收支上表现为顺差，但整个国际收支却表现为逆差。例如，美国在1958—1970年期间，每年的贸易收支都表现为顺差，但由于美帝国主义推行侵略和战争政策，在全世界各地建立军事基地，并为各国提供军事援助，因而就大大增加了对外支出，从而使国际收支差额连年处于逆差状态。自从进入20世纪70年代以来，除1973年、1975年以外，美国的对外贸易也一直处于逆差状态。这主要是因为美国每年都要从国外进口大量石油，而石油又多次大幅度提价，使美国每年支付的石油进口费用大大增加。例如，1979年一年中石油提价66%，这一年美国支付的石油进口费用高达567亿美元，而这一年的外贸逆差则高达247亿美元。这自然会影响美国的国际收支状况。

各国间的货币债权和债务，并不都是借助于互相输送作为世界货币的黄金来结算的，其中绝大部分的货币支付都是利用信用工具来进行的。由于国与国之间的债务关系通常都具有相互的性质，因而就可以利用信用工具通过相互抵销的办法来进行结算。国际结算的信用工具有以下几种：商业票据、银行票据、银行支票与银行支付委托书等等。这些由外国公民、企业、机关、团体等签发的，以外国通货表示的债权与债务凭证，称为外汇。

某一国家的公民、企业、机关、团体等所握有的外币债务凭证，可以卖给他们本国的银行，银行在买进这些外币债务凭证以后就委托它在外国的同业往来银行代为收取，并将收入的外币存入外国的同业往来银行的账户。银行依靠它在国外的这些存款就可以向本国的公民、企业、机关、团体等出售各种外币支付凭证。凡是该国公民、企业、机关、团体对外国公民、企业、机关、团体负有货币债务时，就可以向银行购买这种外币支付凭证，并用以和国外的债权人进行结算。

当国与国之间的货币债务能够完全相互抵偿时，则利用上述信用工具就可以结清一切国际债权债务关系。但事实上，一个国家在一定时刻对外国应付的货币债务和它从外国应收的货币债权二者经常是不平衡的。不过，即使发生了应付大于应收的情况，也就是说在国际收支上出现逆差的时候，通常也不是立即用输送黄金的办法来弥补的，而是首先借助于信用业务。

利用信用项目来平衡国际收支差额的办法是多种多样的，其中最主要的有：向外国银行取得短期信用，设法吸引外国资本流入本国，以及在国外取得贷款，等等。如果利用各种信用措施之后，国际收支逆差仍然不能完全弥补，就只有用输出黄金的办法来偿付了。可见，任何国际结算的信用工具，都不能排除作为世界货币的黄金在国际结算中的作用。黄金乃是国际结算的基础和最终手段。一个国家的黄金储备，除了充当本国货币发行的保证之外，还执行着国际支付准备的职能。

如前所述，一个国家的公民、企业、机关、团体为了偿还国外债务，必须用本国货币购买外币支付凭证——外汇，这就需要有一个两国货币相互兑换的比率。这种两国货币间的兑换比率或比价，就叫作汇率，亦称汇价或外汇行市。

在使用金属铸币的条件下，两国的货币单位所含的纯金量或纯银量的比率是货币汇价的基础。这种比率叫作铸币平价。例如，在 1929—1933 年以前，每一英镑的含金量是 7.322 38 克，每一美元的含金量是 1.504 631 克，前者是后者的 4.866 56 倍，这样，英镑和美元之间的铸币平价就是 1 英镑等于 4.866 56 美元。如果两国的铸币不是同种金属，则根据国际市场上的金银比价进行折算。

但是，铸币平价只是货币汇价的基础，至于每一时刻的货币汇价，并不完全与铸币平价相一致，而是有时高于铸币平价，有时低于铸币平价。这是因为汇价受外汇供求关系的影响，而外汇的供求关系又以一定时刻的国际收支状况为转移。如果国际收支是顺差，对外汇的需求减少，则外汇就供过于求，从而汇价就下跌；反之，如果国际收支是逆差，对外汇的需求增加，则外汇就求过于供，从而汇价就上涨。

在金本位制的条件下，货币汇价虽然经常发生变动并与铸币平价不相一致，但由于黄金可以自由输出和输入，因而货币汇价与铸币平价的差距终究有一定的限度。这个限度就是债务国输送黄金到债权国所需要的费用。这是因为当货币汇价与铸币平价的差距超过这个限度的时候，资本家就宁愿直接输出黄金去偿还债务，而不愿去购买外汇。可见，货币汇价变动的最高界限是铸币平价加上运送黄金的费用。如果货币汇价超过这个界限，则发生黄金输出，所以，这一界限又叫作黄金输出点。货币汇价变动的最低界限是铸币平价减去运送黄金的费用。如果货币汇价低于这一界限，则发生黄金输入，所以这一界限又叫作黄金输入点。由于运送黄金的费用只占黄金价值的极小部分（0.5%～0.7%），因此，货币汇价只能在极其狭小的范围内——与铸币平价的差距不到 1%——变动。在金本位制的条件下，货币汇价是比较稳定的，平均的货币汇价大体上等于铸币平价。

在金本位制崩溃以后，纸币流通代替了金币流通，这时货币汇价就呈现出一种完全不同的情况。在纸币流通条件下，不兑现的纸币并不能稳定地代表一定数量的黄金，这时，货币汇价当然不能以两国纸币票面价值的比率为基础，而必须以两国纸币在一定时期内所实际代表的黄金量为基础。不过有的资本主义国家的政府，从自身的经济和政治需要角度考虑，往往采取各种手段人为地维持不符合纸币贬值幅度的汇价，不根据纸币实际代表的黄金量减少的情况来相应地调整汇价，因而使纸币的对内价值和对外价值发生脱节现象。当然，这种现象也不能长期存在下去。因为货币流通规律的作用会使纸币对外贬值的幅度与对内贬值的幅度大体上趋于一致。而汇价的频繁变动就正反映了这一调整过程。

第二次世界大战后，随着资本主义各国经济力量对比的变化，资本主义世界货币流通和信用关系也发生了重大的变化。战前，英镑曾经是资本主义世界货币体系的支柱，大多数资本主义国家都把英镑作为主要储备货币，绝大部分国际贸易和债权债务的结算，都用英镑来进行。大战期间，英国的实力遭到极大的削弱，英镑的地位急剧下降，与此同时，美元的地位则有了很大的提高。战后，美国倚仗它在战争期间取得的经济上的绝对优势和积累的大量黄金储备，极力向外扩张，一心独霸世界。它利用当时资本主义各国经济极端虚弱、货币金融十分混乱的机会，通过它所控制的国际货币基金组织，迅速确立了美元在资本主义世界的霸权地位，形成了以美元为中心的资本主义世界货币体系。这一体系的基本内容是：（1）在主要资本主义国家中，只有美元保持同黄金的直接联系，各国政府或中央银行可以按照一盎司①黄金等于35美元的官价，用美元向美国政府兑换黄金；（2）各资本主义国家的货币必须同美元建立固定的比价，并以此来同黄金建立间接的联系。资本主义国家不仅用美元作为国际结算和国际支付的手段，而且把美元作为主要的储备货币，有些国家甚至还用美元作为发行纸币的准备金。这样一来，美元就成了等同于黄金的“世界货币”，取得了凌驾于其他国家货币之上的特权地位。美国利用美元的这种特权地位，把美元作为它操纵国际金融、实行经济扩张和争夺世界霸权的工具，成为名副其实的“金元帝国”。

然而，好景不长，随着战后世界资本主义矛盾的不断激化、帝国主义国家间政治经济发展不平衡的进一步加剧，美国的经济日益衰落，美元的霸权地位逐渐发生了动摇。进入20世纪60年代以后，美元便陷入了危机的深渊之中。资本主义各国对美元普遍产生了不信任，在国际金融市场上接二连三地出现了大量抛售美元、抢购黄金的风潮。黄金价格猛烈上涨，美元汇价一跌再跌。在美元危机加重的情况下，美国政府被迫宣布从1971年8月起，对外停止美元兑换黄金。接着，在1971年12月，又宣布将美元贬值7.89%，即从原来的35美元兑换一盎司黄金贬值到38美元兑换一盎司黄金。这是从1934年以来美元的第一次正式贬值。1973年2月，再一次宣布美元贬值10%。这深刻表明了美元实力的虚弱及其霸权地位的动摇。

但是，美元危机并未到此止步。继美元贬值后，这种危机却以更加猛烈的形式向前发展。这主要是因为美元既然已停止兑换黄金，那么人们对美元的信心便从根

---

① 1盎司＝28.349 5克。

本上发生了动摇。而美国的对外贸易和国际收支状况仍在继续恶化，与此相应，有越来越多的美元从美国流到外国。这直接加深了这些国家的通货膨胀，并使这些国家的货币流通受到严重冲击。在这种情况下，迄至 1973 年下半年，各主要资本主义国家为了自身的利益，不得不放弃过去实行的本国货币与美元保持固定汇率的政策，而改行一种所谓浮动汇率。这样一来，美元便不仅与黄金脱钩，与各国货币也脱钩了。这是一个重大的转折。它标志着从战后建立起来的以美元为中心的资本主义国际货币体系的彻底瓦解，表明了资本主义的货币信用制度危机已经进入了一个更为严重的新阶段。

第十章

地　租

第一节　资本主义的土地所有制和资本主义地租

在资本主义发达的国家，资本主义的生产方式不但支配着工业，而且支配着农业。不过，农业中的资本主义关系比起工业来要复杂一些，在这里，除了有农业资本家（租佃资本家）和农业工人这两个阶级以外，还有一个大土地所有者阶级（地主）。农业资本家租种土地所有者的土地需要向后者交纳地租，而他自己则从农业经营中得到平均利润。农业资本家和土地所有者共同剥削农业工人所创造的剩余价值。

但是，这里有这样一个问题：按照我们前面的分析，平均利润总额与剩余价值总额是相等的，假如农业的情况也是这样的话，那么从农业工人所创造的剩余价值中扣除了农业资本家的平均利润以后，就应该不再剩下什么了。可是土地所有者得到的这个剩余价值的“多余部分”又是从哪里来的呢？这表明，农业中的生产关系有它一定的特点，需要对它进行单独的分析。通过这种分析，我们对于农业资本家和地主如何共同剥削农业工人的问题，将会获得彻底的解决。

一切形态的地租都是土地所有权在经济上的实现，同时，也都是以土地所有权的存在为前提的，而不同性质的地租，则和不同形式的土地所有权相联系。所以，为了研究资本主义的地租，首先必须了解资本主义的土地所有制形式。

资本主义的土地所有制，是作为资本主义关系在农村中发展的结果而形成的。在资本主义发展的初期，曾经有过各种形式的土地所有制。例如，在英国，当时就有农民的小土地私有制、氏族土地公有制和封建土地所有制；在美国，南北战争以前，有农民的小土地占有制和奴隶主的大土地占有制；在普鲁士，则有农民的小土地所有制和容克（地主）土地所有制。随着资本主义的发展，除了农民的小土地所有制还有一部分被保存下来以外，其余各种形式的土地所有制，都通过不同途径演变成了资本主义的土地所有制。

农业中资本主义的发展和前资本主义的各种土地所有制演变为资本主义的土地所有制，在不同的国家曾经经历了不同的道路，但概括起来不外是这样两条道路：一条是地主经济逐渐蜕变的道路，即改良的道路；另一条是消灭地主大地产的道路，即革命的道路。

在遵循前一条道路时，农奴制地主经济并不是一下子被废除，而是通过某些改良的办法，缓慢地转变为资本主义经济。农奴为了赎免农奴义务，被迫向地主交纳大量的赎金，并把原先归自己使用的一大部分土地交还给地主。而地主则逐渐采用自由的雇佣劳动，在自己的大地产上组织资本主义农场，同时继续利用农奴制残余，对周围的小农进行剥削。在资本主义国家中，由于这种地主经济自发蜕变的道路当初在普鲁士表现得比较典型，因此，这条道路又叫作普鲁士式的道路。由于这条道路使大量农奴制残余继续保留下来，因而农村资本主义的发展便非常缓慢，同时农民要在很长时期内遭受双重剥削的痛苦。

在采取后一条道路时，旧式的地主经济在资产阶级革命过程中被摧毁了；在土地制度改变后的一段时期内，小农经济变成了农村中占优势的经济形式；随后，由于农村经济的迅速分化，小农经济逐渐被资本主义经济代替，农民的小土地所有制便逐渐被资本主义的大土地所有制代替。在美国，农业中的资本主义基本上就是按照这条道路发展起来的，因此，这条道路也叫作美国式的道路。美国在南北战争以后，由于废除了南部各州的奴隶主大庄园制度，于是有许多大地产被分散出租给脱离奴籍的佃农耕种；同时，在西部各州，农民则根据战争中所颁布的《宅地法》①领取了大量土地，获得了耕地的所有权。这样，独立的小农经济便迅速地发展起来。但后来随着农村经济的分化，大量农民的土地又很快被资本主义的农业组织廉价收购，而他们则变成了农业资本家的雇工。通过这条道路建立起来的资本主义农业，由于受到旧生产方式的阻碍比较小，因而发展的速度比较快。

由于在不同的国家里农村资本主义发展所处的社会历史条件不尽相同，因此，各资本主义国家的土地所有制，在具体形式上也就存在一些差别。但是，无论在哪一个资本主义国家，相当一部分的农业土地都是集中在大土地所有者即资本主义制度下的新式地主阶级手里的。这种大土地所有制，由于一系列的历史原因，在英国曾得到较充分的发展。在那里，地主阶级占有大量土地，但地主自己并不从事经

① 《宅地法》颁布于1862年，它规定美国的每一个公民，凡未参加过南方叛乱者，都能领取不超过160英亩的土地，但领取土地的人，要向政府交纳10美元注册费，并履行宣誓手续，这样的土地经领地人耕种五年之后，即归他自己所有。

营，而是把它们出租给租佃资本家，由后者雇佣农业工人来进行经营。

土地所有权完全同农业经营相分离，并且同人身依附关系相分离，这是资本主义土地所有制的典型特点。因为只有在这样一种土地制度下，农业中才会同时出现三个互相依存但又互相对立的阶级：地主、租佃资本家和农业工人。地主阶级是一个十足的寄生阶级，他们完全脱离农业经营，单纯依靠对土地的私有权从社会取得贡赋。马克思曾经这样描绘过英国的地主："在苏格兰拥有土地所有权的土地所有者，可以在君士坦丁堡度过他的一生。"①

当然，土地所有权和农业经营的分离，并不是资本主义农业中绝对的、普遍的现象。例如在法国和美国，就有相当一部分土地所有者直接经营资本主义农场。但是，有些土地所有者为了获得经营农业的资本，往往要以土地作抵押，向银行取得贷款，而且这种抵押贷款的数量又以巨大的速度增长着，在这种情况下，土地名义上虽然仍旧属于农业资本家，但在一定程度上却已转到银行的手里。他们向银行交纳的利息，从一定意义上说，相当于租佃资本家向地主交纳的地租。抵押银行是地租的受取人，因而也就是事实上的土地所有者。所以，从本质上说，在这里，土地所有权和农业经营还是分离的，所不同的只是形式比较隐蔽而已。列宁在谈到土地抵押时曾经写道："实际上，土地的抵押显然是地租的抵押或出卖。因此，在抵押制下也同在租佃制下一样，地租的获得者（＝土地占有者）是同企业利润的获得者（＝农户、农业企业主）分离的。"②

至于那种既不依靠租佃土地也不依靠抵押贷款而独立经营资本主义农场的土地所有者，在实际生活中也是有的。他们的身份是二重的，他们既是土地所有者，又是农业资本家。而他们的剥削收入，也就包括地租和利润两部分。不过，为了便于说明资本主义地租问题，我们下面的分析，要从典型的资本主义土地所有制出发，而把其他形式加以舍象。

以上，我们概略地叙述了资本主义的土地所有制形式。资本主义的地租剥削，就是以这种土地所有制的存在为决定条件的。大土地所有者尽管完全脱离了农业的组织和经营，但他凭借对土地这种农业的基本生产资料的所有权，却能够瓜分到租佃资本家从农业工人身上榨取来的剩余价值。租佃资本家必须依照契约的规定向地主交纳租金，否则，地主便不允许他使用土地。

在这里，为了明确规定资本主义地租的研究范围，还需要弄清楚习惯上所说的地租（或租金），同真正的严格意义上的地租的区别。习惯上所说的地租，是指租地人由于租种地主的土地而向地主交付的全部货币额，其中往往包含着由其他原因引起的非纯粹为使用土地而支付的一些项目。

首先，在地主出租的土地上，可能有灌溉设备和仓库、畜栏等生产建筑物，这些都是农业中的固定资本。因此，在租佃资本家向地主交付的租金当中，除了真正

① 马克思，恩格斯. 马克思恩格斯全集：第25卷. 北京：人民出版社，1974：697.
② 列宁. 列宁全集：第4卷. 2版. 北京：人民出版社，1984：94.

的地租之外，还可能包含固定资本的折旧费和利息。

其次，租佃资本家可能是一些小资本家，他们因为无力在其他部门进行独立的经营，只好投资到能够容许小规模经营的农业部门中来。对于这些人，地主索取的租金通常要高于一般水平。这些租佃资本家支付高昂的租金之后，往往自己就得不到平均利润。在这种情况下，租金当中就包含着平均利润的一个扣除部分。

最后，还常常有这样的情况：租金要得非常高，但租佃资本家又要获得平均利润，这时，他就克扣一部分工资来支付租金。所以，租金当中还可能包含工资的一个扣除部分。

马克思指出："真正的地租是为了使用土地本身而支付的"①。因此，严格意义上的资本主义地租，不能包括平均利润或工资的扣除部分，它只能是农业工人创造的剩余价值超过平均利润的部分，换句话说，它只能是平均利润以上的一种余额。总之，我们必须把租金中所包含的上述各种附加的东西去掉，在纯净的形态下来考察资本主义地租，只有这样，才可能看清地租的实质及其所体现的关系。

不同性质的地租反映不同的经济关系。为了正确地认识资本主义的地租关系，我们还必须把这种地租和封建地租加以区别。

一方面，封建地租以封建的土地所有制为前提，并且在不同程度上要和经济外的强制即农民对地主的人身依附相联系。而资本主义地租，则以资本主义土地所有制为前提，它体现着上述三个阶级之间的一种单纯的经济关系，地主对于租佃资本家，或租佃资本家对于农业工人，都没有经济外的强制关系。另一方面，封建地租无论采取哪一种形式，即无论是劳役地租、实物地租还是货币地租，它在量上一般总要包括农民的全部剩余劳动或剩余产品（有时还包括一部分必要劳动或必要产品）。但资本主义地租，只能是剩余价值超过平均利润的那一部分，即超额利润或额外利润。否则，如果地租相当于全部剩余价值，租佃资本家就会因为无利可图而不去租种地主的土地了。

研究资本主义地租，将会使我们对资本主义社会的三个主要阶级之间的关系，即雇佣工人、资本家（农业资本家）和地主之间的经济关系，有一个清楚的认识。

资本主义制度下的地租，根据它产生的原因和条件，可以区分为级差地租和绝对地租。下面，让我们首先分析级差地租。

第二节 级差地租的第一形态

资本主义的农业实践表明，农业资本家向土地所有者交纳的地租是有级差性的。如果把全部耕地分为优、中、劣三等，那么在通常情况下，租种同样面积但等级不同的土地，所交纳的地租额是不相同的：中等地要多于劣等地，优等地又多于

① 马克思，恩格斯. 马克思恩格斯全集：第25卷. 北京：人民出版社，1974：698.

中等地。为什么地租会有级差性呢？或者说级差地租形成的原因和条件是什么呢？

为了说明级差地租，我们首先必须假定，农产品也和工业品一样，是按照它们的生产价格出卖的。因为只有在这个前提下，才能保证农业资本家获得平均利润，从而他们才肯把资本投到农业部门中来。至于租种优等地和中等地的资本家向地主交付的级差地租，那只能是一种超额利润，是农产品的社会生产价格高于个别生产价格的结果。

租种较好土地的农业资本家，由于拥有这种较好的生产条件，他们的农产品的个别生产价格便低于社会生产价格，因而能够取得一部分超额利润。我们在前面对于工业部门的超额利润的形成问题的分析，完全适用于农业部门。但是，农业中形成级差地租的超额利润，和工业中的超额利润是有区别的。首先，工业中的超额利润只是一种暂时的不稳定的现象，而农业中的超额利润，却是一种比较经常、比较稳定的现象。其次，工业中的超额利润，只有先进的企业能够得到，而农业中的超额利润，不仅优等地可以得到，就连中等地也可以得到。因此，租种优等地和中等地的资本家，都有可能向地主交付级差地租。

那么，为什么农业中的超额利润，会是一种经常的、稳定的现象呢？而且，为什么不仅优等地，就连中等地也能经常提供超额利润呢？

我们知道，工业中先进企业的超额利润之所以不能长久保持，是因为各个工业企业之间的竞争能够比较顺利地进行。当少数企业采用了新的效率较高的机器之后，其他企业也可以照样采用这种新的机器，甚至采用更完善的机器。由于在工业部门中任何企业都不能长期垄断先进的技术，因此，这里的超额利润也就必然是时此时彼地为不同的企业所获得。但是，农业中的情况却不是这样。在这里，各个农场之间的竞争，由于受到一种特殊条件的限制，因而进行起来就比较困难。农业中使用的土地，是一种非常特别的生产资料，它不像机器那样，可以随便增添；土地的数量是有限的，好地的数量尤其是有限的。因此，谁要是先租种了优等地和中等地，他就获得了对这种土地经营的垄断，而其余的人就只好去租种劣等地。正是由于农业方面存在着这种对土地经营的垄断，各个农场之间的竞争才受到一定的阻碍，因而那些租种较好土地的资本家，就能够长期保持生产上的优势，从而能够比较稳定和持久地保持超额利润。

土地经营的垄断，不仅使优等地能提供超额利润，而且使中等地也能提供超额利润并形成级差地租。这是因为，这种经营垄断的存在，使得农产品的社会生产价格不能由农业中平均的生产条件即中等地的生产条件来决定，而必须由劣等地的生产条件来决定。我们知道，当资本家经营某一行业时，他的资本至少要获得平均利润。如果农产品的社会生产价格也像工业品那样，由平均的即中等的生产条件来决定，那么，劣等地上的投资便不能获得平均利润了。在这种情况下，经营劣等地的资本家势必因为利润太低或没有利润而放弃经营。可是，既然优等地和中等地的经营已经被别人垄断，他如果不经营劣等地，就只好把资本转移到农业以外的其他部门中去。这样，在其他条件不变时，由于劣等地退出了耕作，必然要造成农业生产的减少和农产品价格的上涨。只有当农产品价格上涨到经营劣等地也能获得平均利润，从而使劣等地重新加入耕作之后，这种价格上涨才会停止下来。所以，农产品的社会生产价格终究还得由劣等地的生产条件来决定，而那些垄断了优等地和中等地的经营的资本家，由于他们的农产品的个别生产价格经常低于社会生产价格，所以就能够经常获得超额利润并以此向地主交付级差地租。

假如土地的数量是无限的，假如好的土地能像好的机器一样可以随便增添，那么也就不会产生上述对土地经营的垄断了。而如果没有这种对土地经营的垄断，农产品的生产价格也就不会由劣等地的生产条件来决定，从而经营优等地和中等地的资本家也就不可能经常保持超额利润，并定期向地主交付级差地租。可见，级差地租产生的原因，完全在于农业中存在着对土地经营的垄断。

不同土地的质量优劣的差别，乃是产生级差地租的条件或基础，而不是产生级差地租的原因。在工业中，各个企业的生产条件也是有差别的，但因为那里一般不存在对使用较好的生产条件的垄断现象，因而便不能形成持久性的超额利润。就农业来说，只有当土地的自然条件的差别同对土地的经营的垄断结合在一起的时候，才可能形成级差地租。

那么，土地私有权在这里又起什么作用呢？应该明白，无论从逻辑上还是从历史上说，土地私有权的垄断和土地经营的垄断，都是两种不同的和没有必然联系的现象。在逻辑上，我们完全可以假设资本家不是在私有的土地上，而是在资产阶级国家所有的土地上经营农业的。即使这样，对于那些经营优等地和中等地的资本家来说，由于土地数量有限，仍然会产生对这些好土地的经营的垄断。在历史上，资本主义国家也的确有过这样一种现象，这就是：资本家经营的不是地主的私有土地，而是氏族或村社的公有土地。① 这也就证明了，土地私有权和级差地租的产生是毫不相干的。即使土地完全转归国家所有，那些垄断了好土地的经营的资本家，还是可以获得超额利润。所不同的只是，在这种情况下由超额利润构成的级差地租不是交付给地主，而是交纳给资产阶级国家罢了。所以，土地私有权的存在，绝不是级差地租即优等地和中等地的超额利润产生的原因；它仅仅是农业中的超额利润在分配过程中要转归地主阶级所有的原因。

关于级差地租产生的问题，列宁曾经作过这样的说明："一种是土地经营（资本主义的）的垄断。这种垄断是由于土地的有限而产生的，因此是任何资本主义社会的必然现象。这种垄断的结果使粮食价格取决于劣等地的生产条件，而对优等地的投资，或者说，生产率较高的投资所带来的额外剩余利润，则构成级差地租。级差地租的形成和土地私有制毫无关系，土地私有制只是使土地占有者有可能从农场主手中取得这种地租。另一种是土地私有权的垄断。无论从逻辑上或历史上来看，

① 列宁. 土地问题和"马克思的批评家"//列宁. 列宁全集：第5卷. 2版. 北京：人民出版社，1986：84-244.

这种垄断同前一种垄断并没有密切的联系。”①

以上分析的只是级差地租产生的原因和条件，还没有涉及它的源泉。级差地租的源泉是什么呢？

庸俗经济学者曾经用各种各样的地租“理论”，来“解释”地租的来源。例如，西尼尔说，工资是对劳动的报酬，利润是对资本家节欲的报酬，而地租则是“给予自然力所有者允许利用自然力的报酬”。在他看来，土地这种自然力和资本有同样的作用，即都能够创造产品的价值，而地租则是由土地自身所创造的那部分价值。因此，地租归地主所有，也就好像种瓜得瓜、种豆得豆一样，乃是一种自然的和永恒的真理。马尔萨斯则比西尼尔说得更为“神妙”，他竟然把地租的存在与上帝的“存在”联系在一起。例如，他说：“在社会发展过程中，社会从土地的剩余产品中得到的巨大利益主要以地租的形式归于地主所有……我曾把这种剩余叫做上帝的恩赐”②。类似西尼尔和马尔萨斯的这种“见解”，在其他一些庸俗学派的著作中也经常可以看到。庸俗经济学者们在地租问题上有一个共同的特点：他们都把地租妄说成是一种人与自然的关系，甚至人与神的关系，而不敢和不愿承认它是一种人与人之间的关系。

但是，根据马克思的分析，级差地租并不是什么自然或上帝的“恩赐”，而是农业中的超额利润，和工业中的超额利润一样，它也是来自剩余价值，来自雇佣工人的剩余劳动。耕种优等地和中等地的农业工人的劳动是一种具有较高生产率的劳动，因而应该当作加强的劳动来看待。由于这种劳动的生产率比较高，所以它就能够创造出超额剩余价值即超额利润来。马克思指出：“如果对地租有正确的理解，自然首先会认识到，地租不是来自土地，而是来自农产品，也就是来自劳动，来自劳动产品（例如小麦）的价格，即来自农产品的价值，来自投入土地的劳动，而不是来自土地本身。”③ 马克思对于地租的源泉所作的分析，彻底地揭穿了资产阶级经济学者的欺骗，它清楚地告诉人们：资本主义地租同利润、利息一样，都是剥削雇佣劳动的结果；而大土地所有者则同资本家一样，都是依靠剥削雇佣工人过活的剥削者。

以上，我们阐明了级差地租的一般概念。为了更具体地了解级差地租是怎样形成的，我们还必须进一步研究级差地租的两种不同的形态。

形成级差地租有三个不同的条件：第一，是不同地块的土壤肥沃程度的差别；第二，是不同地块的位置的差别（这两个条件又可以归结为并列地投入不同地块的各个资本的生产率的差别）；第三，是连续地投入同一地块的各个资本的生产率的差别。由第一和第二两个条件形成的级差地租，马克思称之为级差地租的第一形态或级差地租Ⅰ；由第三个条件形成的级差地租，则称之为级差地租的第二形态或级

① 列宁．列宁全集：第5卷．2版．北京：人民出版社，1986：104－105.

② 马尔萨斯．政治经济学原理．北京：商务印书馆，1962：173.

③ 马克思，恩格斯．马克思恩格斯全集：第26卷Ⅱ．北京：人民出版社，1973：158.

差地租Ⅱ。

让我们先来考察级差地租的第一形态。这种级差地租，是并列地投入不同地块的各个资本具有不同生产率的结果。

造成这种不同生产率的条件，首先是土壤肥沃程度的差别。所谓土壤肥沃程度的差别，主要是指土壤结构和土壤中所包含的植物营养素的差别。土壤的肥沃程度并不全是自然形成的，也不是一成不变的。自从人类干预自然界以后，土壤的肥沃程度在相当大的程度上也受着人自身活动的影响，并且由于自然或者人为的原因，它也总在不断地发生变化。马克思说道："肥力虽然是土地的客观属性，但从经济学方面说，总是同农业化学和农业机械的现有发展水平有关系，因而也随着这种发展水平的变化而变化。"① 例如，由于采用了某种细菌肥料和化学肥料，从前被认为贫瘠不毛的土地能变成适于耕种的丰饶土地；由于实行合理的耕作和排灌，又可以改良洼地和盐碱地的土质；等等。但无论土壤的肥力怎样变化，在一定的时间内和在一定的技术条件下，不同地块的肥沃程度又总是有差别的，而这种肥沃程度的差别，必然要使投入不同地块的资本的生产率产生差别。

假定有A、B、C三块面积相等的土地，投在每块土地上的资本都是100元；又假定这100元资本在一个生产周期中全部消耗掉，并把价值全部转移到新的产品中，而平均利润都是20元。但因肥沃程度不同，各块土地的产量也就各不相同：假定A地产6担粮食，B地产5担粮食，C地产4担粮食。这样，A、B两块地所形成的级差地租便如表10－1所示。

表10－1

土地种类	所耗资本	平均利润	产　量	个别生产价格		社会生产价格		级差地租Ⅰ
				全部产品	每　担	每　担	全部产品	
A	100元	20元	6担	120元	20元	30元	180元	60元
B	100元	20元	5担	120元	24元	30元	150元	30元
C	100元	20元	4担	120元	30元	30元	120元	0元

在这里，虽然就每块土地的全部产品的个别生产价格来说，都是120元（等于所耗资本加平均利润），但由于它们的产量不同，因而每块土地的单位产品的个别生产价格便各不相同。A地是20元，B地是24元，而C地则是30元。可是在市场上，它们都是按照由劣等地（C地）所决定的社会生产价格即每担30元的价格来出卖的。因此，A、B两块地就可以从它们的产品的社会生产价格和个别生产价格的差额中，分别获得60元和30元的超额利润。这就构成了级差地租Ⅰ。

级差地租Ⅰ既然是以劣等地决定的社会生产价格为前提的，那么，随着劣等地的土壤质量的变化，随着各级土地与劣等地之间肥沃程度差别的变化，地租的数量必然也会发生相应的变化。下面，让我们进一步分析这种级差地租数量变化的

① 马克思，恩格斯. 马克思恩格斯全集：第25卷. 北京：人民出版社，1974：733.

趋势。

地租数量的变化，可以从地租率和地租总额两方面进行考察。所谓地租率，就是地租同所投资本之间的比率。例如在表 10－1 中，A 地的地租是 60 元，所投的资本是 100 元，所以地租率等于$\frac{60}{100}=60\%$。B 地的地租是 30 元，所投的资本是 100 元，所以地租率等于$\frac{30}{100}=30\%$。而全部土地的地租总额则是 $60+30=90$ 元。

现在我们假设，由于粮食需求量的增加，A、B、C 三级土地生产的粮食已经不能满足社会的需要，因而不得不耕种比 C 地更加贫瘠的 D 地，这样，地租数量就会发生如表 10－2 所示的变化。

表 10－2

土地种类	所耗资本	平均利润	产　量	个别生产价格		社会生产价格		级差地租Ⅰ
				全部产品	每　担	每　担	全部产品	
A	100 元	20 元	6 担	120 元	20 元	40 元	240 元	120 元
B	100 元	20 元	5 担	120 元	24 元	40 元	200 元	80 元
C	100 元	20 元	4 担	120 元	30 元	40 元	160 元	40 元
D	100 元	20 元	3 担	120 元	40 元	40 元	120 元	0 元

我们看到，由于更劣的土地加入耕作，粮食的生产价格便由每担 30 元提高到 40 元了。因此，A、B 两块土地的地租，分别从 60 元和 30 元提高到 120 元和 80 元；它们的地租率则分别从 60％和 30％提高到 120％和 80％。原来不提供地租的 C 地，现在也提供了 40 元地租。而地租总额，则由原来的 90 元增加到现在的 $120+80+40=240$ 元。

地租总额的增加，可以是耕作向劣等地扩展的结果，但也可以是耕作向优等地扩展的结果。如果社会上增加的粮食需求，不是由更贫瘠的 D 地来满足，而是由更肥沃的 X 地来满足，那么，地租量的增加就会如表 10－3 所示。

表 10－3

土地种类	所耗资本	平均利润	产　量	个别生产价格		社会生产价格		级差地租Ⅰ
				全部产品	每　担	每　担	全部产品	
X	100 元	20 元	7 担	120 元	$17\frac{1}{7}$元	30 元	210 元	90 元
A	100 元	20 元	6 担	120 元	20 元	30 元	180 元	60 元
B	100 元	20 元	5 担	120 元	24 元	30 元	150 元	30 元
C	100 元	20 元	4 担	120 元	30 元	30 元	120 元	0 元

同表 10－1 比较起来，这里的农产品社会生产价格依旧保持不变，A、B 两地的地租量和地租率也保持不变，但从前不产生地租的 X 地，现在却提供 90 元地租

了。地租总额由从前的 90 元增加到 180 元；而地租总额和资本总额的比率，即平均地租率，也由表10－1 中的 $\frac{90}{300}$ 即 30％ 提高到 $\frac{180}{400}$即 45％。

最后，还可能有这样的情况：耕作范围向更肥沃的土地扩展了，社会需要的粮食已经可以由那些肥沃程度较高的土地充分地生产出来。在这种情况下，劣等地就会退出耕作范围，粮食的生产价格也会降低到新的水平，某些土地的地租会下降，但是，地租总额却仍然可能增加。这种情况，可以用表 10－4 来说明。

表 10－4

土地种类	所耗资本	平均利润	产　量	个别生产价格		社会生产价格		级差地租Ⅰ
				全部产品	每　担	每　担	全部产品	
Y	100 元	20 元	8 担	120 元	15 元	24 元	192 元	72 元
X	100 元	20 元	7 担	120 元	$17\frac{1}{7}$元	24 元	168 元	48 元
A	100 元	20 元	6 担	120 元	20 元	24 元	144 元	24 元
B	100 元	20 元	5 担	120 元	24 元	24 元	120 元	0 元

在这里，C 地完全退出了耕作范围。同表 10－1 相比，从前提供地租的 B 地，现在已经不能提供地租，A 地的地租也由 60 元降到 24 元，但由于 X、Y 这两块更肥沃的土地加入耕作，地租总额还是由从前的 90 元提高到 72＋48＋24＝144 元了。

综上所述，可见随着资本主义的发展和耕地面积的扩大，随着不同地块肥沃程度差别的扩大，级差地租Ⅰ的总额也必然会增加，虽然就个别地块来说，地租量可能是下降的。这一点说明，对于社会生产不履行任何职能的单纯为消费而生活的地主阶级，他们依靠土地私有权而攫取到的寄生性收入是越来越多了。

形成级差地租Ⅰ的条件，除了土地肥沃程度的差别以外，还有土地位置的差别。不言自明，不同地块同市场、车站和码头的距离是不同的，有的距离近一些，有的则比较远一些。这里的距离不能只理解为由自然里程所决定的绝对距离，还包括由交通技术条件所决定的相对距离。有的农产品产地因为能够利用现代化的交通工具，因而即使它和消费地点的自然距离比较远，但相对来说却是比较近的；有的地方则因为地处偏僻，只能利用落后的交通工具，因而相对来说距离是比较远的。所以，土地的这种位置上的差别，在资本主义发展的过程中是不断变化的。随着新的城市和工业中心的建立，以及铁路、公路的修筑和航线的开辟，原来不利的位置可以变得十分有利，原来有利的位置也可以变得相对不利。但无论位置的差别发生怎样的变化，差别本身总是不能消灭的。这样，凡是位置有利的土地，产品运到市场的费用就要少一些；反过来，运费则要多一些。但不管它们各自的运费有多少，同样的农产品在同一市场上只能按照同一的价格即社会生产价格出卖。而且，社会生产价格又只能由位置较差的土地所提供的农产品的个别生产价格决定。这里的个别生产价格，包括实际垫付的直接生产费用和运费，也包括比例于这些费用应得的平均利润。在这种情况下，位置有利的农场就可以因节省运费而获得超额利润。这种超额利润形成级差地租Ⅰ。

假设有 A、B、C 三块土地，肥沃程度都相同，只是位置不同，A 地距离市场 50 公里，B 地距离市场 10 公里，C 地距离市场 5 公里。每担粮食每公里的运费假定是 1 元。这样，就会形成如表 10－5 所示的级差地租Ⅰ。

表 10－5

土地地块	和市场的距离	产量	所耗资本		平均利润率	个别生产价格		社会生产价格		级差地租Ⅰ
			生产费用	运费		全部	每担	每担	全部	
A	50 公里	4 担	400 元	200 元	20%	720 元	180 元	180 元	720 元	0 元
B	10 公里	4 担	400 元	40 元	20%	528 元	132 元	180 元	720 元	192 元
C	5 公里	4 担	400 元	20 元	20%	504 元	126 元	180 元	720 元	216 元

随着资本主义工商业的发展和城市人口的增加，需要从越来越远的地方向城市运输粮食，就这方面说，由位置的差别所引起的级差地租Ⅰ有增加的趋势。不过，从另一方面说，由于交通条件的改善，粮食的产地和消费地点的相对距离缩短了，因而粮食的运费便有可能降低，这对于级差地租Ⅰ的增加当然也会起一定的遏制作用。

一块土地，可以是肥沃程度较高但位置不利，也可以是位置有利但肥沃程度较低。这就决定了，土地加入耕作的顺序可以有各种不同的情况。一块贫瘠的土地因为位置较好，可以比一块肥沃但位置不好的土地更先被人开垦，更先加入耕作范围。人们并不一定是先耕种肥力高和位置好的土地，再按顺序耕种肥力差和位置差的土地。资产阶级学者宣扬人们耕种土地总是从优等地开始，然后才依次向劣等地扩展，并且把这一点当作级差地租产生和地租量增长的原因，这是完全错误的。应该指出，不管土地的耕作顺序如何，只要土地的肥沃程度和位置存在差别，就有形成级差地租Ⅰ的自然基础。如我们已经说明的，级差地租Ⅰ既可以在耕作向劣等地扩展时产生，也可以在耕作向更优良的土地扩展时产生。马克思在分析了形成级差地租Ⅰ的各种场合之后说道："我们已经看到，在转到越来越好的土地时，能产生级差地租……它的条件不过是土地等级的不同。"①

至于说到级差地租量的增长，也正如我们已经分析过的，只要耕地面积扩大了，只要各级土地之间的差别扩大了，级差地租的数量就可能增长。事实上，随着粮食需求的增加和交通运输的发展，不仅有肥力更差和位置更远的土地加入耕作，也有肥力更高的土地陆续加入耕作。所有这些，既然都能增大各级土地的差别，也就会使地租总额增加。

---

① 马克思，恩格斯. 马克思恩格斯全集：第 25 卷. 北京：人民出版社，1974：743.

第三节　级差地租的第二形态

级差地租的产生，既可以是投入不同地块的各个资本具有不同生产率的结果，也可以是投入同一地块的各个资本具有不同生产率的结果。如果资本家不是实行粗放的耕作方法，把资本分投在肥力和位置不同的各个地块，而是实行集约的耕作方法①，在同一地块上投入较多的资本，以便采用更完善的农业机器、施用更多更好的肥料以及加强作物的田间管理等等，那么，追加到同一地块上的各个投资，仍然可以比劣等地的投资具有更高的生产率。通过这种办法产生的超额利润，就形成级差地租的第二形态。

以前述表 10－1 的 A 类土地为例。这块土地上原来的投资是 100 元，出产 6 担粮食，按每担 30 元的生产价格出卖，获得 20 元的平均利润和 60 元的级差地租Ⅰ。现在假定在原来投资的基础上，追加等量投资 100 元，用于购置新式农具、追施肥料和加强作物管理等，假定这样可以增产 7 担粮食，加上原来的 6 担，总共出产 13 担粮食。增产部分还按每担 30 元的生产价格出卖，7 担共得 210 元，去掉投资 100 元及平均利润 20 元，还有超额利润 90 元，这 90 元就构成级差地租Ⅱ。这里 A 地的追加投资之所以能产生级差地租Ⅱ，也是以不产生级差地租的 C 地的存在为条件的。级差地租Ⅱ的形成可以用表 10－6 来说明。

表 10－6

土地种类	所耗资本	平均利润	产　量	个别生产价格		社会生产价格		级差地租
				全部产品	每　担	每　担	全部产品	
A	100 元	20 元	6 担	120 元	20 元	30 元	180 元	Ⅰ.60 元
	追加 100 元	20 元	7 担	120 元	$17\frac{1}{7}$元	30 元	210 元	Ⅱ.90 元
C	100 元	20 元	4 担	120 元	30 元	30 元	120 元	0 元

必须指出，我们上面说将“等量”资本追加投入同一土地，这只是为了说明问题的方便。事实上，追加资本不一定是“等量”的。原有投资 100 元，追加投资可以是小于或大于它的任何一个数字。而且，我们也只是在分析问题时才把追加投资当作一个独立的投资，并取得一个独立的收入。事实上，追加投资和原有投资是合在一起使用的，产品也是不能按资本分开的。A 地并不是分两次投资，取得两次收入，而是投资 200 元，出产 13 担，比仅仅投资 100 元多产 7 担。但在理论上，我们则完全可以把多产的 7 担当作追加投资 100 元的结果，并对它进行独立的分析。

---

① “在经济学上，所谓耕作集约化，无非是指资本集中在同一土地上，而不是分散在若干毗连的土地上”（马克思，恩格斯. 马克思恩格斯全集：第 25 卷. 北京：人民出版社，1974：760）。

还必须指出，我们上面假定级差地租Ⅱ产生于较好的土地，这是就一般的情况来说的，在一般情况下，追加投资都是投在较好的土地上，因为在这里有希望获得较高的产量。但是，在个别情况下，在对同一块土地进行追加投资时，劣等地也可能产生级差地租Ⅱ。比方说，在C地上也追加投资100元，假设它能够获得$4\frac{1}{2}$担的产量，比原有投资的产量高$\frac{1}{2}$担，如果原有投资的生产率仍然决定着社会生产价格，那么，在C地上就能获得$\frac{1}{2}$担即15元的级差地租Ⅱ。

由追加投资所带来的超额利润，是级差地租Ⅱ的实体。但这种超额利润，是否一定要转化为级差地租并经由租佃资本家之手转入地主之手呢？我们说，它是否转化和依何种程度转化为级差地租，要取决于租佃资本家和地主之间的斗争。一般说来，这个超额利润，如果是在租约缔订之后才产生的，那么，在租约有效期内，它就归租佃资本家占有。正是这一点诱使租佃资本家去实行追加投资和集约耕作的。但租约一旦期满，土地所有者就会考虑到追加投资的利益，当他和租佃资本家缔订下一次租约时，就会把租金抬高。以表10-6的A地来说，可能提高50元、60元、70元乃至90元。这样，在下一个租期内，这部分超额利润就会部分地或全部地转化为级差地租。由于这种原因，所以尽管土地所有者都是十足的寄生虫，但他们却也“关心”农业投资的实际效果和农业的一般技术改良。不过，他们的“关心”只是出于这样的一种动机：把租期订得尽量短一些，以便能较快地调高租金，增加地租收入。而租佃资本家则总是设法掩盖追加投资的效果，并力求把租期订得长一些，以便这一部分超额利润能够更多地由自己取得。所以，他们之间围绕租期长短问题所进行的斗争，实际上也就是夺取超额利润的斗争。

以上的分析表明，超额利润转化为级差地租的过程，或者说，超额利润在分配中转归地主的过程，在级差地租Ⅱ的场合同级差地租Ⅰ是有显著不同的。构成级差地租Ⅰ的超额利润，通常都是全部转化为地租，归地主所有；而构成级差地租Ⅱ的实体的这种超额利润，则可能在租约有效期内全部留在租佃资本家手里，只是在缔订新租约时才部分地或全部地转归地主所有。

形成级差地租Ⅱ的实体的这种超额利润的分配方式，对资本主义农业的发展有着很大的影响。既然在租约到期之后，追加投资的利益会部分地或全部地落到地主手中，那么，租佃资本家对于任何一种经过较长时期才能受益的投资，如兴修水利和改良土壤等等，积极性都是不高的。相反地，他们总是要想尽办法在最短期间内取得更大的产量，即使这样做会使土地的肥力受到损害也在所不惜。所以，在资本主义制度下，土地的合理利用是受到限制的。马克思在谈到资本主义对土地自然力的破坏作用时曾经这样指出：“资本主义农业的任何进步，都不仅是掠夺劳动者的技巧的进步，而且是掠夺土地的技巧的进步，在一定时期内提高土地肥力的任何进步，同时也是破坏土地肥力持久源泉的进步。”[①]

级差地租的两种形态，是由农业资本两种不同的投放方法或农业中两种不同的耕作方法引起的，因此，它们之间的差别是一种客观存在。但是，当我们分析这两种形态的差别时，也必须看到它们之间的联系和一致性。现在我们就来考察级差地租两种形态之间的联系。

从历史上看，级差地租Ⅰ显然是级差地租Ⅱ的基础和出发点。在资本主义发展的初期，由于能够投入农业中的资本数量还比较少，而可以利用的耕地相对来说则比较多，因此，当时的耕作大都采取粗放的方法，由此而引起的级差地租，当然主要属于第一形态。后来，由于可耕的荒地日益减少，扩大耕地面积遇到越来越多的困难，但随着资本主义的发展，社会对粮食和农业原料的需求却日益增加了。在这种情况下，农业生产便开始更多地采取集约耕作的方法。而以往资本主义工业的发展和农业资本的积累，则为实行这种集约耕作提供了比较充分的物质技术条件。大量资本追加投入肥力和位置各不相同的各级土地，导致了级差地租Ⅱ的大量产生。

如果从每一时期内级差地租的运动来看，级差地租Ⅱ是以级差地租Ⅰ为基础的。因为级差地租Ⅱ的形成同样要以土地肥力的差别为条件。追加投资能否提供级差地租Ⅱ，以及能够提供多少级差地租Ⅱ，要取决于追加投资的生产率同劣等地投资的生产率的差别，也就是要取决于追加投资的土地的肥力同劣等地的肥力的差别。在其他条件不变时，追加投资的生产率越高，由劣等地决定的社会生产价格与这种投资所获得的农产品的个别生产价格的差额就越大，因而，追加投资所能提供的级差地租Ⅱ的量也就越多。反过来说，劣等地投资的生产率越高，由它决定的农产品的社会生产价格就越低，在其他条件不变时，社会生产价格同追加投资所获得的农产品的个别生产价格的差额就越小，从而追加投资所能提供的级差地租Ⅱ的量也就会相应地越少。以上述表 10-6 为例：如果代表劣等地的C地不是出产 4 担粮食，而是出产 5 担粮食的话，那么，粮食的社会生产价格就会从每担 30 元降为 24 元，这样，A地追加投资增产的 7 担粮食，也就只能提供（7－5）×24＝48 元超额利润，即只能提供 48 元的级差地租Ⅱ，而不是原先假定条件下的 90 元。因此，马克思写道：“级差地租Ⅱ只是级差地租Ⅰ的不同的表现，而实质上二者是一致的……在投资相等时，土地仍然显示出不同的肥力，不过，在这里一个资本的不同部分相继投在同一土地上所产生的结果，就是在级差地租Ⅰ的场合下社会资本各个相等部分投在各级土地上所产生的结果。”[②]

级差地租Ⅱ的形成要以级差地租Ⅰ的存在为条件，这一点是资产阶级古典经济学家所不了解的。古典经济学家李嘉图在分析级差地租Ⅱ时，只是孤立地就追加投资本身的生产率来判断粮食生产价格和级差地租量的变化趋势。因此，他片面地认为追加投资生产率的下降，一定会引起粮食生产价格的上涨，引起工资的相应提高

---

① 马克思，恩格斯．马克思恩格斯全集：第 23 卷．北京：人民出版社，1972：552-553.

② 马克思，恩格斯．马克思恩格斯全集：第 25 卷．北京：人民出版社，1974：763.

和利润率的下降，并认为只有这样才会导致级差地租的增长。李嘉图的这种看法是完全错误的。其实，只要追加投资的生产率不低于劣等地投资的生产率，粮食的生产价格就不至于上涨，利润率也不至于下降，但在这种情况下，级差地租的总额仍然可以增长。仍以表 10-6 为例：假如在 A 地上追加的 100 元投资不是出产 7 担粮食，而是出产 5 担粮食，这个生产率与 A 地原有投资出产 6 担相比固然是下降了，但比劣等地 C 的投资生产率（每 100 元获得 4 担粮食）还是高一些。因此，粮食生产价格可以维持原状，每担仍为 30 元，而 A 地的追加投资还是可以提供(5－4)×30＝30 元的级差地租Ⅱ。这样，A 地的级差地租总额可以由原来的 60 元增加到 60＋30＝90 元。

只有当追加投资的生产率比劣等地的生产率更低，而对粮食的需求又大大增加，以致粮食的生产价格必须取决于这种更低的生产率时，生产价格才会上涨。而粮食的生产价格上涨，并不一定导致利润率的下降。就农业内部来说，即使由于粮食生产价格上涨而引起工资提高，租佃资本家也会相应地提高农业生产费用，保证自己能获得平均利润。而且在租约到期以前，租佃资本家还可以获得因粮食生产价格上涨而增加的收益。就整个社会来说，如果粮食生产价格的上涨同其他工业消费品生产价格的下降相抵消，工资就不会提高，从而社会平均利润率也不会降低。只有当粮食价格上涨引起工资提高时，社会平均利润率才会有所下降。

由此可见，了解级差地租Ⅱ和级差地租Ⅰ的联系，对于正确理解级差地租量的变动是有重大意义的。只有联系级差地租Ⅰ来考察级差地租Ⅱ，才能理解级差地租Ⅱ的数量变动的各种不同的情况。

可是，我们也不能因此就忽略了这两种级差地租形态的区别。级差地租Ⅰ只是以不同地块土地肥沃程度（和位置）的差别为条件，而级差地租Ⅱ则除了这种差别外，还以投入同一地块的不同资本的生产率的差别为条件。所以，就级差地租Ⅰ来说，只要粮食的生产价格不变，各级土地肥力的差别也不变，那么，每亩土地的级差地租Ⅰ的量就不会有什么变化。但就级差地租Ⅱ来说，即使粮食生产价格和土地肥力的差别都不变，由于投资的数量增加了，级差地租量也会增加。拿表 10-1 中的 A、B、C 三块土地来说，假定这三块土地的肥力都不变，每块土地投入等量资本 100 元，可以分别获得 6 担、5 担和 4 担粮食，C 地的生产条件仍然决定粮食的生产价格。但只要每块地的投资都追加一倍，这三块地就可以分别获得 12 担、10 担和 8 担粮食。与此相应，原来提供级差地租Ⅰ的 A、B 两地，级差地租总额也可以提高一倍，即分别由 60 元和 30 元提高到 120 元和 60 元。

上述例子清楚地说明了，即使现有耕地的面积一点也不扩大，级差地租总额也会随着资本主义的发展和农业集约化程度的提高而日益增加。正如恩格斯在综述马克思论述的关于级差地租Ⅱ变动的各种情况之后所指出的："只要已耕种的土地仍有竞争能力，土地上使用的资本越多，一国的农业，一般地说，也就是一国的文明越发展，每英亩的地租和地租总额就增加得越多，社会以超额利润形式付给大土地所有者的贡赋也就越多。”①

第四节 对所谓“土地肥力递减规律”的批判

资产阶级经济学者对级差地租的问题曾进行过一些分析，并且得出过若干正确的结论。例如，李嘉图就曾经认识到：级差地租是投入土地的各个等量资本有不同的生产率，而农产品价值又由劣等地决定的结果。同时，他还认识到，级差地租的数量将会随着各个土地投资生产率的差别的扩大而增加。但是，李嘉图的地租理论是有不少错误的，其中最根本的错误之一是，他的地租理论是建立在一种虚构的所谓“土地肥力递减规律”的基础上的。

“土地肥力递减规律”是庸俗经济学者马尔萨斯虚构出来的。他认为，“按耕作进展的比例而增加的年产量，和以前的平均增加额比较起来，必然是逐渐地并不变地减少下去的”②。“从一切土壤性质来说，非独不会递增，而且必然会逐步递减。”③ 因此，所谓“土地肥力递减规律”，不外乎是这样一种说法：土地的增产能力是有限的，投入土地的资本和劳动达到了一定限度，如果再继续投入资本和劳动，那么增产的数量就会递减。例如，原投资 100 元，能出产 6 担粮食；追加投资 100 元，只能增产 5 担，共 11 担；再追加投资 100 元，就只能增产 4 担，共 15 担；等等。

李嘉图把“土地肥力递减”当作级差地租产生的原因。他说：“地租总是由于追加的劳动量所获报酬相应地减少而产生的。”④ 在他看来，由于增产数量递减，不能在原地块上继续投资，所以就逐渐由耕种优等地推广到耕种劣等地，这就引起了级差地租的产生。他还认为，正是由于这一“规律”的作用，粮食的生产价格才越来越高，从而引起工资提高、利润率下降和地租增长。

李嘉图的这些看法是完全错误的。马克思指出，无论农业耕作是由优等地向劣等地过渡，还是相反，由劣等地向优等地过渡，无论追加投资的生产率是递增还是递减，只要各个投资的生产率存在差别，就有产生级差地租的条件。这一点，已由资本主义的农业实践完全证实了。

一切庸俗经济学者，为了替资本主义剥削制度进行辩护，几乎普遍利用这条臆造的所谓“土地肥力递减规律”，他们把它奉为至宝，妄图以此把资本主义制度下劳动人民的失业和贫困，归咎于所谓“自然的原因”。马尔萨斯的人口“理论”，就是建立在这条“规律”的基础上的。旧中国的一些资产阶级经济学者，也曾贩卖过

---

① 马克思，恩格斯. 马克思恩格斯全集：第 25 卷. 北京：人民出版社，1974：816-817.

② 马尔萨斯. 人口原理. 北京：商务印书馆，1961：6.

③ 同②4.

④ 李嘉图. 政治经济学及赋税原理. 北京：商务印书馆，1962：59.

这一谬论，替反动统治阶级进行辩护。

“土地肥力递减规律”，是以技术不变和生产力不变作为前提、作为论证方法而得出来的一种错误结论，因而具有一切伪科学所共有的纯诡辩的特点。的确，如果农业技术不改进，农业生产力不发展，在同一土地上追加投资，增产的可能性是很有限的。但事实上，科学技术是不断发展的，农业生产力是不断提高的。追加投资通常总是和采用新技术、改良土壤和使用各种更有效的生产资料等联系在一起的。列宁指出：“‘追加的（或连续投入的）劳动和资本’这个概念本身，就是以生产方式的改变和技术的革新为前提的。要大规模地增加投入土地的资本的数量，就必须发明新的机器、新的耕作制度、新的牲畜饲养方法和产品运输方法等等。”① 因此，只要在追加投资的同时相应地改进技术，则增产的比例就可以保持不变或者提高，而不会出现所谓递减的现象。恩格斯指出：“人类所支配的生产力是无穷无尽的。应用资本、劳动和科学就可以使土地的收获量无限地提高。”②

关于资本主义国家的农业人口和农业生产的统计材料，再清楚不过地证明，所谓“土地肥力递减规律”完全是资产阶级学者捏造出来的。如果土地肥力真有递减的趋势，那么，为了满足对粮食和农业原料的日益增长的需要，就必须把日益增多的劳动力投入农业中去。但实际情况恰好相反，所有资本主义国家的农业劳动力不是在相对地减少，而是在绝对地减少。例如，在联邦德国，农业劳动力 1950 年为 981 万人，1970 年减至 256 万人，1976 年又减至 145 万多人。又如，在美国，农业劳动力 1910 年为 1 355 万人，1950 年减至 993 万人，1977 年进一步减至 415 万人。与此同时，每个农业劳动力所生产的产品可供养的人数则不断增加。1910 年，美国一个农业劳动力可养活除本人以外的 6 个人，1950 年增至 15.5 人，1978 年则增至 56 人。虽然在农业生产中所使用的物化劳动增加了，但随着农业资本有机构成的提高，农业劳动生产率也相应提高，从而单位农产品所耗费的物化劳动和活劳动，都绝对地减少了。这些统计材料表明，技术的进步可以使绝对减少的农业劳动力生产出越来越多的农产品。这些无可辩驳的事实，是对资产阶级的伪科学——“土地肥力递减规律”的最有力的批判。

为了替这种虚构的“规律”作辩护，有的资产阶级学者曾提出这样的“论据”：如果土地肥力不会递减，一公顷土地就能生产出全世界所需要的粮食。可是，这个“论据”并不能起任何证明的作用。因为一定的土地面积在一定的技术条件下只能生产出有限的产品，这并不是农业一个部门的特殊现象，而是一切生产部门的共同现象。在工业方面，利用一定的土地面积盖起来的工厂同样只能生产出有限的工业品，而不能生产出供全球需要的工业品。无论是工业还是农业，生产的发展过程都需要空间场所的扩大。尽管如此，在改进技术的条件下，在一个工厂增投一倍的资本，还是可能把产量提高一倍甚至一倍以上的，正如随着农业生产力的发展，在同

---

① 列宁. 列宁全集：第 5 卷. 2 版. 北京：人民出版社，1986：88.

② 马克思，恩格斯. 马克思恩格斯全集：第 1 卷. 北京：人民出版社，1956：616.

一块农业用地上增加一倍的投资，可能使农业产量提高一倍乃至一倍以上一样。即使农业产量随投资量而同比例甚至更快地增长，一公顷土地也不可能生产出全世界所需要的粮食来。我们说，土地的产量可以不断增长，而不存在什么“递减规律”，是从整个历史发展趋势来讲的。而一公顷土地的产量能否满足全世界的需要，则是针对一定的时间来说的。两者是根本不同的问题。所以，一公顷土地不能生产出全世界所需要的粮食，并不能成为土地肥力递减的反证。

不过，应该指出，在资本主义制度下，在很多地方土地肥力确有减退的现象。但这绝不是“土地肥力递减规律”作用的结果，而是资本主义制度所造成的。马克思指出：“肥沃绝不象所想的那样是土壤的一种天然素质，它和现代社会关系有着密切的联系。”① 这就是说，土地肥力的提高或减退，是与一定的社会制度分不开的。在资本主义制度下，土地私有制的存在，以及土地的资本主义的掠夺式经营，会导致土地肥力的衰退甚至枯竭。只有消灭资本主义私有制，代之以社会主义公有制，进行合理经营，才可能从根本上解决这种滥用和破坏地力的现象，从而使土地肥力逐步提高，使单位面积产量逐步增长。

由此可见，“土地肥力递减规律”是根本不存在的。庸俗经济学者在这个“规律”的基础上建立起来的一切辩护性论调，都不过是空中楼阁。地租量的增长阻碍了资本主义农业的发展，但这种情况不能归咎于“土地肥力的递减”，而只能归咎于土地私有制的存在。正是由于土地私有制的存在，越来越多的超额利润才必须以地租形式转归地主阶级所有。同样，劳动人民的失业和贫困也不能归咎于“土地肥力的递减”或“自然界恩赐的减少”，而只能归咎于资本主义剥削制度本身。

第五节　绝对地租

在研究级差地租时，我们曾经假定农产品是按照劣等地所决定的社会生产价格来出售的，因此，劣等地只能提供平均利润，而不能提供任何地租。但是，在土地私有制存在的条件下，不论租种优等地还是劣等地，地主都要一概收取地租；否则，他宁肯让土地闲置也不会让别人白白使用。这种由于土地私有制的存在，因而无论租种好地还是坏地都必须交纳的地租，马克思把它叫作绝对地租。这种地租就其形成的原因和经济意义等来说，同我们上面所研究的级差地租都是不同的。

既然租种各级土地都必须交纳绝对地租，农产品的市场价格就必须高于它的生产价格。因为只有这样，租种劣等地的资本家才能在获得平均利润之外，还能有一个余额用于交付绝对地租。但是，市场价格怎么能够经常超过生产价格呢？市场价格经常超过生产价格，是否意味着农产品的出售是违反价值规律的呢？是否表示绝对地租是农产品在流通中实行单纯加价的结果呢？

---

① 马克思，恩格斯. 马克思恩格斯全集：第 4 卷. 北京：人民出版社，1958：188.

马克思明确指出，如同研究级差地租一样，研究绝对地租也必须在严格遵守价值规律的基础上来进行。绝对地租不能来自农产品在流通中的加价，而是来自农业工人的剩余价值；它不能是农产品价值以上的某种附加额，而必须是它的一个组成部分。为了说明这一问题，我们需要先从农业资本的有机构成谈起。

在资本主义制度下，在一个相当长的时期中，农业的技术装备水平一般是低于工业的，因此，农业资本的有机构成也就一般地低于社会资本的平均有机构成。根据我们在“平均利润和生产价格”一章中的分析，凡是资本有机构成低的部门，它所创造的剩余价值必然会高于归它占有的平均利润，它的产品价值也必然会高于生产价格。由于农业资本的有机构成比较低，所以农产品的价值就高于它的生产价格。在这种条件下，如果由于某种原因，农产品能够按照相当于它的价值的价格而不是相当于它的生产价格的价格来出卖，那么就势必会在农产品的价值和它的生产价格之间，也就是在它的剩余价值和平均利润之间形成一个差额。这样一来，绝对地租的来源问题就可以得到说明了。

因此，我们这里所要解决的问题乃是：农产品为什么能够按照相当于它的价值的价格来出卖？即为什么农业中的超额利润能够保持在本部门而不参加社会的平均化过程？

我们知道，在工业方面，也有一些部门的资本有机构成是低于社会资本的平均构成的，因而那里的工业品价值也高于它的生产价格。但由此而产生的超额利润，却不能留在该部门内，这是因为各部门之间的自由竞争，使这种超额利润趋于平均化了。那么，农业部门的超额利润为什么不参加社会范围的平均化过程，而留在本部门内作为绝对地租呢？这必须用土地私有权的垄断才能够说明。土地私有权的存在，固然不能排除竞争，不能排除资本在工、农业部门之间的自由转移，但是，它却能为其他部门的资本向农业部门的转移形成一道障碍，任何资本家要想把资本投到农业中来，即使是投到最劣等的土地上，都必须交纳地租。马克思指出：“土地所有权就是障碍。因此，不纳税，也就是说，不交地租，就不能对从来没有耕种或出租的土地投入任何新的资本”①。因此，土地私有权的垄断和由此决定的交纳地租的必要，就使得农产品一定要按照高于其生产价格的市场价格来出卖。这样，农产品价值超过生产价格的部分，即农业中的超额利润，就不再参加利润平均化的过程，而被留在本部门内作为绝对地租。

马克思在谈到土地私有权的这种作用时说道：“十分简单：一定的人们对土地、矿山和水域等的私有权，使他们能够攫取、拦截和扣留在这个特殊生产领域即这个特殊投资领域的商品中包含的剩余价值超过利润（平均利润，由一般利润率决定的利润）的余额，并且阻止这个余额进入形成一般利润率的总过程。”② 所以，土地私有权的垄断，乃是农业中的超额利润转化为绝对地租的原因，而农业资本的有机

① 马克思，恩格斯．马克思恩格斯全集：第 25 卷．北京：人民出版社，1974：859.

② 马克思，恩格斯．马克思恩格斯全集：第 26 卷Ⅱ．北京：人民出版社，1973：30.

构成低于社会资本的平均有机构成，则是农业中能够形成超额利润的条件。

让我们举例来说明这一问题。假定工业资本的平均构成为 80c＋20v，剩余价值率是 100％，生产价格便是 120。如果农业资本的有机构成为 60c＋40v，剩余价值率也是 100％，那么，每 100 的农业投资就能提供价值 140 的农产品，其中包含 20 的超额利润。在没有土地私有权的情况下，这 20 的超额利润将会参加利润平均化和生产价格形成的过程，从而提高平均利润率的水平。但由于农业中存在土地私有权的垄断，农产品必须按照高于其生产价格的市场价格出卖，这就阻碍了超额利润的平均化，从而使这 20 转化为绝对地租。这个过程可用表 10－7 来表示。

表 10－7

生产部门	资本有机构成	剩余价值（m′＝100％）	平均利润	产品价值	生产价格	绝对地租
工业	80c＋20v	20	20	120	120	0
农业	60c＋40v	40	20	140	120	20

以上，我们分析了绝对地租形成的条件和原因，现在，我们要进一步考察绝对地租的数量变动。

转化为绝对地租的超额利润，既然是由农产品价值和生产价格的差额构成的，那么，绝对地租的数量，首先要取决于这个差额在市场上实现的情况，即取决于农产品的市场供求状况。如果由于资本和人口的迅速增加，引起对农产品需求量的迅速增加，以致农产品的生产不能充分满足需求或仅够满足需求，那么在这种情况下，农产品的市场价格就要大大高于它的生产价格，而等于它的价值。这时，绝对地租就可能等于农产品价值和生产价格的全部差额。用上面的例子来说，就是农产品按照 140 的价格出卖，价值和生产价格的差额 20 全部转化为绝对地租。反之，如果新加入耕作的土地有很多，农产品的供给大大增加，以致出现农产品供过于求的情况，这时，农产品的市场价格就会下跌到它的价值以下。但只要市场价格还在生产价格以上，就仍然可以提供一定量的绝对地租。不过，这时的绝对地租就只是价值和生产价格差额的一部分了。仍以上面所举的数字为例，如果农产品是按照 125、130 或 135 的价格出卖，那么，在价值和生产价格的差额中就只有 5、10 或 15 转化为绝对地租，差额的其余部分，则参加了利润的平均化。

马克思在谈到绝对地租和市场价格状况的关系时写道："地租（指绝对地租。——编者）究竟是等于价值和生产价格之间的全部差额，还是仅仅等于这个差额的一个或大或小的部分，这完全取决于供求状况和新耕种的土地面积。"①

其次，绝对地租既然是由农产品价值和生产价格的差额构成的，而这个差额的存在，又是以农业资本的有机构成低于社会资本的平均有机构成为条件的，那么，绝对地租的数量，归根到底要取决于农业资本有机构成的高低。如果农业资本的有

① 马克思，恩格斯．马克思恩格斯全集：第 25 卷．北京：人民出版社，1974：859．

机构成由上述的 60c+40v 提高为 70c+30v，而工业资本的平均有机构成保持不变，那么，每 100 的农业投资所提供的农产品的价值，就会由 140 降低到 130，与此相适应，绝对地租即农产品价值和生产价格的差额也就由 20 降低到 10。反之，在工业资本的平均有机构成不变的条件下，如果农业资本的有机构成降低为 50c+50v，那么，每 100 的农业投资就可以提供价值为 150 的农产品，这时绝对地租就由 20 提高到 30。

最后，关于绝对地租的数量，我们还要指出这样一点：绝对地租的总量是依赖于农业投资的总量的。马克思说："绝对地租的数额，同投入农业的资本，同投在Ⅰ、Ⅱ、Ⅲ的资本总额成比例地增减。"① 在农业资本的有机构成和农产品市场价格不变的条件下，就面积相同的各个地块来说，投入的资本越多，提供的绝对地租量也就越多。因此，资本主义越发展，农业投资越增加，在生产中不履行任何职能的地主阶级所获得的寄生性收入也就越增加。从这一点上我们可以清楚地看到：土地所有者的利益是同资本主义生产力的发展相对立的。

资本主义农业中存在绝对地租这一事实，很早就被资产阶级的统计家和实践家觉察到了。但是，资产阶级的经济学家如李嘉图等人，却否认绝对地租的存在。他们之所以会这样，首先是因为他们感觉到，假使承认有绝对地租，就会同他们的价值理论发生冲突。我们知道，李嘉图学派是不了解价值和生产价格的区别的，在他们看来，商品的生产价格也就是商品的价值，因此，如果农产品经常按照高于其生产价格的市场价格出卖并提供绝对地租，那么，市场价格就一定会经常高于价值，而这是违反价值规律的。既然承认价值规律的存在，就必须否认绝对地租的存在。其次，李嘉图是在没有土地私有权的错误假设下来研究地租问题的。土地私有权是绝对地租存在的前提，在没有土地私有权的地方，当然不会有绝对地租。在不存在土地私有权的条件下，至多只能有级差地租，因此，李嘉图只承认有级差地租而否认有绝对地租。

马克思在他的著作中，对资产阶级经济学家的地租理论进行了彻底的批判。他根据自己的价值和生产价格的学说，清楚地指明了，农产品的市场价格虽然高于它的生产价格，但却可以不高于它的价值。这样，就在严格遵守价值规律的基础上，阐明了绝对地租的存在。同时，马克思又强调指出，研究资本主义地租，必须从土地私有权出发，必须把土地私有权作为一个既有的条件。这是因为，资本主义制度是建立在土地和其他生产资料私有制的基础上的，不从这一客观事实出发，就是违反历史。如果像李嘉图那样，假定土地并不是任何个人的私有物，那么，这也就意味着劳动者可以随意支配土地，他们可以没有任何困难地把土地当作自己的生产资料来使用，但这样他们也就不用再受人雇佣，从而资本主义这种剥削制度也就根本不能存在了。马克思写道："这里还是一个自相矛盾的假定……一方面是发达的资

① 马克思，恩格斯. 马克思恩格斯全集：第 26 卷Ⅱ. 北京：人民出版社，1973：287.

本主义生产，另一方面又没有土地所有权。在这种情况下雇佣工人从哪里来呢?”①

马克思主义的绝对地租理论，有着重大的革命意义。马克思说：“按照我对‘绝对地租’的见解，土地私有制的确（在某种历史情况下）提高了原料的价格。从共产主义的观点来看这是很可以利用的。”② 由于绝对地租使得粮食和工业原料的价格变得昂贵，这不仅加重了劳动人民的负担，对于资本主义工农业的发展也是不利的。绝对地租的理论，既然揭明了资本主义土地私有制对于社会生产力发展的严重阻碍作用，揭明了地主阶级的十足的寄生性和腐朽性，那么也就为消灭土地私有制和实现土地公有制提供了理论根据。在资本主义发展的初期，某些资产阶级的代表人物虽然提出过土地国有化的主张，但在资本主义制度下，这种主张只能是纸上谈兵，从来没有哪一个国家实行过。这是因为，随着资本主义的发展，许多资本家自己也拥有大量的土地，他们当然不会赞同自己的土地被国有化；同时，在阶级斗争日趋尖锐化的条件下，资产阶级害怕废除土地私有制会引起连锁反应，以致动摇资本主义私有制的基础。

在资本主义制度下，除了级差地租和绝对地租这两种基本的地租形态之外，还存在着另一种地租形态，即垄断地租。所谓垄断地租，就是由垄断的超额利润所构成的地租。由于有些地块具有特别好的自然条件，在这种地块上可以生产出某种名贵的产品（如质量特别好的水果、酒，等等），而且这种土地和它的产品的数量又是极其有限的，因此，在这里从事经营的人，便可以按照一种不仅大大超过生产价格，而且超过价值的垄断价格来出卖他的产品。与一般市场价格不同，这种垄断价格不由产品的生产价格或价值决定，而“只由购买者的购买欲和支付能力决定”③。垄断价格超过价值的部分，便是垄断的超额利润，由它构成的地租便是垄断地租。

有必要指出，马克思在一百多年前分析资本主义的绝对地租问题时，农业的发展一般落后于工业，农业资本的有机构成一般低于工业资本的有机构成，这是当时存在的客观事实。因此，马克思只能从现实经济条件出发，揭明绝对地租的来源。可是，随着现代资本主义国家农业的发展，这方面已经出现了新的情况。这就是：在一些发达的资本主义国家里，农业资本的有机构成已经基本赶上了工业资本的有机构成。因此，我们有必要就这种变化了的情况对绝对地租问题作一些补充说明。据统计，美国从1940年到1977年，全国农场的资产增长了10倍，而农业劳动力却减少了60%。这就是说，农业劳动力不仅相对减少了，而且绝对减少了。1910年时，美国农业中的年平均家庭劳动者人数为1 020万人，雇佣工人数为340万人。而到1972年，前者已降为320万人，后者也减少到110万人。农业劳动者的人数随着劳动生产率的提高而绝对减少，这是农业中资本有机构成提高的一个重要特点。再按每个劳动者平均使用的生产性资产来看，在美国、英国、联邦德国等许多

---

① 马克思，恩格斯．马克思恩格斯全集：第26卷Ⅱ．北京：人民出版社，1973：338.

② 马克思，恩格斯．马克思恩格斯全集：第30卷．北京：人民出版社，1975：270.

③ 马克思，恩格斯．马克思恩格斯全集：第25卷．北京：人民出版社，1974：873.

资本主义国家中，农业已超过了工业。例如，1977 年，美国农业资本投资为平均每个劳动力 12.1 万美元，而工业中每个职工则不到 10 万美元。又如，联邦德国从 1950 年到 1973 年，按每个劳动力计算的固定资本额，农业部门由 9 550 联邦德国马克增至 57 570 联邦德国马克，而工业部门则由 17 670 联邦德国马克增至 60 950 联邦德国马克。农业与工业之比由 54%增至 94%（即农业为 94，工业为 100），两者已相当接近。不过这还没有把农业中的土地价格和牲畜投资计算在内，如把这些也计算进去，则农业每个劳动力占用的固定资本额会大大超过工业。

对于资本主义国家农业的发展可能快于工业的问题，马克思是曾经有过预见的。他在《剩余价值理论》一书中指出，在社会历史的发展中，农业和工业的发展关系，会经历三个不同的历史时期：（1）在古代和中世纪，农业的劳动生产率高于工业（当时是手工业）；（2）在资本主义生产的一定时期，工业的劳动生产率高于农业，从而工业的资本有机构成高于农业的资本有机构成；（3）农业劳动生产率的发展速度赶上工业和增长得更快的时期。“工业发展到一定阶段，这种不平衡（指工农业发展速度的不平衡。——编者）必定开始缩小，就是说，农业生产率必定比工业生产率相对地增长得快。”①

在农业资本的有机构成等于或高于工业的情况下，绝对地租是否存在？马克思指出：“如果农业资本的平均构成等于或高于社会平均资本的构成，那末，上述意义上的绝对地租……就会消失。”② 所谓上述意义上的绝对地租，就是我们前面讲的那种通常形态的绝对地租。它是由农产品价值超过其生产价格的那一部分剩余价值形成的。在农业资本有机构成与社会资本有机构成相等的情况下，由于农产品价值和它的生产价格已经相等，因此农业资本家取得平均利润以后，便没有更多的剩余价值向土地所有者支付绝对地租。但是，只要土地是租来的，即使是劣等地，也必须交纳地租。那么，在这种情况下绝对地租的来源又是什么呢？马克思指出：“这样一来，土地所有者只好自己耕种这些土地，或者在租金的名义下，把他的租佃者的一部分利润甚至一部分工资刮走。”③ 这就是说，原来意义上的绝对地租不再存在了，但对租入的土地，还必须继续支付租金，这种租金来自利润和工资的扣除。

第六节 矿山地租和建筑地段的地租。土地价格

在土地所有权同土地的经营权相分离的条件下，不仅经营农业需要向土地所有者交纳地租，就连开采矿山和使用地块进行建筑也得交纳地租。不同的地方在于，

① 马克思，恩格斯. 马克思恩格斯全集：第 26 卷Ⅱ. 北京：人民出版社，1973：116.
② 马克思，恩格斯. 马克思恩格斯全集：第 25 卷. 北京：人民出版社，1974：862.
③ 同①448.

农业地租是为了获得一种生产要素而支付的，在这里，土地的自然物质会直接参加产品的形成。而建筑地段的地租，则是为了获得生产场所而支付的，土地在这里虽然是生产的条件，但并不是生产的要素，它不像在农业中那样，直接以它的自然物质参与产品的形成。至于说到矿山地租，它既不是为某种生产要素而支付，也不是为生产场所而支付，只是为一个物质财富的贮藏所而支付，采矿无非就是要把物质财富从这个贮藏所中挖掘出来。

现在，让我们先来考察矿山地租。

马克思指出："真正的矿山地租的决定方法，和农业地租是完全一样的。"① 因此，只要了解了农业地租，对矿山地租的了解就是很容易的了。

首先，矿山同农业用地一样，需要支付级差地租。形成这种地租的条件是：各个矿山（包括油田、渔场等，下同）的有用物质的蕴藏丰度不一致，矿层的深浅从而开采的难易不一致，距离销售市场的远近不一致，同时，对这些矿山进行追加投资所取得的生产率也不一致。在上述条件下，各个矿山开采出来的矿产品的个别生产价格就各不相同。但由于矿山的数量有限，因而采矿业同农业一样也存在着经营的垄断，这就使矿产品也必须按照劣等生产条件所决定的社会生产价格来出卖。这样，开采优等和中等矿山的资本家就可以经常取得超额利润，而矿山所有者则以地租的形式把这些超额利润攫为己有。

其次，采矿业也同农业一样，需要支付绝对地租。这种绝对地租也是由矿产品价值超过其生产价格的余额形成的。在采矿业中，由于不需要购买原料，资本的有机构成通常低于工业资本的平均构成，因而矿产品的价值也就高于它的生产价格。只要矿产品按照价值出卖，矿山经营者就能够向矿山所有者提供绝对地租。

最后，采矿业还存在着垄断地租。某些稀有的矿产品，可以按照垄断的高价出卖，从而形成垄断利润。它被转到矿山所有者手中，构成垄断地租。

矿山私有权和矿山地租的存在，对于资本主义社会生产力的发展，同样起着严重的阻碍作用。对矿山征收地租，不仅一般地提高了矿产品的价格，使工业得不到廉价的原料，而且限制了对采矿业的投资，使得许多地下矿藏得不到充分的合理的利用。

建筑地段的地租（又称建筑地租），是住宅经营者或工商业资本家为建筑住宅、工厂、商店或其他建筑物而交付给土地所有者的地租。建筑地租同农业地租有一个明显的区别，这就是：在农业地租的场合，土地的肥沃程度和位置都对级差地租量有决定作用；而在建筑地租的场合，则是位置起着决定作用。在离大城市较远的地方，由于可供选择和利用的地皮比较多，所以，建筑地租在数量上同农业地租相差不大。但越是接近城市，越是在大城市里面，特别是在大城市的繁华地区，建筑地租就越高。

建筑地租还有一个特点，就是垄断地租占有显著的优势。在资本主义国家，大

① 马克思，恩格斯. 马克思恩格斯全集：第25卷. 北京：人民出版社，1974：873.

量农村人口涌入城市以及城市人口的自然增长，形成了对住宅的巨大需求。在这种情况下，土地所有者也就能够尽量提高建筑地租，以垄断地租的形式向社会征收大量贡赋。

正因为大城市中地皮的租价非常昂贵，阻碍了住宅建设的正常进行，因此，在资本主义国家的大城市中，住宅拥挤、街道狭窄便成了最典型的现象。同时，由于地租高昂，迫使房屋建筑不得不向高空发展，因此，在现代资本主义国家大城市的中心地区（通常是地租最高的地区），便自然地要出现许多突兀危耸的所谓摩天大楼。这种超级的多层建筑物，一方面固然体现了建筑技术在资本主义社会里所能达到的高水平，但另一方面也表现出资本主义社会在人类居住问题上所遇到的困难。

建筑地租提高，最严重的后果还在于它造成了房租的上涨，使大城市的住宅问题极端尖锐化。我们在这里必须明确，建筑地租并不等于房租。房租除了包括房屋地基的租金之外，还包括以下几个成分：（1）逐渐收回的建筑费用和利润；（2）附加在建筑费用和利润上面的利息①；（3）房屋的修缮费。尽管房租包含了这许多不同的成分，但是，房租的上涨主要还是由于建筑地租的上涨。资本主义国家房租的不断上涨，给工人阶级带来了沉重的负担和灾难。许多工人由于付不起越来越昂贵的房租，只好栖身在贫民窟里。

建筑地租的提高，不仅严重地损害了工人阶级，同时也阻碍了资本主义社会生产力的发展。因为在这种情况下，资本家为了建设工业企业，必须把很大一部分奖金用于购置土地或交纳地租，这就使他不能把更多的资本用于生产。

在资本主义制度下，土地所有者不仅靠土地私有权攫取大量的地租，攫取生产发展和社会进步所带来的利益，而且在必要时，可以通过土地的售卖，取得高额的土地价格。

土地本身是自然存在的东西，不是劳动的产品，因而是没有价值的。但没有价值的东西为什么会成为买卖的对象并且具有价格呢？这是因为，在土地私有制的条件下，凭借土地就能够取得地租收入。这种情况，同前面讲过的股票价格在道理上是一样的。股票本身也没有价值，但由于凭借股票能够取得股息收入，因此股票便具有价格，这个价格也就是对股息要求权的购买价格。同样，土地本身虽然没有价值，但因凭借土地私有权能够获得地租收入，因此当某个人把这个地租的要求权转让给另一个人时，他自然要索取相应的代价，这就是土地价格。所以，土地的价格，“不是土地的购买价格，而是土地所提供的地租的购买价格”②。土地所有者出卖土地，也就是把他收取地租的权利出卖给别人。

土地价格既然是现实的地租关系的反映，那么，地价的高低便首先取决于地租

① 出租房屋实际上就是把房屋分期出卖，分期实现房屋的交换价值，而支付房租也就是以分期付款的办法来获得房屋的使用价值。因此，房租除了包括房屋建筑资本的折旧和利润之外，还包括附加在这些折旧费和利润上面的利息。

② 马克思，恩格斯．马克思恩格斯全集：第25卷．北京：人民出版社，1974：703.

量的大小。其次，土地所有者在决定出卖土地的时候，又必然要考虑到当时银行利息率的水平。他出卖土地所得到的货币收入要是存入银行，必须能够带来和原先的地租一样多的利息，这样他才愿意出卖土地。因此，地价的界限或地价的水平乃是由地租和利息率这两个因素决定的，并依据这两个因素的变动而变动。

假设有一块土地，每年收地租 200 元。如果当时的存款利息率是 5%，那么，为了取得相当于地租额（200 元）的利息，就需要有 200 元÷5%＝4 000 元这样一笔钱存入银行。这样，地价也就应该等于 4 000 元。所以，地价不外是转化为一定量货币资本的地租，是地租的资本化。用公式来表示就是：地价＝地租额÷利息率。在这里，地价与地租成正比，与利息率成反比。地租越高，地价就越高；反之，利息率越低，地价就越高。

除了地租和利息率之外，土地价格的高低是否还受其他因素的影响呢？我们在本章开头曾经说过，土地所有者所获得的租金收入，实际上往往不仅包括真正的地租，而且包括投入土地的固定资本的利息，以及资本利润和农业工人工资的某些扣除。既然所有这些都在租金的形式下成为地主的收入，那么，当地主把土地出卖给别人的时候，他也会把这全部租金资本化。因此，除了真正的地租以外，投入土地的固定资本的利息，以及利润和工资的扣除，也对地价的决定具有相当重要的作用。

以上我们分析了土地价格的决定方法，但必须明确，这种决定方法只适用于资本主义社会的土地买卖关系，它对于前资本主义的土地买卖关系是不适用的。比方说，在中国的封建社会中，也曾长期存在过土地买卖的现象。但这种土地买卖，实际上是豪强兼并，因此政治和经济上的强力对地价的决定起着很大的作用。那时，地价并不和地租成正比，可以说常常是成反比的。地主向农民收取的地租非常高，而地主购买农民的土地所付给的地价却非常低，甚至他们可以无代价地夺取农民的土地。在半殖民地半封建的旧中国，也只是在沿海沿江一带资本主义有所发展的地区，才在一定程度上出现过资本主义的地租关系和土地买卖关系，因而那里的地价才多少能和地租相适应。① 而在内地广大农村中，由于仍然存在着古老的封建掠夺式的土地买卖关系，因而地价基本上仍然是由政治和经济的强力来决定，而不是由地租的多少来决定。

随着资本主义的发展，地价有上涨的趋势。例如，美国每公顷土地的平均价格，1900 年为 22.5 美元，1950 年就增至 145.5 美元，50 年中，增长了 5.5 倍之多。造成地价上涨的原因，首先是地租的增加。据美国农业部统计，从 1959 年到 1968 年，美国农场支付的地租和抵押利息从 15.83 亿美元增加到 27.85 亿美元，即增长了 75.9%。其次，在资本主义制度下，利息率有下降的趋势，这也决定了地价

① 我们这里说地价“多少能和地租相适应”，是因为：(1) 旧中国这些地方的土地买卖并不纯粹是资本主义性质的买卖，有许多时候仍然具有强取霸占的性质；(2) 这些地方的地租也不纯粹是资本主义性质的地租。

的上涨。

由于地价的上涨，资本家不得不把日益增多的资本用于购买土地，这就限制了资本家对工农业生产的直接投资，从而不利于工农业生产的发展。因此，地价的增长也和地租的增长一样，一方面表明了地主阶级对于工人阶级和广大劳动群众剥削的加强，表明了他们之间阶级对抗的加剧；另一方面，也表明了地主阶级和资产阶级这两大剥削集团之间矛盾的增长，表明了土地私有制对生产力的阻碍作用以及地主阶级寄生性的加强。

第七节　资本主义制度下农业小生产的破产和城乡关系

在资本主义国家的农业中，除了存在地主、租佃资本家和农业工人这三大阶级以及相应的资本主义农业生产之外，还存在着广大的农业小生产①，那么这些小生产的状况又是怎样的呢?

只要我们研究一下资本主义农业经济发展的资料，就不难发现，资本主义工业中生产集中和大生产排挤小生产的规律，对于资本主义的农业也是完全适用的。这种生产集中的重要标志之一，就是农产品的生产和销售集中在少数大农场中。根据美国官方的统计，1964 年，美国销售额在 40 000 美元以上的大农场有 142 000 个，占全国农场总数的 6.6%，而其销售额共达 150.12 亿美元，占全国农场销售总额的 43.7%。到 1969 年，这种大农场的数目增加到 222 000 个，占全国农场总数的 8.1%，而其销售额共达 254.01 亿美元，占全国农场销售总额的 55.9%。与此相联系，生产资料也越来越集中在少数大农场中。例如，1964 年，美国共有 60 000 个拥有土地在 2 000 英亩以上的大农场，它们的数目只占农场总数的 1.9%，但占有的土地却占农场土地总面积的 42.2%。到 1974 年，这种大农场的数目仍为 60 000 个，占农场总数的 2.7%，而它们占有的土地则增加到占农场土地总面积的 45.7%。这还仅仅是土地集中的情况，如果考虑到大农场的耕作集约化程度通常高于小农场这个因素，那么，生产集中的程度实际上还要高得多。

生产量和生产资料集中于少数大农场，这是生产集中规律起作用的一种表现。这一规律起作用的另一种表现，就是千百万小生产者受大生产的排挤而趋于贫困和破产，沦为无产者和半无产者。在 1945—1977 年，美国农场数日益下降，从 596.7 万个下降到 270.6 万个，即减少了一半以上。随着小农场的大批破产和大农场耕作集约化程度的提高，农业人口大量减少。从 1950 年到 1977 年的 27 年间，美国农业人口由 2 305 万人减少到 781 万人。失去土地的农民，有很大一部分是南部各州的黑人。他们大都流入城市，补充了产业后备军的队伍。

---

①　农业小生产有两种形式：一是旧式小农经济，它在各个资本主义国家都曾经大量存在过，目前在个别资本主义国家仍然存在；二是现代小农场，它在发达的资本主义国家如美国占有相当大的比重。

小生产之所以不可避免地被大生产所排挤，从根本上说是由于大农业比小农业具有明显的优越性。大农业可以利用科学技术的最新成就，有能力采用现代化的机器设备；可以采用比较先进的劳动组织，充分利用分工和协作的长处；能够生产大宗的商品，并集中地加以运输和销售，这不仅可以减少流通中的各种费用，还可以避免商人的中间剥削；最后，大农业还比较容易获得银行贷款，利息率也低得多。这一切，都是小农业特别是小农经济所不能比拟的。小农经济规模狭小，力量单薄，“按其性质来说就排斥社会劳动生产力的发展、劳动的社会形式、资本的社会积聚、大规模的畜牧和科学的不断扩大的应用。”① 在这种经济力量悬殊的情况下，小农经济在竞争过程中，必然要被资本主义大农业所排挤。

农业中的小生产被大生产所排挤，虽然也表现为小农户数目的减少，但与工业比较起来，农业中小生产被排挤的过程却要缓慢得多。这是因为，首先，大农场生产的扩大既可采取扩大耕地面积的办法，也可采取增加雇佣工人、增加农业机器和施肥数量等办法，在采取后一种办法的情况下，大农场生产的扩大，并不同时伴之以小农户的被排挤。这样，一些小农户就得以继续保持一小块土地，苟延残喘。其次，小生产在同大生产的竞争中，虽然处于劣势，但是，小生产者只要能取得相当于工资的收入，就可以维持自己的生产，不像资本主义大农场那样，还要取得平均利润，并需支付地租。小生产存在的条件是比较简单的。这就是在一些资本主义国家中，至今还保留着大量的小农经济的重要原因。此外，由于农业生产带有季节性，农忙时需要增加大量的劳动人手，所以，大农场也愿意在它的旁边保留许多穷困的小农户，以便在农忙时从那里招雇短工。不然的话，大农场是可以很轻易地就把这些小农户吞没的。

小农经济遭受排挤的过程是比较缓慢的，资产阶级学者抓住这一点编造出一种十分荒唐的“理论”，即所谓小农经济“稳固论”。他们说，小农能够吃苦耐劳，为了保住一小块耕地愿意忍受千辛万苦，所以他们在和资本主义大农业竞争时，就能保持某种稳固的地位。资产阶级学者的这一套论调，乍听起来好像是在颂扬小农经济，而实际上却是在掩盖资本主义农村中深刻的阶级矛盾。

其实，小农遭受排挤的过程比较缓慢，不仅不表明小农处境的优越，相反却恰恰表明他们被排挤的过程是一个遭受慢性折磨和万分痛苦的过程。列宁指出：“不能把这种排挤单单理解为立即剥夺。排挤也包括可以持续好多年甚至几十年的小农的破产，他们经济状况的恶化。”② 许多小农户，尽管全家大小终年劳苦，但是仍旧得不到温饱；虽然能勉强维持表面上的经济独立，但由于经济力量薄弱，仍然避免不了银行、商人和地主的种种盘剥。这些小农户实际上处于朝不保夕的境地，随时都有丧失土地的危险。

下面，让我们进一步从资本主义工农业关系和城乡关系方面来看一看那里广大

① 马克思，恩格斯. 马克思恩格斯全集：第 25 卷. 北京：人民出版社，1974：910.

② 列宁. 列宁全集：第 27 卷. 2 版. 北京：人民出版社，1990：205.

农民群众的地位和命运。

随着资本主义大工业的发展，工农之间、城乡之间的对立也发展到历史上空前尖锐的地步。农业落后于工业、农村落后于城市，主要表现为农业的技术装备水平大大落后于工业。与此相联系，农业劳动生产率的提高也比工业缓慢得多。特别是广大中小农户，由于无力购置先进的机器设备，不得不长期沿袭落后的耕作方法。拿美国来说，直到 20 世纪 20 年代，骡马依然是田间作业的主要动力，同时也很少使用化肥。联邦德国在 20 世纪 40 年代末和 50 年代初，农业工具生产的重点还是畜力农机具。

当然，必须说明，资本主义工农业关系和城乡关系在不同时期也有不同的特点和表现形式。第二次世界大战以后的 30 多年里，许多发达的资本主义国家工农业关系和城乡关系的发展，就出现了一系列新的变化。那里，农业的技术装备水平有了较快的提高；随着农业生产和农业劳动生产率的提高，广大中小农场主的收入也有了增加，他们的物质文化生活有了不同程度的改善，从而使得那里工农之间、城乡之间的差别也有所缩小。但是，即使如此，农业中大生产排挤小生产，城市大资产阶级奴役和剥削中小农户的状况并没有根本改变。

我们知道，战后以来，资本主义国家的科学技术和工业生产有了迅速的发展。这不但为农业的技术改造积累了雄厚的物质技术基础，同时在客观上也要求农业必须有相应的变化。农业进入了一个新的发展阶段。和工业部门的情况一样，许多主要资本主义国家的农业也现代化了。这种农业现代化的主要表现是：农业的物质技术基础有了根本的改善，它是用现代科学技术装备起来的；农业生产过程的分工和专业化有了广泛发展，生产社会化的程度有了空前提高。作为这一变化的结果，则是农业产量和农业劳动生产率的大幅度增长。

但是，必须强调指出，战后发达资本主义国家农业现代化的过程，一方面是以先进工业武装落后农业的过程，另一方面则是垄断资本进一步渗入和控制农业的过程，同时也是大农场加紧排挤中小农场的过程。这就必然会使得资本主义固有的各种矛盾日益尖锐起来。农业生产专业化、协作的发展，使原来属于农业生产本身的许多环节，例如种子培育、饲料制作、肥料生产以及农产品加工、贮运和销售等，都相继分离出来，独立化为专门的工业或商业部门。广大中小农场，由于奖金和经营规模的限制，再也不能像过去那样从头到尾地完成农业生产的全过程。它们大多只得专门从事某几项中间产品的生产，或进行某几种农业生产作业，因而在经济上对工商业部门和金融机构的依赖性越来越大。一些大的垄断公司采用合同制或通过攫取农业合作组织领导权的方式，把广大中小农场置于自己的控制之下。这些中小农场要接受垄断组织提供的农用机械设备和修理服务，接受由后者供应的种子、仔畜、饲料、化肥和农药，以及各种农业科研和技术措施、农业信贷和保险业务，等等。农场的产品也全部交由垄断公司贮运、加工和销售，甚至农场的生产计划与经营管理都直接受垄断公司的监督。在这种情况下，这些中小农场实际上已沦为大垄断公司的一个个“车间”。广大中小农场主全家通过一年到头的紧张劳动，虽然收入比以前有所增长，但这种增长同他们为垄断资本家提供的剩余劳动相比，显得微小。大部分剩余产品通过税收、银行利息、价格“剪刀差”以及各种服务费用等，为垄断资本所占有。在正常情况下，这些中小农场主不过获得相当于或略高于一般普通工人家庭的收入水平。面对这些国家农业危机的日益加深和市场激烈竞争所带来的不稳定状况，他们终年忧心忡忡。在通货膨胀、农产品成本急剧增长的沉重负担下，他们不少人仍免不了要沦于破产的悲惨结局。广大中小农场主是劳动者。他们同城乡无产者一样，都遭受大垄断资本的奴役和剥削。资本主义国家的广大农民群众，只有与无产阶级结成联盟，一道进行反对资本主义剥削制度的斗争，才能最后从资本的剥削和压迫下获得自己的解放。

第十一章

资本主义的经济危机

第一节　经济危机的可能性和必然性

资本主义社会在进入机器大工业时期以后，从 19 世纪初开始，每隔若干年就要经历一次经济危机。

每当经济危机爆发时，资本主义国家的经济生活和整个社会生活，就像受到一次瘟疫或战争的剧烈破坏一样，突然陷入瘫痪和混乱的状态。在危机期间，商品流通停滞，大量商品由于找不到销路而堆满仓库，甚至被成批地销毁；企业开工时间缩短，生产大幅下降；信用关系遭到严重破坏；工厂、商店和银行纷纷倒闭；失业人数急剧增长，工人和其他劳动人民的收入显著下降，生活困苦不堪。

在不同的资本主义国家和不同的时期，危机的表现形式和具体进程虽然有所不同，但一般说来，每一次经济危机都是生产过剩的危机。危机的最一般、最普遍的现象，就是商品的生产过剩。危机时期的各种现象都是直接或间接由生产过剩引起的，都是生产过剩在社会经济生活各个方面的表现。

这种生产过剩的经济危机，是资本主义以前一切时代的人们所从来不曾经历过的。在资本主义以前的各个社会里，由于战争、天灾或瘟疫等原因，也会在或长或短的时期内使生产陷于瘫痪，造成社会生产的危机。但是，作为这种危机的特征的现象并不是生产的过剩，而是生产的严重不足，因而，它同资本主义生产过剩的危机是根本不同的。资本主义经济危机的根本特点是，一方面有着堆积如山的找不到销路的过剩商品，另一方面却是广大人民的饥寒交迫。

那么，资本主义生产过剩的危机，这种“在过去一切时代看来好象是荒唐现象的社会瘟疫”①，究竟是由什么原因引起的呢？这种危机给资本主义生产和各阶级的状况带来了一些什么样的影响呢？怎样才能摆脱这种可怕的社会灾难呢？下面，我们就来说明这些问题。

先从经济危机的可能性说起。

经济危机的最一般的表现，是商品买和卖的脱节，也就是商品卖不出去。我们在前面分析货币的职能时曾经说过，商品买卖脱节的可能性，远在以货币为媒介的商品交换即商品流通出现以后就产生了。在商品流通的条件下，买和卖在时间上和空间上分裂成了两个互相独立的行为，这时如果有一些商品生产者在出卖了自己的商品之后，不接着实行购买，就会有另一些商品生产者的商品卖不出去。

这种在商品的形态变化中所包含的危机的可能性，是危机的第一种可能性。危机的第二种可能性，是由货币作为支付手段的职能引起的。随着商品生产和商品流通的发展，商品买卖日益有更多的部分采取赊购赊销的方式，因此在商品生产者之间，便逐渐形成了错综复杂的债务连锁关系。在这种情况下，如果有某些债务人在债务到期时不能支付，就会影响到其他生产者也不能支付，从而使整个信用关系遭到破坏。

但是，在简单商品经济的条件下，危机毕竟只是一种可能性，它并没有变成现实性，即没有成为社会范围的生产过剩。这主要是因为：第一，在资本主义以前的社会经济中，占统治地位的是自给自足的自然经济，商品生产所占的比重不大，因此，商品买卖的脱节和支付连锁关系的破坏，虽然对某些商品生产者会产生较大的影响，但不至于牵动整个社会经济。第二，在商品生产领域内，小商品生产者之间虽然有着各种经济联系，但由于各个地方市场彼此处于相互隔绝的状态，因而这种联系毕竟不是很广泛，一般来说，它是被限制在比较狭小的范围以内。在这种情况下，如果某个地方发生了买和卖的脱节或者支付方面的困难，对商品经济本身的影响显然是很有限的。第三，小商品生产者通常是为自己所熟悉的本地市场或者固定的买主进行生产，因而供求关系是比较稳定的。

上述危机的可能性，只是抽象地说明了危机可能产生的条件和危机的最一般的形式，并不说明危机必然爆发的原因。马克思曾一再指出：在买卖脱节等形态上所表现出的危机的可能性，只是“危机的最抽象的形式”②，只是“危机的形式上的可能性”③，“这个形式本身所包含的只是：危机的形式已经存在”④。他还指出，在仅仅存在危机可能性的条件下，“没有危机是可能的，也是现实的”⑤。

随着简单商品经济向资本主义经济的过渡，危机的可能性得到了进一步的发

---

① 马克思，恩格斯．马克思恩格斯全集：第4卷．北京：人民出版社，1958：472.

②③ 马克思，恩格斯．马克思恩格斯全集：第26卷Ⅱ．北京：人民出版社，1973：581.

④ 同②582.

⑤ 同②585.

展，并且获得了更加具体的内容。这是因为，在资本主义制度下，商品生产已经成为占统治地位的生产形式，商品的形态变化已经表现为资本的形态变化，商业和信用关系也获得了普遍的发展，因而产生买卖脱节和支付连锁关系遭到破坏的可能性比以前大大增大了。

但是，无论是资本的形态变化，还是商业和信用关系的发展，都只能说明危机的可能性，而不能构成危机必然爆发的原因。我们知道，在资本主义的历史上，从16世纪起一直到18世纪末，虽然市场联系和信用关系已经有了相当的发展，但并没有发生过普遍性的经济危机。

那么，经济危机的可能性是怎样发展为现实性的呢？促使经济危机必然爆发的原因是什么呢？前面讲过，危机是从19世纪初起，即从资本主义成为占统治地位的生产方式之后，才成为一种周期性爆发的规律性的现象的。因此，为了揭示经济危机的原因，必须对资本主义生产方式本身所特有的条件进行分析。

资本主义生产方式区别于以往任何生产方式的地方是：一方面，此时社会的生产力获得了巨大的发展，生产达到了高度社会化的水平；另一方面，社会的生产资料和生产成果却被一小撮资本家私人占有。正是这种生产的社会性同生产资料和生产成果的私人资本主义占有形式之间的矛盾，即资本主义生产方式的基本矛盾，构成了生产过剩的经济危机的真正原因。

在生产高度社会化的条件下，社会生产各个部门和各个企业之间的联系空前地扩大和加强了，整个社会经济已经结成一个统一的有机体。这种社会化的大生产，客观上要求由社会共同占有生产资料和对社会生产进行统一的计划和管理，同时还要求生产成果也归社会共同占有和分配。只有这样，才能使社会生产各个部门和各个企业之间的比例关系以及生产和消费之间的比例关系协调起来，从而使社会再生产得以顺利地进行。但是，资本主义的现实情况并非如此。随着资本主义的发展，社会的生产资料和生产成果日益集中到少数资本家手里，归他们私人占有，服从于他们攫取剩余价值的贪婪目的。这样，就不能不在资本主义的经济生活中引起一系列的对抗和冲突，并不可避免地导致经济危机的爆发。

让我们来进一步说明这个问题。

首先，资本主义的基本矛盾，表现为资本主义各个企业内部生产的有组织与整个社会生产的无政府状态之间的矛盾。

生产资料的资本主义私有制决定了资本家对自己企业的生产活动有绝对的支配权，企业生产什么、如何生产和生产多少，都是由各企业的资本家自己决定的。资本家为了获取更多的剩余价值，总是力求采用先进技术，改进生产条件，调整劳动组织，加强生产管理，因而就单个资本主义企业的生产来说，便能够具有一定的组织性。但是，就整个社会的生产来说，由于生产资料归私人占有，互相联系的各个生产部门和各个企业都被这种私有制分割开了，因而完全处于竞争与无政府状态之中。每个资本家都是在竞争规律的支配下盲目地进行生产，他们不知道其他企业的生产情况，也不知道自己的商品是否符合社会的需要，是否能在市场上按照有利的条件销售出去。在各个资本家之间，为了争夺利润进行着你死我活的尖锐竞争。

个别企业生产的组织性，不仅不能限制社会生产的无政府状态，而且必然要加剧这种无政府状态。这主要是因为：第一，每个资本家越是改进企业的技术装备，改善企业的经营管理，也就越能降低商品的生产成本和扩大生产规模，从而就会把数量越多和价格越低的商品投入市场。这样，就会进一步加强他们之间的竞争，加剧整个社会生产的无政府状态。第二，个别企业生产规模的扩大，生产组织性的加强，意味着它们竞争实力的加强，而竞争的手段也会更加多样、复杂，这当然会进一步加剧整个社会生产的无政府状态。一个小作坊不仅竞争能力薄弱，而且竞争的手段很有限。但是，一个资本雄厚的现代化大企业就不同了，它可以采用各种各样的竞争手段，譬如实行倾销、收买专利权、玩弄金融诡计、勾结政府官员向竞争对手挑起无休止的争讼，乃至雇用侦探专门刺探情报和收买代理人搞颠覆活动，等等。总之，资本主义企业内部越是有组织，资本主义社会的竞争和生产无政府状态便会越发尖锐和剧烈。

随着竞争和生产无政府状态的加剧，资本主义各生产部门之间的比例失调现象就会日益严重。当这种比例失调现象达到一定程度之后，社会总产品，首先是其中的某些重要产品的实现条件就要遭到破坏，从而不可避免地就要发生普遍性的买卖脱节，即爆发生产过剩的经济危机。

其次，资本主义的基本矛盾，还表现为资本主义生产无限扩大的趋势和劳动人民有支付能力的需求相对缩小之间的矛盾。

资本主义生产之所以具有无限扩大的趋势，是由资本主义的基本经济规律即剩余价值规律决定的。资本家对剩余价值的无限贪欲，外部竞争的压力，促使他们必须不断地改进生产技术和扩大生产规模。所以，在资本主义经济中，客观上存在着一种不顾市场限制而盲目提高生产能力和扩大生产规模的趋势。同时，由于生产的社会性质，也有可能使生产迅速地扩大。这是因为，高度社会化的大生产是以现代机器工业作为技术基础的。机器大工业拥有先进的生产技术，它可以在新的合理的基础上改造生产，可以有系统地将新的科学成就应用于生产，这样，就使生产取得了一种突然的跳跃的伸张力，造成了生产规模无限扩大的可能性。

但和资本主义生产无限扩大的趋势同时并存的，却是劳动人民有支付能力的需求相对缩小的趋势。在资本主义制度下，生产的发展并不是为了提高劳动人民的生活水平，而是为了资本家获得高额利润。因此，资本家在改进生产技术和提高企业生产能力的同时，又总是尽量地加强对工人的剥削，降低他们的工资，使工人阶级日益相对贫困化和绝对贫困化。此外，资本家还利用大生产的优越地位，不断地排挤和剥夺中小生产者，使他们日益贫困和破产。这样，资本主义制度就把广大劳动人民有支付能力的需求限制在一个极其狭小的范围内，并且同日益扩大的生产规模越来越不相适应。

大家知道，社会生产的增长，归根结底要依赖于人民群众的消费。资本主义由于在无限扩大生产的同时相对缩小了广大劳动人民的购买力，降低了他们的消费水平，因而在生产和消费之间造成了日益尖锐的对抗性矛盾。当这种矛盾发展到一定的程度，即当若干重要的商品由于群众无力购买而找不到销路的时候，社会总产品的实现条件就会遭到猛烈的破坏，于是普遍性的生产过剩的危机就会爆发。

马克思曾经强调指出："一切真正的危机的最根本的原因，总不外乎群众的贫困和他们的有限的消费，资本主义生产却不顾这种情况而力图发展生产力，好象只有社会的绝对的消费能力才是生产力发展的界限。"①

必须明确，资本主义制度下之所以不可避免地爆发生产过剩的危机，并不是因为资本主义社会生产的巨大增长超过了人民大众的绝对需要，而仅仅是因为它超过了人民大众有支付能力的需求。马克思曾经说过："生产过剩同绝对需要究竟有什么关系呢？生产过剩只同有支付能力的需要有关。""如果仅仅在一个国家的全体成员的即使最迫切的需要得到满足之后才会发生生产过剩，那末，在迄今资产阶级社会的历史上，不仅一次也不会出现普遍的生产过剩，甚至也不会出现局部的生产过剩。"② 事实的确如此。在危机期间，千百万劳动者比任何时候都更加感到生活必需品的缺乏，他们之所以挨饿受冻，正是由于他们生产了"太多的"的粮食和燃料等等。正如空想社会主义者傅立叶所说："富裕变成贫穷和困苦的源泉。"所以，资本主义制度下的生产过剩，并不是绝对的过剩，即超过了人民大众的绝对需要而形成的过剩，而只是一种相对的过剩，即和人民大众有支付能力的需求相对而言的过剩。经济危机实际上就是资本主义商品生产的相对过剩的危机。

以上分析表明，生产过剩的危机，完全是资本主义生产方式内在矛盾的产物，是资本主义经济制度本身造成的。它是资本主义生产方式特有的经济现象，也是资本主义制度的必然伴侣。如果资本主义不是把生产用于获取最大限度的利润，而是用于不断改善人民群众的物质生活状况，那就不会有危机发生了。但这样一来，资本主义也就不成其为资本主义了。只要存在着资本主义制度，资本家就不会放弃剥削，资本主义的深刻矛盾就无法得到解决，工人阶级和其他劳动人民就不能摆脱经济危机这种社会灾难。斯大林说得好："要消灭危机，就必须消灭资本主义。"③

第二节　资本主义经济危机的周期性

在资本主义存在的整个历史时期内，资本主义的基本矛盾以及由它所引起的一系列对抗和冲突是经常存在的。但是，这并不意味着资本主义经济一直陷于危机之中。资本主义的经济危机是每隔一定时期重演一次的，它是一种周期性地出现的现象。

---

① 马克思，恩格斯．马克思恩格斯全集：第25卷．北京：人民出版社，1974：548.

② 马克思，恩格斯．马克思恩格斯全集：第26卷Ⅱ．北京：人民出版社，1973：578.

③ 斯大林．斯大林全集：第12卷．北京：人民出版社，1955：215.

远在18世纪末和19世纪初，英国就发生过个别工业部门的局部生产过剩的经济危机。1825年，英国第一次爆发了全国范围的工业危机。1836年，英国又发生了经济危机，这次危机后来还涉及美国。1847—1848年的经济危机席卷了英国、美国和欧洲大陆的许多国家，实际上已具有世界经济危机的性质。接着，在1857年、1866年、1873年、1882年和1890年都爆发了世界性的经济危机。在19世纪的经济危机中，以1873年的危机最为深刻，它大大加速了资本和生产的集中，促进了垄断组织的形成和发展。从那时以后，资本主义就开始了向垄断阶段的过渡。

在20世纪初，发生了1900—1903年和1907年的经济危机。以后，资本主义世界又经历了1920—1921年、1929—1933年和1937—1938年三次经济危机。其中，1929—1933年的经济危机是以往资本主义各次危机中最深刻、最严重的一次。它不仅包括了资本主义世界的一切国家，而且在各主要资本主义国家中，工业危机和农业危机又互相交织在一起，因而具有特别严重的性质。这次危机持续了四年之久，使整个资本主义世界的工业产量下降了44%，贸易总额下降了66%。在1933年，整个资本主义世界完全失业的人数高达3 000万人。

第二次世界大战以后，在资本主义总危机进一步加深的条件下，美国在1948年、1953年、1957年、1960年、1969年和1974年先后爆发了六次经济危机。其中，1957—1958年的危机曾经涉及加拿大、日本和西欧主要资本主义国家，成为战后第一次世界性的经济危机。1974—1975年的危机也是一次世界性的经济危机，并且是战后资本主义世界最严重的一次经济危机。

为什么资本主义经济危机会是一种周期性地出现的现象呢?

经济危机是由资本主义所固有的矛盾决定的。因此，经济危机的周期性爆发，也只能从资本主义矛盾的运动中来寻找原因。资本主义的各种矛盾是经常存在的，但只有当它们发展到极其尖锐的程度，使再生产的比例发生严重失调的时候，才会爆发经济危机。在危机期间，大批工厂关门，生产大幅下降，社会生产力遭到巨大破坏。经过危机的这种破坏，出现了资本主义生产与低下的消费水平暂时相适应的局面，使再生产所需要的比例关系又重新建立起来，这样便使资本主义的生产又得以继续"正常"地进行。

但是，由于危机不过是资本主义再生产过程中各种矛盾暂时的、强制的解决，而不是这些矛盾的消失，所以随着危机过后资本主义经济的恢复和发展，资本主义所固有的各种矛盾还会重新发展和激化，再生产过程中比例失调的现象还会重新严重起来，这样就导致另一次危机的爆发。

由于上述原因，经济危机就成了一种周期性地出现的现象。人们刚以焦虑的心情把它送走，但过不了多久它又会再来。恩格斯写道："市场的扩张赶不上生产的扩张。冲突成为不可避免的了，而且，因为它在把资本主义生产方式本身炸毁以前不能使矛盾得到解决，所以它就成为周期性的了。资本主义生产造成了新的'恶性循环'。"①

① 马克思，恩格斯. 马克思恩格斯文集：第3卷. 北京：人民出版社，2009：556.

由于经济危机的周期性爆发，资本主义的再生产就具有了周期的性质。从一次危机开始到下一次危机开始，中间的时间便是一个再生产周期。每一个周期一般包括危机、萧条、复苏和高涨四个阶段。其中，危机是周期的决定性阶段，它是上一个周期的终点，同时又是下一个周期的起点。

在不同的资本主义国家，在一个国家的不同发展时期，由于具体的历史条件不同，周期的整个进程和周期的每个阶段又会有这样或那样的特点。下面，我们就根据一般情况来说明资本主义再生产周期各个阶段的特点。

危机通常是在资本主义经济最繁荣也就是资本主义矛盾最尖锐的时候爆发的。在危机阶段，大量商品找不到销路，存货堆满仓库，资本周转困难，利润率急剧下降，这就迫使资本家缩小生产规模，解雇大批工人，缩短开工时间，使成千上万的工人陷入失业和半失业的状态。大批工人失业又为资本家提供了进一步压低在业工人工资的条件。这样，工人的工资水平和工资总额在危机阶段便急剧下降。与此同时，由商品销售困难所引起的市场竞争的空前加剧，又使竞争力量比较薄弱的广大小生产者纷纷破产。这一切都使得资本主义社会的基本消费群众即广大劳动人民的购买力急剧降低。社会购买力的急剧降低，引起了商品价格的猛烈下跌。许多工商企业特别是中小企业，由于经受不住危机的沉重打击而纷纷破产。

在危机阶段，许多工商企业由于商品销售困难而不能按期偿还债务，又会引起整个资本主义支付关系的紧张，引起货币信用危机。这时，资本家都不愿再以赊销方式出卖商品，而只要求以现金进行支付。由于对现金的需求急剧增加，而金融市场上借贷资本的供给又远远不能满足这种需求，因而就使得利息率急剧提高。利息率的提高，企业股息的降低，再加上资本家大量抛售股票、公债等有价证券，结果使有价证券的行市猛烈下跌。资本家为了追求现金，普遍向银行大量提取存款，这就使许多银行特别是中小银行因现金准备不能满足偿还债务的要求而不得不宣告破产。危机所造成的经济动荡局面，还会引起对外贸易收入的减少和其他国外收入的减少，从而形成国际收支方面的巨额逆差，使黄金外流，储备减少。

总之，经济危机就像一场特大的台风一样，它的狂吹乱刮，使资本主义国家的经济生活以致全部社会生活都陷于一片混乱之中。

危机持续一段时期以后，市场上的商品数量由于资本家关闭企业、缩减生产和销毁存货而减少了，商品供应超过有支付能力需求的情况便逐渐发生了变化。于是，资本主义经济就从危机阶段转入萧条阶段。

在萧条阶段，由于社会生产已经大体上和低下的社会消费水平以及缩小了的市场容量相适应，资本家也就不再进一步缩减生产，企业倒闭暂时停止，失业人数不再增加，商品价格也停止下跌。但是，这时过剩商品的积存还没有消散，大批的失业工人还没有就业，社会购买力仍然十分低下，商品销售仍有很多困难，商品价格和企业利润水平仍旧很低，所以社会生产也就处于停滞状态。与生产停滞相伴而来的是对借贷资本需求的减少，因而市场上游资充斥，信用关系呆滞。一句话，这时危机的震荡虽然已经过去，但是整个资本主义经济却呈现出一片萧条景象。

可是，在萧条阶段，社会的消费毕竟没有停止，积存的商品由于被资本家廉价拍卖而逐渐减少，这样，市场壅塞的情况便逐渐消退。随着市场情况的逐步好转，资本家便着手恢复生产和更新机器设备等固定资本。由于新的投资逐渐增加，对生产资料和劳动力的需求也逐渐增加，结果就推动整个社会生产逐步恢复和发展起来。于是，萧条阶段便转入复苏阶段。应当指出，在萧条阶段开始的固定资本的大规模更新，对于推动社会生产的恢复和发展具有重要的作用，关于这一点我们在后面还要专门分析。

在复苏阶段，投资继续增长，对生产资料的需求日益增多，工人的就业人数也日益增多。社会购买力开始提高，物价缓慢回升，市场容量逐渐扩大。工商企业的活跃，增加了对借贷资本的需求，从而推动了信用事业的扩展。市场容量扩大，资本周转加快和企业利润增加，又推动资本家进一步扩大生产。这样，社会生产就逐渐恢复到危机以前的水平。当社会生产赶上和超过危机以前的最高点时，复苏阶段就进入了高涨阶段（也称作繁荣阶段）。

在高涨阶段，生产迅速扩大，市场不断扩充，物价稳步上涨，利润急剧增长，投资大量增加，新的企业不断建立。随着生产的迅速扩大，产品数量急剧增加，商业异常活跃，信用关系普遍扩展。这时，整个资本主义经济又呈现一片繁荣景象。

然而，好景不长，在资本主义经济走向繁荣的过程中，却早已埋藏下了危机的种子。资本主义生产越发展，竞争和生产无政府状态便越加强，资本家对工人的剥削就越加重，对中小生产者的排挤和剥夺也就越厉害。因此，尽管这时工人的就业人数和货币工资水平以及其他劳动人民的货币收入一般都比周期的其他阶段高，但是社会购买力的提高却远远落后于生产的增长。这就使得整个社会生产不可避免地重新陷入严重的生产过剩状态。不过，这种生产过剩状态最初会由于资本主义商业和信用的作用而被暂时掩盖。

在高涨阶段，由于市场繁荣，商品流转顺畅，商人竞相购进和囤积商品，以获取暴利。商业投机造成了市场的虚假需求，掩盖了社会购买力的真实状况，当商品已经大量积存在流通领域，生产过剩已经实际出现的时候，它还在刺激生产继续增长。信用的扩大更加掩盖了市场需要同生产脱节的情况。当商品的供应实际上已经大大超过有支付能力的需求时，工商业资本家却还在依靠银行贷款以及他们相互间的信用关系，盲目地扩大商品生产和商品流通。高涨时期由信用膨胀和商业投机所造成的虚假繁荣，会使生产在更大程度上超出有支付能力需求的范围，更加扩大生产过剩的规模，从而更加加深即将爆发的经济危机。

当高涨达到顶点，资本主义的各种矛盾极端尖锐的时候，只要几种主要商品的流通梗塞，就会迅速波及其他部门，孕育着的经济危机就会突然爆发。

上述各个阶段在资本主义经济发展中不断交替和反复出现，就形成了资本主义再生产的周期性。

对资本主义再生产的周期性的分析表明，资本主义经济只能在危机—高涨—危机中颠簸起伏地向前发展。资本主义经济发展中出现的繁荣景象，只不过是新的危机到来以前的预兆。资产阶级经济学家和机会主义者每当资本主义经济进入高涨阶段时，就大肆宣扬资本主义的“永久繁荣”。但是，这种“永久繁荣”的神话，每一次都像肥皂泡一样很快就破灭。

以上，我们分析了经济危机周期性爆发的原因以及资本主义经济发展的周期性。现在，再来说明一下危机周期性的物质基础问题。

马克思指出：危机周期性的物质基础是固定资本的更新。固定资本的大规模更新，促进了危机过后社会生产的恢复与发展，为复苏和高涨阶段的到来提供了物质条件。同时，固定资本的大规模更新又为生产过剩、为下次危机的到来创造着物质前提。

固定资本的大规模更新，怎样为复苏和高涨阶段的到来提供物质条件呢？

前面讲过，在萧条阶段，社会生产虽然不再继续下降，但是仍然处于停滞状态。这时，物价低落，商业萧条，游资充斥，利息率很低。资本家为了使自己能在物价低落的情况下获得高额利润，并在激烈的竞争当中站得住脚，便想尽一切办法降低企业的生产成本。为此，他们除了加强对工人的剥削之外，还要进行大规模的投资来更新固定资本，以便用效率更高的机器设备，迅速提高自己企业的劳动生产率。同时，由于这时社会上存在着大量的闲置资本，物价、工资、利息水平又都很低，投资条件也很有利，因此，在危机阶段过后，当大量积存的商品逐渐消散的时候，不少资本家便开始进行大规模的投资来更新固定资本。正如马克思所说：“迫使企业设备提前按照更大的社会规模实行更新的，主要是灾祸，危机。”① “虽然资本投下的时期是极不相同和极不一致的，但危机总是大规模新投资的起点。”②

固定资本的大规模更新，引起了对机器设备等生产资料的新的需求，这就使生产资料生产部门的订货增加，使这些部门的生产首先得到恢复。而这些部门生产的恢复又增加了对劳动力的需求，使许多失业工人有了重新就业的机会。这样，也就相应地扩大了消费资料的市场，推动了消费资料生产部门生产的增长。由此可见，危机过后固定资本的大规模更新，是资本主义生产恢复的一个契机。由于有它的推动，资本主义的社会生产就一环套一环地逐步恢复和发展起来，使萧条阶段为复苏和高涨阶段所代替。

但是，固定资本的大规模更新，在推动生产增长的同时，又为生产过剩、为下一次危机的到来创造着物质前提。

这是因为，固定资本的大规模更新，推动了新技术的广泛采用和生产规模的巨大增长，这在资本主义制度下必然导致资本家对工人剥削的加强，使工人的生活状况更加恶化。而且只有资力雄厚的大企业才能大规模地更新固定资本，迅速地提高企业的劳动生产率，因此，随着固定资本的大规模更新，大批中小生产者必然会在竞争中处于更加不利的地位，他们的经济状况也必然会进一步恶化。

① 马克思，恩格斯. 马克思恩格斯全集：第24卷. 北京：人民出版社，1972：191.

② 同①207.

同时，固定资本的大量更新和新技术的广泛采用，又引起了各部门现有资本价值的减少，这就使得各个生产部门因发展不平衡而造成的不合比例的现象更加尖锐和复杂起来。马克思写道：“现有资本的周期贬值……会扰乱资本流通过程和再生产过程借以进行的现有关系，从而引起生产过程的突然停滞和危机。”①

可见，固定资本的大规模更新，会促使社会生产的扩大重新超过有支付能力的需求，促使再生产的比例关系重新陷入严重失调的状态，从而为更加深刻的危机的到来创造着物质前提。

必须指出，固定资本的大规模更新是危机周期性的物质基础，但绝不是危机周期性爆发的原因。因为如果没有资本主义制度，没有资本主义基本矛盾的尖锐化，机器设备等固定资本的大量更新和由此而来的生产能力的巨大增长，是绝不会导致经济危机的爆发的。

还必须指出，绝不能因为资本主义经济的发展具有周期性，就认为它能这样一直循环不已地发展下去。事实上，每个周期都不是以往周期的简单重复。危机的周期性爆发和不断加深，是资本主义矛盾日益尖锐化的表现。在资本主义进入帝国主义阶段以后，由于资本主义社会的各种矛盾空前尖锐化，危机的爆发更加频繁，危机的周期进一步缩短，危机的破坏作用比过去任何时候都更大。这一切深刻地表明了世界资本主义制度已经日益濒临不可避免的死亡。

这里，有必要对中间性危机问题作一些说明。简单地说，所谓中间性危机也就是发生在两次周期性危机之间的一种局部性危机。它的发生同样是由资本主义的基本矛盾引起的，主要表现也是生产过剩。不过，它同周期性的经济危机比较起来又有一些明显的区别，比如，它所造成的生产下降，不像周期性危机那样猛烈，而且历时较短，破坏性也较小；它不是社会生产的普遍危机，而只是一部分生产部门的危机；它不具有周期性，而是发生在一个周期中的某个阶段，也可以说，它或者是下一次周期性危机的“先兆”，或者是上一次周期性危机的“余波”；它同固定资本更新的周期没有必然联系，往往是在资本主义固有矛盾发展的基础上加上一些临时性政治、经济因素的激发而发生的。对中间性危机的研究，有助于我们深入了解资本主义经济周期发展的规律性，特别是战后资本主义经济危机在其发展中所呈现出的某些特点。

危机频繁爆发，周期进一步缩短，是战后美国经济危机的一个最显著的特点。如前所述，在第二次世界大战以后的 30 多年中，美国共爆发了六次经济危机，其中 1953—1954 年、1960—1961 年两次是中间性的经济危机。撇开这两次中间性经济危机不论，此时危机已不像过去那样每隔 8～12 年爆发一次，而是差不多每隔七八年就要爆发一次。

战后，美国经济危机的频繁爆发，是由资本主义所固有的各种矛盾，首先是它的基本矛盾的空前尖锐化造成的。美国垄断资产阶级为了攫取高额利润，大规模地

① 马克思，恩格斯．马克思恩格斯全集：第 25 卷．北京：人民出版社，1974：278.

利用了现代科学技术的成就，把生产的规模扩大到前所未有的程度，但工人阶级和其他劳动人民由于继续遭受剥削和压榨，不可能相应提高自己有支付能力的需求，因而使社会消费能力日益相对降低，从而引起美国国内市场的相对缩小。同时，有一系列因素使得美国国外市场也出现了相对缩小的趋势。例如，一些原先遭受帝国主义统治的殖民地和附属国，相继取得了国家独立，它们在发展自己的民族经济中取得了越来越大的成就；一些曾在第二次世界大战中失败和遭到削弱的帝国主义国家，如联邦德国、日本、意大利、英国和法国等，又重新发展了国民经济，成为美国的竞争对手。所有这些因素汇合起来，就使得美国社会的各种矛盾空前尖锐化，结果导致了美国经济危机的频繁爆发。“市场的扩张赶不上生产的扩张。冲突成为不可避免的了”①。

以上，我们研究了工业危机和由此决定的资本主义工业生产的周期进程。但是，在资本主义制度下，生产过剩的危机不仅在工业中发生，而且在农业中发生。造成农业生产过剩危机的根本原因，也是资本主义的基本矛盾。可是，由于农业中资本主义的发展较工业缓慢，所以农业危机的出现在历史上也较工业危机晚。和工业危机比较起来，农业危机的特点在于：它通常具有持久的性质。例如，19 世纪 70 年代爆发的一次农业危机，曾席卷西欧各国和俄国，后来还涉及美国，前后持续达 25 年之久。1920 年春季在美国、加拿大、阿根廷和澳大利亚爆发的另一次农业危机，以后又和 1929—1933 年的世界工业危机交织在一起，一直持续到第二次世界大战开始。第二次世界大战以后，从 1948 年开始，美国、加拿大、澳大利亚和阿根廷等国又发生了农业危机，并且逐渐波及西欧。其中，以美国的农业危机最为严重，它一直延续下来，使战后美国的几次经济危机都具有工业危机和农业危机错综结合、相互助长这样一个明显的特点。

农业危机的持久性质，从根本上说，是由农业中资本主义发展的特点决定的。土地私有权的垄断和土地作为资本主义经营对象的垄断，形成了高额的地租负担。在危机期间，资本主义农场主和广大小农为了支付地租等项固定开支，为了弥补农产品收购价格下跌所造成的损失，不得不尽力增加产量，甚至在耕地面积有所缩小的情况下也要努力提高单位面积产量。因此，与工业生产因价格下跌而产量锐减不同，农业生产在农产品收购价格急剧下跌的情况下却缩减得非常缓慢，有时不但不缩减，反而继续增长。这样就使得农业生产的增长和农产品市场容量相对缩小之间的矛盾更加尖锐复杂，农产品的大量积存更不容易消散，因而使农业危机必然处于长期持续而不易摆脱的状态。

工业和农业是社会生产的两大部门，它们是互相联系和互相制约的。长期的农业危机使农场主的收入减少，使广大的农村劳动者贫困破产，这就大大削减了农村的购买力，缩小了对工业品的需求，从而使工业危机更加深刻。反过来说，工业危机使大批工厂倒闭，生产缩减，使大批工人失业，工资降低，这又缩小了对农产工

① 马克思，恩格斯. 马克思恩格斯文集：第 3 卷. 北京：人民出版社，2009：556.

业原料和农产消费资料的需求，使农产品的销售更加困难，从而使农业危机进一步拖延。可见，农业危机和工业危机交织在一起，必然使整个危机深化。

长期的农业危机还会影响整个工业生产的周期进程，延长工业的危机阶段和萧条阶段，使过渡到高涨阶段发生困难，并且缩短高涨阶段的时间和影响生产增长的幅度。因此，农业危机的长期存在使得工业生产的发展更加处于不稳定的状态。

第三节 经济危机和资本主义矛盾的尖锐化

经济危机是资本主义各种对抗性矛盾的定期爆发。这种周期性爆发的经济危机，最清楚地表明了资本主义生产方式的历史局限性。

每一次经济危机都使生产力遭到巨大的破坏，使生产水平倒退几年甚至几十年。例如，1929—1933 年的危机，使整个资本主义世界的工业产量下降了 44%，大约倒退到 1908—1909 年的水平。其中，法国的工业产量降低了 32.9%，大约倒退到 1911 年的水平；美国降低了 46.2%，大约倒退到 1905—1906 年的水平；德国降低了 40.6%，大约倒退到 1896 年的水平；英国降低了 23.8%，大约倒退到 1897 年的水平。从个别部门来看，生产水平倒退的情况更为严重。例如，1929—1933 年的危机使美国的采煤量倒退 28 年，生铁产量倒退 36 年，钢产量倒退 31 年；使英国的采煤量倒退 35 年，生铁产量倒退 76 年，钢产量倒退 23 年。同时，危机还使社会的物质财富遭到严重的破坏。例如，在 1929—1933 年的危机中，美国毁坏了 92 座高炉，英国毁坏了 72 座，德国毁坏了 28 座，法国毁坏了 10 座。1933 年，美国有 1 040 万英亩的棉花被毁坏，有 640 万头猪被杀死抛入密西西比河，还有大量的小麦被投入锅炉烧毁。巴西也有 2 200 万袋咖啡被扔到海里。

在危机期间，在大量的社会物质财富遭到破坏的同时，广大的劳动人民却过着饥寒交迫的困苦生活。劳动人民正是因为生产了“太多的”东西，才不得不忍受失业、贫困和饥饿的折磨。这种情况充分暴露了资本主义制度的腐朽性和历史局限性。斯大林说过：“如果一种经济制度竟不知道怎样来处置自己生产出来的‘多余’产品，而在群众普遍遭到贫困、失业、饥饿和破产的时候却不得不把它们焚毁掉，那末这种经济制度本身就给自己宣判了死刑。”①

危机不仅深刻地暴露了资本主义的对抗性矛盾，而且会进一步加深这些矛盾，使之更加尖锐起来。

危机进一步加深了资本主义的基本矛盾。在危机期间，生产和资本的集中过程大大加速。大量的中小企业，由于经济力量比较薄弱，往往经受不住危机的沉重打击而纷纷破产。而一些大企业，特别是少数最大的企业，因为经济力量雄厚，并且得到资产阶级国家的大力支持，因而在危机中破产倒闭的数量要比中小企业少得

---

① 斯大林. 斯大林全集：第 12 卷. 北京：人民出版社，1955：282.

多。不但如此，大企业在危机期间还乘机大肆掠夺和吞并那些破产倒闭的或经济困难的企业。这就大大加速了资本集中的过程。例如，美国在战后第五次危机中，从1969年10月至1970年11月共有12 201家企业倒闭，在第六次危机中，从1973年12月至1975年3月则有13 786家倒闭，其中主要是非垄断的中小企业，这些企业倒闭以后被垄断资本集团大量吞并，因而加速了资本集中的过程。

危机加速资本集中的后果是：一方面，生产社会化的程度进一步提高，生产过程更加具有社会性质；另一方面，生产资料和生产成果愈益集中到人数更少的大资本家手里。这样，就大大加深了资本主义的基本矛盾，即生产的社会性和私人资本主义占有形式之间的矛盾。

经济危机也使资本主义社会的阶级矛盾进一步尖锐化。危机首先打击的是工人阶级，给他们带来最为深重的灾难。在危机期间，工人失业人数大量增加，失业时间也比平时大大延长。工人是靠出卖劳动力为生的，失去了工作，就等于他们及其家属被剥夺了生存权利。他们挨饿受冻，流落街头，有些人甚至被迫走上自杀或犯罪的道路。

危机也使得在业工人的状况急剧恶化。在危机期间，资本家利用大量失业工人的存在，进一步加强对在业工人的剥削。这首先表现为工人工资的普遍降低。例如，在1929—1933年的危机中，美国加工工业的工人人数减少了38.8%，而工资总额却降低了57.7%。工资降低，必然使在业工人的饮食、居住条件恶化。其次，工人的劳动强度大大提高，劳动条件更加恶化。最后，与失业增加、开工不足形成鲜明对照的是资本家尽力延长工作日。关于这种情况，马克思这样写道："在危机时期，生产中断，'开工不足'，每周只开工几天。这当然不影响延长工作日的欲望。营业越不振，就越要从已有的营业中取得更大的利润。开工的时间越少，就越要使剩余劳动时间延长。"①

危机也严重打击了资本主义制度下的广大劳动农民，加速了他们的贫困和破产。

在危机期间，由于广大群众首先是工人群众的购买力急剧下降，由于许多以农产品为原料的工厂停工减产或破产倒闭，因而对粮食和其他农产品的需求大大减少，这就造成了农产品的大量过剩。农产品的大量过剩，引起了农产品价格的猛烈下跌和农民收入的急剧减少。这种情况在工业危机和农业危机相互交织的条件下，表现得更为突出。例如，在1929—1933年危机期间，美国的谷物价格下降了$\frac{2}{3}$，退回到19世纪最低的谷物价格水平；农业收入从1929年的68亿美元减少到1932年的24亿美元。在第二次世界大战以后，由于美国的农业自1948年以来一直处于生产过剩的危机状态，农业净收入不断降低。据统计，从1948年到1970年，美国

① 马克思，恩格斯．马克思恩格斯全集：第23卷．北京：人民出版社，1972：269.

农业净收入就从 177.9 亿美元减少到 138 亿美元，即减少了约$\frac{1}{4}$。

尽管农民的收入大大降低了，但是，农民交纳的捐税、借款利息和租金等固定支出，却不仅没有减少，甚至还有所提高，这就使得农民负债增加，处境更加艰难。例如，美国农民的负债总额，从 1960 年的 248 亿美元猛增到 1977 年的 1 018 亿美元，即增加了约 3.1 倍。在危机的沉重打击下，大批的中小农户纷纷破产。仅在 1959—1977 年的 18 年内，美国农场就从 370.4 万个减少到 275 万个，即减少了约 26%，几乎每六分钟就有一个农场从美国的土地上消失。许多破产的农民因为在农村中无法维持生活，不得不背井离乡，流入城市，加入城市的失业队伍。

然而，危机给工人阶级和其他劳动人民带来的沉重灾难，还不止这些。资产阶级国家为了减轻资本家在危机中所遭受的损失，总是要设法把这种损失尽量转嫁到劳动人民的身上。国家从预算中拨出大批资金来补贴资本家，而这些资金归根结底要由劳动人民来负担。同时，资产阶级国家还利用暴力和强制机关帮助资本家降低工人阶级和劳动农民的生活水平。这一切就使劳动人民更加贫困化。

危机使工人阶级、劳动农民、手工业者同资产阶级、大土地所有者之间的阶级矛盾尖锐化。在危机期间，工人阶级丧失了经过多年斗争而赢得的成果。危机以严酷的现实教育了工人阶级，使他们认识到只有消灭资本主义剥削制度，才能使自己摆脱失业和贫困的厄运，只有团结起来积极开展革命斗争，才能获得自身的解放。危机也有助于提高广大农民群众和其他劳动人民的革命觉悟，促使他们接受工人阶级的领导，共同开展反对资本主义的斗争。这一切都必然使资本主义社会的阶级斗争进一步尖锐化。

经济危机不仅会使资本主义国家内部的阶级矛盾尖锐化，而且会使世界资本主义体系内部的矛盾尖锐化。在帝国主义阶段，经济危机的频繁爆发，必然会进一步加剧帝国主义国家和被压迫民族之间的矛盾，以及帝国主义国家和帝国主义国家之间的矛盾。

帝国主义国家的资产阶级，除了竭力把危机所造成的损失转嫁到本国劳动人民身上之外，总是竭力向经济落后国家特别是殖民地和半殖民地“输出危机”，把危机的损失转嫁到这些国家人民的身上。例如，他们在“援助”的幌子下，加紧向经济落后国家输出过剩资本，倾销工业品和剩余农产品，压低经济落后国家出口的原料价格，等等。这就使经济落后国家的民族工业遭到严重的打击，使它们的农业日趋衰落，使那里广大的小生产者纷纷破产，同时也使这些国家的出口减少，国际收支逆差进一步增大。所有这些，都使得这些国家的人民更加贫困。结果必然使帝国主义国家和被压迫民族之间的矛盾进一步加深，并促使殖民地和半殖民地的民族解放运动进一步高涨。

由于帝国主义各国之间互相转嫁危机，竭力要把自己的势力打入对方的势力范围并夺取对方的市场，必然使帝国主义各国之间的矛盾日益尖锐化。随着各帝国主义国家之间政治经济发展不平衡的加剧，以及资本主义世界经济危机的频繁爆发，美国和日本、西欧“共同市场”国家转嫁经济危机与争夺市场的斗争不断激化。

由此可见，经济危机不仅加剧了资本主义的经济矛盾，而且加剧了资本主义社会的阶级矛盾；不仅使资本主义国家内部的矛盾尖锐化，而且使世界资本主义体系内部的矛盾尖锐化。每次危机都动摇着资本主义统治的基础，加速着资本主义制度的崩溃。第二次世界大战后，经济危机的频繁爆发，标志着世界资本主义制度已经日益濒临不可避免的灭亡。

第四节　对资产阶级经济危机理论的批判

生产过剩的经济危机，是资本主义制度的必然产物。危机最明显、最深刻地暴露了资本主义制度所固有的对抗性矛盾，极其有力地证明了这一社会制度的历史暂时性。这一点，当然是资产阶级及其御用学者们所绝不愿意承认的。为了欺骗劳动群众和替资本主义制度作辩护，他们长期以来一直散布各种各样的“理论”，企图掩盖经济危机的真实原因，否认资本主义制度下经济危机的必然性。据统计，还在20世纪初期，资产阶级经济学对于工业危机原因的解释，就已经达到230种之多，这种众说纷纭的混乱状况，清楚地说明了他们对危机问题的完全无能为力，以及他们为资本主义辩护的卑劣和穷乏。

早期的资产阶级经济学家，根本否认资本主义社会有爆发经济危机的可能性。法国资产阶级庸俗经济学家萨伊（1767—1832年）就是这一学派的一个典型代表，他的观点还得到了李嘉图的赞同和支持。萨伊说：“一种产物一经产出，从那时刻起就给价值与它相等的其他产品开辟了销路。”① 萨伊的这个观点，用更简单的话来说就是：供给会给自己创造需求，需求与供给是同一的。这也就是说，生产过剩是不可能的，至少市场一般存货过多的现象，是不可能的。

我们看到，萨伊的上述观点是建立在直接物物交换的基础上的。的确，在物物交换的场合，买和卖是统一的，需求和供给是一致的，因而不会产生危机的可能性。但是，资本主义的特征并不是直接的物物交换，而是最发达的商品流通。在这里买卖脱节不仅具有充分的可能性，而且具有现实性和必然性。萨伊把资本主义社会发达的商品流通和远古时代直接的物物交换混同起来，并以此否认危机的可能性，这是完全错误的。

萨伊的上述观点不仅在理论上站不住脚，而且已被事实所否定。事实是：自从1825年以来，资本主义社会每隔十年左右就爆发一次经济危机。

和萨伊、李嘉图等人相反，小资产阶级经济学家西斯蒙第认为，在资本主义社会里，经济危机是不可避免的。但是，他却把危机发生的原因归结为广大人民群众的个人消费不足，而个人消费不足则是由资本主义的不公平的分配制度引起的。

---

① 萨伊．政治经济学概论．北京：商务印书馆．1963：144．

西斯蒙第的功绩在于他揭露了资本主义社会中生产和消费的矛盾，谴责了资本主义的分配制度。然而由于他并没有理解资本主义制度的实质，因而也就无法说明经济危机的真正原因。

我们知道，人民群众的消费不足，并不是资本主义社会所特有的现象，自从人类进入阶级社会以来，这种现象就一直存在着。在奴隶社会和封建社会中，人民群众的消费同样是不足的，但并没有引起生产过剩的经济危机。唯独在资本主义制度下，生产过剩的经济危机才成为不可避免的事情。因此，用这种存在了几千年的消费不足的事实，是不足以说明经济危机这种新的现象的。

从 19 世纪中叶以来，经济危机周期性爆发的事实，迫使资产阶级经济学家不得不承认危机的存在，但对于爆发危机的真正原因，他们却始终不敢正视，而是用各种办法来加以曲解。他们总是把危机发生的原因，解释成与资本主义制度毫不相干的各种偶然因素，说什么只要去掉这些偶然因素，在资本主义制度下就可以消除危机；而每当资本主义国家的经济情况有所好转时，他们却又大肆宣扬那种所谓资本主义“永久繁荣”的神话。

例如，有些庸俗经济学家企图用资本家的情绪来“解释”经济危机的周期性爆发。这种谬论的代表人物是英国的庇古、拉文顿等人，凯恩斯也是这种谬论的鼓吹者。这种谬论把经济危机归结为资本家对自己的经济情况失掉信心的所谓“信心危机”。据说，当资本家对自己的经济状况充满信心和乐观情绪时，就会引起投资的增加，造成经济的“高涨”。但是，当资本家过分乐观，以致产生“乐观下的错误”时，悲观情绪就会代替乐观情绪，引起投资的骤减，以致对商品的需求缩小和失业增长，形成经济危机。因此，庇古把经济危机周期波动的根源，说成是“乐观心理与悲观心理相互发生的错误”。

这完全是一种主观唯心主义的谬论。它反映了资产阶级经济学家对于解释社会经济现象已经完全无能为力，已经丧失了起码的科学态度，变成了奇谈怪论的制造者。

即使我们考虑到危机前夕或危机到来时，资本家心情的混乱在某种程度上可以加深危机，从根本上说这也只不过是当时市场混乱和利润低落的反映，是危机所造成的派生现象，而不是危机的原因。把资本家心理状态的变化当作危机的原因，恰好是倒果为因了。

另一个英国资产阶级庸俗经济学家杰文斯（1835—1882 年），还企图用自然现象来解释危机的成因。他认为，由于太阳黑子的出现所引起的气候变化，影响了农作物的收成，因而造成了整个社会经济生活的动荡。而太阳黑子的增多一般是以十年为周期的，因而每隔十年就会发生一次经济危机。

这更是一种奇谈怪论。谁都知道，太阳黑子的变化，不管地球上有无资本主义，始终都在进行着，但是，在资本主义以前和以后的社会里，并没有发生过经济危机。只是在资本主义社会里才发生了这种空前绝后的现象。所以，危机的发生和太阳黑子的变化是毫不相干的，而是和资本主义制度密切联系着的。危机是资本主义不可分离的伴侣。从资产阶级的这种观点中，我们不难看出，他们已经堕落到了何等地步。他们对于社会经济现象不是从社会本身去寻找原因，而是到自然界去发现“论据”。这不仅不会对他们有丝毫帮助，恰恰相反，倒是再清楚不过地暴露了他们为资本主义制度作辩护的伎俩已经到了何等山穷水尽的地步。

还有一些资产阶级庸俗经济学家，企图用流通领域中的一些现象来说明经济危机的原因。

这种谬论在20世纪初的主要代表人物是英国的劳·乔·霍屈莱，美国的欧文·费雪也鼓吹这种谬论。他们认为经济危机是由信用紧缩引起的。按照他们的说法，在周期的高涨阶段，由于市场情况良好，商品价格上涨，利息率较低，因而资本家投资的兴趣增大。但是，随着资本家投资的增加，对借贷资本的需求日益增多，而借贷资本的供给又不能满足这种需求，于是引起了信用的紧缩和利息率的提高。这时，资本家就不愿意增加投资和扩大生产了，于是就爆发了经济危机。

不难看出，霍屈莱、费雪等人分明是把属于危机本身的一些现象，当成了危机的原因。其实，利息率的高低并不是投资规模的主要调节者。如果利润率很高，市场情况良好，即使利息率提高，只要资本家有利可图，他们也不会减少投资；反之，在利润率很低、商品销售困难的情况下，即使利息率降低，他们也不会增加投资。所以，影响投资规模的，主要是利润率的高低和市场情况的好坏，而不是利息率的高低。

至于在危机前夕发生的支付手段的极端缺乏和利息率的迅速提高，则完全是由商品生产过剩、找不到销路引起的。资本主义信用的紧缩，只是生产过剩危机的信号和表现，而不是它的原因。马克思说：“政治经济学（指资产阶级的政治经济学。——编者）的肤浅性也表现在，它把信用的膨胀和收缩，把工业周期各个时期更替这种单纯的征兆，看作是造成这种更替的原因。”①

上述资产阶级庸俗经济学关于经济危机的各种“理论”，当然经不起时间的考验。随着资本主义进入总危机阶段，周期性的经济危机更加频繁和深刻化。1929—1933年期间所爆发的席卷整个资本主义世界的经济危机，严重地动摇了资本主义统治的基础，同时也彻底粉碎了关于资本主义无危机发展的一切谬论。在这种情况下，资产阶级迫切需要一种“新”的经济“理论”，它一方面不能不承认资本主义制度下存在着失业和危机的现实，另一方面又要提供一套方案来挽救资本主义制度，并在此基础上把资本主义依然宣布为一种理想的社会制度。这种资产阶级经济学终于产生了，这就是凯恩斯主义。

英国的庸俗资产阶级经济学家凯恩斯（1883—1946年）是资产阶级最忠实的辩护士，是现代资产阶级庸俗经济学的最主要的代表。美国的一位资产阶级经济学家戴维·麦柯德·赖特曾对凯恩斯作过这样的评价，他说：“我们可以驳斥凯恩斯提出的个别命题，但是如果我们推翻他的整个体系，那我们便会错过挽救资本主义

---

① 马克思，恩格斯. 马克思恩格斯全集：第23卷. 北京：人民出版社，1972：694.

的最后机会。"从这段话里，我们可以看出资产阶级那样推崇凯恩斯的"理论"的原因。正因为凯恩斯的"理论"在资产阶级看来，具有挽救资本主义的作用，所以它在现代资本主义国家中便得到了广泛的流传。

据凯恩斯看来，经济危机决定于三个基本心理因素或心理"规律"：(1) 消费倾向；(2) 资本的边际效率；(3) 灵活偏好。在这三个基本心理因素中，凯恩斯特别强调资本的边际效率的作用，他认为发生危机的主要原因是资本的边际效率的突然崩溃。

为了揭露凯恩斯的危机理论的反动实质，必须首先了解以上他的所谓三个基本的心理"规律"。

所谓"消费倾向规律"，凯恩斯是指随着就业和收入的增加，人们的储蓄欲望也在加强，在收入增加的部分中，人们用于消费的部分越来越少，而用于储蓄的部分越来越多。这就造成了消费需求的不足，即对消费资料需求的不足。

个人消费需求不足，可由投资的增加来弥补，首先是由生产资料需求的增加来弥补。但是，按照凯恩斯的说法，投资需求的增加，要受"资本的边际效率规律"的限制。

所谓资本的边际效率，凯恩斯是指资本家对于资本未来收益的心理预期，即对新增每一单位资本的预期的利润率。而"资本的边际效率规律"则是：在技术装备和其他条件不变的情况下，随着投资的增加，资本的边际效率就降低。当资本的边际效率降低到利息率以下时，资本家就停止投资。至于利息率的变动，凯恩斯则认为是受"灵活偏好规律"制约的。

所谓灵活偏好，凯恩斯是指人们愿意以货币形式保存财产的心理倾向。因为人们有货币在手就比较灵活，可以用货币增加消费和预防危险，也可以用货币进行投机，所以人们也就偏好货币。而"灵活偏好规律"是指，在货币的供给一定时，利息率由货币的需求决定，即由灵活偏好决定。灵活偏好越强，则利息率就越高；反之则越低。

凯恩斯是怎样以他的所谓三大基本心理"规律"来建立他的危机"理论"的呢？

凯恩斯认为，当资本主义经济进入周期的高涨阶段以后，由于投资的增加，资本的边际效率在降低，但这时资本家对于资本的未来收益还非常乐观，以致不顾资本的大量积累和生产成本的日益提高，仍在尽量增加投资。一旦幻想在过度乐观和过度买进的市场上破灭，有组织的投资市场就为极度悲观的气氛所笼罩，资本家受这种气氛的支配，又过分低估了资本的未来收益，于是造成了资本边际效率的突然崩溃。随着资本边际效率的崩溃，资本家对于未来失去了信心，这就必然促使灵活偏好加强，从而使利息率提高。资本边际效率的崩溃和利息率的提高相伴发生，就会使投资迅速下降，生产急剧缩减，失业大量增加。这就是凯恩斯对于危机原因所作的极其庸俗的解释。

不难看出，凯恩斯的这一套离奇的论调，并没有什么新鲜内容，它不过是前面已经批判过的各种滥调的拼凑和翻版。

凯恩斯把危机的原因归结为由“消费倾向”“灵活偏好”这样一些心理因素所引起的个人消费不足和投资不足，是没有任何根据的。

关于个人消费不足不能成为危机的原因，我们在批判西斯蒙第时，已经作了说明。不过和西斯蒙第不同的地方在于，凯恩斯把消费不足的原因归结为储蓄的增加，仿佛人们在收入增加的时候，储蓄的欲望也在加强，在收入增加的部分中，用于增加个人消费的部分没有用于增加储蓄的部分多。在这里，凯恩斯故意抹杀了资本主义社会消费的阶级性质，把资本家的消费和工人的消费混为一谈，并用“人类本性”喜欢储蓄来解释消费不足。其实，在资本主义社会中，能够增加储蓄的只有那些占有日益增多的剩余价值的少数资本家，至于广大的工人群众，由于他们日益贫困，储蓄的可能性是极小的，如果有一点的话，那也是小额零星储蓄，与凯恩斯妄图“论证”的问题实际无关。非常明显，资本主义社会的生产过剩和工人群众的消费不足，绝不像凯恩斯所说的那样，是什么“人类本性”喜欢储蓄的结果，恰恰相反，是工人群众受资本家的残酷剥削而日益贫困的结果。凯恩斯把经济危机的原因归结为消费不足，把消费不足的原因又归结为储蓄增加，是故意颠倒黑白，是完全错误的。

至于把危机的原因说成投资不足，就更加荒谬了。在危机期间，工厂停工、原料堆积、商品滞销等等，并不是由于投资不足，而是由于投资太多、资本过剩。马克思早就驳斥过那种认为危机起因于投资不足的谬论。他写道：“如果认为这种情况（指危机期间发生的工厂停工、原料堆积、商品滞销等现象。——编者）是由于生产资本的缺乏造成的，那就大错特错了。正好在这个时候，生产资本是过剩了，无论就正常的、但是暂时紧缩的再生产规模来说，还是就已经萎缩的消费来说，都是如此。”①

凯恩斯对投资不足的原因的解释，同样是荒谬的。他认为，投资不足以及由此引起的对生产资料的需求不足，乃是由利润率的变动和利息率的变动不相适应引起的。他企图使人相信，随着资本主义的发展和利润率趋于下降，利息率虽然也在下降，但下降的程度却不如利润率大。因此，随着利润率和利息率之间差额的缩小，投资将逐渐减少，而当利润率下降到和利息率相等或低于利息率时，则投资便完全停止。

在这里，凯恩斯把利息和借贷资本的运动完全割裂开了。他之所以这样做，是为了把利息说成是取决于“心理因素”，即取决于人们对货币的灵活偏好。在他看来，人们对货币的灵活偏好，使人们必须取得一定的利息才肯贷出货币，因此，不管货币资本的供给怎样充裕，利息率的降低总是比利润率缓慢。这样，凯恩斯就把利息看作是一种“纯粹货币现象”，从而也就人为地割裂了利息和利润的联系。但是事实上利息不过是利润的一部分。

---

① 马克思，恩格斯. 马克思恩格斯全集：第25卷. 北京：人民出版社，1974：547.

既然利息是利润的一部分，就不能把利息和利润作为两个彼此无关的量对立起来。在一般情况下，利息量是取决于利润量的。当利润率上涨时，资本家对于借贷资本的需求增大，从而使利息率也上涨；反之，当利润率下降时，利息率也随之下降。可见，正是利润的运动规定了利息的运动，而不是相反。

至于说到利息率下降的程度不如利润率大，也是完全违反事实的。事实是：随着资本主义的发展，食利阶层的人数日益增加，从而使借贷资本的供给不断增大；同时，随着信用制度的发展，社会各个阶级的货币储蓄被银行网动员起来用作借贷资本，这也增加了借贷资本的供给；另外，在资本主义总危机阶段，企业经常开工不足，有利的投资场所日益缩小，也造成了借贷资本的供过于求。这些情况都决定了利息率比利润率下降的程度大。因此，凯恩斯把投资不足的原因，归结为利润率比利息率下降的程度大，是完全没有根据的。其实，对资本家来说，投资的多少，并不取决于利润率和利息率之间的对比，而是取决于现有的利润率水平。如果利润率高或有上涨趋势，则投资自然增加；反之，如果利润率低或有下降趋势，则投资自然减少。

凯恩斯用他捏造的所谓“资本的边际效率”来解释投资动态，并用资本家心情的变化来解释资本边际效率的变动，这就把资本主义的现实关系完全颠倒过来了。其实，凯恩斯的这种论调并不新鲜，它不过是前面我们已经批判过的庇古等人谬论的变种。

凯恩斯的危机理论虽然极其荒谬，但对垄断资产阶级却非常有用，因为它给资产阶级国家干预经济提供了理论根据。按照凯恩斯的意见，由于资本主义结构本身存在着缺陷，不能自动地保证他所捏造的上述三个心理因素的相互配合，从而也就不能保证消除危机和失业。因此他主张通过国家来调节经济，他认为只有这样，才能实现这三个心理因素的相互配合。

凯恩斯及其追随者所提出的各种“反危机”方案的基本精神就是鼓吹国家干预经济，对资本主义经济作有利于大垄断资产阶级的调节。这些方案在第二次世界大战后美、英、法等帝国主义国家中得到了广泛的流传，并在不同程度上成为各帝国主义国家制定经济政策的依据。

凯恩斯所拟定的“反危机”方案，是和他的危机理论密切相联的。他认为只要采取措施，鼓励增加消费和投资，保证资本家获得高额利润，就可以防止危机的发生。为此，他提出了以下办法：加强军备竞赛和实行经济军事化；加紧推行可以将危机输往他国的对外经济扩张；扩大政府开支和实行通货膨胀；通过降低贷款利息和减免税收以及由国家提供订货、津贴等办法来鼓励私人投资；以对大垄断资本集团最有利的形式进行国家投资；降低工人的实际工资；等等。为了鼓吹增加投资在“反危机”中的神奇作用，所谓“后凯恩斯派主流经济学”提出了所谓“倍数—加速数模型”，据说不需要庞大的预算开支，就可以防止危机和促进经济的持久增长。这种“理论”对主要资本主义国家的“反危机”方案有很大影响。

诚然，加紧实行军备竞赛和国民经济军事化以及对某些公共工程进行国家投资，的确给垄断资本家开辟了一个特殊市场，在这个市场上，垄断资本家可以获得比普通市场高得多的利润。同时，这个市场的扩大，也可以在某种程度上暂时缓和生产能力的增长同广大人民有支付能力的需求相对缩小之间的矛盾。但是，必须指出，这种支撑作用只是临时性的，它最多只能在短时期内推迟生产过剩危机的来临，而不能最终阻止危机的爆发。从长远来看，扩大政府开支，必然导致更为深刻的危机。因为政府开支的款项实际上都来自广大劳动人民的税收负担；扩大政府开支，无论是实行赤字财政还是实行通货膨胀，归根结底都是加紧对广大劳动人民的搜刮和掠夺，使他们的实际收入日益降低，生活更加贫困，从而使生产和消费之间的矛盾进一步加深，使危机更加频繁和深刻。

另外，扩大政府开支，不管是用于军事生产还是用于公共工程，其结果都会使一些生产部门片面和畸形发展，使竞争与生产无政府状态更趋激烈和严重，从而促使经济危机迅速到来。

由此可见，凯恩斯及其追随者为救治资本主义而开的药方，除了帮助垄断资产阶级加紧向工人阶级和其他劳动人民进攻以攫取高额利润之外，别无其他内容。在第二次世界大战以后，各个主要资本主义国家由于积极推行凯恩斯主义的“反危机”方案，造成了通货膨胀的恶性发展，严重地削弱了劳动人民的购买力，使生产过剩危机越演越烈。自从 20 世纪 70 年代以来，面对资本主义国家经济的重重矛盾，有些资产阶级经济学家不得不承认凯恩斯主义失灵，并慨叹“凯恩斯革命”是“一出悲剧”，认为“通货膨胀和经济衰退的并发是一个新的现象，解释这种现象是对经济学家提出的智力挑战”。因此，他们幻想着“天边能出现当代的凯恩斯”。但是事实证明：经济危机是资本主义的必然产物。无论是过去的凯恩斯，还是“当代的凯恩斯”，统统防止不了资本主义的经济危机的到来。在资本主义制度下消灭危机是不可能的。要消灭危机，只有消灭资本主义制度。

出版后记

本书根据马克思的伟大著作《资本论》的内容和体系，对马克思主义政治经济学的基本原理做了一些通俗性的解说，供学习政治经济学的同志参考。

本书由北京若干高等学校部分政治经济学教师集体编写，初稿完成于一九六三年，曾由中国人民大学出版社作为校内教材出版。

参加本书初稿编写工作的先后有：中国人民大学徐禾、李光宇、陈秋梅、余学本、庄次彭、陈俊欧、肖德周、朱述先、周新城、王瑞荪、赵凤山、胡钧、于学儒、周勤英、许蕙厚、朱光立、赵纯嘏、王希良、张庆华、韩志德、马骧、朱荣轩、贾克诚、王晨；北京大学张友仁、胡志仁、刘芳棫、周元、陈德华、王茂湘；中国科技大学张云生；北京机械学院邓平；北京工业学院李琦；北京外贸学院王路；北京化工学院王向成；中央戏剧学院于乐庆等同志。徐禾、李光宇、陈秋梅等同志负责修改定稿。

本书这次正式出版前，由徐禾、李光宇、余学本、肖德周等同志对内容和文字作了一些修订。由于我们的水平有限，书中难免有缺点和错误，请读者予以批评、指正。

编　者

一九七三年五月

再版说明

这次再版，我们只对本书 1973 年版几处原来说理不够清楚的地方，作了一些必要的修改，顺便将一部分显得陈旧的统计数据替换为比较新的数据。至于书的基本内容和结构，则悉照原样未予更动。

参加修改工作的有：徐禾、李光宇、卫兴华、庄次彭、余学本、沈志求。

于此，谨向从本书出版以来，曾对它给予关心支持和提出过宝贵意见的读者、理论界和出版界的同志们一并致以衷心的谢意。

编　者

一九八三年七月

教学支持说明

1. 教辅资源获取方式

为秉承中国人民大学出版社对教材类产品一贯的教学支持，我们将向采纳本书作为教材的教师免费提供丰富的教辅资源。您可直接到中国人民大学出版社官网的教师服务中心注册下载——http://www.crup.com.cn/Teacher。

如遇到注册、搜索等技术问题，可咨询网页右下角在线 QQ 客服，周一到周五工作时间有专人负责处理。

注册成为我社教师会员后，您可长期根据您所属的课程类别申请纸质样书、电子样书和教辅资源，自行完成免费下载。您也可登录我社官网的"教师服务中心"，我们经常举办赠送纸质样书、赠送电子样书、线上直播、资源下载、全国各专业培训及会议信息共享等网上教材进校园活动，期待您的积极参与！

2. 高校教师可加入下述学科教师 QQ 交流群，获取更多教学服务

经济类教师交流群：781029042

财政金融教师交流群：766895628

国际贸易教师交流群：162921240

税收教师交流群：119667851

3. 购书联系方式

网上书店咨询电话：010－82501766

邮购咨询电话：010－62515351

团购咨询电话：010－62513136

中国人民大学出版社经济分社

地址：北京市海淀区中关村大街甲 59 号文化大厦 1506 室　100872

电话：010－62513572　010－62515803

传真：010－62514775

E-mail：jjfs@crup.com.cn

图书在版编目（CIP）数据

政治经济学概论/徐禾等编. --5版. --北京：中国人民大学出版社，2021.6
21世纪经济学系列教材
ISBN 978-7-300-29333-2

Ⅰ.①政… Ⅱ.①徐… Ⅲ.①马克思主义政治经济学-高等学校-教材 Ⅳ.①F0-0

中国版本图书馆CIP数据核字（2021）第079208号

21世纪经济学系列教材
政治经济学概论（第五版）
徐 禾 等 编
Zhengzhi Jingjixue Gailun

出版发行	中国人民大学出版社		
社　　址	北京中关村大街31号	**邮政编码**	100080
电　　话	010－62511242（总编室）		010－62511770（质管部）
	010－82501766（邮购部）		010－62514148（门市部）
	010－62515195（发行公司）		010－62515275（盗版举报）
网　　址	http://www.crup.com.cn		
经　　销	新华书店		
印　　刷	固安县铭成印刷有限公司	**版　　次**	1973年5月第1版
开　　本	787 mm×1092 mm　1/16		2021年6月第5版
印　　张	18.75　插页1	**印　　次**	2024年1月第7次印刷
字　　数	394 000	**定　　价**	45.00元